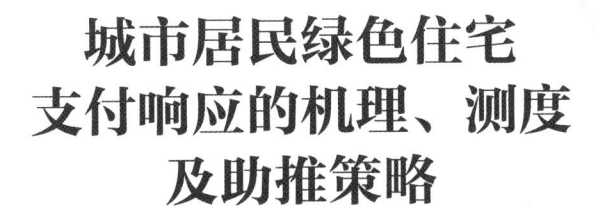

城市居民绿色住宅支付响应的机理、测度及助推策略

李倩文　龙如银　著

Mechanism, Measurement, and Nudge
Strategies of Green Housing Payment Response
for Urban Residents

中国社会科学出版社

图书在版编目（CIP）数据

城市居民绿色住宅支付响应的机理、测度及助推策略 / 李倩文，龙如银著. -- 北京：中国社会科学出版社，2024.7. -- ISBN 978-7-5227-3893-2

Ⅰ．F293.35

中国国家版本馆 CIP 数据核字第 2024JB3796 号

出 版 人	赵剑英
责任编辑	谢欣露
责任校对	周晓东
责任印制	王　超
出　　版	中国社会科学出版社
社　　址	北京鼓楼西大街甲 158 号
邮　　编	100720
网　　址	http://www.csspw.cn
发 行 部	010-84083685
门 市 部	010-84029450
经　　销	新华书店及其他书店
印　　刷	北京明恒达印务有限公司
装　　订	廊坊市广阳区广增装订厂
版　　次	2024 年 7 月第 1 版
印　　次	2024 年 7 月第 1 次印刷
开　　本	710×1000　1/16
印　　张	30
字　　数	492 千字
定　　价	158.00 元

凡购买中国社会科学出版社图书，如有质量问题请与本社营销中心联系调换
电话：010-84083683
版权所有　侵权必究

序　言

习近平总书记在党的二十大报告中指出，"中国式现代化是人与自然和谐共生的现代化"，强调要"推进生态优先、节约集约、绿色低碳发展"。建筑行业作为能源消耗大、碳排放量高的行业之一，是实现我国碳中和、碳达峰目标的重点推进领域。因此，积极推行绿色建筑，是践行"人与自然和谐共生"理念的重要举措，是推进城乡绿色低碳发展的重要抓手。

推动形成绿色发展方式和生活方式是发展观的一场深刻革命，绿色住宅作为典型的绿色大宗消费品，在"双碳"目标下，绿色住宅规模化推广是我国实现消费侧碳减排的关键。城市居民绿色住宅溢价支付的意愿和行为形成是一个复杂的过程，厘清城市居民绿色住宅溢价支付实现机制是有效干预并提升居民绿色住宅溢价支付水平的前提条件。因此，如何解析城市居民绿色住宅溢价支付的心理机制及其阈限，精准解析政策情境，并制定绿色住宅消费助推政策是亟待研究的重要问题。

《城市居民绿色住宅支付响应的机理、测度及助推策略》一书聚焦城市居民绿色住宅溢价支付的关键因素、结构特征与实现机制识别、溢价支付水平阈值测度及助推绿色住宅推广的多阶政策体系设计等核心问题，使用多学科的理论与方法进行研究，在研究过程中注重研究方法选用的科学性。具体而言，在以下三个方面有较好的实践应用价值：

（1）有助于需求侧大宗商品绿色消费理念与社会氛围的形成。该著作探究了城市居民绿色住宅溢价支付的心理机制及其阈限，从居民个体推至居民群体及整个社会，解析不同现实情境下，居民个体、群体绿色住宅溢价"共生"支付和社会"共赢"支付的行为形成与稳定策略，有助于形成良好的绿色消费氛围，为绿色住宅的稳定推广提供可行路径。

（2）有利于供给侧绿色住宅生态体系的构建。准确把握绿色住宅溢价支付的实现机制对房地产商的绿色建造战略决策具有重要现实意义。

通过对绿色住宅市场溢价的因素识别与定量测度，有助于其更准确地把握居民偏好，供给更适应居民需求特点的绿色住宅项目，并为房地产商提供重要的成本收益等经济数据支撑其绿色住宅开发决策，从而推动绿色住宅市场的快速、稳定发展，营造良好的供给侧市场氛围与体系模式，对在实践中完善供给侧绿色住宅生态体系的构建具有重要意义。

（3）有益于政府制定精准科学、创新有效的推广政策。通过检验不同绿色住宅相关政策或政策组合情境下溢价支付的边界及响应集，形成具有多阶"共识—共生—共赢"特征的绿色住宅消费助推政策，可以为政府相关政策的制定提供重要的决策依据和关键参数参考，有助于提高政府决策的科学性和有效性，以更加精准的政策促进绿色住宅的规模化、市场化推广，实现经济、环境、社会效益的多赢。

该著作通篇研究构思逻辑严密，学理表述行云流水，在研究问题、研究视角、研究方法的选取上均有较好的特色与创新之处。本著作的出版是龙如银教授及李倩文副教授团队践行"双碳"战略，扎根中国实践，将论文写在祖国大地上的又一创新成果，将对绿色低碳发展的中国理念和中国方案产生积极的影响。

周德群
教育部长江学者特聘教授
2023 年 12 月

前　言

我国建筑全过程能耗占全国能源消费总量的比重为45.9%，全过程碳排放总量占全国碳排放的比重约为50.6%，因此，作为典型的高能耗、高资源消耗行业，实施建筑行业的"能耗双控"、积极推广绿色住宅不仅事关人民的直接利益和可持续的城镇化建设，而且对于助力国家"双碳"目标实现、贯彻国家可持续发展战略具有举足轻重的作用。

绿色住宅在我国已推行了10余年，虽取得了一定的成效，但仍存在绿色住宅市场发展进程缓慢、居民认知且接受度较低、绿色住宅溢价支付机制不明等备受困扰的关键问题。当前，绿色住宅正逐步从"政府引导"走向"市场主导"，但绿色住宅的溢价既构成居民购房的增量成本，也是房地产商开发绿色住宅的关切因素，绿色住宅溢价将显著影响市场主导下的绿色住宅推广。因此，如何立足内在心理因素及外在情境因素的全域视角，通过干预实验及情境实验解析城市居民绿色住宅溢价支付的心理机制及其阈限，仿真并精准解析政策情境，据此制定符合我国国情的相应助推政策，进而实现溢价情形下绿色住宅的市场推广是亟待破解的关键瓶颈问题。

本书以城市居民为研究对象。第一部分为"城市居民绿色住宅支付意愿响应的驱动机理及溢价测度研究"。该部分基于行为经济学、行为心理学、认知科学等多学科视角，分类并界定了城市居民绿色住宅支付响应的维度及内涵，并从意愿发生动机的视角，结合质性研究，构建并验证了我国城市居民绿色住宅支付意愿的五维结构，识别、界定并解析绿色住宅"独立溢价—关系溢价—普遍溢价"支付的关键因素，据此将"支付意愿法"和"联合选择实验"纳入溢价水平测度的干预及情境实验中，分别量化在关键因素干预前后，实验组和对照组绿色住宅溢价支付水平的差异，为后续多阶政策仿真研究提供实验数据与模型参数基础。第二部分为"'共生—共赢'视角下绿色住宅支付行为的演化仿真研究"，该部分基于神经网络算法、四方演化博弈及仿真，从居民个体推至居民群体及整个社会，解析不同现实情境下，居民个体绿色住宅溢价"共识"支付、群体绿色住宅溢价"共生"支付和社会"共赢"支付的行为形成与稳定策略，检验不同政策或政策组合情境下独立溢价、关系溢价和普遍溢价支付边界及响应集，为绿色住宅市场的个体—群体—社会普遍化推广提供经验证据。第三部分为"多阶共识—共生—共赢特征的绿色住宅消费助推政策"，从行为意愿驱动、溢价支付水平推动及现实机制交互干预三个层面，提出了提升城市居民绿色住宅支付响应水平的源泉型建议、枢纽型建议、助推型建议、靶向型建议、内促型建议和滋养型建议。

本书的创新性体现在：①基于共识、共治、共享视角，构建、剖析并验证了绿色住宅支付意愿响应驱动机理理论模型，界定并解析了绿色住宅支付意愿响应的五维结构；基于"利益层—认同层—贡献层"视角，揭示了支付意愿响应的多层缺口现象，为剖析绿色住宅支付意愿响应驱动机理提供了全新的视角、模型、路径和方法，为微观需求侧支付意愿响应研究领域提供了新的借鉴。②将"直接询问支付意愿法"和"联合选择实验法"纳入溢价测度的干预实验及情境实验中，选用具体溢价金额（元）、基准房价百分比（%）的形式，分别量化了在两类关键驱动因素干预前后，实验组（绿色住宅小区居民）和控制组（普通住宅小区居民）对绿色住宅价格溢价支付水平的差异。两类实验在理论与方法上互为对比和补充，为绿色住宅溢价的政府补贴政策制定提供了现实依据，也为溢价测度提供了新的思路和方法参考。③将行为干预的内涵从个体单一购买延伸至多方带动，复现了不同干预强度与响应效度情景下个体绿色住宅购买行为的形成与演化趋势；基于个体的"正向影响"与"积极带动"，进一步仿真了居民群体"共生"支付的形成及稳定规律，为个体带动群体层面的行为学习及干预研究提供了新思路和方法论基础。④提出了"虚拟博弈方"的概念，构建了四方博弈模型，基于现实情境，在政府外部激励与约束框架下，仿真了行为响应的内部主体（居民和房地产开发商）成本—收益的演化与稳定策略，丰富了绿色住宅社会合作推广研究的思路和方法论体系。

本研究工作得到了国家自然科学基金青年项目（72204098）、江苏省高校哲学社会科学研究重大项目（2022SJZD147）、江苏省社会科学基金青年项目（22GLC018）等课题的资助，特此向支持和关心本研究工作的所有单位和个人表示衷心的感谢,特别是研究生白龙皓、陈梦、钱婷雨、刘蕾等为本书的出版付出了辛勤的劳动。书中有部分内容参考了有关单位或个人的研究成果,已在注释中列出,在此一并致谢。

李倩文　龙如银

2023 年 12 月于江南大学

目　录

第一章　引言 …………………………………………………………… 1

第二章　相关理论基础与文献综述 ………………………………… 12
    第一节　相关理论基础 ………………………………………… 12
    第二节　支付响应驱动因素的相关研究 ……………………… 15
    第三节　绿色住宅溢价测度的相关研究 ……………………… 22
    第四节　文献简要评述 ………………………………………… 23

第三章　城市居民绿色住宅支付意愿响应驱动机理的理论模型 …… 25
    第一节　质性分析 ……………………………………………… 25
    第二节　模型构建与基本假设 ………………………………… 41

第四章　城市居民绿色住宅支付意愿响应驱动因素的量表开发 …… 50
    第一节　研究量表的设计与开发 ……………………………… 50
    第二节　正式调研与样本情况 ………………………………… 71
    第三节　正式量表的检验 ……………………………………… 76

第五章　城市居民绿色住宅支付意愿响应的实证分析 …………… 80
    第一节　支付意愿响应的现状及差异分析 …………………… 80
    第二节　支付意愿响应与各驱动因素的相关性分析 ………… 128
    第三节　支付意愿响应的直接驱动效应分析 ………………… 136
    第四节　普遍信任的中介效应分析 …………………………… 165
    第五节　情境因素的调节效应分析 …………………………… 175
    第六节　驱动机理理论模型修正 ……………………………… 241

第六章　城市居民绿色住宅支付意愿响应的溢价测度实验 …………247
　　第一节　基于运行信任的干预实验 ……………………… 248
　　第二节　基于信息诉求的情境实验 ……………………… 278

第七章　城市居民绿色住宅支付行为响应的演化仿真 ………… 290
　　第一节　支付行为响应的政策激励与约束 ……………… 291
　　第二节　交互干预机制下的个体支付行为响应的仿真 … 303
　　第三节　"共生"视角下群体支付行为响应的仿真 …… 377
　　第四节　"共赢"视角下社会支付行为响应的仿真 …… 401

第八章　助推城市居民绿色住宅支付响应提升的政策建议 …… 417
　　第一节　优化城市居民绿色住宅支付意愿响应的枢纽型建议 … 417
　　第二节　提升城市居民溢价支付水平的内促型建议 …… 422
　　第三节　助推绿色住宅支付行为"共生—共赢"的
　　　　　　滋养型建议 ……………………………………… 423

第九章　研究结论与展望 ………………………………………… 426
　　第一节　研究结论 ………………………………………… 426
　　第二节　研究局限与展望 ………………………………… 435

附录 1 ……………………………………………………………… 437

附录 2 ……………………………………………………………… 447

参考文献 ………………………………………………………… 458

第一章 引言

一 建筑业的绿色化转型是贯彻国家"双碳"及可持续发展战略的重要举措

建筑行业是典型的高能耗行业。《中国建筑能耗与碳排放研究报告（2021）》指出，在能耗层面（详见图1-1），2019年我国建筑全过程能耗总量为22.3亿吨标准煤，占全国能源消费总量的比重为45.9%。建筑全过程能耗由建材生产阶段、建筑运行阶段和建筑施工阶段的能耗构成，其中，建材生产阶段的能耗最高，达11.1亿吨标准煤，占建筑全过程能耗总量的比重为49.8%；其次为建筑运行阶段的能耗，达10.3亿吨标准煤，占建筑全过程能耗总量的比重为46.2%；建筑施工阶段的能耗最低，为0.9亿吨标准煤，占建筑全过程能耗总量的比重为4.0%（中国建筑节能协会，2021）。

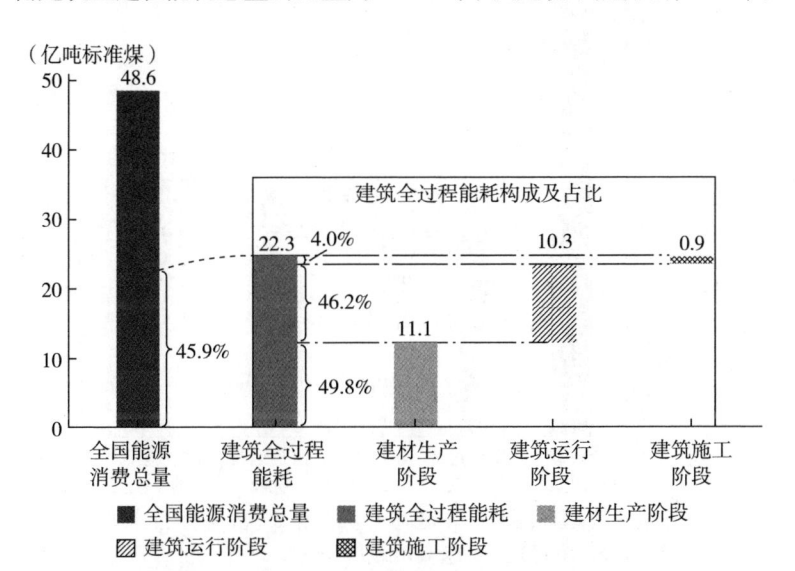

图1-1 我国能源消费总量及建筑全过程能耗

注：建筑全过程能耗由建材生产阶段、建筑运行阶段和建筑施工阶段的能耗构成，下同。
资料来源：《中国建筑能耗与碳排放研究报告（2021）》。

此外,《中国城乡建设领域碳排放系列研究报告(2022)》指出,2020年全国建筑与建造碳排放总量为50.8亿吨二氧化碳,占全国碳排放的比重为50.9%,其中,建材生产阶段碳排放为28.2亿吨二氧化碳,占全国碳排放总量的比重为28.2%;建筑运行阶段碳排放为21.6亿吨二氧化碳,占全国碳排放总量的比重为21.7%;建筑施工阶段碳排放为1亿吨二氧化碳,占全国碳排放总量的比重为1.0%。因此,建筑部门要想实现2030年前碳达峰、2060年前碳中和的目标,至关重要的是必须实现建筑业的可持续发展。

在碳排放层面[详见图1-2(a)],2019年我国建筑全过程碳排放总量为50.0亿吨二氧化碳,占全国碳排放总量的比重为50.6%,建筑行业碳减排是实现"双碳"目标下的重要一环(中国建筑节能协会,2021)。此外,《应对气候变化报告(2020):提升气候行动力》研究表明[详见图1-2(b)],我国人均温室气体排放二氧化碳当量为8.2吨,其中由居民消费引发的碳排放为4.3吨,占比为52.4%,特别是住宅消费带来的人均碳排放当量最高,已达1.4吨(谢伏瞻等,2020)。

(a)我国碳排放总量及建筑全过程碳排放量

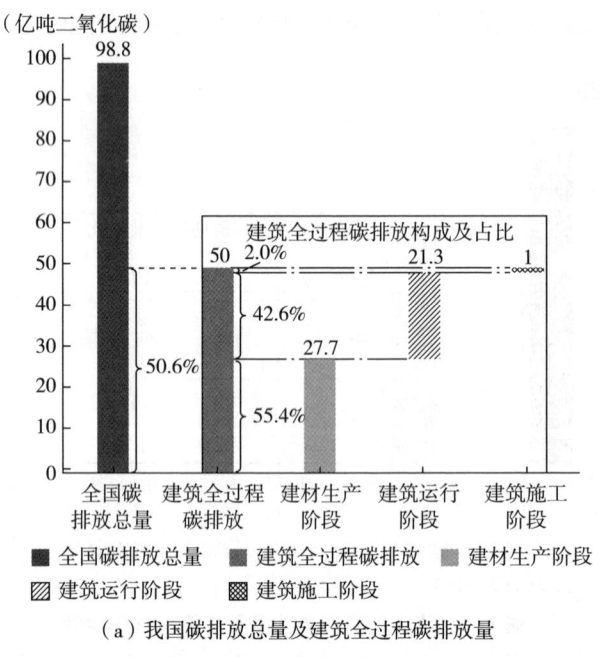

图1-2 我国建筑全过程碳排放量及居民生活消费碳排放量

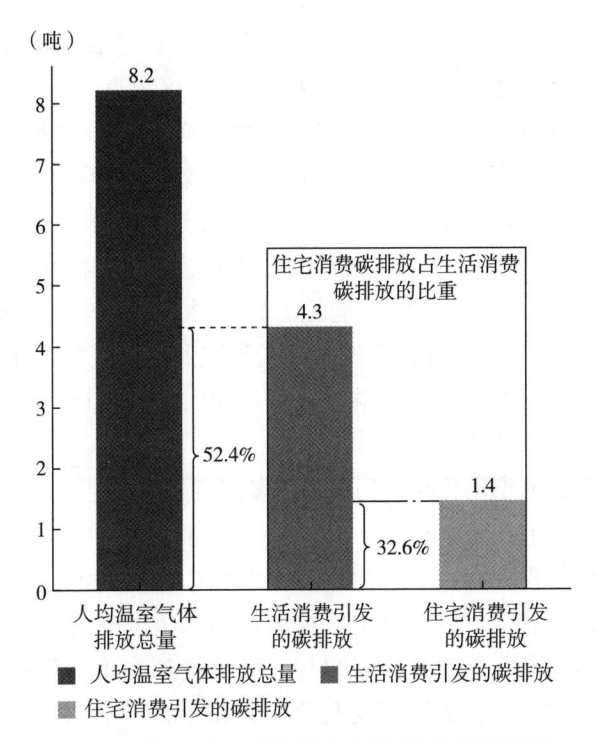

(b)我国人均温室气体排放总量及生活消费碳排放量

图1-2 我国建筑全过程碳排放量及居民生活消费碳排放量（续）

资料来源：图1-2（a）数据来源于《中国建筑能耗与碳排放研究报告（2021）》；图1-2（b）数据来源于《应对气候变化报告（2020）：提升气候行动力》。

2022年4月1日，《建筑节能与可再生能源利用通用规范》生效，要求新建居住和公共建筑碳排放强度应分别在2016年执行的节能设计标准的基础上平均降低40%。"十四五"时期是碳达峰的重要时期，实现"双碳"目标需要不同行业间的协调配合。与其他主要排放部门相比，建筑部门具有较大的减排潜力（Lou et al.，2022）。因此，实施建筑行业（特别是住宅领域）的"能耗双控"、积极推广绿色住宅是助力国家"双碳"目标实现及贯彻可持续发展战略的重要举措。

目前，我国正处于深度调整产业结构、提升城乡建设绿色低碳发展质量的关键时期，发展与推广绿色住宅面临重大战略机遇。2022年1月，国务院印发《"十四五"节能减排综合工作方案》，提出到2025年城镇新建建筑全面执行绿色建筑标准。同期，国家发改委、住建部等七部门联合印发了《促进绿色消费实施方案》，特别指出要"推动绿色建筑、低碳建筑规模化发展，将节能环保要求纳入老旧小区改造"。《中共中央、国务院关于完整准确全面贯彻新发展理念做好碳达峰碳中和工作的意见》和《国务院关于印发2030年前碳达峰行动方案的通知》均对大力发展节能低碳建筑、加快提升建筑能效水平等提出了明确要求。

推广发展绿色住宅，可最大限度地节能、节水、节地、节材，减少污染，保护环境，改善居住舒适性、健康性和安全性（Bassas et al.，2020），不仅有利于转变建筑业发展方式和城乡建设模式，而且关系到人民的直接利益和国家的长远利益，对于贯彻国家"双碳"及可持续发展战略具有举足轻重的作用。

二　绿色住宅市场化推广仍面临诸多困境

虽然绿色住宅在我国推广已10余年，但成效并不乐观。绿色住宅在市场化推广的过程中存在不确定性和复杂性，绿色住宅的推广与众多利益相关主体息息相关，包括政府、房地产商、居民等（仇保兴，2021）。各利益主体不仅有不同的期望及目标，而且受到多重因素的影响，由于利益诉求的异质性，势必会引发利益冲突和矛盾，这无疑增加了绿色住宅推广的难度，主要体现在以下几方面：

在增量成本方面，尽管推行绿色住宅可以带来巨大的可持续发展效益，然而，较高的绿色住宅增量成本已经成为主要利益相关者建造或购买绿色住宅的一大主要障碍（Li et al.，2018）。居民在购房时通常考虑交通、价格、区位、环境等，鲜有人关心住宅的节能低碳、绿色环保等因素，市场未形成良性互动和共鸣。特别是即使部分居民有较强的绿色消费意识，但受制于收入水平，难以承担绿色住宅溢价，导致绿色住宅推广缓慢（Ge et al.，2020）。与普通住宅相比，绿色住宅的增量成本主要体现在住宅硬性成本（如创新设备、环保建材）和软性成本（绿色设计、绿建认证）的增加上，进而导致绿色住宅存在价格溢价，如何激励居民购买绿色住宅成为一个现实问题（Olubunmi et al.，2016）。以我国住房和城乡建设部标准定额司发布的《绿色建筑经济指标》为例，我国绿色住宅增量成本区间范围详见表1-1。此外，在绿色住宅的推广过程中，居民、房地产商以及政府三大绿色住宅利益主体之间的成本与收益迁移变化复杂，并存在"跨期选择"，难以获得即时收益，这极大地影响了房地产商的投资热情、居民的购买欲望，加重了政府的资金扶持负担，在一定程度上制约了绿色住宅的推广。

表1-1　　　　　　　　绿色住宅增量成本综合参考指标

等级	增量成本（元/平方米）				
	严寒地区	寒冷地区	夏热冬冷	夏热冬暖	温和地区
一星级	12—30	12—30	12—40	12—35	10—15
二星级	55—75	55—75	55—100	55—80	45—70
三星级	120—150	120—160	120—200	120—160	100—150

注：①本指标测算未将预拌混凝土与预拌砂浆列为增量成本。②本指标中的增量成本设置区间主要综合考虑了项目所采取的绿色技术工艺以及不同材料品牌等因素。③本指标中的增量成本设置区间也综合考虑了我国东、西、南、北中不同地区之间的绿色建筑工程项目造价差异。④本指标中的严寒地区、寒冷地区、夏热冬冷、夏热冬暖、温和地区按照《民用建筑热工设计规范》GB 50176-2016 规定进行划分。

在居民认知方面，当前，普通居民对绿色住宅的认知存在较大的误解和偏差，多误以为所谓"绿色"代表着先进的技术和高端的科技，由此将"绿色"与高成本画上等号，这种认识是片面的（Sang et al.，2020）。相对于普通住宅，绿色住宅的增量成本的确较高，但从绿色住宅全生命周期的成本核算来看，其成本并不一定会比普通住宅高，甚至还会有所降低（Wu et al.，2021a）。而从综合生态效益、居住舒适度等方面考量，绿色住宅则更具有高性价比。因此，为实现绿色住宅的规模化推广，居民正确的认知和广泛的需求是根本动因。

在政策体系方面，相关的政策体系仍不健全。目前，在我国绿色住宅发展中，存在重设计、重施工，轻运行、轻维护的问题，绿色住宅运行维护法律制度的相关规定散见于部分地方性法规及地方政府规章中，尽管相关法律规范对绿色住宅运行维护的关注逐渐增加，但仍存在制度运行过度依赖政府主导的困境，如管理措施仅围绕政府展开（Zhang et al.，2018a）、激励措施以政府投入为主（Liu et al.，2020）、监督措施中仅规定政府监督等问题（He et al.，2021）。

三　绿色住宅推广有赖于城市居民绿色住宅溢价支付意愿的提升

绿色住宅溢价是指在保证住宅其他所有属性（如交通、区位、房龄等）均相同的情况下，绿色住宅的销售或租赁价格超过同属性非绿色建筑的销售或租赁价格的部分（Dell'Anna & Bottero，2021）。绿色住宅的溢价既构成居民购房的增量成本，也是房地产商开发绿色住宅定价的关键因素。绿色住宅溢价的产生多源于绿色住宅成本的增加，包括申请认证增量成本、咨询设计增量成本、建造增量成本、运营增量成本等（杨木旺等，2020）。

研究表明，在被询问是否愿意购买绿色住宅时，大部分居民都表现出积极的意愿，但只有少部分人真正购买了绿色住宅，即产生了"意愿—行为"缺口（李倩文等，2021）。如果居民对于绿色住宅缺乏了解，就会导致其支付意愿较低，特别是对于绿色住宅这一具有较高初始购置成本的绿色产品，绿色住宅给居民自身所带来的经济收益（如住宅运行费用的节约）和非经济收益（如住宅舒适度的提升）显著，让居民充分了解绿色住宅的经济和非经济收益将有益于增强其支付意愿（Zhang et al. , 2018b）。研究发现，我国居民主要通过房地产商的宣传和政府的官方信息来获取绿色住宅相关知识（Shan & Hwang，2018），特别是对于目前并未普及的绿色住宅，其普遍化推广有赖于居民认知和支付意愿水平的提升。

居民作为绿色住宅的最终用户，其选择倾向和支付意愿对绿色住宅的发展至关重要，特别是因绿色住宅溢价的存在，居民对绿色住宅溢价的支付意愿与最终购买行为将直接影响绿色住宅的市场化推广。此外，绿色信任对居民行为的影响正成为经济学研究的热点和前沿，而信任不对称问题在绿色住宅市场尤为严重（李倩文等，2021）。在现有市场驱动和政策推动的基础上，通过干预居民的绿色信任水平，进而影响居民的绿色需求是政策优化的前瞻方向。因此，需求端的绿色住宅推广有赖于居民绿色住宅溢价支付意愿及行为的提升，从居民角度出发，解析城市居民绿色住宅溢价支付的心理机制及其阈限，精准解析政策情境，并制定绿色住宅消费的助推政策，是推动我国绿色住宅市场快速发展与普遍化推广的重要途径。

四 城市居民绿色住宅溢价支付实现机制有待于进一步探索

个体行为选择是一系列因素经过复杂作用后的结果呈现，是多元内隐性因素的外显映像。追寻隐藏在行为决策背后的关键要素和逻辑线索是引导特定期望行为的前提与基础（Hojnik et al. , 2021）。与此类似，城市居民绿色住宅溢价支付的实现是在内部心理因素与外部情境因素等多重因素交互作用下的判断与抉择过程。作为一种公共环境行为，城市居民绿色住宅溢价支付行为具有波动性、间断性，这使溢价支付实现机制更加复杂，溢价影响因素的识别更加必要和迫切。因此，精准辨析多重因素的交互作用，全面研究绿色住宅溢价支付实现机制，是有效引导居民购买绿色住宅的前提条件。

此外，绿色住宅市场为实现快速发展与普遍化推广，必须建立在供求双方（房地产商和居民）的心理匹配（房地产商愿意开发绿色住宅，居民愿意购买绿色住宅）以及经济匹配（房地产商和居民均愿意支付绿色住宅溢价）的基础上，但目前将这二者相结合进行递进式的理论及实证研究还较为匮乏，特别是如何解析城市居民绿色住宅溢价支付的心理机制，如何合理量化居民对绿色住宅价格溢价的支付水平（相较于普通住宅，居民愿意为绿色住宅多支付的金额或百分比范围），如何精准解析政策情境并制定相应的助推政策是亟待研究的重要问题。

五　政策创新是普及绿色住宅的重要保障

我国"十四五"发展规划指出，到2050年，城镇新建建筑能效水平提升15%，完成既有建筑节能绿色改造面积2亿平方米以上，建设超低能耗建筑2000万平方米。然而，总体来看，相较于发达国家，我国目前还缺少系统化的长效激励机制和创新性的制度设计，相关政策的系统性、针对性、科学性有待进一步探讨，特别是绿色住宅运行维护法律制度远远不够。事实上，绿色住宅运行维护过程中存在政府、企业、居民等多方的目标与利益冲突，若缺乏完善的法律制度，将导致绿色住宅的环境与社会效益大打折扣，致使前期高额投入因后期运行维护不良而成为沉没成本。因此，构建创新、系统的绿色住宅运行维护法律制度，是促进绿色住宅市场健康持续发展的重要方式，亦是"双碳"目标实现的重要保障。

此外，我国在推广绿色住宅过程中有效的助推激励政策仍较为单一，多使用经济性手段及强制性手段进行直接干预，在一定程度上忽视了各类主体自身的内在价值诉求等情感特征，进而在政策施行中产生被动与低效的情况。从居民个体角度来讲，其溢价支付的自愿性还远远不够，特别是隐藏在行为背后的心理层面的障碍值得深入探讨。因此，本书认为精准解析政策情境，形成具有多阶"共识—共生—共赢"特征的绿色住宅消费助推政策是实现居民主动购买绿色住宅的重要途径，从而促使居民绿色住宅支付意愿与行为从"政府推动"有效转向"协同自觉"，助推绿色住宅市场持久稳定且充满活力地运转。

基于以上论述,在绿色住宅的市场化推广过程中,绿色住宅溢价成为不可忽视的关键因素,如何立足全域视角,通过干预实验和情境实验解析城市居民绿色住宅溢价支付的心理机制及其阈限,仿真并精准解析政策情境,并制定符合中国国情的相应助推政策是有待深度探索的理论前沿与亟待解决的现实课题。

六 本书切入点

本书旨在对城市居民绿色住宅支付意愿响应的驱动机理、溢价测度以及支付行为响应的演化仿真进行深入探究。

(1) 构建我国城市居民绿色住宅支付意愿响应驱动机理的理论模型。选取我国城市居民作为主要研究对象,对居民绿色住宅支付意愿响应的内涵进行清晰界定,并结合质性分析阐述其结构维度。进一步地,通过理论与大样本实证研究,探索出绿色住宅支付意愿响应的核心驱动因素及其作用机制,进而构建我国城市居民绿色住宅支付意愿响应驱动机理的理论模型。

(2) 测度我国城市居民对绿色住宅溢价的支付意愿及支付水平。在两类关键驱动因素的干预下,测度实验组居民(居住在绿色小区的居民)和控制组居民(居住在普通小区的居民)在实验干预前后其对绿色住宅的支付意愿及对绿色住宅溢价的支付水平,且在方法上使用了支付意愿法(绝对金额与基准房价百分比)与联合选择实验互为补充。

(3) 仿真"居民个体—居民群体—社会整体"的绿色住宅支付行为演化与稳定机制。绿色住宅居民响应的终极目标在于实现绿色住宅有效且稳定的推广(实现高意愿—高行为的联结响应)。在现实情境下,其离不开外部环境(政府)的激励与约束,这就涉及微观行动者个体(居民与房地产商)与相对宏观的制度设计主体(政策)之间的联结与博弈关系,因此,使用计算机仿真的方法,解析了"居民个体—居民群体—社会整体"的绿色住宅支付行为演化与稳定机制。基于以上研究结果,为城市居民绿色住宅支付响应水平的提升提出了相应的政策建议。

七 关键概念界定

(一) 绿色住宅的概念界定

由于本书是基于中国视角进行的研究,在中国绿色住宅市场,中国绿色建筑评价标识(国标认证)占 2/3 以上,因此本书所指的绿色住宅均为获得中国绿色建筑评价标识的住宅，绿色住宅的绿色等级以"星级"进行划分，并且将未获得绿标认证的非绿色住宅称为"普通住宅"。在地域范围上，指的是中国城市中的商品住宅，不包含农村住宅。

绿色住宅作为具有居住功能的一类绿色建筑，是绿色建筑的一个门类，在我国《绿色建筑评价标准》中明确指出：本标准适用于各类民用建筑绿色性能的评价，包括公共建筑和住宅建筑。

因此，本书也沿用《绿色建筑评价标准》（GB/T 50378-2019）对绿色建筑的概念来定义绿色住宅：在全寿命期内，节约资源、保护环境、减少污染，为人们提供健康、适用、高效的使用空间，最大限度地实现人与自然和谐共生的高质量建筑。

（二）绿色住宅支付响应的概念界定

本书将城市居民绿色住宅"支付响应"细分为"支付意愿响应"与"支付行为响应"两大维度。支付意愿响应是指城市居民对购买绿色住宅与否的意愿决策，主要立足于哪些内在心理因素和外在情境因素影响城市居民对绿色住宅的支付意愿，以及城市居民愿意为绿色住宅所支付的具体溢价；支付行为响应是指在现实情境下，居民个体、居民群体（个体带动群体）以及整个社会（群体带动社会）对支持、开发、购买绿色住宅与否的行为决策以及实际支付行为的响应效度水平。

城市居民支付意愿及支付行为响应具有其自身鲜明的特征：

（1）社会性。政治、经济、文化作为社会生活的三大基本领域，除绿色住宅溢价这类经济性因素外，政治、文化等非经济性因素也极大地影响城市居民绿色住宅支付意愿及支付行为响应，响应的弹性和不稳定性较大。

（2）分散性。城市居民的基数庞大，不同居民间社会人口学变量（居民的人口统计特征、家庭统计特征和组织工作特征）差异较大。因此，支付响应实证分析首先需选择具有代表性且合理的"居民样本"和"实验场景"，从而合理且充分地测量出关键驱动因素干预前后城市居民对绿色住宅的溢价支付水平。

（3）信任度。居民与居民之间、居民与房地产商之间、居民与政府之间的信息交互会直接影响居民的响应决策，在各个主体的信息联结过程中，信任程度越高，其联结就会越紧密，支付意愿与支付行为响应及复现的可能性就会越大。

(三) 绿色住宅溢价的概念界定

绿色住宅的开发建设主体是房地产商，使用主体是居民。对于房地产商，只有当开发绿色住宅的增量收益（包括更高的销售价格和政府的财政补贴）超过绿色住宅的增量成本时，房地产商才愿意开发绿色住宅；对于居民，只有当从绿色住宅的使用过程中获得的增量收益（包括经济收益和非经济收益）超过为购买绿色住宅多支付的价格时，居民才愿意购买绿色住宅（Kahn et al.，2014）。

绿色住宅的溢价可被定义为：在控制住宅的其他所有属性相同的情况下，绿色住宅的销售价格超过同地段非绿色住宅的销售价格部分。现有文献主要采用陈述性偏好法和显示性偏好法测算绿色住宅溢价（Heinzle et al.，2013）。

在建筑市场中，溢价可激励房地产商使用绿色建筑技术或材料，以使其与其他房地产商区分开来并提高竞争力，居民也愿意为生活在绿色住宅中而付出更多的房屋初始购置成本。为了实现这一双赢目标，必须制定最佳定价策略，并根据居民的溢价支付水平意愿和房地产商的预期利润来确定适当的价格溢价。

（四）绿色住宅评价标准与标识的界定

《绿色建筑评价标准》自 2006 年发布以来，经历了 3 个时期的演进（详见图 1-3），目前到达了一个新的高质量发展阶段。

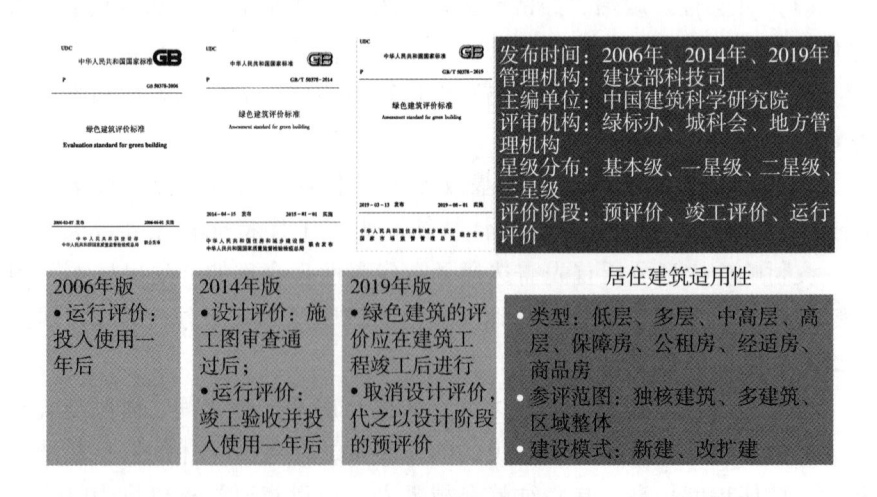

图 1-3 绿色建筑评价标准演进

目前，在我国绿色建筑市场，主流的绿色建筑认证标识有国标三星、LEED、BREEAM 和 AH 绿色建筑标识。截至 2020 年 12 月，我国国内市场绿色建筑认证占比最高的仍为国标三星认证（78.52%），LEED 认证（15.88%）、BREEAM 和 AH 紧随其后。

在本书中，所使用的绿色住宅评价标准为《绿色建筑评价标准》（GB/T 50378-2019）。绿色住宅评价标识的绿色等级以"星级"进行划分。新版《绿色建筑评价标准》更加注重品质，注重提升人民群众获得感、幸福感和安全感。2019 年版绿色建筑运行标识的等级由低至高分为基本级、一星级、二星级和三星级。

八 本书的主要创新点

（1）基于共识、共治、共享视角，构建、剖析并验证了绿色住宅支付意愿响应驱动机理理论模型，界定并解析了绿色住宅支付意愿响应的五维结构；基于"利益层—认同层—贡献层"视角，揭示了支付意愿响应的多层缺口现象，为剖析绿色住宅支付意愿响应驱动机理提供了全新的视角、模型、路径和方法，为微观需求侧支付意愿响应研究领域提供了新的借鉴。

（2）将"直接询问支付意愿法"和"联合选择实验法"纳入溢价测度的干预实验及情境实验中，选用具体溢价金额（元）、基准房价百分比（%）的形式，分别量化了在两类关键驱动因素干预前后，实验组（绿色住宅小区居民）和控制组（普通住宅小区居民）对绿色住宅价格溢价支付水平的差异。两类实验在理论与方法上互为对比和补充，既为绿色住宅价格溢价的政府补贴政策制定提供了现实依据，也为溢价测度提供了新的思路和方法参考。

（3）将行为干预的内涵从个体单一购买延伸至多方带动，复现了不同干预强度与响应效度情景下个体绿色住宅购买行为的形成与演化趋势；基于个体的"正向影响"与"积极带动"，进一步仿真了居民群体"共生"支付的形成及稳定规律，为个体带动群体层面的行为学习及干预研究提供了新思路和方法论基础。

（4）提出了"虚拟博弈方"的概念，构建了四方博弈模型，基于现实情境，在政府外部激励与约束框架下，仿真了行为响应的内部主体（居民和房地产商）成本—收益的演化与稳定策略，丰富了绿色住宅社会合作推广研究的思路和方法论体系。

第二章 相关理论基础与文献综述

第一节 相关理论基础

一 驱动机理研究的理论基础

（一）计划行为理论

计划行为理论指出：其形成①决定于个人的行为意向；②行为意向受行为的倾向态度、主观规范或主观控制感的总体或部分影响；③行为的倾向态度、主观规范及主观控制感决定于人口变量、人格特质、工作特性、情境等外部变量。

计划行为理论已经广泛地应用于管理学、社会学等各个领域。因此，在城市居民绿色住宅支付意愿响应的研究中，引入计划行为理论，能够有效挖掘各心理变量与情境变量因素的驱动机理。

（二）规范行为理论

1977年，Schwartz提出了规范行为理论，将个人规范和社会规范进行区分。个人规范被定义为个体对坚信执行某种行为正确与否的判断；社会规范被定义为个体所感知到的来自他人、组织或者社会的期望或压力。Wittenberg等（2018）基于改进的规范行为理论，表明问题意识、后果意识和主观规范能够显著地预测个人规范。不难看出，该理论得到了广泛的应用，如在能源节约、回收利用、绿色购买等行为研究中，其突出了个人规范对行为的影响，对后续的城市居民绿色住宅支付意愿响应研究有着很好的指导意义。

（三）信任理论

在推广绿色住宅的过程中，加强居民的普遍信任有助于显著提升居民的支付意愿。然而，由于普遍信任是个体内部持久的倾向和根深蒂固的特征，建立普遍信任可能非常困难（Wu，2021b），且更具挑战性的原因是现今社会的信任度一直在下降（Twenge et al.，2014）。亲环境个体不愿意无私地做出贡献，因为他们害怕其他人的搭便车行为。但当他们知道其他人也有贡献时，则亲环境个体会更愿意做出贡献。这些有条件合作者的决定取决于他们对其他人贡献行为的信任程度（Aitken et al.，2011）。如果他们拥有较高水平的普遍信任，他们就会信任其他人也能实施亲环境行为，此时他们不愿意过分关注搭便车者，而是愿意以亲环境的方式做出贡献并采取行动。

因此，本书将普遍信任作为重要的中介变量。普遍信任指的是对人性的积极展望或对他人仁慈的期望，是个体对关系疏远或陌生人持有的积极性预期（Nannestad，2008）。Balliet 和 Van（2008）进一步解释说，由于社会困境本质上是自利和仁慈之间的冲突，信任他人的人更愿意相信他人会在社会困境中合作，从而表现出更多的合作行为。特别是当社会困境涉及自身利益和集体利益之间的大量冲突时，普遍信任与群体合作行为之间的正相关性尤其明显。

二 溢价测度研究的理论基础

（一）外部性理论

环保问题是一个外部性问题，特别是对于绿色住宅的购买行为，在当社会成本和私人成本不匹配、绿色住宅市场不够完善的情况下，政府引导很重要（Yang et al.，2016）。建筑并非一般产品，与普通产品有着许多相异之处，绿色建筑就其性能角度来说具有较大分别，"高星级绿色住宅"较"低星级绿色住宅"具有更高的性能与更高的成本，房地产商在每次的开发决策中需要选择开发哪种星级的绿色住宅。因此，绿色建筑的经济外部属性仍需进一步地开展研究。

（二）助推理论

无论是何种助推或助推组合，其目的只有一个，那就是让决策体系变得更加用户友好，更加赞成决策。这些方法能影响被助推者的选择，但不限制选择自由，不强迫被助推者改变选择，不显著增加助推者和被助推者的成本，不改变被助推者的目标愿望，只是帮助被助推者做出好的选择。

目前，助推方法有很多种类。在本书中，将主要使用信息助推（运行环节的信息及绿色住宅效益信息）这一手段。一是因为其易于变量化操作；二是其更贴合实验章节需要满足的可视化与类比化要求。

三 演化仿真研究的理论基础

（一）社会网络学习理论

社会学习理论专注于个体的观察学习和自我调节在个体行为中的影响机制。社会学习理论认为，人的学习主要有两种方式：一是通过反应结果进行的学习（直接学习）；二是通过示范观察习得的（间接学习）。

在绿色住宅市场中，常常出现"跟风购买"的热潮，这就需要对市场上主体之间的交互学习方法以及学习过程进行分析。社会网络学习理论恰好可为需求端（居民）与需求端（其他居民）之间，以及需求端（居民）与供给端（政府）之间的交互学习研究奠定理论基础。

（二）组织新制度主义

绿色住宅居民响应的终极目标在于实现绿色住宅有效且稳定的推广（实现高意愿—高行为的联结响应）。在现实情境下，其离不开外部环境（政府）的激励与约束，这就涉及微观行动者个体（居民与房地产商）与相对宏观的制度设计主体（政策）之间的联结与博弈关系，而组织新制度主义在回答该层面的问题上尤为有效。

制度是人类行为的结果，但人类行为也受制度的约束。个体的模仿行为可以分为3种不同的机制：①按照频率来模仿；②按照特征来模仿；③按照效益、成果来模仿（Miner et al.，2003）。在社会学制度主义者看来，个体的理性本身是在特定的情景中由制度建构出来的。政府规制直接涉及政府与市场、政府与企业、政府与公众的关系问题。绿色住宅外部性带来的既有正外部效应也有负外部效应，因此社会规制的介入也就合情合理。

（三）演化博弈论

绿色住宅市场中的主要利益相关者均为有限理性的主体。他们在行为选择时，由于信息的不对称性，总会按照自身利益的最大化方式行动，并在利益边界不断进行调整，并最终达到稳定状态。这时任何博弈方都不会改变其行为选择，此时博弈方所采取的策略即演化稳定策略，这一过程被称为演化博弈。

通过引入演化博弈理论方法，基于现实情境，在政府外部激励与约束框架下，能够较好地分析绿色住宅市场上主要利益相关者主体之间的交互关系，并分析绿色住宅市场中的不同主体的行为模式及成本—收益的演化与稳定策略。

第二节 支付响应驱动因素的相关研究

一 心理层面因素

（一）态度

在过去的几十年中，许多研究人员探索了消费者行为理论。大量研究证实，消费者对产品的"态度"会驱动其购买偏好和行为。环保态度更高的消费者更愿意为绿色产品支付额外的费用（Tang et al.，2016），中外学者的研究均证实了这点：Tanner 和 Kast（2003）指出，个体绿色消费态度对绿色食品消费具有显著影响；王肖文和刘伊生（2014）认为，消费者的绿色态度对绿色住宅需求具有直接的正向影响；正如 Schniederjans 和 Starkey（2014）所指出的，在绿色产品方面，态度对购买意愿有显著影响；Aktas 和 Ozorhon（2015）也发现，态度在推动绿色住宅发展方面也有关键作用，个体对可持续性的承诺促使发展中国家的一些业主对其建筑进行绿色改造；Tan 等（2017）在他们关于节能电器的研究中也支持这一点，其中有利的态度影响了消费者的购买意愿。这与 Liu 等（2018）和 Klein 等（2019）的观点一致，居民对绿色住宅的积极态度影响其使用的支付意愿。因此，对于绿色住宅这一具有居住功能的绿色产品，本书将"态度"作为主要驱动因素引入理论模型中。

（二）环境关心

环境关心指的是"人们为解决环境问题而做出个人努力的意愿"（Dunlap et al.，2002）。国内外大量研究证实，较高的环境关心对绿色产品支付意愿具有直接正向影响作用。李莹等（2002）在北京开展研究，证实了公众的环境关心是愿意为提高大气环境质量而额外付费的重要预测因素；蔡志坚和张巍巍（2007）利用条件价值评估技术，表明南京市居民对水环境的关心水平可显著正向影响居民对提高长江水质的支付意愿；Royne 等（2011）证实，即使绿色产品的售价高于普通产品，环境关心水平较高的消费者对于绿色产品的支付意愿仍较高；Lee（2011）证实，更关心环境的、努力节约能源和自然资源的大学生更愿意为绿色产品支付更多费用；Filippini 等（2016）探究了墨西哥城市居民为改善空气质量的支付意愿，结果表明如果受访者有较高的环境关心水平（非常重视空气污染），则其支付意愿显著高于平均值；Lin 和 Syrgabayeva（2016）认为，哈萨克斯坦等发展中国家的消费者对可再生能源的关心增强了他们的环境信念，进而提升了为可再生能源支付更多费用的意愿；Chekima 等（2016）的调查数据显示，有 67%的消费者认为他们购买绿色产品的原因是考虑环境因素；Mørk 等（2017）的调查结果进一步证实了该观点，指出这一比例高达 95%。因此，对于绿色住宅这一具有居住功能的绿色产品，本书将"环境关心"作为主要驱动因素引入理论模型中。

（三）心理账户

1985 年，Richard Thaler 正式提出了"心理账户"理论。心理账户是人们在心理上对获得与损失的衡量过程，在分类上，心理账户可被划分为获得账户和损失账户。在心理账户与支付意愿的关系研究方面，Forsythe 等（2010）通过对网上购物风险感知的研究，证实了居民的获得账户感知正向影响支付意愿，损失账户感知负向影响支付意愿。Demirgüneş（2015）研究证实了消费者的感知价值与满意度存在正相关关系，且感知损失显著负向预测支付意愿。Sun 等（2016）调查了中国居民对雾霾治理的支付意愿，结果证实当居民的感知损失越大，特别是遭受经济损失越多的居民的支付意愿平均值比其他人高约 45.5%，且生活在空气污染严重地区的居民愿意支付更多的雾霾治理费用。因为通过对雾霾严重地区及时采取治理措施，这些地区的居民可及时地感知到因雾霾治理而带来的健康收益，因而其支付意愿也较高。

此外，Li 等（2019）的研究证实，当居民对绿色住宅形成支付意愿时所感受到的快乐越多，获得账户感知对支付意愿的影响越小。Schwartz 等（2020）的研究表明，在服务环境下，顾客的满意度越高，其感知损失对行为意向的影响越弱。Sulemana（2016）基于 18 个国家居民的实证分析，表明个体幸福感受会显著影响环境支付意愿，更快乐的居民愿意牺牲自身收入来保护环境。因此，对于绿色住宅这一具有居住功能的绿色产品，本书将"心理账户"作为主要驱动因素引入理论模型中。

（四）解释水平

解释水平指人们对认知客体的心理表征的抽象水平（Trope et al., 2003）。高解释水平有助于个体采用更广泛的、全局的视角处理信息，而低解释水平则相反（李倩文等，2021）。绿色消费作为一种利他消费行为，居民不仅要考虑该消费行为给自身带来的价值，也要考虑给他人、给环境带来的价值。而相对于消费行为给自身带来的当前效用而言，居民可能难以感受绿色消费行为带来的即时远期收益（Trope et al.，2010）。因此，对于绿色住宅这一具有较高远期收益的绿色产品，本书将"解释水平"作为主要驱动因素引入理论模型中。

（五）道德认同

道德认同指一个人的社会认同是建立在道德价值的基础上，而不是建立在其他价值的基础上。道德认同理论解释了人们在什么情况下更可能从事利他行为，迎合了绿色消费的利他本质。在道德要求方面，建筑师们认为绿色住宅是一种道德的建造方式，这一点得到了李倩文等（2021）的支持，他们发现道德认同是个人采用绿色住宅准则的动机。

道德认同分为两个维度：私下的内隐维度和公开的外显维度（刘凤军等，2017）。高道德内隐的个体认为，成为一个道德价值较高、有社会责任感的人更符合自我约束要求，而高道德外显的个体则更愿意通过他们的环保行为向他人表达其道德特质（Winterich et al.，2013）。Mulder和Aquino（2013）发现，高道德认同内隐的个体会为维持较好的道德形象而付出更多的行动（如主动实施节能行为），更可能愿意为绿色产品买单。但当个体的道德认同内隐较低时，高道德认同外显同样可以激励绿色消费行为，因为这一显著的绿色消费行为向他人显著地展示了自身较好的道德特质（吴波等，2016）。

社会认知模型认为，个体道德行为是由个体内在标准（如道德认同）和情境环境的相互作用决定的（Kennedy et al.，2017）。具体来看，相较于道德认同外显的人群，高道德认同内隐的人群会更容易践行（无论是主动还是被动）环保善行（Aquino et al.，2011）。这可能是因为高道德认同内隐个体善于用更长远的视角与环保视角看待问题，而忽视了绿色住宅具有跨期选择的特性。跨期选择的一个重要理论就是时间贴现。这也进一步解释了居民在选择绿色住宅的过程中对绿色住宅的短期效用的关注大于对长期效用的关注这一问题。但是，当消费者处于低解释水平时，由于可识别的环保行为为道德认同外显人群提供了展示自身道德的机会，同样会对绿色消费有正向影响作用。因此，对于绿色住宅这一具有居住功能的绿色产品，本书将"道德认同"作为主要驱动因素引入理论模型中。

(六) 绿色住宅认知

在英国的一项研究中，大多数建筑设计师提到实现绿色住宅推广的第一个驱动因素是购房者的需求（Murtagh et al., 2016）。购房者的需求与知识、价值观和成本等问题密切相关（Hükkinen et al., 2011）。尽管存在购置成本较高的问题，但购房者如果更了解购买绿色住宅的"大局"益处，可能会有动力购买绿色住宅。为了更有效地渗透绿色住宅市场，必须增加所有绿色住宅利益相关者的知识和环境意识，更具体地说，要更好地将信息传播给需求方，即购房者、租户、投资和金融机构等（Wong et al., 2014）。

个体是在接收信息的基础上进行合理决策，Kaiser 等（1999）认可信息的作用，指出行为意愿本身就是个体所拥有信息的反映。认知过程是消费者购买行为的前提，消费者的认知程度和主观心理因素与绿色住宅购买行为之间有显著的相关性。Yang 和 Yang（2015）综合问卷调查和访谈研究结果，确定了影响可持续住房推广的 12 个关键因素，证实居民认知是非常重要的影响因素。李佳桐（2015）研究发现，绿色住宅认知可显著影响并预测其支付意愿。

Wei 等（2015）直接询问受访者愿意为绿色住宅支付的货币溢价，并使用 Tobit 模型来估计居民偏好的决定因素，结果表明，了解绿色建筑认证标签的居民有更高的支付意愿。Liu 等（2017）采用李克特量表，调查了中国台湾居民对智能绿色建筑的认知与支付意愿，表明对绿色住宅品质和经济特性的认知程度越高，其支付意愿也就越强烈。Li 等（2018）通过大样本的实证研究表明，居民对绿色住宅的风险认知越高，其支付意愿越低。Zhang 等（2017）采用问卷调研探讨天津居民的心理因素对绿色建筑支付意愿的影响，表明居民绿色住宅的认知可以显著正向影响其支付意愿。

绿色建筑的潜在需求者缺乏兴趣也是影响绿色建筑推广的一大阻碍。如果业主或租户更喜欢居住在绿色住宅中，对绿色住宅有较大的需求，则会正向影响房地产商建造绿色住宅项目。但是，如果业主或租户对绿色住宅的潜在价值缺乏认知，他们就会很难对绿色住宅产生兴趣，Luthra 等（2015）的研究结果也证实了这一点。

绿色住宅相关信息、教育、意识等的缺乏也显著阻碍了绿色住宅的推广，因为个体可能没有足够的知识与正确的信息源来指导他们购买绿色住宅。例如，Bin Esa 等（2011）在马来西亚开展的一项研究表明，缺乏绿色住宅相关信息和教育是居民、建筑师、房地产商等购买或建造绿色建筑项目的主要障碍。Rodriguez-Nikl 等（2015）在美国开展了类似的研究，结果同样证实了这一点。Persson 和 Grönkvist（2015）认为，瑞典相关建筑师缺乏先进的节能技术知识是建造绿色建筑的最大挑战。因此，对于绿色住宅这一具有居住功能的绿色产品，本书将"绿色住宅认知"作为主要驱动因素引入理论模型中。

二 情境层面因素

（一）政策因素

政府参与是促进绿色住宅推广的最重要和最有效的方法之一（Zhang et al.，2013）。将绿色住宅的发展上升到国家战略层面，激发了绿色住宅发展的活力，特别是一系列激励措施的出台，为绿色住宅产业的发展提供了动力支持。在世界范围内，各国政府纷纷出台了大量法规和政策（预计在未来将会继续维持这一增长趋势），旨在激励和/或强制绿色住宅规范建造并提高建筑物的能效水平。在美国，每个州都制定了自己的绿色政策，以确保绿色建筑目标的实现，英国的建筑部门制定了建筑节能和碳排放的最低标准（Wang et al.，2021）。然而在中国，"政策执行力度不够"是在住宅项目中实施绿色战略的最大障碍之一（Zhang et al.，2011b）。同样在科威特，缺乏绿色住宅规范和法规是绿色住宅推广的主要障碍，因此，绿色住宅相关政策的实施将有助于促进绿色住宅的推广（Alsanad，2015）。除立法举措外，一些国家和地区的政府还出台大量激励措施，以使绿色住宅更具吸引力，激励措施常常包含经济类和非经济类措施。

制定绿色建筑政策的主要动机之一是减少对能源的依赖（Pérez-Lombard et al.，2011）。另外，Mulligan（2014）等的研究证实，绿色建筑的相关激励性政策可以减弱人们对绿色住宅初始购置成本的心理障碍。新加坡的一项研究显示，承包商、开发商、建筑师、项目经理等均表明了政府政策对促进绿色住宅发展的重要性（Low et al.，2014）。香港的一项研究证实立法是激发人们对绿色住宅兴趣的最有效手段，指出"如果不立法，人们就不会开始这样做"（Gou et al.，2013）。在马来西亚，大多数（58.3%）的受访者指出，立法和政策的影响力高于绿色住宅的其他驱动因素（Khoshnava et al.，2014）。因此，绿色住宅法规和政策的出台对提高建筑行业的可持续发展意识都是有效且有影响力的（Arif et al.，2012），同时也是促使绿色住宅主要利益相关者（如房地产商或居民）实施开发行为和购买行为的重要驱动力（Ding et al.，2018）。因此，对于绿色住宅这一具有居住功能的绿色产品，本书将"政策因素"作为主要驱动因素引入理论模型中。

（二）属性壁垒因素

尽管推行绿色住宅可以带来巨大的可持续发展效益，但较高的绿色住宅建造成本已经成为主要利益相关者建造或购买绿色住宅的一大主要障碍。与传统（非绿色）住宅相比，绿色住宅的建造成本更高，额外的成本不仅包括绿色住宅技术较高的购置成本，还包括符合设计规范的安装成本和较高的劳动力成本（Geng et al.，2012）。这可归因于一个事实，即在建筑部门，当考虑项目建设时，几乎所有各方都首先关注成本（Olubunmi et al.，2016）。Ofek 等（2018）讨论了影响以色列消费者、建筑师和建筑开发商投资决策的因素，指出潜在的能源节约以及房地产价值的增长是促进消费者决策的主要驱动力。因此，首要任务是要充分认识并制定适当的战略以打破这一障碍。

相较于人际较低的信任水平，被权威标识认证的绿色住宅产品更容易给消费者带来心理安全感，从而其支付意愿也较高，达到了74%。在消费者难以把握产品真伪时，往往更加信赖权威的第三方认证标识，因为认证标识有助于增加消费者对产品的"初始信任"（郭承龙等，2010）。Li 等（2017）的研究同样证实了这一点，消费者对权威碳标签认证的绿色产品会有更高的支付意愿。因此，在推广绿色住宅的过程中，对绿色住宅及时进行权威认证十分重要。Zhang（2015）总结了全球最重要的绿色住宅评级系统，表明绿色评级或认证已被发现是发展绿色住宅的基本外部驱动力之一，建筑业的大多数绿色住宅决策和行动都是基于经济回报的。因此，利益相关者只有在经济上可行的情况下才会使用绿色方案，除非有遵守绿色住宅评级系统的特殊要求，否则人们并不总是考虑绿色实践（Udawatta et al.，2015）。因此，对于绿色住宅这一具有居住功能的绿色产品，本书将"属性壁垒"作为主要驱动因素引入理论模型中。

（三）群体规范因素

Ajzen 和 Driver（1991）认为，群体规范指个体在决策中所感知到的来自他人、组织或社会的压力。Nolan 等（2008）表明，社会风气对节能行为有显著的促进作用。Chau 等（2010）通过离散选择实验，表明社会风气对绿色住宅支付意愿有一定的正向影响，且绿色住宅节约资源的效果越好，其支付意愿越高。Papaoikonomou 等（2011）认为，传统社会风气是造成个体绿色消费态度和其绿色消费行为之间的差距的一个重要变量。Li 等（2017）采用问卷调查，证实社会风气可以显著影响居民对碳标签产品的支付意愿。因此，对于绿色住宅这一具有居住功能的绿色产品，本书将"群体规范"作为主要驱动因素引入理论模型中。

（四）信息诉求

信息对知识社会的发展至关重要，也是提升公众认识和接受的一大重要媒介。因此，由于对绿色住宅的教育和研究不足而导致的信息缺乏，不仅使人们难以获得专业的绿色住宅知识，而且降低了公众对绿色住宅的认知，缺乏信息已经成为全球实施绿色住宅的首要障碍（Darko et al., 2017）。

以往研究发现，缺乏信息、教育、知识、意识和专业技能使绿色住宅的推广变得更加复杂，从而加剧了公众对绿色住宅较低的支付意愿与行为，因为没有正确的信息来指导他们的可持续性行动。例如，在 Panda 等（2020）进行的一项研究中，大多数开发商、消费者和建筑师认为，缺乏关于建造或购买绿色住宅的潜在优势的信息、意识和教育是马来西亚绿色住宅市场面临的最大挑战。根据 Wang 等（2014）的研究，缺乏对节能技术的了解是建筑专业人士建造绿色住宅的最大挑战。很明显，信息的缺乏在很大程度上阻碍了利益相关者开发、建造或购买绿色住宅。

广告诉求包含内容诉求和来源诉求。广告内容诉求分为利他诉求和利己诉求。广告来源诉求强调广告中信息来源的可靠性，常常被认为是一个潜在的调节变量（Osterhus，1997）。Schultz 和 Zelezny（2003）通过实证研究，发现强调利他诉求的绿色产品广告信息能促使有利他价值观的、较高环境关心水平的人购买绿色产品，而不能促使有利己价值观的、较低环境关心水平的人购买绿色产品；而利己诉求的广告信息却正向促使有利他价值观和利己价值观，以及环境关心水平较高和环境水平较低的人购买绿色产品。除广告内容外，产品环保声明的可靠性（如被值得信赖的绿色产品标识认证）也是重要的影响因素。在建筑业中，建立透明化程度高、适用范围广的建筑材料碳标签制度对客户进行低碳消费行为具有促进作用（Wu et al., 2014）。王霞等（2012）证实，企业在进行广告宣传时采取实事求是的宣传策略与消费者的支付意愿呈显著正相关（王霞等，2012）。因此，对于绿色住宅这一具有居住功能的绿色产品，本书将"信息诉求"作为主要驱动因素引入理论模型中。

三　人口统计学特征

社会人口因素是描述绿色消费群体的重要变量，并在趋势分析和营销中提供有用的信息。大多数研究均证实，消费者愿意为绿色产品和服务支付更高的价格，并且这些行为受到消费者个人特质、特征和行为的隐性影响。Eisler等（2003）认为，男性往往比女性具有更高的环境知识水平，女性似乎对环境问题有更大的关注和反应。Zhang等（2016）通过问卷调查的方式，发现居民绿色住宅支付意愿受到家庭收入、教育程度和职业特征的影响。

另外，中等收入阶层和中层管理人员的支付意愿最高，并非收入越高，职位层级越高的居民越愿意购买绿色住宅，我们不能简单地寄希望于通过经济发展提高居民收入水平来改变居民的支付偏好。根据环境偏好理论，高收入群体对环境质量的偏好要高于低收入群体，因此其拥有更高的支付意愿。但是，就污染暴露理论而言，高收入群体在住宅上的环境投资能力及污染规避能力更强，且不在意高能耗建筑所带来的较高的运行成本，因此其环境支付意愿可能并不高（Sun et al., 2017），这也证明了为什么极高收入的家庭绿色住宅支付意愿略低于中等或较高收入家庭。因此，仍需重视积极的政策鼓励及社会氛围对消费者绿色建筑购买意愿的重要推动作用。

城市居民还具有"组织工作"特征，其所处行业特征、职位层级在绿色住宅支付意愿上也具有显著差异性。基于此，本书从人口统计特征、家庭统计特征和组织工作特征三个层面探讨城市居民绿色住宅支付意愿的差异性。

第三节　绿色住宅溢价测度的相关研究

在增量成本的量化分析上，目前，关于绿色住宅增量成本仍存在争议，主要表现为三大观点。第一种观点认为绿色住宅只需很少或不增加额外费用即可实现建筑的绿色特征（Kats，2006）；第二种观点认为绿色住宅的成本高于传统普通住宅（Kim et al.，2014）；第三种观点认为绿色住宅的成本可能低于传统住宅（Dell'Anna et al.，2021）。

王洪强（2015）对中国932个绿色住宅项目的单位面积增量成本进行统计，结果表明一星级住宅增量成本为29元/平方米，二星级住宅为73元/平方米，三星级住宅为135元/平方米。随着技术的不断成熟，整体绿色建筑增量成本幅度较几年前有明显下降（丁孜政，2014）。

从世界范围内来看，Kats（2013）对100多位建筑师、绿色建筑顾问进行访谈，以获取有关美国和其他一些国家170多个绿色建筑的绿色成本溢价的信息，结果表明，大多数绿色建筑的成本略高于传统建筑，其增量成本从0%到18%不等，但超过75%的绿色建筑的成本溢价在0%—4%的范围内。Wiencke（2013）使用删失回归分析，探讨了145家瑞士公司对绿色建筑溢价的支付意愿，结果表明，与传统建筑相比，绿色建筑的增量成本平均在1.3%—7.9%区间。Zuo和Zhao（2014）认为，要获得绿色建筑委员会澳大利亚绿色五星级评级，需要4%的增量成本，但在运营阶段节省的成本将有助于抵消该增量成本。Shewmake和Viscusi（2015）认为，"绿色"标签使住宅溢价平均上升5%，并会因认证标识的严格程度和不同的市场细分而有所差异。Dwaikat等（2016）将17项实证研究的数据进行分析，表明超过90%的绿色建筑的增量成本在-0.4%—21%的范围内，甚至有研究发现绿色建筑的成本低于传统建筑。Fan和Hui（2020）研究表明，绿色成本溢价的范围从-0.4%到8.1%，具体取决于所要求的认证水平。

以上研究表明，与其夸大的售价相比，绿色建筑的增量成本相当低，其增量比率多处于-0.4%—5%区间。但现有市场上的绿色建筑的溢价远高于其增量成本，其中嵌入了大量利润（Hu et al.，2014）。

第四节　文献简要评述

综观现有研究，还存在以下不足：

（1）部分影响因素的独立性受到质疑，繁杂的变量间关系难以梳理，测量工具尚未成熟，且对绿色住宅的支付意愿与行为的影响并不稳定，难以得到有普适性和指导性的研究结论。

（2）居民在决定是否购买绿色住宅时，其决策行为常常受到个体内部复杂心理因素的影响，因此该决策行为并不一定是完全理性行为。行为经济学家 Tversky 和 Kahneman 认为，在个体面对风险决策时，价值函数比效用函数更贴合实际需求，因此他们提出以行为经济学中的前景理论来代替传统的不确定条件下决策的期望效用理论。作为前景理论的核心思想之一，损失规避理论在购买、消费、投资和金融等领域得到了广泛应用。但在绿色住宅领域，损失规避心理在绿色住宅购买过程中扮演什么样的角色，以及普遍信任（特别是陌生人之间的信任机制）是如何影响居民绿色住宅支付意愿的心理过程仍值得探讨。

（3）居民作为绿色住宅的最终用户，其选择倾向和支付意愿对绿色住宅的发展至关重要，因此，绿色住宅溢价成为过去十年间国内外研究的热点。尽管绿色住宅市场的信息不对称问题一直以来都备受关注，但以往基于计量分析的绿色住宅溢价测度研究大多得到的是宏观层面的相关关系，缺少使用现场实验方法来探讨微观层面（居民）对绿色住宅的溢价支付意愿。此外，绿色住宅信任与信息干预对绿色住宅发展的助推作用的研究尚处于起步阶段，相关实证证据还很匮乏。

（4）在成本—收益最优框架下，特别是对于绿色住宅存在的"溢价"问题，如何使居民、房地产商以及政府这三大主要利益相关者同时达到帕累托最优成为绿色住宅推广的关键，也是绿色住宅市场健康且稳定常态发展的基础。然而，以往研究只将绿色住宅市场的政策候选策略分为"有政策"和"无政策"两类，事实上，对绿色住宅市场现行政策进行文本量化与社会网络分析，发现在现实情境下，政府拥有三种候选策略——无政策、激励性政策、强制性政策。因此，如何构建崭新的博弈模型容纳三大主体共 12 种候选策略值得研究，以此助推达到绿色住宅三大主要利益相关者共赢的终极目标。

第三章　城市居民绿色住宅支付意愿响应驱动机理的理论模型

第一节　质性分析

一　质性研究设计与实施

在绿色住宅支付意愿的形成过程中,个体的心理状态和情境干扰都会影响到最终的行为选择。质性研究的过程主要包括资料收集、理论编码、理论饱和度验证(Flick,2018),具体过程如图3-1所示。

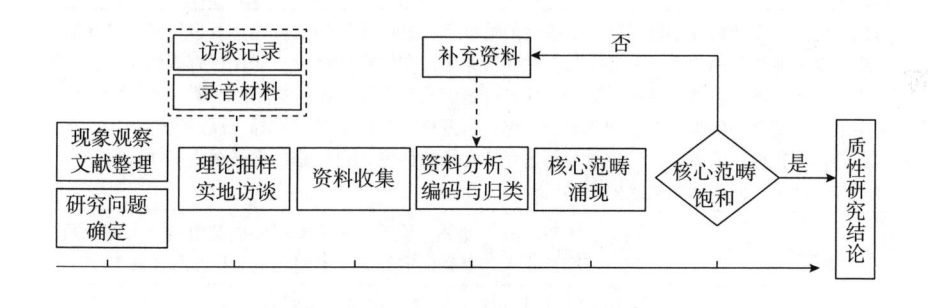

图3-1　质性研究的过程步骤

(一)抽样与资料收集

质性研究的第一步是收集调查对象的第一手相关资料。研究开展于2020年8月至9月期间,以深度访谈调查及开放式问卷相结合的方式收集相关资料,以互为补充和丰富。

为保证调查的样本具有代表性,本研究主要选取了中国的一线城市居民(北京、上海、广州、深圳)和部分新一线城市居民(杭州)作为访谈样本。随着杭州经济的不断发展，特别是以阿里巴巴为代表的企业不断崛起，许多外来人口不断涌入杭州。据统计，2017年年末杭州常住人口946.8万，相比上年净增28万，大约需要869.9万平方米的住房来满足新增人口的需求，约占杭州全年房屋销售量的一半（BSZS，2017）。

由此可知，无论是在经济发展水平、人口规模还是建筑能耗、环境污染问题上，这五大城市均具有极高的代表性。在预先确定样本结构后，累计访谈了109位居民（其中30位为深度访谈，79位为开放式问卷）。

同时，通过现有可查宏观数据进行分层抽样，保证样本在性别、年龄、学历、工作特征等上分布的合理性。

在正式访谈和发放问卷之前，需要向受访者阐明本次访谈的保密性（请访谈对象放心回答）以及有偿性（提供微信红包或小礼物）。访谈提纲及调查题项如表3-1所示。对30位城市居民进行深度访谈中，除了2位的居民中途（10分钟和15分钟）选择退出访谈，每位居民的访谈时间均在30—40分钟。

表 3-1　　　　　　　访谈提纲及调查题项

访谈主题	主要内容提纲
	绿色住宅在不降低居住的舒适性、健康性的情况下，尽可能地降低在建造及运行阶段的污染物排放，提高能源利用效率，实现人与自然和谐共生。在绿色住宅中，居民最直观的感受就是空气清新、室内湿热适中、降噪明显、在居住舒适的同时降低了耗电量和耗水量。 事实上，我们熟知的碧桂园、朗诗地产、保利、万科、万达集团、中国金茂、远洋集团、美的置业、华润置地、荣盛、绿地控股等都选择开发绿色住宅，也许您的房子就在其中，绿色住宅并不是一件离我们生活很遥远的产品。
基本信息	性别、年龄、收入水平、学历、职业、家庭成员组成、家庭成员人数、家庭月收入、家庭住宅类型、家庭住宅面积、所在城市
绿色住宅支付意愿/行为相关认知及驱动因素	●您选择支付/租赁现在所住房屋的主要原因是什么？ ●您对我国的《绿色建筑评价标准》是否了解？ ●您对目前居住环境满意吗？ ●您觉得目前的居住环境舒适吗？ ●您对绿色住宅有什么看法？ ●您是否相信国家绿色住宅星级认证的真实性和权威性？ ●您和身边的人为什么（不）愿意支付绿色住宅？ ●您对全球环境保护和当地环境保护有什么看法？

（二）资料分析、编码与归类

随机选择约2/3的样本访谈（20位为深度访谈+53位为开放式问

卷）记录，进行开放式编码、轴向式编码和选择式编码分析，剩余的约1/3样本访谈和调查记录留作理论饱和度检验。在109位被访者中，有88位被访者表达了"不信任绿色住宅所宣传的功能"，占比最高；52位被访者提及"绿色住宅比较贵"一词，位居第二，可见普遍信任与经济壁垒是阻碍居民购买绿色住宅的重要障碍。此外，"不知道绿色住宅""不认识绿色住宅标识""技术不成熟""权威认证""需要信任的人推荐""省水省电""政府监管""政府补助""契税减免""法律法规保障"等提及频次也较高，均超过20次。

此外，为保证整个编码、归类研究的可信性和可靠性，在个人编码的基础上，还咨询了本领域的相关专家学者，以提高编码和分类结果的客观性与科学性（Wakeford，2012）。

1. 开放式编码

访谈结束后，经过对资料的初始整理，首先进行的编码步骤就是开放式编码。表3-2、表3-3反映了本书对原始访谈记录的概念化和范畴化的过程，考虑篇幅限制，本书对每个范畴仅选择有代表性的原始记录语句和初始概念予以罗列。

表 3-2 绿色住宅支付意愿开放式编码过程及结果

原始资料语句（代表性语句）	范畴
原来去我们这里的售楼部问过销售，说绿色住宅在实际使用过程中会比一般房子省电费、省水费，然后从长远来看的话，对我们这种收入不是特别高的家庭来说是十分经济实用的。	经济实惠型绿色住宅支付意愿
我们是一个四代同堂的大家庭，家里房子面积也大，每个月的水电费开支真的挺高的，如果绿色住宅真的像它宣称的那样能够省水省电的话，我们是十分乐意购买的。	
我是一个对自身健康比较关心的人，而且我现在经济压力不是特别大，所以我愿意把更多的钱投入我的健康中去，特别是现在雾霾又比较严重，所以当时买房的时候我就想买一个绿色住宅，听说它里面使用了很多新技术，可以净化室内空气。	功能偏好型绿色住宅支付意愿
而且住在绿色住宅，确实发现整个小区绿化率都很高，每天从窗外望出去，心情都很好。	
我现在虽然没有足够的钱去买一个绿色住宅，但是我现在租的房子是绿色住宅，因为我对我的健康特别地看重，而且我是睡眠比较轻的人，我很讨厌有任何的杂音，绿色住宅它的隔音效果真的挺好的，我晚上睡觉的话就能睡得比较舒适。	

续表

原始资料语句（代表性语句）	范畴
我觉得国家现在大力倡导碳中和、碳减排，绿色住宅相比于普通住宅肯定是未来的发展趋势，我觉得在未来的话，可能升值空间要比现在的这种普通住宅要更大一点。	投资理财型绿色住宅支付意愿
我儿子谈了一个女朋友，感情挺好的，我估摸着明年后年就能结婚，所以我现在就在为他们四处看新房，如果可能的话，我觉得我会选择买绿色住宅吧，因为对于他们新婚夫妇来说，一是需要婚房，二是这也可能是一个非常好的一个保值，或者说升值的手段，因为绿色住宅国家大力推行，它未来肯定是有一个比较好的发展势头。	投资理财型绿色住宅支付意愿
我觉得我们现在应该用长远的眼光来看待问题，因为现在都倡导保护环境与可持续发展，如果现在我们都保护不好环境的话，我们的子孙后代就要遭殃了。 我记得上次看传单上面写绿色住宅是环境友好型的住宅，我觉得买绿色住宅也算多多少少为环境保护做贡献了，保护环境是非常重要的一方面。	生态环保型绿色住宅支付意愿
我是一个有着强烈责任感的人，我觉得如果做一些事情，能为社会带来帮助的话，我会感到非常的自豪，觉得我做这件事情是正确的，如果绿色住宅真的能像他宣传的那样为环境、为社会做出贡献，那我是十分愿意购买的。	自我认同型绿色住宅支付意愿

表3-3　绿色住宅支付意愿驱动因素开放式编码过程及结果

原始资料语句（代表性语句）	范畴
有意向购买的原因是，体现了个人面对气候变化这一人类危机的忧国忧民的个人担当。	支持态度
我觉得购买绿色住宅是一件非常正确的事情。 我非常赞同国家去推行这个绿色建筑，因为建筑行业的碳排放真的是太高了，如果不在住宅上面下功夫，那么我们国家可能永远都难以达到碳中和。	支持态度
我要自己住得好的话，我肯定会向其他人宣传，比如说我的亲戚朋友们呀，让他们都去买绿色住宅。 我自己住了绿色住宅有一年多了，我觉得它和传统普通的住宅相比，各方面儿都挺好的，设施也非常完善，然后我觉得如果我的朋友要准备买房子的话，我会向他们推荐去买绿色住宅。	带动态度

续表

原始资料语句（代表性语句）	范畴
全球环境保护和当地环境保护都是一个迫切的话题。近些年在对全球环境危机有更加深入的了解之后，对其甚为忧虑。全球环境保护更加需要各个国家充分合作，站在统一战线，不分你我，共同担责，为地球村子孙后代考虑，但事实上要做到统一，困境还有很多，这是一场长期且困难的硬战。当地环境保护更加需要每个个体为环境负责，量变导致质变，当公民都渐渐有保护环境的意识并落实到具体行动时，环境才会越来越好。 高度赞同习近平总书记"人类命运共同体"的表述，全球环境变化是人类面对的共同问题，不因种族、文化、政治制度而有差别；应结合各国发展实际，坚持"共同但有差别的责任"原则，凝聚全球共识，谋求国际合力，共同应对全球环境问题，实现人类发展的长治久安。 我对全球这种能源危机感受不是特别深刻。 我能感受到一些全球的气候变化，但是我觉得这个变化对目前的我来说并不是十分地有影响。 要想改善全球的气候环境啊，或者说节能减排，那应该全人类都一起参与进来，才可以对这些污染问题立即采取行动。	全球环境关心
当地环境保护受益者以本地为主，因此，应积极遵循"政府牵头，社会为主"的原则，充分发挥当地政府的牵头作用，在事关环境治理体系现代化的关键机制、核心技术、重大资本上发挥积极作用；并充分激发当地社区的主人翁意识，发挥人民群众在当地环境保护事业上的主体作用。最终，形成政府与人民群众的良性互动，强强联合，优势互补，则环保事业"上下同欲者胜"。 我们当地的环境污染我体会得挺深刻的，因为小区里面有时候垃圾倾倒的也不及时，风一吹，路上的一些垃圾就会飘起来。 我们市的资源短缺问题我好像没有特别关注过，感觉资源问题跟我的生活不是特别直接相关。 我肯定会为减少我们城市的环境污染做出努力呀，比如我现在就认真地进行垃圾分类。 就目前情况来看，当地环境保护较十年前有很大的进步，但要想有进一步的发展，任重道远。	当地环境关心
节能减排可能会带来日常能耗开支的节约。 我们买绿色住宅有一段时间了，因为我老公就是搞这建筑行业的，住下来确实觉得绿色住宅很不错，房间内的这个阳光通透性会比我们原来住得要好一些，而且墙面的保温效果也很好，就节省了我很多开空调的费用。 房产肯定是要增值的呀，特别是对于这种主流发展趋势的绿色住宅，我觉得增值可能会更快一点。	获得账户

续表

原始资料语句（代表性语句）	范畴
我其实挺想买绿色住宅的，但是感觉现在买的人不算多，我就怕买了之后不太好出手。	损失账户
我都没听说过有绿色住宅，就怕会不会是噱头之类的，不知道使用的材料、技术够不够成熟。	
我觉得我是一个道德感很强的人，我有同情心，我对他人非常友好，也很慷慨，乐于助人，但是我不愿意去宣传我是一个乐于助人的人，我觉得那样会很假。	道德内隐
哎呀，我觉得成为一个有同情心、慷慨、乐于助人、诚实善良的人十分重要。	
如果别人看到我买了绿色住宅，他应该会觉得我是一个支持保护环境的人吧。	道德外显
如果我参加了一些公益活动，我肯定会发朋友圈宣传的。	
我特别喜欢在微博上点赞一些有正能量事情的微博，或者说我会转发一些这样的微博，让大家知道我是一个正能量的人。	
我是一个看问题看得很长远的人，我觉得人无远虑，必有近忧。	高解释水平
平常买东西的时候，我经常会考虑这个东西我能用多久，它的性价比高不高。	
对我来说，这个东西只要满足我当前的需求就可以了，至于未来对我有没有更大的用处，其实无所谓。	低解释水平
人嘛，就要活在当下，未来的事情车到山前必有路，现在开心就好。	
你说的这些关于绿色住宅的能耗、节能之类的知识我都不知道，要不是你采访我，我根本就不会去了解。	客观认知
不了解，但是大概可以猜到主要内容是什么。	
我们最近要买房，所以我对我们当地这些各个楼盘几乎都转过了，有一些心仪的小区，当然也有一些绿色住宅小区，我去看了样板间觉得真的蛮好的。	主观认知
因为我老公是搞绿色住宅开发方面的，所以我们会经常关注一些绿色住宅的新技术。	
我马上就要买房了，现在买绿色住宅还给补贴，我看有的城市都已经开始实行契税减免了，不知道我这个城市会不会也会出台一些相应的契税减免政策，我十分关注。	
要是一些主管部门或者说规划国土部门他们制订的设计方案审查要点的话，我觉得是可以信赖，他们还是相对公正的。	设计信任
现在房地产开发商应该都会按照设计、施工图纸，认真地开展这个建造工作，不然他们会过不了审查那一关。	
我觉得相关部门对绿色住宅开展的一些运行评价是可以被信赖的。	评价信任

第三章 城市居民绿色住宅支付意愿响应驱动机理的理论模型

续表

原始资料语句（代表性语句）	范畴
我觉得售楼部有时候说的话都不能全信，还是要有自己的甄别能力，就怕他们说他们卖的是绿色住宅，其实是假绿色住宅，是一个噱头。	售卖信任
绿色住宅，人类未来。从功能来讲，绿色住宅可以实现节能减排，这可直接贡献于气候变化背景下的"碳中和"发展目标；从人文角度来看，绿色住宅更加贴近自然，符合人类返璞归真的精神需求。目前来看，绿色住宅可能在运营中实现了节能减排等绿色效果，但在其建造等环节却不一定，因此需要使用全生命周期的视角科学看待其绿色属性。	运行信任
我觉得绿色住宅肯定会节水节电，毕竟使用了新技术嘛，技术总是在发展的。	
我相信绿色住宅的室内环境应该都挺好的，特别是在那种噪声控制、湿度控制之类的。	
我相信国家绿色建筑星级认证，但是我可能也会对标一下国际绿色建筑星级认证的相关指标。	监管信任
暂不打算购买，计划观望的原因则是，绿色建筑方兴未艾，相应技术尚不完全成熟，国家监管体系等尚不成熟，这可能会有潜在的风险。	
我觉得一些发改委和建管委肯定会对绿色建筑进行严格的审查。	
现有绿色建筑购买人群相对较窄，这导致其一旦出现问题，不容易通过凝聚社会共识来谋求解决方案。	社会规范
我周围的朋友几乎没有买绿色住宅的。	
我感觉我们城市买绿色住宅这个风气还是挺浓厚的，每次去售楼部，特别是绿色小区的这种售楼部，绿色住宅很快就被抢售一空。	
我爸妈在给我买房子的时候就建议我买一个绿色住宅，因为我爸听说这个房子会对健康更好一点，我们就买了一个面积稍微小一点，但是精致智能的房子。	家庭规范
我朋友跟我说，现在绿色住宅很多都是噱头，不要乱买，所以我到目前还是打算买普通住宅。	组织规范
还是相信国家绿色建筑星级认证的真实性和权威性的，首先就是根据不同区域、不同环境等因素，国家规范标准一直在更新，淘汰不符合要求的条例；然后就是针对各分部分项工程，都有相应的行业标准、地区标准共同约束，更具有真实性和权威性。	政策完善度
我虽然不太了解，但是我觉得在国家层面的话，绿色住宅的相关法律法规应该是比较完善的。	
我都没怎么听说过有绿色住宅法律这回事儿，也有可能是我没有认真地去了解过。	
都没听说过绿色住宅，可能是我们这边的宣传不到位吧，更不知道它还有补贴优惠这种政策。	政策普及度
我不认识绿色住宅的运行标识，没有见过。	

续表

原始资料语句（代表性语句）	范畴
我觉得绿色住宅现在发展的势头很猛，那肯定离不开严格监管呀，我觉得监管机构在这个过程中肯定实施了非常严厉的监管。	政策执行度
你要说相关政府机构之间的协作能力的话，我觉得还是比较强的，因为我觉得现在我们的政府整体的运作能力都比较好，我很信任他们。	
绿色住宅是未来的趋势，符合中国可持续发展目标；对环境友好，看好绿色住宅的前景。在价格合适的情况下，我会考虑购买。	成本壁垒
国家标准没问题，但好多房屋完全达不到标准，甚至有些房屋基本功能满足不了，需要后期维修工作，这可能要花很多钱。	
买绿色住宅太贵啦，一开始买的时候成本也会高一点，然后后期可能保养我这个房子的成本也会高一点吧，就像你买一辆豪车，你每年的保养费用肯定比一般的车要贵呀。	
买绿色住宅的投资回收期太长了，虽然说可能比普通住宅能省水费省电费，但是这才多少个钱呀，什么时候才能收回本儿呢？	
不同地区的气候是不一样的，比如说我们这里都十分湿热，我觉得这种普适性的绿色住宅技术可能并不是像宣传的那样100%可行。	技术壁垒
现在的技术我感觉还有进步的空间吧，毕竟绿色住宅是一个新兴的事物，都是需要发展的。	
那肯定买一个有品牌影响力，又比较知名的房地产开发商开发的绿色建筑更有保障。	品牌壁垒
我非常看重绿色住宅的开发商自身的知名程度和竞争力。	
如果绿色住宅能够建造在教育便利的地方的话，比如说靠近一些好的学校，我会更愿意去买它。	位置壁垒
天天上下班太累了，我还没有车，所以我希望绿色住宅能建造在一些靠近地铁站的地方。	
我现在是一人住，你知道一个女孩儿拎着太多东西回家，真的挺累的，所以我想住在一个生活便利的地方，比如说离超市、菜场或者菜鸟驿站比较近的地方。	
我认为，国家绿色建筑星级认证具有一定的真实性和权威性，对于推动建筑行业绿色化发展具有积极的意义。但对于个人而言，不宜盲从，更多应将其作为建筑相对绿色程度判断的参考。主要是考虑到，认证标准不是绝对的科学成果，而是结合了政治、经济、社会等因素的时代发展的产物，必然具有很深刻的时代痕迹。这决定了其自身并非完美，需要在时代的发展中结合科学的进步不断迭代更新。	标识壁垒
如果我要买的房子能够被权威的机构认证它是绿色住宅的话，特别是那种第三方的权威机构，我觉得这样会信赖度更高一点。	

第三章 城市居民绿色住宅支付意愿响应驱动机理的理论模型

续表

原始资料语句（代表性语句）	范畴
我对绿色住宅的星级认证标准不太清楚，我希望能够在标识上清楚地标出来它是几星级。 那肯定标识等级要划分得科学、严谨呀，毕竟不同等级我们要掏的钱是不一样的，肯定希望物有所值。	标识壁垒
线下面对面的方式来向我介绍绿色住宅是最好的，因为可以直观地感受到。 要是我的同事或者说我的家人、朋友告诉我这个小区的绿色住宅住着很舒服，而且真的对我的健康有好处，那我就会留意这个房地产开发商，并且很有可能去买他们家的房子。	主动型信息诉求
要是绿色宣传广告能让我产生情感共鸣的话，我想我更会去买它。 我是一个彻头彻尾的环境主义保护者，我觉得绿色住宅的广告就应该强调它有益于环境、减少污染。 要是在广告中能直接告诉我，买绿色住宅给我带来一些什么样的增值服务，那我就觉得更好。 我觉得绿色住宅的广告应该投放在一些权威性比较高，或者普适性比较强的媒体上，比如说CCTV的广告，我会觉得更加信任他们。	被动型信息诉求
买房子一般都是男人的事，我觉得这个应该我老公会更在意一些。 我作为一个大男子汉，我肯定要更有担当，特别是在环境保护方面。 推广绿色住宅应该是不分年龄、不分性别、不分种族的，大家都来买才行。	性别
推广绿色住宅应该是不分年龄，不分性别、不分种族的，大家都来买才行。 我觉得等我年龄大一点，然后经济稍微宽裕一点的话，我可能会更愿意买。 这种绿色住宅相关的知识，我觉得像我爸妈那个年纪的人，可能都不知道，应该主动向他们进行宣传。 现在的年轻人应该都比较喜欢买这种绿色住宅、智能住宅吧。	年龄
现在大家的环境保护意识都上去了，感觉这跟我们现在的文化水平普遍提高有很大的关系。	受教育水平
我是一搞研发的，然后我老婆是一名大学老师，所以多多少少会有点研究。	职业类型
我就是建筑行业的，所以对绿色住宅也多多少少了解过。 我在政府部门上班，所以我会更加注重生态环保，这毕竟是当下非常重要的国家政策。	工作单位所属行业
我觉得像一些高管、社会精英，他们会更有能力去买绿色住宅。 我只是一个基层员工，我平常累得团团转。有点时间就想休息，也没有心情去关注环保这样的事情。	职位层级

续表

原始资料语句（代表性语句）	范畴
我老婆现在在怀孕阶段，所以我们就想给小宝宝营造一个更好的居住环境。 父母年龄现在越来越大了，对健康的需求也越来越高，有能力的话还是想让他们住得更好一点。	家庭成员构成
我们家的收入水平一般，所以我们会把钱花在刀刃上，并不会去过分追求住宅的品质。 我想，如果我每个月收入要更高一点的话，我会选择买绿色住宅，这样还房贷的压力会小一点。	家庭月收入
我们现在这个房子买了有三四年了，住得一直都挺好的。 你知道在这种大城市买个房子真的是太难了，所以现在我们一直都是租房子住。	家庭住宅类型
我想以后买一个面积小一点儿的房子。但是要精致一点，智能一点，绿色一点，我们现在住的这个房子面积有将近200平方米，打扫一次太麻烦了，如果没有阿姨给我帮忙，我可能会特别累。	家庭住宅面积

2. 主轴编码

第二级的编码为主轴编码，其主要任务是发现范畴之间的潜在逻辑联系。主范畴的形成过程（主轴编码过程）如表3-4所示。

表3-4 主轴编码过程及结果

范畴关系的内涵	对应子范畴	主范畴
城市居民出于长远的经济节省的动机而愿意购买绿色住宅	经济实惠型支付意愿	绿色住宅支付意愿
城市居民出于自身健康需求、居住舒适需求、配套完善需求等动机而愿意购买绿色住宅	功能偏好型支付意愿	
城市居民出于长远的保值、升值潜力的动机而愿意购买绿色住宅	投资理财型支付意愿	
城市居民出于满足自身崇高社会责任感的动机而愿意购买绿色住宅	自我认同型支付意愿	
城市居民出于环境友好、建设美好家园的动机而愿意购买绿色住宅	生态环保型支付意愿	
支持态度是影响城市居民绿色住宅支付意愿的个体心理层面的个体态度因素	支持态度	个体态度
带动态度是影响城市居民绿色住宅支付意愿的个体心理层面的个体态度因素	带动态度	

第三章 城市居民绿色住宅支付意愿响应驱动机理的理论模型

续表

范畴关系的内涵	对应子范畴	主范畴
获得账户是影响城市居民绿色住宅支付意愿的个体心理层面的绿色住宅心理账户因素	获得账户	绿色住宅心理账户
损失账户是影响城市居民绿色住宅支付意愿的个体心理层面的绿色住宅心理账户因素	损失账户	
道德内隐是影响城市居民绿色住宅支付意愿的个体心理层面的道德认同因素	道德内隐	道德认同
道德外显是影响城市居民绿色住宅支付意愿的个体心理层面的道德认同因素	道德外显	
高解释水平是影响城市居民绿色住宅支付意愿的个体心理层面的解释水平因素	高解释水平	解释水平
低解释水平是影响城市居民绿色住宅支付意愿的个体心理层面的解释水平因素	低解释水平	
全球环境关心是影响城市居民绿色住宅支付意愿的个体心理层面的环境关心因素	全球环境关心	环境关心
当地环境关心是影响城市居民绿色住宅支付意愿的个体心理层面的环境关心因素	当地环境关心	
主观认知是影响城市居民绿色住宅支付意愿的个体心理层面的绿色住宅认知因素	主观认知	绿色住宅认知
客观认知是影响城市居民绿色住宅支付意愿的个体心理层面的绿色住宅认知因素	客观认知	
居民对绿色住宅设计环节的信任程度会进一步影响其支付意愿产生与否	设计信任	普遍信任
居民对绿色住宅评价环节的信任程度会进一步影响其支付意愿产生与否	评价信任	
居民对绿色住宅售卖环节的信任程度会进一步影响其支付意愿产生与否	售卖信任	
居民对绿色住宅运行环节的信任程度会进一步影响其支付意愿产生与否	运行信任	
居民对绿色住宅监管环节的信任程度会进一步影响其支付意愿产生与否	监管信任	
主动型信息诉求是影响城市居民绿色住宅支付意愿的外在情境层面的信息诉求因素	主动型信息诉求	信息诉求
被动型信息诉求是影响城市居民绿色住宅支付意愿的外在情境层面的信息诉求因素	被动型信息诉求	

续表

范畴关系的内涵	对应子范畴	主范畴
政策完善度是影响城市居民绿色住宅支付意愿的外在情境层面的政策标准因素	政策完善度	政策标准
政策普及度是影响城市居民绿色住宅支付意愿的外在情境层面的政策标准因素	政策普及度	
政策执行度是影响城市居民绿色住宅支付意愿的外在情境层面的政策标准因素	政策执行度	
成本壁垒是影响城市居民绿色住宅支付意愿的外在情境层面的属性壁垒因素	成本壁垒	属性壁垒
技术壁垒是影响城市居民绿色住宅支付意愿的外在情境层面的属性壁垒因素	技术壁垒	
品牌壁垒是影响城市居民绿色住宅支付意愿的外在情境层面的属性壁垒因素	品牌壁垒	
位置壁垒是影响城市居民绿色住宅支付意愿的外在情境层面的属性壁垒因素	位置壁垒	
标识壁垒是影响城市居民绿色住宅支付意愿的外在情境层面的属性壁垒因素	标识壁垒	
社会规范是影响城市居民绿色住宅支付意愿的外在情境层面的群体规范因素	社会规范	群体规范
家庭规范是影响城市居民绿色住宅支付意愿的外在情境层面的群体规范因素	家庭规范	
组织规范是影响城市居民绿色住宅支付意愿的外在情境层面的群体规范因素	组织规范	
性别、年龄、受教育水平	人口统计变量	社会人口学变量
职业类型、工作单位所属行业、职位层级	组织工作变量	
家庭收入水平、家庭成员构成、家庭住宅类型、家庭住宅面积	家庭统计变量	

3. 选择性编码

选择性编码是从主范畴中挖掘核心范畴，进而分析核心范畴与主范畴及其他范畴的联结关系，本书主范畴典型关系如表 3-5 所示。

表 3-5　　　　　　　　　选择性编码结果

关系结构的内涵	典型关系结构	核心范畴
普遍信任是绿色住宅支付意愿的内驱因素，普遍信任直接决定居民是否会进行绿色住宅支付意愿	普遍信任→绿色住宅支付意愿	绿色住宅支付意愿驱动机理
绿色住宅支付意愿能够强化普遍信任，带来正向的普遍信任体验	绿色住宅支付意愿→普遍信任	
居民心理因素是绿色住宅支付意愿的内驱因素，居民心理因素直接决定其是否会产生绿色住宅支付意愿	个体心理因素→绿色住宅支付意愿	
情境因素是绿色住宅支付意愿的内驱因素，情境因素直接决定居民是否会产生绿色住宅支付意愿	情境因素→绿色住宅支付意愿	
居民的个体态度、环境关心、绿色住宅心理账户、道德认同、解释水平、绿色住宅认知会决定居民对于支付意愿结果的感知，即该项意愿能否提升自己对绿色住宅设计信任、评价信任、售卖信任、运行信任和监管信任各个方面的信任度，进而决定是否购买绿色住宅	个体心理因素→普遍信任→绿色住宅支付意愿	
政策标准、属性壁垒、群体规范、信息诉求等情境因素是绿色住宅支付意愿的外部制约因素，情境因素作为调节变量影响普遍信任—绿色住宅支付意愿之间的关系强度和关系方向	情境因素↓普遍信任→绿色住宅支付意愿	
社会人口学变量（性别、年龄、学历、政治面貌、收入水平、行业特征、单位性质、职务层级、家庭结构、家务承担倾向等）对绿色住宅支付意愿存在显著的直接影响，社会人口学变量直接决定居民的绿色住宅支付意愿	社会人口学变量→绿色住宅支付意愿	

4. 饱和度检验

Glaser 和 Holton（1967）提出"理论饱和"的标准，用来判断针对某一结构范畴的取样是否饱和。本书用另外 8 份访谈资料和 26 份开放式问卷资料的调查记录（约占总样本的 1/3）进行理论饱和度检验。结果显示，模型中的类别和范畴已经发展得非常丰富，上述绿色住宅支付意愿及其驱动因素的结构在理论上是饱和的。

二　驱动机理的研究变量界定

（一）绿色住宅支付意愿

在前文中，本书对城市居民的绿色住宅支付意愿进行了界定，是指在绿色住宅的推广过程中，城市居民住宅的主要购买者与使用者，在对绿色住宅进行综合评估后仍愿意主动购买绿色住宅，以助力实现建筑行业资源节约与环境友好的目的。通过文献回顾，在有关消费心理与行为结构维度的研究中，鲜有从意愿发生动机的视角将此类支付意愿进行分类的。在有关意愿与行为选择的研究中，可以发现：

在一些节能潜力较大的城市绿色住宅发展速度较快（如一线城市），其居民的总体富裕程度较高，房地产市场更加繁荣，这些均可能导致绿色住宅投资的经济效益提高（Sharma et al.，2018）。研究表明，节能绿色建筑的初步建设成本一般高于常规建筑，差异可以从0%变化到多达20%（Zhang et al.，2011a）。

但是，绿色住宅并不总是存在成本壁垒，从长期来看，其经济效益是显著的。绿色住宅生命周期成本的降低可以直接与诸如用水量减少和节能等问题联系在一起。Brotman（2016）观察到，当水电费很高时，利益相关者会被驱使采用节能技术。这与其他几项调查相呼应，包括Ade和Rehm（2020）发现，能源成本上升已成为利益相关者将绿色住宅原则纳入其项目的关键驱动力，而且这一驱动力随着时间的推移没有明显变化。这些研究表明，利益相关者已经认识到实施绿色住宅技术的重要性，以节约能源，进而减少他们的水电费。在一些国家，如美国、希腊、马来西亚、伊朗、英国、印度和澳大利亚，采用绿色住宅做法的最重要驱动力是节能。因此，本书将居民对高初始成本与低运行成本的不同意愿选择称为"投资理财型支付意愿"和"经济实惠型支付意愿"。

居住者满意度是绿色建筑评价中的重要类别，是其运行效果的直接反映。大量证据表明，较为优质的室内环境可以提高居住者的满意度与幸福感（Al Horr et al.，2016）。影响室内环境质量和居住者满意度的因素可分为物理因素和非物理因素（Choi et al.，2017）。在主观调查方面，居住者的反馈通常是通过纸质问卷或在线网站链接收集的，如Building Use Studies Occupant Survey等。Devine和Kok（2015）发现，绿色住宅的租户满意度比非绿色住宅的租户要高4%。在中国，绿色建筑中的居民IEQ满意度高于传统建筑中的IEQ满意度。因此，本书将为享受绿色住宅优质功能而选择购买绿色住宅的支付意愿称为"功能偏好型支付意愿"。

社会责任感较强的居民常常更愿意购买绿色住宅，因为他们认为尽自己所能保护环境是理所应当的行动，是自身较高责任感与道德感的体现。在一些富裕的北欧国家中，公民的亲环境行为很大程度源于公民自身的环境责任感（Thogersen，1996），本书将这类行为称为"生态环保型支付意愿"。

个体常常乐意执行自身所认为崇高的行为，他们认为行为是个体价值观的体现，价值观不仅可以在意识层面影响行为决策，还可以在无意识层面发挥作用。可以看出，个体的内在心理因素会影响自身绿色住宅支付意愿，本书认为这些因素源于个体本身，是一种"自我认同型支付意愿"。

结合上述分析及质性分析结果，本书基于城市居民绿色住宅支付意愿的不同利益动机偏好，可将绿色住宅支付意愿划分为五种类型：经济实惠型支付意愿、功能偏好型支付意愿、投资理财型支付意愿、生态环保型支付意愿和自我认同型支付意愿。其中，经济实惠型支付意愿是指，城市居民出于长远的经济节省的动机而愿意购买绿色住宅；功能偏好型支付意愿是指城市居民出于自身健康需求、居住舒适需求、配套完善需求等动机而愿意购买绿色住宅；投资理财型支付意愿指的是城市居民出于长远的保值、升值潜力的动机而愿意购买绿色住宅；自我认同型支付意愿是指城市居民出于满足自身崇高社会责任感的动机而愿意购买绿色住宅；生态环保型支付意愿是指城市居民出于环境友好、建设美好家园的动机而愿意购买绿色住宅。

（二）普遍信任

责任分散作为绿色消费行为的一个典型特征，要实现整个社会资源的可持续发展与合理利用，就需要全体成员来共同践行绿色消费行为。而对于购买绿色住宅这一具有较高购置成本属性的绿色消费行为，居民在决定是否购买时，常常面临两难选择，会在自身利益与保护环境、自身利益与他人利益、短期利益与长远利益之间进行取舍，此时便产生了社会困境问题。社会困境指社会的集体利益与其成员的个人利益相冲突的情况。如果大多数或全体成员都以自身利益为重，那么最终所有个体的自利性结果所带来的价值就会比他们选择合作时更低（Tam et al.，2018）。

如果个体只关注自身利益，社会困境问题就很难解决（Milinski et al.，2006）。即便对于大多数亲环境个体，他们在面对社会困境时也常选择有条件的合作（Fehr-Duda et al.，2016）。亲环境个体不愿意无私地做出贡献，因为他们害怕其他人的搭便车行为。但当他们知道其他人也有贡献时，则亲环境个体会更愿意做出贡献。这些有条件合作者的决定取决于他们对其他人贡献行为的信任程度（Cohen et al.，2017）。如果他们拥有较高水平的普遍信任,他们就会信任其他人也能实施亲环境行为,此时他们不愿意过分关注搭便车者,而是愿意以亲环境的方式做出贡献并采取行动。

因此,本书将普遍信任作为重要的中介变量。普遍信任指的是对人性的积极展望或对他人仁慈的期望,是个体对关系疏远或陌生人持有的积极性预期(Nguyen et al.,2017)。Graafland(2020)进一步解释说,由于社会困境本质上是自利和仁慈之间的冲突,信任他人的人更愿意相信他人会在社会困境中合作,从而表现出更多的合作行为。特别是当社会困境涉及自身利益和集体利益之间的大量冲突时,普遍信任与群体合作行为之间的正相关性尤其明显(Graafland,2020)。

相比之下,如果他们不相信其他人也会实施亲环境行为,由于害怕搭便车者,他们不愿意做出环境贡献。因此,较高水平的普遍信任可以缓和对他人搭便车行为的反感及恐惧,因为它会让亲环境个体相信他人也愿意为环境做出贡献(Fischbacher et al.,2000)。

(三)群体规范

在日常生活中,当公众面临环境问题时,所感受到的社区舆论氛围、群体价值取向、道德评判准则等,都属于群体规范的范畴。Onuoha 等(2018)认为,群体压力指个体在决策中所感知到的来自他人、组织或社会的压力。吴真(2019)研究发现由居民相互鼓励所形成的群体压力与氛围可显著促使厦门市居民参与亲环境运动。程志宇和王朝晖(2012)探究了环境问题感知、资源节约知识、感知价值和群体压力对居民节能消费行为的影响路径,证实了群体压力通过感知价值对绿色购买意愿与行为产生影响。Illankoon 等(2017)表明社会风气对节能行为有显著促进作用。Yadav 和 Pathak(2017)表明社会风气对绿色住宅支付意愿有一定的正向影响,且绿色住宅节约资源的效果越好,其支付意愿越高。Ye 等(2015)认为,传统社会风气是造成个体绿色消费态度和其绿色消费行为之间的差距的一个重要变量。Donald 等(2014)通过研究发现社会风气能够显著地影响居民的出行方式,有助于保持低碳出行方式选择的稳定性。He 等(2018)采用问卷调研,证实社会风气可以显著影响居民对碳标签产品的支付意愿。本书结合质性分析结果,将城市居民接触的群体规范界定为家庭氛围、组织氛围、社会氛围。

(四) 社会人口学变量

社会人口学变量包括个人统计特征、家庭统计特征和组织统计特征。其中，个人统计特征包含性别、年龄、受教育水平、婚姻状况；家庭统计特征因素中选取了家庭成员组成、家庭月收入、家庭住宅类型、家庭住宅面积；组织统计特征因素选取了职业类型、工作单位所属行业、职位层级。

第二节 模型构建与基本假设

通过前文分析，城市居民绿色住宅支付意愿的主要驱动因素包括个体心理因素（个体态度、绿色住宅心理账户、道德认同、解释水平、环境关心、绿色住宅认知）、普遍信任、情境因素（信息诉求、政策标准、属性壁垒、群体规范），且居民绿色住宅支付意愿在社会人口学变量上可能存在差异性。具体表现如下。

一 个体心理因素对城市居民绿色住宅支付意愿的影响

（一）个体态度对城市居民绿色住宅支付意愿的影响

基于第二章的文献综述和第三章第一节的质性分析，将个体态度划分为支持态度和带动态度两类。基于此，提出研究假设：

H1：个体态度对城市居民绿色住宅支付意愿存在显著的影响作用。

H1-1—H1-5：个体态度对城市居民经济实惠型/功能偏好型/投资理财型/生态环保型/自我认同型支付意愿存在显著的影响作用。

H1a：支持态度对城市居民绿色住宅支付意愿存在显著的影响作用。

H1a-1—H1a-5：支持态度对城市居民经济实惠型/功能偏好型/投资理财型/生态环保型/自我认同型支付意愿存在显著的影响作用。

H1b：带动态度对城市居民绿色住宅支付意愿存在显著的影响作用。

H1b-1—H1b-5：带动态度对城市居民经济实惠型/功能偏好型/投资理财型/生态环保型/自我认同型支付意愿存在显著的影响作用。

（二）绿色住宅心理账户对城市居民绿色住宅支付意愿的影响

基于第二章的文献综述和第三章第一节的质性分析，将绿色住宅心理账户划分为获得账户和损失账户两类。基于此，提出研究假设：

H2：绿色住宅心理账户对城市居民绿色住宅支付意愿存在显著的影

响作用。

H2-1—H2-5：绿色住宅心理账户对城市居民经济实惠型/功能偏好型/投资理财型/生态环保型/自我认同型支付意愿存在显著的影响作用。

H2a：获得账户对城市居民绿色住宅支付意愿存在显著的影响作用。

H2a-1—H2a-5：获得账户对城市居民经济实惠型/功能偏好型/投资理财型/生态环保型/自我认同型支付意愿存在显著的影响作用。

H2b：损失账户对城市居民绿色住宅支付意愿存在显著的影响作用。

H2b-1—H2b-5：损失账户对城市居民经济实惠型/功能偏好型/投资理财型/生态环保型/自我认同型支付意愿存在显著的影响作用。

（三）道德认同对城市居民绿色住宅支付意愿的影响

基于第二章的文献综述和第三章第一节的质性分析，将道德认同划分为道德内隐和道德外显两类。基于此，提出假设：

H3：道德认同对城市居民绿色住宅支付意愿存在显著的影响作用。

H3-1—H3-5：道德认同对城市居民经济实惠型/功能偏好型/投资理财型/生态环保型/自我认同型支付意愿存在显著的影响作用。

H3a：道德内隐对城市居民绿色住宅支付意愿存在显著的影响作用。

H3a-1—H3a-5：道德内隐对城市居民经济实惠型/功能偏好型/投资理财型/生态环保型/自我认同型支付意愿存在显著的影响作用。

H3b—H3b-5：道德外显对城市居民绿色住宅支付意愿存在显著的影响作用。

H3b-1—H3b-5：道德外显对城市居民经济实惠型/功能偏好型/投资理财型/生态环保型/自我认同型支付意愿存在显著的影响作用。

（四）解释水平对城市居民绿色住宅支付意愿的影响

基于第二章的文献综述和第三章第一节的质性分析，将解释水平划分为高解释水平和低解释水平两类。基于此，提出假设：

H4：解释水平对城市居民绿色住宅支付意愿存在显著的影响作用。

H4-1—H4-5：解释水平对城市居民经济实惠型/功能偏好型/投资理财型/生态环保型/自我认同型支付意愿存在显著的影响作用。

H4a：高解释水平对城市居民绿色住宅支付意愿存在显著的影响作用。

H4a-1—H4a-5：高解释水平对城市居民经济实惠型/功能偏好型/投资理财型/生态环保型/自我认同型支付意愿存在显著的影响作用。

H4b：低解释水平对城市居民绿色住宅支付意愿存在显著的影响作用。

H4b-1—H4b-5：低解释水平对城市居民经济实惠型/功能偏好型/投资理财型/生态环保型/自我认同型支付意愿存在显著的影响作用。

（五）环境关心对城市居民绿色住宅支付意愿的影响

基于第二章的文献综述和第三章第一节的质性分析，将环境关心划分为全球环境关心和当地环境关心两类。基于此，提出假设：

H5：环境关心对城市居民绿色住宅支付意愿存在显著的影响作用。

H5-1—H5-5：环境关心对城市居民经济实惠型/功能偏好型/投资理财型/生态环保型/自我认同型支付意愿存在显著的影响作用。

H5a：全球环境关心对城市居民绿色住宅支付意愿存在显著的影响作用。

H5a-1—H5a-5：全球环境关心对城市居民经济实惠型/功能偏好型/投资理财型/生态环保型/自我认同型支付意愿存在显著的影响作用。

H5b：当地环境关心对城市居民绿色住宅支付意愿存在显著的影响作用。

H5b-1—H5b-5：当地环境关心对城市居民经济实惠型/功能偏好型/投资理财型/生态环保型/自我认同型支付意愿存在显著的影响作用。

（六）绿色住宅认知对城市居民绿色住宅支付意愿的影响

基于第二章的文献综述和第三章第一节的质性分析，多数研究者认为环境认知对个体的环保类行为存在显著的预测作用。但也有学者指出了环境认知与行为决策的不一致性，因此城市居民对绿色住宅的认知与支付意愿与行为之间的关系需要进一步探究，故提出如下假设：

H6：绿色住宅认知对城市居民绿色住宅支付意愿存在显著的影响作用。

H6-1—H6-5：绿色住宅认知对城市居民经济实惠型/功能偏好型/投资理财型/生态环保型/自我认同型支付意愿存在显著的影响作用。

H6a：主观认知对城市居民绿色住宅支付意愿存在显著的影响作用。

H6a-1—H6a-5：主观认知对城市居民经济实惠型/功能偏好型/投资理财型/生态环保型/自我认同型支付意愿存在显著的影响作用。

H6b：客观认知对城市居民绿色住宅支付意愿存在显著的影响作用。

H6b-1—H6b-5：客观认知对城市居民经济实惠型/功能偏好型/投资

理财型/生态环保型/自我认同型支付意愿存在显著的影响作用。

二 普遍信任对城市居民绿色住宅支付意愿的影响

基于第二章的文献综述和第三章第一节的质性分析，将普遍信任划分为设计信任、评价信任、售卖信任、运行信任和监管信任五个维度。基于此，提出假设：

H7：普遍信任对城市居民绿色住宅支付意愿存在显著的影响作用。

H7-1—H7-5：普遍信任对城市居民经济实惠型/功能偏好型/投资理财型/生态环保型/自我认同型支付意愿存在显著的影响作用。

H7a：设计信任对城市居民绿色住宅支付意愿存在显著的影响作用。

H7a-1—H7a-5：设计信任对城市居民经济实惠型/功能偏好型/投资理财型/生态环保型/自我认同型支付意愿存在显著的影响作用。

H7b：评价信任对城市居民绿色住宅支付意愿存在显著的影响作用。

H7b-1—H7b-5：评价信任对城市居民经济实惠型/功能偏好型/投资理财型/生态环保型/自我认同型支付意愿存在显著的影响作用。

H7c：售卖信任对城市居民绿色住宅支付意愿存在显著的影响作用。

H7c-1—H7c-5：售卖信任对城市居民经济实惠型/功能偏好型/投资理财型/生态环保型/自我认同型支付意愿存在显著的影响作用。

H7d：运行信任对城市居民绿色住宅支付意愿存在显著的影响作用。

H7d-1—H7d-5：运行信任对城市居民经济实惠型/功能偏好型/投资理财型/生态环保型/自我认同型支付意愿存在显著的影响作用。

H7e：监管信任对城市居民绿色住宅支付意愿存在显著的影响作用。

H7e-1—H7e-5：监管信任对城市居民经济实惠型/功能偏好型/投资理财型/生态环保型/自我认同型支付意愿存在显著的影响作用。

三 普遍信任对个体心理因素与城市居民绿色住宅支付意愿之间关系的中介作用

基于第二章的文献综述和第三章第一节的质性分析，提出假设：

H8：个体态度各维度通过普遍信任间接作用于城市居民绿色住宅支付意愿。

H8-1—H8-5：个体态度各维度通过普遍信任间接作用于城市居民经济实惠型/功能偏好型/投资理财型/生态环保型/自我认同型支付意愿。

H9：绿色住宅心理账户各维度通过普遍信任间接作用于城市居民绿色住宅支付意愿。

H9-1—H9-5：绿色住宅心理账户各维度通过普遍信任间接作用于城市居民经济实惠型/功能偏好型/投资理财型/生态环保型/自我认同型支付意愿。

H10：道德认同各维度通过普遍信任间接作用于城市居民绿色住宅支付意愿。

H10-1—H10-5：道德认同各维度通过普遍信任间接作用于城市居民经济实惠型/功能偏好型/投资理财型/生态环保型/自我认同型支付意愿。

H11：解释水平各维度通过普遍信任间接作用于城市居民绿色住宅支付意愿。

H11-1—H11-5：解释水平各维度通过普遍信任间接作用于城市居民经济实惠型/功能偏好型/投资理财型/生态环保型/自我认同型支付意愿。

H12：环境关心各维度通过普遍信任间接作用于城市居民绿色住宅支付意愿。

H12-1—H12-5：环境关心各维度通过普遍信任间接作用于城市居民经济实惠型/功能偏好型/投资理财型/生态环保型/自我认同型支付意愿。

H13：绿色住宅认知各维度通过普遍信任间接作用于城市居民绿色住宅支付意愿。

H13-1—H13-5：绿色住宅认知各维度通过普遍信任间接作用于城市居民经济实惠型/功能偏好型/投资理财型/生态环保型/自我认同型支付意愿。

四　情境因素对城市居民绿色住宅支付意愿的影响

（一）信息诉求对城市居民绿色住宅支付意愿的影响

基于第二章的文献综述和第三章第一节的质性分析，将信息诉求划分为主动型信息诉求和被动型信息诉求两个维度。基于此，提出假设：

H14：信息诉求对城市居民绿色住宅支付意愿存在显著的影响作用。

H14-1—H14-5：信息诉求对城市居民经济实惠型/功能偏好型/投资理财型/生态环保型/自我认同型支付意愿存在显著的影响作用。

H14a：主动型信息诉求对城市居民绿色住宅支付意愿存在显著的影响作用。

H14a-1—H14a-5：主动型信息诉求对城市居民经济实惠型/功能偏好型/投资理财型/生态环保型/自我认同型支付意愿存在显著的影响作用。

H14b：被动型信息诉求对城市居民绿色住宅支付意愿存在显著的影响作用。

H14b-1—H14b-5：被动型信息诉求对城市居民经济实惠型/功能偏好型/投资理财型/生态环保型/自我认同型支付意愿存在显著的影响作用。

（二）政策标准对城市居民绿色住宅支付意愿的影响

基于第二章的文献综述和第三章第一节的质性分析，将政策标准划分为政策完善度、政策普及度、政策执行度三个维度。基于此，提出假设：

H15：政策标准对城市居民绿色住宅支付意愿存在显著的影响作用。

H15-1—H15-5：政策标准对城市居民经济实惠型/功能偏好型/投资理财型/生态环保型/自我认同型支付意愿存在显著的影响作用。

H15a：政策完善度对城市居民绿色住宅支付意愿存在显著的影响作用。

H15a-1—H15a-5：政策完善度对城市居民经济实惠型/功能偏好型/投资理财型/生态环保型/自我认同型支付意愿存在显著的影响作用。

H15b：政策普及度对城市居民绿色住宅支付意愿存在显著的影响作用。

H15b-1—H15b-5：政策普及度对城市居民经济实惠型/功能偏好型/投资理财型/生态环保型/自我认同型支付意愿存在显著的影响作用。

H15c：政策执行度对城市居民绿色住宅支付意愿存在显著的影响作用。

H15c-1—H15c-5：政策执行度对城市居民经济实惠型/功能偏好型/投资理财型/生态环保型/自我认同型支付意愿存在显著的影响作用。

（三）属性壁垒对城市居民绿色住宅支付意愿的影响

基于第二章的文献综述和第三章第一节的质性分析，将属性壁垒划分为成本壁垒、技术壁垒、品牌壁垒、位置壁垒和标识壁垒五个维度。基于此，提出假设：

H16：属性壁垒对城市居民绿色住宅支付意愿存在显著的影响作用。

H16-1—H16-5：属性壁垒对城市居民经济实惠型/功能偏好型/投资理财型/生态环保型/自我认同型支付意愿存在显著的影响作用。

H16a：成本壁垒对城市居民绿色住宅支付意愿存在显著的影响作用。

H16a-1—H16a-5：成本壁垒对城市居民经济实惠型/功能偏好型/投资理财型/生态环保型/自我认同型支付意愿存在显著的影响作用。

H16b：技术壁垒对城市居民绿色住宅支付意愿存在显著的影响作用。

H16b-1—H16b-5：技术壁垒对城市居民经济实惠型/功能偏好型/投资理财型/生态环保型/自我认同型支付意愿存在显著的影响作用。

H16c：品牌壁垒对城市居民绿色住宅支付意愿存在显著的影响作用。

H16c-1—H16c-5：品牌壁垒对城市居民经济实惠型/功能偏好型/投资理财型/生态环保型/自我认同型支付意愿存在显著的影响作用。

H16d：位置壁垒对城市居民绿色住宅支付意愿存在显著的影响作用。

H16d-1—H16d-5：位置壁垒对城市居民经济实惠型/功能偏好型/投资理财型/生态环保型/自我认同型支付意愿存在显著的影响作用。

H16e：标识壁垒对城市居民绿色住宅支付意愿存在显著的影响作用。

H16e-1—H16e-5：标识壁垒对城市居民经济实惠型/功能偏好型/投资理财型/生态环保型/自我认同型支付意愿存在显著的影响作用。

（四）群体规范对城市居民绿色住宅支付意愿的影响

基于第二章的文献综述和第三章第一节的质性分析，将群体规范划分为社会规范、家庭规范、组织规范三个维度。基于此，提出假设：

H17：群体规范对城市居民绿色住宅支付意愿存在显著的影响作用。

H17-1—H17-5：群体规范对城市居民经济实惠型/功能偏好型/投资理财型/生态环保型/自我认同型支付意愿存在显著的影响作用。

H17a：社会规范对城市居民绿色住宅支付意愿存在显著的影响作用。

H17a-1—H17a-5：社会规范对城市居民经济实惠型/功能偏好型/投资理财型/生态环保型/自我认同型支付意愿存在显著的影响作用。

H17b：家庭规范对城市居民绿色住宅支付意愿存在显著的影响作用。

H17b-1—H17b-5：家庭规范对城市居民经济实惠型/功能偏好型/投资理财型/生态环保型/自我认同型支付意愿存在显著的影响作用。

H17c：组织规范对城市居民绿色住宅支付意愿存在显著的影响作用。

H17c-1—H17c-5：组织规范对城市居民经济实惠型/功能偏好型/投资理财型/生态环保型/自我认同型支付意愿存在显著的影响作用。

五 情境因素对普遍信任与城市居民绿色住宅支付意愿之间关系的调节作用

环境行为的相关研究中，情境变量一般是指对个体发生环保类行为有影响的外界变量。在本书中，这些变量包括信息诉求（主动型信息诉求、被动型信息诉求）、政策标准（政策完善度、政策普及度、政策执行度）、属性壁垒（成本壁垒、技术壁垒、品牌壁垒、位置壁垒、标识壁垒）和群体规范（家庭规范、组织规范、社会规范）。基于第二章的文献综述和第三章第一节的质性分析，从以上四个方面对情境因素的调节作用进行探讨。基于此，所提假设如下：

H18：信息诉求对普遍信任作用于城市居民绿色住宅支付意愿的路径关系存在显著调节作用。

H18a—H18b：主动型信息诉求/被动型信息诉求对普遍信任作用于城市居民绿色住宅支付意愿的路径关系存在显著调节作用。

H19：政策标准对普遍信任作用于城市居民绿色住宅支付意愿的路径关系存在显著调节作用。

H19a—H19c：政策完善度/政策普及度/政策执行度对普遍信任作用于城市居民绿色住宅支付意愿的路径关系存在显著调节作用。

H20：属性壁垒对普遍信任作用于城市居民绿色住宅支付意愿的路径关系存在显著调节作用。

H20a—H20e：成本壁垒/技术壁垒/品牌壁垒/位置壁垒/标识壁垒对普遍信任作用于城市居民绿色住宅支付意愿的路径关系存在显著调节作用。

H21：群体规范对普遍信任作用于城市居民绿色住宅支付意愿的路径关系存在显著调节作用。

H21a—H21c：家庭规范/组织规范/社会规范对普遍信任作用于城市居民绿色住宅支付意愿的路径关系存在显著调节作用。

六 社会人口学变量对城市居民绿色住宅支付意愿的影响

本书选取了人口统计特征（性别、年龄、受教育水平）、组织工作特征（职业类型、工作单位所属行业、职位层级）和家庭统计特征（家庭成员构成、家庭收入水平、家庭住宅类型、家庭住宅面积）共10个变量，假设绿色住宅支付意愿在不同社会人口变量上存在显著的差异性，即：

H22：城市居民绿色住宅支付意愿及各维度在不同人口统计特征上呈现出显著差异。

H22a—H22c：城市居民绿色住宅支付意愿及各维度在性别/年龄/受

教育水平上呈现出显著差异。

H23：城市居民绿色住宅支付意愿及各维度在不同家庭统计特征上呈现出显著差异。

H23a—H23d：城市居民绿色住宅支付意愿及各维度在家庭成员构成/家庭收入水平/家庭住宅类型/家庭住宅面积上呈现出显著差异。

H24：城市居民绿色住宅支付意愿及各维度在不同组织工作特征上呈现出显著差异。

H24a—H24c：城市居民绿色住宅支付意愿及各维度在职业类型/工作单位所属行业/职位层级上呈现出显著差异。

根据上述分析，构建我国城市居民绿色住宅支付意愿响应的驱动模型，如图3-2所示。

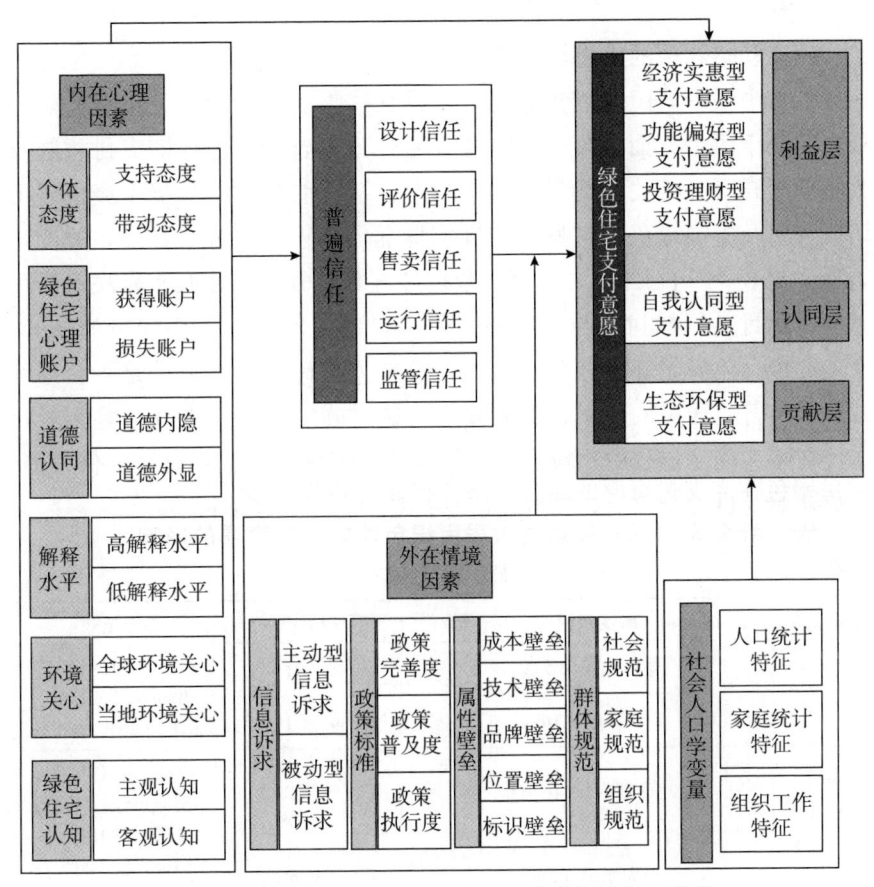

图3-2 城市居民绿色住宅支付意愿响应的驱动模型

第四章 城市居民绿色住宅支付意愿响应驱动因素的量表开发

第一节 研究量表的设计与开发

一 初始题项的生成与修正

本书中城市居民绿色住宅支付意愿及其驱动因素的研究量表初始题项主要源于两个方面。第一，在借鉴现有城市居民绿色住宅支付意愿及其驱动因素研究相关成熟量表的基础上，结合前文质性分析中城市居民访谈资料及中国绿色住宅发展的现实情况，修正、改进和开发相关变量题项（见表4-1）。第二，邀请了校内外五名本领域专家及十位城市居民对初始题目进行探讨，与专家的探讨用以确定本书量表中变量的选择、变量的概念化界定和操作化定义，以及具体指标题项的设计是否合理有效，而与普通居民的咨询访谈主要是为探讨确定本书所选变量是否城市居民在购买住宅过程中比较看重的，以及量表语言的描述是否通俗易懂。完成初始题目的修改后，再次邀请专家对量表进行评估检验。

表4-1　　　　　　　　　　初始量表构成

研究变量	维度或因素	对应题项	参考量表
个体态度	支持态度（ZCA）	Q1-1—Q1-3	Aktas 和 Ozorhon（2015）；Tan 等（2017）；Klein 等（2019）；自行开发
	带动态度（DDA）	Q1-4—Q1-7	
绿色住宅心理账户	获得账户（HDA）	Q2-1—Q2-3	Forsythe 等（2010）；Demirgüneş（2015）；Li 等（2019）；Schwartz 等（2020）；自行开发
	损失账户（SSA）	Q2-4—Q2-6	

续表

研究变量	维度或因素	对应题项	参考量表
道德认同	道德内隐（MNY）	Q3-1—Q3-3	Mulder 和 Aquino（2013）；李倩文等（2021）
	道德外显（MWX）	Q3-4—Q3-6	
解释水平	高解释水平（GJS）	Q4-1—Q4-2	李倩文等（2021）；自行开发
	低解释水平（DJS）	Q4-3—Q4-4	
环境关心	全球环境关心（QQEC）	Q5-1—Q5-3	Chekima 等（2016）；Mørk 等（2017）；自行开发
	当地环境关心（DDEC）	Q5-4—Q5-6	
绿色住宅认知	主观认知（ZGR）	Q6-1—Q6-3	Kaiser 等（1999）；Yang 和 Yang（2015）；Rodriguez-Nikl 等（2015）；Murtagh 等（2016）；Li 等（2018）
	客观认知（KGR）	Q6-4—Q6-6	
普遍信任	设计信任（SJT）	Q7-1—Q7-2	Li 等（2018）；李倩文等（2021）；自行开发
	评价信任（PJT）	Q7-3—Q7-4	
	售卖信任（SMT）	Q7-5—Q7-6	
	运行信任（YXT）	Q7-7—Q7-8	
	监管信任（JGT）	Q7-9—Q7-10	
信息诉求	主动型信息诉求（ZDI）	Q8-1—Q8-3	Schultz 和 Zelezny（2003）；Wang 等（2014）；Panda 等（2020）；自行开发
	被动型信息诉求（BDI）	Q8-4—Q8-6	
政策标准	政策完善度（WSP）	Q9-1—Q9-3	Zhang 等（2011）；Ding 等（2018）；自行开发
	政策普及度（PJP）	Q9-4—Q9-6	
	政策执行度（ZXP）	Q9-7—Q9-8	
属性壁垒	成本壁垒（CBB）	Q10-1—Q10-3	Li 等（2017）；Ofek 等（2018）
	技术壁垒（JSB）	Q10-4—Q10-5	
	品牌壁垒（PPB）	Q10-6—Q10-7	Li 等（2017）；Ofek 等（2018）
	位置壁垒（WZB）	Q10-8—Q10-10	
	标识壁垒（BSB）	Q10-11—Q10-13	
群体规范	社会规范（SHN）	Q11-1—Q11-4	Ajzen 和 Driver（1991）；Nolan 等（2008）；Li 等（2017）；自行开发
	家庭规范（JTN）	Q11-5—Q11-7	
	组织规范（ZZN）	Q11-8—Q11-9	

续表

研究变量	维度或因素	对应题项	参考量表
城市居民绿色住宅支付意愿	经济实惠型支付意愿（JWTP）	Q12-1—Q12-4	李倩文等（2021）；自行开发
	功能偏好型支付意愿（GWTP）	Q12-5—Q12-6	
	投资理财型支付意愿（TWTP）	Q12-7—Q12-8	
	自我认同型支付意愿（ZWTP）	Q12-9—Q12-12	
	生态环保型支付意愿（SWTP）	Q12-13—Q12-14	
社会人口学变量	性别	Q13	Eisler等（2003）；岳婷（2014）；陈飞宇（2018）；自行开发
	年龄	Q14	
	受教育水平	Q15	
	职业类型	Q16	
	工作单位所属行业	Q17	
	职位层级	Q18	
	家庭成员构成	Q19	
	家庭月收入	Q20	
	常住住宅类型	Q21	
	常住住宅面积	Q22	

二 预调研与初始量表检验

在收集初始量表数据时，调研对象的数量应为整个量表中最大分量表题项数的 3—5 倍，且样本越多越好（陈飞宇，2018）。本书初始量表中"普遍信任"分量表共包含 17 个题项，大于其他分量表题项数。基于此，研究的预调研数量应高于 51 份。

为保证样本分布更加合理，具有科学性和代表性，本研究在问卷发布之前，通过分层抽样的方式对调研对象进行了预安排，并根据这一安排对所需调研群体进行定向发放，使被调查样本的人口统计特征、家庭统计特征和组织工作特征分布合理、符合实际。

预调研的实施为期一个月，于 2020 年 10 月 1 日至 30 日共收回问卷 856 份。其中，33 份问卷因连续 8 题以上选择同一值而被剔除，68 份问卷因问卷检测项题目前后回答矛盾而被剔除，最终有效问卷为 755 份，占回收问卷总数的 88.2%，样本量远超科学研究的基本要求。

本书初始量表的信度检验主要考虑个体态度、绿色住宅心理账户、道德认同、解释水平、环境关心、绿色住宅认知、普遍信任、信息诉求、政策标准、属性壁垒、群体规范和城市居民绿色住宅支付意愿共计 12 个部分。

（一）信度检验

本书将使用 Cronbach's α 系数法对数据的一致性进行信度检验。信度检验结果见表 4-2，可以看出，各量表的信度检验指标均达到良好水平。

表 4-2　　　　　　预调研各量表的信度检验结果

变量	绿色住宅支付意愿	个体态度	环境关心	绿色住宅心理账户	解释水平	绿色住宅认知	道德认同	普遍信任	群体规范	政策标准	属性壁垒	信息诉求
N	14	7	6	6	4	6	6	10	9	8	13	6
Cronbach's α	0.825	0.803	0.812	0.821	0.823	0.791	0.797	0.783	0.798	0.796	0.81	0.792

（二）效度检验

前述章节表明，量表具有较好的内容效度。在结构效度方面，本书将从取样适切性量数（KMO）、Bartlett 球形度检验、题项的解释方差等方面并结合因子分析进行考察。

1. 城市居民绿色住宅支付意愿变量的因子分析

城市居民绿色住宅支付意愿初始量表的检验结果如表 4-3 所示。可以看出，绿色住宅支付意愿初始量表 KMO 值 0.881>0.6，通过 Bartlett 球形检验，且统计显著（p=0.000<0.05），说明城市居民绿色住宅支付意愿初始量表适合进行探索性因子分析。

表 4-3　　　　城市居民绿色住宅支付意愿初始量表的
KMO 和 Bartlett 的检验

取样足够度的 Kaiser-Meyer-Olkin（KMO）度量		0.881
Bartlett 的球形度检验	近似卡方	4004.213
	df（自由度）	91
	p（显著性水平）	0.000

从表 4-4 可知，累计方差贡献率为 70.741%，而且此 5 个因子信息提取量分布较为均匀，综合说明本次因子分析结果良好。

表 4-4　城市居民绿色住宅支付意愿初始量表因子解释的总方差

成分	初始特征值 特征值	初始特征值 方差贡献率(%)	初始特征值 累计方差贡献率(%)	提取平方和载入 特征值	提取平方和载入 方差贡献率(%)	提取平方和载入 累计方差贡献率(%)	旋转平方和载入 特征值	旋转平方和载入 方差贡献率(%)	旋转平方和载入 累计方差贡献率(%)
1	5.287	37.766	37.766	5.287	37.766	37.766	2.499	17.848	17.848
2	1.872	13.373	51.139	1.872	13.373	51.139	2.171	15.506	33.354
3	1.224	8.744	59.883	1.224	8.744	59.883	2.109	15.063	48.417
4	0.824	5.885	65.768	0.824	5.885	65.768	1.634	11.674	60.090
5	0.696	4.974	70.741	0.696	4.974	70.741	1.491	10.651	70.741

注：因四舍五入出现的误差，本书不做调整。下同。

对城市居民绿色住宅支付意愿初始量表进行探索性因子分析发现，因子1包含3个题项，因子载荷范围为0.767—0.795；因子2包含3个题项，因子载荷范围为0.694—0.816；因子3包含2个题项，因子载荷分别为0.745和0.788；因子4包含2个题项，因子载荷分别为0.875和0.864；因子5包含2个题项，因子载荷分别为0.769和0.793。

其中，城市居民绿色住宅支付意愿初始量表中题项JWTP4、ZWTP1因子载荷值小于0.5，且题项JWTP4与预期对应关系情况和专业情况不符合，因此，本书将这2个题项予以删除，此时，其余题项较好地分布在5个潜在因子（经济实惠型支付意愿、功能偏好型支付意愿、投资理财型支付意愿、自我认同型支付意愿、生态环保型支付意愿）上，具体见表4-5。综上，城市居民绿色住宅支付意愿初始量表具有良好的结构效度，具有较高的有效性。

表 4-5　城市居民绿色住宅支付意愿初始量表的正交旋转成分矩阵

	成分 1	成分 2	成分 3	成分 4	成分 5
JWTP1	**0.783**	0.136	0.217	−0.021	0.244
JWTP2	**0.795**	0.164	0.202	−0.029	0.184
JWTP3	**0.767**	0.120	0.290	0.106	0.090

续表

	成分				
	1	2	3	4	5
JWTP4	0.309	0.170	0.481	0.087	0.092
GWTP1	0.323	0.112	**0.745**	-0.090	0.210
GWTP2	0.249	0.091	**0.788**	0.004	0.217
TWTP1	0.176	0.144	0.266	0.195	**0.769**
TWTP2	0.266	0.201	0.157	0.031	**0.793**
ZWTP1	0.294	0.339	0.582	-0.115	0.084
ZWTP2	0.135	**0.796**	0.063	0.041	0.116
ZWTP3	0.115	**0.816**	0.053	0.148	0.146
ZWTP4	0.134	**0.694**	0.293	0.134	0.088
SWTP1	0.030	0.144	-0.006	**0.875**	0.024
SWTP2	0.019	0.083	-0.063	**0.864**	0.143

注：斜黑体突出显示载荷值大于0.5的数据，以表明研究项与因子之间有较强的关联性。下同。

2. 个体态度变量的因子分析

由表4-6可知，个体态度初始量表KMO值0.763>0.6，且统计学意义呈显著结果（p=0.000<0.05），说明个体态度初始量表适合进行探索性因子分析。

表4-6　　个体态度初始量表的KMO和Bartlett的检验

取样足够度的Kaiser-Meyer-Olkin度量		0.763
Bartlett的球形度检验	近似卡方	984.829
	df	21
	p	0.000

从表4-7可知，2个因子旋转后的信息提取量分布较为均匀，说明本次因子分析结果良好。

表4-7　　　　　个体态度初始量表因子解释的总方差

成分	初始特征值			提取平方和载入			旋转平方和载入		
	特征值	方差贡献率（%）	累计方差贡献率（%）	特征值	方差贡献率（%）	累计方差贡献率（%）	特征值	方差贡献率（%）	累计方差贡献率（%）
1	2.670	38.142	38.142	2.670	38.142	38.142	2.310	33.005	33.005
2	1.186	16.949	55.091	1.186	16.949	55.091	1.546	22.086	55.091

对个体态度初始量表进行探索性因子分析发现，因子1包含4个题项，因子载荷范围为0.717—0.778；因子2包含3个题项，因子载荷范围为0.643—0.777。

其中，个体态度量表因子上的载荷值均大于0.5，且题项较好地分布在2个潜在因子（支持态度和带动态度）上，表明研究项和因子之间有着较强的关联性，因子可以有效地提取出信息，具体见表4-8。综上所述，个体态度初始量表具有较好的结构效度，具有较高的有效性。

表4-8　　　　　个体态度初始量表的正交旋转成分矩阵

	成分	
	1	2
ZCA1	0.035	**0.777**
ZCA2	0.222	**0.643**
ZCA3	0.099	**0.659**
DDA1	**0.717**	0.008
DDA2	**0.760**	0.122
DDA3	**0.778**	0.183
DDA4	**0.744**	0.215

3. 绿色住宅心理账户变量的因子分析

由表4-9可知，绿色住宅心理账户初始量表KMO值0.663>0.6，Bartlett球形检验卡方值较大，且统计学意义呈显著结果（p = 0.000 < 0.05），说明绿色住宅心理账户初始量表适合进行探索性因子分析。

表 4-9　绿色住宅心理账户初始量表的 KMO 和 Bartlett 的检验

取样足够度的 Kaiser-Meyer-Olkin 度量		0.663
Bartlett 的球形度检验	近似卡方	556.713
	df	15
	p	0.000

从表 4-10 可知，2 个因子旋转后的信息提取量分布较为均匀，说明本次因子分析结果良好。

表 4-10　绿色住宅心理账户初始量表因子解释的总方差

成分	初始特征值			提取平方和载入			旋转平方和载入		
	特征值	方差贡献率（%）	累计方差贡献率（%）	特征值	方差贡献率（%）	累计方差贡献率（%）	特征值	方差贡献率（%）	累计方差贡献率（%）
1	1.974	32.892	32.892	1.974	32.892	32.892	1.925	32.087	32.087
2	1.398	23.306	56.198	1.398	23.306	56.198	1.447	24.111	56.198

其中，因子 1 包含 3 个题项，因子载荷范围为 0.747—0.818；因子 2 包含 3 个题项，因子载荷范围为 0.647—0.726。

其中，绿色住宅心理账户初始量表因子上的载荷值均大于 0.5，且题项较好地分布在 2 个潜在因子（获得账户和损失账户）上，表明研究项和因子之间有着较强的关联性，因子可以有效地提取出信息，具体见表 4-11。综上所述，绿色住宅心理账户初始量表具有较好的结构效度，具有较高的有效性。

表 4-11　绿色住宅心理账户初始量表的正交旋转成分矩阵

	成分	
	1	2
HDA1	−0.039	**0.726**
HDA2	−0.182	**0.647**
HDA3	0.112	**0.703**
SSA1	**0.747**	−0.001

续表

	成分	
	1	2
SSA2	**0.818**	-0.047
SSA3	**0.807**	-0.065

4. 道德认同变量的因子分析

由表4-12可知，道德认同初始量表KMO值0.678>0.6，Bartlett球形检验卡方值较大，且统计学意义呈显著结果（p=0.000<0.05），说明道德认同初始量表适合进行探索性因子分析。

表4-12　道德认同初始量表的KMO和Bartlett的检验

取样足够度的Kaiser-Meyer-Olkin度量		0.678
Bartlett的球形度检验	近似卡方	398.275
	df	15
	p	0.000

从表4-13可知，2个因子旋转后的信息提取量分布较为均匀，说明本次因子分析结果良好。

表4-13　道德认同初始量表因子解释的总方差

成分	初始特征值			提取平方和载入			旋转平方和载入		
	特征值	方差贡献率（%）	累计方差贡献率（%）	特征值	方差贡献率（%）	累计方差贡献率（%）	特征值	方差贡献率（%）	累计方差贡献率（%）
1	1.958	32.630	32.630	1.958	32.630	32.630	1.674	27.894	27.894
2	1.171	19.522	52.152	1.171	19.522	52.152	1.455	24.258	52.152

对道德认同初始量表进行探索性因子分析发现，因子1包含3个题项，因子载荷范围为0.671—0.782；因子2包含3个题项，因子载荷范围为0.656—0.711。

其中，道德认同初始量表因子上的载荷值均大于0.5，且题项较好地分布在2个潜在因子（道德内隐和道德外显）上，表明研究项和因子之间有着较强的关联性，因子可以有效地提取出信息，具体见表4-14。综上所述，道德认同初始量表具有较好的结构效度，具有较高的有效性。

表4-14　　　　道德认同初始量表的正交旋转成分矩阵

	成分	
	1	2
MNY1	0.029	**0.711**
MNY2	0.198	**0.656**
MNY3	0.041	**0.691**
MWX1	**0.782**	−0.004
MWX 2	**0.755**	0.181
MWX 3	**0.671**	0.098

5. 解释水平变量的因子分析

由表4-15可知，解释水平初始量表KMO值0.656>0.6，Bartlett球形检验卡方值较大，且统计学意义呈显著结果（p=0.000<0.05），说明解释水平初始量表适合进行探索性因子分析。

表4-15　　　　解释水平初始量表的 **KMO** 和 **Bartlett** 的检验

取样足够度的Kaiser-Meyer-Olkin度量		0.656
Bartlett的球形度检验	近似卡方	390.778
	df	6
	p	0.000

从表4-16可知，2个因子旋转后的信息提取量分布较为均匀，说明本次因子分析结果良好。

表4-16　　　　解释水平初始量表因子解释的总方差

成分	初始特征值			提取平方和载入			旋转平方和载入		
	特征值	方差贡献率(%)	累计方差贡献率(%)	特征值	方差贡献率(%)	累计方差贡献率(%)	特征值	方差贡献率(%)	累计方差贡献率(%)
1	1.916	47.902	47.902	1.916	47.902	47.902	1.473	36.820	36.820
2	0.916	22.909	70.811	0.916	22.909	70.811	1.360	33.991	70.811

对解释水平初始量表进行探索性因子分析发现，因子 1 包含 2 个题项，因子载荷分别为 0.809 和 0.861；因子 2 包含 2 个题项，因子载荷分别为 0.870 和 0.741。

其中，解释水平初始量表因子上的载荷值均大于 0.5，且题项较好地分布在 2 个潜在因子（高解释水平和低解释水平）上，表明研究项和因子之间有着较强的关联性，因子可以有效地提取出信息，具体见表 4-17。综上所述，解释水平初始量表具有较好的结构效度，具有较高的有效性。

表 4-17　解释水平初始量表的正交旋转成分矩阵

	成分	
	1	2
GJS1	-0.047	***0.870***
GJS2	-0.276	***0.741***
DJS1	***0.809***	-0.210
DJS2	***0.861***	-0.095

6. 环境关心变量的因子分析

由表 4-18 可知，环境关心初始量表 KMO 值 0.747>0.6；Bartlett 球形检验卡方值较大，且统计学意义呈显著结果（$p=0.000<0.05$），说明环境关心初始量表适合进行探索性因子分析。

表 4-18　环境关心初始量表的 **KMO** 和 **Bartlett** 的检验

取样足够度的 Kaiser-Meyer-Olkin 度量		0.747
Bartlett 的球形度检验	近似卡方	356.229
	df	15
	p	0.000

从表 4-19 可知，2 个因子旋转后的信息提取量分布较为均匀，说明本次因子分析结果良好。

表 4-19　　　　　　环境关心初始量表因子解释的总方差

成分	初始特征值			提取平方和载入			旋转平方和载入		
	特征值	方差贡献率(%)	累计方差贡献率(%)	特征值	方差贡献率(%)	累计方差贡献率(%)	特征值	方差贡献率(%)	累计方差贡献率(%)
1	2.034	33.898	33.898	2.034	33.898	33.898	1.500	25.001	25.001
2	0.910	15.169	49.067	0.910	15.169	49.067	1.444	24.066	49.067

对环境关心初始量表进行探索性因子分析发现，因子 1 包含 3 个题项，因子载荷范围为 0.550—0.755；因子 2 包含 3 个题项，因子载荷范围为 0.570—0.783。

其中，环境关心初始量表因子上的载荷值均大于 0.5，且题项较好地分布在 2 个潜在因子（全球环境关心和当地环境关心）上，表明研究项和因子之间有着较强的关联性，因子可以有效地提取出信息，具体见表 4-20。综上所述，环境关心初始量表具有较好的结构效度，具有较高的有效性。

表 4-20　　　　　　环境关心初始量表的正交旋转成分矩阵

	成分	
	1	2
QQEC1	0.061	**0.783**
QQEC2	0.344	**0.570**
QQEC3	0.099	**0.661**
DDEC1	**0.703**	0.092
DDEC2	**0.550**	0.236
DDEC3	**0.755**	0.075

7. 绿色住宅认知变量的因子分析

由表 4-21 可知，绿色住宅认知 KMO 值 0.817>0.6，Bartlett 球形检验卡方值较大，且统计学意义呈显著结果（$p=0.000<0.05$），说明绿色住宅认知初始量表适合进行探索性因子分析。

表 4-21　绿色住宅认知初始量表的 KMO 和 Bartlett 的检验

取样足够度的 Kaiser-Meyer-Olkin 度量		0.817
Bartlett 的球形度检验	近似卡方	1320.201
	df	15
	p	0.000

从表 4-22 可知，2 个因子旋转后的信息提取量分布较为均匀，说明本次因子分析结果良好。

表 4-22　绿色住宅认知初始量表因子解释的总方差

成分	初始特征值			提取平方和载入			旋转平方和载入		
	特征值	方差贡献率(%)	累计方差贡献率(%)	特征值	方差贡献率(%)	累计方差贡献率(%)	特征值	方差贡献率(%)	累计方差贡献率(%)
1	3.058	50.960	50.960	3.058	50.960	50.960	2.001	33.358	33.358
2	0.893	14.876	65.836	0.893	14.876	65.836	1.949	32.478	65.836

对绿色住宅认知初始量表进行探索性因子分析发现，因子 1 包含 3 个题项，因子载荷范围为 0.768—0.795；因子 2 包含 3 个题项，因子载荷范围为 0.741—0.798。

表 4-23 表明研究项和因子之间有着较强的关联性，因子可以有效地提取出信息。综上所述，绿色住宅认知初始量表具有较好的结构效度，具有较高的有效性。

表 4-23　绿色住宅认知初始量表的正交旋转成分矩阵

	成分	
	1	2
ZGR1	**0.795**	0.183
ZGR2	**0.768**	0.311
ZGR3	**0.783**	0.210
KGR1	0.226	**0.767**
KGR2	0.298	**0.798**

续表

	成分	
	1	2
KGR3	0.166	**0.741**

8. 普遍信任变量的因子分析

由表4-24可知，普遍信任KMO值0.854>0.6；Bartlett球形检验卡方值较大，且统计学意义呈显著结果（p=0.000<0.05），说明普遍信任初始量表适合进行探索性因子分析。

表4-24　　　普遍信任初始量表的KMO和Bartlett的检验

取样足够度的Kaiser-Meyer-Olkin度量		0.854
Bartlett的球形度检验	近似卡方	1584.890
	df	45
	p	0.000

从表4-25可知，5个因子旋转后的信息提取量分布较为均匀，综合说明本次因子分析结果良好。

表4-25　　　普遍信任初始量表因子解释的总方差

成分	初始特征值			提取平方和载入			旋转平方和载入		
	特征值	方差贡献率（%）	累计方差贡献率（%）	特征值	方差贡献率（%）	累计方差贡献率（%）	特征值	方差贡献率（%）	累计方差贡献率（%）
1	3.562	35.623	35.623	3.562	35.623	35.623	1.631	16.309	16.309
2	1.128	11.278	46.901	1.128	11.278	46.901	1.551	15.511	31.820
3	1.030	10.303	57.204	1.030	10.303	57.204	1.485	14.846	46.666
4	0.762	7.623	64.827	0.762	7.623	64.827	1.269	12.689	59.355
5	0.692	6.916	71.744	0.692	6.916	71.744	1.239	12.389	71.744

对普遍信任初始量表进行探索性因子分析发现，因子1包含2个题项，因子载荷分别为0.800和0.804；因子2包含2个题项，因子载荷分

别为 0.748 和 0.695；因子 3 包含 2 个题项，因子载荷分别为 0.777 和 0.585；因子 4 包含 2 个题项，因子载荷分别为 0.887 和 0.574；因子 5 包含 2 个题项，因子载荷分别为 0.610 和 0.817。

其中，普遍信任初始量表因子上的载荷值均大于 0.5，且题项较好地分布在 5 个潜在因子（设计信任、评价信任、售卖信任、运行信任、监管信任）上，因子可以有效地提取出信息，具体见表 4-26。综上所述，普遍信任初始量表具有较好的结构效度，具有较高的有效性。

表 4-26 普遍信任初始量表的正交旋转成分矩阵

	成分				
	1	2	3	4	5
SJT1	**0.800**	0.240	0.167	0.032	-0.018
SJT2	**0.804**	0.151	0.166	0.131	0.123
PJT1	0.189	**0.748**	0.144	0.140	0.225
PJT2	0.305	**0.695**	0.180	0.159	0.094
SMT1	0.178	0.144	**0.777**	0.141	0.132
SMT2	0.326	0.364	**0.585**	-0.033	0.016
YXT1	0.198	0.122	0.049	**0.887**	0.144
YXT2	-0.153	0.374	0.405	**0.574**	-0.294
JGT1	0.119	-0.084	0.512	0.257	**0.610**
JGT2	0.024	0.336	0.022	-0.040	**0.817**

9. 信息诉求变量的因子分析

由表 4-27 可知，信息诉求 KMO 值 0.860>0.6，Bartlett 球形检验卡方值较大，且统计学意义呈显著结果（p=0.000<0.05），说明信息诉求初始量表适合进行探索性因子分析。

表 4-27 信息诉求初始量表的 KMO 和 Bartlett 的检验

取样足够度的 Kaiser-Meyer-Olkin 度量		0.860
Bartlett 的球形度检验	近似卡方	1828.594
	df	15
	p	0.000

从表4-28可知，2个因子旋转后的信息提取量分布较为均匀，综合说明本次因子分析结果良好。

表4-28　　　　　信息诉求初始量表因子解释的总方差

成分	初始特征值			提取平方和载入			旋转平方和载入		
	特征值	方差贡献率（%）	累计方差贡献率（%）	特征值	方差贡献率（%）	累计方差贡献率（%）	特征值	方差贡献率（%）	累计方差贡献率（%）
1	3.519	58.652	58.652	3.519	58.652	58.652	2.324	38.738	38.738
2	0.702	11.704	70.355	0.702	11.704	70.355	1.897	31.617	70.355

对信息诉求初始量表进行探索性因子分析发现，因子1包含3个题项，因子载荷范围为0.757—0.824；因子2包含3个题项，因子载荷范围为0.531—0.873。

其中，题项较好地分布在2个潜在因子（主动型信息诉求和被动型信息诉求）上，因子可以有效地提取出信息，具体见表4-29。综上所述，信息诉求初始量表具有较好的结构效度，具有较高的有效性。

表4-29　　　　　信息诉求初始量表的正交旋转成分矩阵

	成分	
	1	2
ZDI1	**0.816**	0.278
ZDI2	**0.824**	0.248
ZDI3	**0.757**	0.324
BDI1	0.497	**0.531**
BDI2	0.329	**0.780**
BDI3	0.222	**0.873**

10. 政策标准变量的因子分析

由表4-30可知，政策标准KMO值0.887>0.6，Bartlett球形检验卡方值较大，且统计学意义呈显著结果（p=0.000<0.05），说明政策标准初始量表适合进行探索性因子分析。

表 4-30　政策标准初始量表的 KMO 和 Bartlett 的检验

取样足够度的 Kaiser-Meyer-Olkin 度量		0.887
Bartlett 的球形度检验	近似卡方	2355.296
	df	28
	p	0.000

从表 4-31 可知，3 个因子旋转后的信息提取量分布较为均匀，综合说明本次因子分析结果良好。

表 4-31　政策标准初始量表因子解释的总方差

成分	初始特征值			提取平方和载入			旋转平方和载入		
	特征值	方差贡献率(%)	累计方差贡献率(%)	特征值	方差贡献率(%)	累计方差贡献率(%)	特征值	方差贡献率(%)	累计方差贡献率(%)
1	4.163	52.037	52.037	4.163	52.037	52.037	2.308	28.855	28.855
2	0.878	10.980	63.018	0.878	10.980	63.018	1.845	23.061	51.916
3	0.697	8.712	71.729	0.697	8.712	71.729	1.585	19.813	71.729

对政策标准初始量表进行探索性因子分析发现，因子 1 包含 3 个题项，因子载荷范围为 0.756—0.809；因子 2 包含 3 个题项，因子载荷范围为 0.532—0.844；因子 3 包含 2 个题项，因子载荷分别为 0.826 和 0.809。

其中，题项较好地分布在 3 个潜在因子（政策完善度、政策普及度、政策执行度）上，表明研究项和因子之间有着较强的关联性，因子可以有效地提取出信息，具体见表 4-32。综上，政策标准初始量表具有较好的结构效度，具有较高的有效性。

表 4-32　政策标准初始量表的正交旋转成分矩阵

	成分		
	1	2	3
WSP1	**0.782**	0.238	0.261
WSP2	**0.809**	0.214	0.206

续表

	成分		
	1	2	3
WSP3	**0.756**	0.317	0.141
PJP1	0.480	**0.532**	0.162
PJP2	0.320	**0.750**	0.207
PJP3	0.209	**0.844**	0.219
ZXP1	0.160	0.241	**0.826**
ZXP2	0.260	0.161	**0.809**

11. 属性壁垒变量的因子分析

由表 4-33 可知，属性壁垒 KMO 值 0.702>0.6，Bartlett 球形检验卡方值较大，且统计学意义呈显著结果（p=0.000<0.05），说明属性壁垒初始量表适合进行探索性因子分析。

表 4-33　　　属性壁垒初始量表的 KMO 和 Bartlett 的检验

取样足够度的 Kaiser-Meyer-Olkin 度量		0.702
Bartlett 的球形度检验	近似卡方	1438.421
	df	78
	p	0.000

从表 4-34 可知，5 个因子旋转后的信息提取量分布较为均匀，综合说明本次因子分析结果良好。

表 4-34　　　　属性壁垒初始量表因子解释的总方差

成分	初始特征值			提取平方和载入			旋转平方和载入		
	特征值	方差贡献率（%）	累计方差贡献率（%）	特征值	方差贡献率（%）	累计方差贡献率（%）	特征值	方差贡献率（%）	累计方差贡献率（%）
1	2.564	19.720	19.720	2.564	19.720	19.720	1.791	13.779	13.779
2	2.014	15.492	35.211	2.014	15.492	35.211	1.691	13.004	26.783
3	1.444	11.104	46.316	1.444	11.104	46.316	1.663	12.792	39.575

续表

成分	初始特征值			提取平方和载入			旋转平方和载入		
	特征值	方差贡献率（%）	累计方差贡献率（%）	特征值	方差贡献率（%）	累计方差贡献率（%）	特征值	方差贡献率（%）	累计方差贡献率（%）
4	0.993	7.638	53.953	0.993	7.638	53.953	1.484	11.413	50.988
5	0.947	7.282	61.236	0.947	7.282	61.236	1.332	10.248	61.236

对属性壁垒初始量表进行探索性因子分析发现，因子1包含2个题项，因子载荷分别为0.833和0.822；因子2包含3个题项，因子载荷范围为0.701—0.735；因子3包含3个题项，因子载荷范围为0.662—0.780；因子4包含2个题项，因子载荷分别为0.839和0.777；因子4包含2个题项，因子载荷分别为0.713和0.784。

其中，属性壁垒初始量表中题项BSB1因子载荷值小于0.5，因此，本书将这1个题项予以删除，此时，其余题项较好地分布在5个潜在因子（成本壁垒、技术壁垒、品牌壁垒、位置壁垒、标识壁垒）上（见表4-35）。综上所述，属性壁垒初始量表具有良好的结构效度，具有较高的有效性。

表4-35　　　　属性壁垒初始量表的正交旋转成分矩阵

	成分				
	1	2	3	4	5
BSB1	0.496	-0.052	-0.077	0.252	0.162
BSB2	**0.833**	0.068	0.044	0.120	-0.022
BSB3	**0.822**	0.038	0.120	0.104	0.029
CBB1	-0.136	**0.701**	0.050	0.142	0.186
CBB2	-0.001	**0.731**	0.065	-0.043	0.214
CBB3	0.187	**0.735**	0.036	-0.072	0.011
WZB1	0.085	0.159	**0.753**	-0.027	-0.152
WZB2	0.005	0.072	**0.780**	0.014	0.079
WZB3	0.007	-0.094	**0.662**	0.194	0.258
PPB1	0.129	0.021	0.077	**0.839**	0.001
PPB2	0.298	0.001	0.068	**0.777**	-0.081

续表

	成分				
	1	2	3	4	5
JSB1	0.048	0.237	0.085	0.073	**0.713**
JSB2	0.078	0.141	0.035	-0.135	**0.784**

12. 群体规范变量的因子分析

由表 4-36 可知,群体规范 KMO 值 0.785>0.6,Bartlett 球形检验卡方值较大,且统计学意义呈显著结果（p=0.000<0.05）,说明群体规范初始量表适合进行探索性因子分析。

表 4-36　　群体规范初始量表的 KMO 和 Bartlett 的检验

取样足够度的 Kaiser-Meyer-Olkin 度量		0.785
Bartlett 的球形度检验	近似卡方	1664.612
	df	36
	p	0.000

从表 4-37 可知,3 个因子旋转后的信息提取量分布较为均匀,综合说明本次因子分析结果良好。

表 4-37　　群体规范初始量表因子解释的总方差

成分	初始特征值			提取平方和载入			旋转平方和载入		
	特征值	方差贡献率(%)	累计方差贡献率(%)	特征值	方差贡献率(%)	累计方差贡献率(%)	特征值	方差贡献率(%)	累计方差贡献率(%)
1	3.255	36.170	36.170	3.255	36.170	36.170	2.266	25.173	25.173
2	1.220	13.559	49.730	1.220	13.559	49.730	2.182	24.246	49.419
3	1.188	13.201	62.931	1.188	13.201	62.931	1.216	13.512	62.931

对群体规范初始量表进行探索性因子分析发现,因子 1 包含 3 个题项,因子载荷范围为 0.679—0.801;因子 2 包含 3 个题项,因子载荷范围为 0.702—0.811;因子 3 包含 2 个题项,因子载荷分别为 0.782

和 0.672。

其中，群体规范初始量表因子上的载荷值均大于 0.5，但是题项 SHN1 出现了"纠缠不清"的现象，即在成分 1 与成分 2 上的因子载荷系数均大于 0.4，因此，本书将这 1 个题项予以删除，此时，其余题项较好地分布在 3 个潜在因子（社会规范、家庭规范、组织规范）上，表明研究项和因子之间有着较强的关联性，因子可以有效提取出信息，具体见表 4-38。

表 4-38　　群体规范初始量表的正交旋转成分矩阵

	成分		
	1	2	3
SHN1	0.552	0.414	-0.352
SHN2	**0.801**	0.089	0.008
SHN3	**0.794**	0.149	0.178
SHN4	**0.679**	0.360	0.077
JTN1	0.142	**0.702**	0.220
JTN2	0.204	**0.805**	0.009
JTN3	0.158	**0.811**	-0.032
ZZN1	-0.110	0.215	**0.782**
ZZN2	0.358	-0.079	**0.627**

三　初始量表修订与正式量表生成

根据前文信度和效度分析结果，结合本领域内专家（3 位环境心理与行为研究领域教授、5 位博士生）的意见，现将量表修正情况汇总如下：

（1）根据探索性因子分析结果，由于绿色住宅支付意愿量表中的 2 个题项（JWTP4、ZWTP1）、属性壁垒量表中的 1 个题项（BSB1）在正交旋转成分矩阵中的因子载荷值小于 0.5，因此予以剔除。

（2）修改的题项主要为群体规范测量题项中的 SHN1 这一容易引发歧义的题项，从而保证问卷的每一个指标题项均能够准确、易懂。

初始量表经过严谨的调整与修改后，最终得到正式的调研问卷。正式量表共 105 个题项，题项示例见附录 1。

第二节　正式调研与样本情况

一　正式调研样本数据收集

（一）收集样本量的确定

在一定的异质性水平下，样本量可以用 Scheaffer 方程（Scheaffer et al.，1996）确定：

$$n=N/[(N-1)\delta^2+1] \tag{4-1}$$

其中，n 是样本大小，N 是总体总数，δ 是可接受的抽样误差。2019年，中国市区总人口约为 84843 万人，采样误差 δ 一般设置为 0.05。因此，中国城市居民的统计理论样本量大约为 398 人，由于调查中存在多重偏差，最小样本量应超过 600 人，以便将估计值与实际值之间的偏差降低到 15% 以内（Mitchell et al.，1989）。在此基础上，样本量越高则越能反映总体情况，即越优。

（二）数据收集过程

正式问卷发放于 2020 年 11 月 5 日至 2020 年 12 月 31 日，围绕我国华北地区、华东地区、华南地区、华中地区、西北地区、西南地区的绿色住宅主要代表性城市地区大规模发放问卷（因东北疫情原因，未实地调研东北地区）。这些城市分别是华北地区的北京、石家庄；华东地区的上海、南京、杭州；华南地区的广州、深圳；华中地区的长沙、郑州；西北地区的西安；西南地区的重庆、成都，共计 12 个城市。

选择该 12 个城市作为样本城市主要有以下原因：

（1）除石家庄外，其余 11 个城市均为我国一线或新一线城市。相较于中国的其他城市，在绿色住宅领域，北京、上海、广州、深圳、杭州这五大一线样本城市无论是在经济发展水平、人口规模，还是在住宅规模、建筑能耗、绿色建筑项目总数、绿色建筑面积、相关政策法规上均具有极高的代表性。其中，北京、上海、广州、深圳的建筑能耗总量较高，民用建筑节能降耗刻不容缓。

（2）样本城市绿色建筑的项目总数及建筑面积也极具代表性，以本次样本城市中的老牌一线城市北京为例来进行具体阐释。北京市 2018 年累计有 277 个建筑项目获得绿色建筑标识，且以 104 万平方米的 LEED 绿色建筑认证面积位居中国各省份第三名。2019 年发布了《北京住房和城乡建设发展白皮书》，并出台了绿色建筑标识管理办法及补贴政策。

（3）在中国绿建城市排名中，样本城市也极具代表性。以本次样本城市中的老牌一线城市北京、上海、广州、深圳为例来进行具体阐释。因此，对于现处于绿色住宅快速发展阶段的中国，应首先探究以上代表性的样本城市在绿色住宅领域的领跑作用，深入研究样本城市居民的内在心理因素、外在情境因素、普遍信任是如何影响其对绿色住宅的支付意愿的，从而得出先验经验，这对未来逐步提升全国各地区居民的绿色建筑支付意愿更具有现实意义。

（4）我国省（区、市）地方政府陆续出台了关于绿色建筑的各种财政政策、激励政策文件。其中，吉林省、广西壮族自治区、安徽省和贵州省的激励政策内容最多，为 8—9 项；北京市、上海市、重庆市、江苏省、山东省、陕西省、浙江省专门制定了地方财政奖励政策，分别奖励建设单位与购房者；北京市、上海市、重庆市、四川省、河南省、河北省、吉林省、深圳市、厦门市、长沙市对特定类型建筑强制执行绿建标准；江苏省、河北省和宁夏回族自治区不仅出台了绿色建筑发展条例，还出台了相应的管理章程，这三个省份无疑是在法规和法律建设上最为完善的地区。

综上，为确保样本城市在我国华北地区、华东地区、华南地区、华中地区、西北地区、西南地区均有分布，处于不同的气候区，且涵盖不同的政策类型（见表 4-39），本书筛选了以上 12 个城市作为调研的样本城市。

表 4-39　　　　　　　　　调研城市政策分布

地区		财政政策	强制性政策	政策最完善
华北地区	北京	√	√	
	石家庄		√	√
华东地区	上海	√	√	
	南京	√		√
	杭州	√		

第四章 城市居民绿色住宅支付意愿响应驱动因素的量表开发 / 73

续表

地区		财政政策	强制性政策	政策最完善
华南地区	广州	√		
	深圳		√	
华中地区	长沙			
	郑州		√	
西北地区	西安	√		
西南地区	重庆	√	√	
	成都	√		

问卷发放形式分为纸质问卷实地发放及网络问卷线上发放，网络问卷线上发放（问卷链接）主要是为了扩大调查范围，并弥补现场调查样本结构分布不能完全匹配现实情况的局限性。在调研过程中，我们向受访者说明本次调研的保密性（请受访者放心作答）与有偿性（现场调研是发放小礼物，网络调研是发放微信红包）。纸质问卷实地发放主要在各个城市的广场、公园、街道、小区等公共场所进行，并采用分层随机抽样确保各人口层次都占有一定比例，各年龄、教育背景、职业类型和收入水平都有一定配额。

正式调研同样首先通过分层抽样的方式大致确定调研的样本对象，保证样本的代表性与科学性。最终调研12个代表性城市，每个城市发放500份问卷，共发放问卷6000份，回收有效问卷4862份，有效回收率为81.03%，表4-40为问卷发放地区分布统计。

表4-40　　　　　　　　样本分布统计

地区		发放问卷数（份）	有效问卷（份）	有效回收率（%）
华北地区	北京	500	422	84.40
	石家庄	500	394	78.80
华东地区	上海	500	422	84.40
	南京	500	406	81.20
	杭州	500	406	81.20
华南地区	广州	500	410	82.00
	深圳	500	420	84.00

续表

地区		发放问卷数（份）	有效问卷（份）	有效回收率（%）
华中地区	长沙	500	390	78.00
	郑州	500	402	80.40
西北地区	西安	500	398	79.60
西南地区	重庆	500	386	77.20
	成都	500	406	81.20
共计		6000	4862	81.03

二 正式调研样本特征分析

本书对回收的有效问卷进行了样本特征分析，以了解在不同人口统计特征、家庭统计特征与组织统计特征等方面的分布概况，具体如表4-41所示。

表4-41　　　　正式调研样本分布概况

变量		频数	百分比（%）
性别	男	2182	44.88
	女	2680	55.12
年龄（岁）	≤17	34	0.70
	18—25	1438	29.58
	26—30	1240	25.50
	31—35	1154	23.74
	36—40	524	10.78
	41—45	226	4.65
	46—50	138	2.84
	51—60	92	1.89
	≥61	16	0.33
受教育水平（包含正在攻读的）	初中及以下	42	0.86
	高中/中专	242	4.98
	大专	798	16.41
	大学本科	3296	67.79
	硕士	432	8.89
	博士及以上	52	1.07

续表

变量		频数	百分比（%）
职业类型	党政机关、事业单位、国企工作人员	908	18.68
	教育、科研、卫生领域人员	401	8.25
	专业技术人员	925	19.03
	商业、服务业及销售人员	1066	21.93
	生产、运输设备操作人员及相关人员	401	8.25
	自由职业人员	107	2.20
	在校学生	704	14.48
	家庭主妇	26	0.53
	离退人员	26	0.53
	其他	298	6.13
工作单位所属行业	农林牧渔业	66	1.36
	公共管理、社会保障	240	4.94
	采矿业	32	0.66
	制造业	888	18.26
	建筑业	194	3.99
	批发与零售业	362	7.45
	交通运输、仓储和邮政业	190	3.91
	住宿和餐饮业	128	2.63
	信息传输、软件和信息技术服务业	730	15.01
	金融业	318	6.54
	房地产业	76	1.56
	教育	688	14.15
	医疗卫生和社会工作	256	5.27
	文化体育和娱乐业	158	3.25
	其他	536	11.02
职位层级	基层员工	1386	28.51
	基层管理人员	1462	30.07
	中层管理人员	1170	24.06
	高层管理人员	214	4.40
	其他	630	12.96

续表

变量		频数	百分比（%）
家庭成员构成	一人独居	958	19.70
	夫妻二人，暂无子女或不与子女、父母同住	666	13.70
	夫妻二人与父母同住	236	4.85
	夫妻二人与子女同住	1800	37.02
	夫妻二人与父母及子女同住	682	14.03
	四代同堂	68	1.40
	其他	452	9.30
家庭住宅类型	短期租住房	378	7.77
	长期租住房	708	14.56
	自有产权还贷房	1784	36.69
	自有产权无贷房	1992	40.97
家庭住宅面积（平方米）	≤40	242	4.98
	41—80	1002	20.61
	81—120	2448	50.35
	121—160	902	18.55
	161—200	158	3.25
	≥201	110	2.26
家庭月收入（元）	<4000	286	5.88
	4000—6000（不含）	452	9.30
	6000—8000（不含）	524	10.78
	8000—10000（不含）	726	14.93
	10000—30000（不含）	2076	42.70
	30000—50000（不含）	566	11.64
	50000—100000（不含）	150	3.09
	≥100000	82	1.69

注：因四舍五入，百分比之和可能不为100%，下同。

第三节　正式量表的检验

在正式量表的信度、效度及因子分析前，首先需要进行正态性检验。

结果表明，绿色住宅支付意愿、个体态度、绿色住宅心理账户、道德认同、解释水平、环境关心、绿色住宅认知、普遍信任、信息诉求、政策标准、属性壁垒、群体规范等测量题项的偏度和峰度系数绝对值基本均小于2，符合正态性检验标准，量表数据近似正态分布。

需要说明的是，正态性检验要求严格很难满足，如果峰度绝对值小于10并且偏度绝对值小于3，则说明数据可接受为正态分布，因此，ZCA1、DDA1、QQEC2、DDEC2、BDI1和WZB2虽然其偏度或峰度绝对值略高于2，也被认为基本可接受为正态分布。

一 正式量表的信度分析

正式量表的信度检验结果见表4-42。结果表明，绿色住宅支付意愿及其相关量表的Cronbach's α系数均在0.65上，且绝大部分都在0.8以上，因此量表具有较好的可靠性。

表4-42　　　　　　正式量表的信度检验指标

变量	题项数	Cronbach's α
个体态度	7	0.802
支持态度	3	0.751
带动态度	4	0.834
绿色住宅心理账户	6	0.747
获得账户	3	0.738
损失账户	3	0.841
道德认同	6	0.752
道德内隐	3	0.726
道德外显	3	0.783
解释水平	4	0.814
高解释水平	2	0.834
低解释水平	2	0.867
环境关心	6	0.770
全球环境关心	3	0.732
当地环境关心	3	0.735
绿色住宅认知	6	0.878
主观认知	3	0.855
客观认知	3	0.861

续表

变量	题项数	Cronbach's α
普遍信任	10	0.880
设计信任	2	0.775
评价信任	2	0.811
售卖信任	2	0.686
运行信任	2	0.714
监管信任	2	0.863
信息诉求	6	0.726
主动型信息诉求	3	0.661
被动型信息诉求	3	0.691
政策标准	8	0.912
政策完善度	3	0.891
政策普及度	3	0.868
政策执行度	2	0.869
属性壁垒	12	0.785
成本壁垒	2	0.788
技术壁垒	3	0.789
品牌壁垒	3	0.889
位置壁垒	2	0.797
标识壁垒	2	0.799
群体规范	9	0.842
社会规范	3	0.770
家庭规范	3	0.762
组织规范	3	0.678
绿色住宅支付意愿	12	0.905
经济实惠型支付意愿	3	0.893
功能偏好型支付意愿	2	0.867
投资理财型支付意愿	2	0.865
自我认同型支付意愿	3	0.834
生态环保型支付意愿	2	0.896

二 正式量表的效度分析

量表开发章节已证实本量表具有较好的内容效度。在结构效度方面，结果表明（见表4-43），各量表的 KMO 值均在 0.65 以上，且绝大部分都在 0.8 以上，Bartlett 球形检验的显著性水平均为 0.000，说明各量表的有效性通过了初步的检验，适合进行因子分析。

表 4-43　　城市居民绿色住宅支付意愿及其驱动因素
正式量表 KMO 和 Bartlett 的检验结果

量表	取样足够度的 Kaiser-Meyer-Olkin 度量	Bartlett 的球形度检验		
		近似卡方	df	p
个体态度	0.759	5508.522	21	0.000
绿色住宅心理账户	0.652	3236.560	15	0.000
道德认同	0.679	2391.696	15	0.000
解释水平	0.671	2008.700	6	0.000
环境关心	0.736	2265.518	15	0.000
绿色住宅认知	0.815	7626.048	15	0.000
普遍信任	0.893	13659.502	105	0.000
信息诉求	0.852	10443.015	15	0.000
政策标准	0.883	13255.689	28	0.000
属性壁垒	0.705	8320.335	78	0.000
群体规范	0.788	9756.782	36	0.000
绿色住宅支付意愿	0.889	22669.065	91	0.000

三　正式量表的因子分析

本书采用验证性因子分析进一步对城市居民绿色住宅支付意愿及其驱动因素量表进行结构的效度检验。结果表明，个体态度、绿色住宅心理账户、道德认同、解释水平、环境关心、绿色住宅认知、普遍信任、信息诉求、政策标准、属性壁垒、群体规范和绿色住宅支付意愿结构拟合指标均达到可接受水平，各变量结构及量表信效度均得到了验证。

第五章　城市居民绿色住宅支付意愿响应的实证分析

第一节　支付意愿响应的现状及差异分析

一　绿色住宅支付意愿响应现状

在城市居民绿色住宅支付意愿量表中，采用的是李克特5分等级测度，其中"5"代表居民十分愿意购买绿色住宅，得分为"4"时，说明居民愿意购买绿色住宅，当得分低于"3"时，可认为居民不太愿意购买绿色住宅。因此，本书将均值低于3分的绿色住宅支付意愿得分界定为劣性值。

基于回收的有效样本数据进行分析，结果如表5-1所示。城市居民绿色住宅支付意愿总体均值为3.49，处于一般的水平。在绿色住宅支付意愿各个维度方面，功能偏好型支付意愿均值（M=4.177）最高，其次为经济实惠型支付意愿（M=3.968），反映了城市居民的趋利型、舒适型、健康型偏好可能对其绿色住宅支付意愿具有重要的促进作用。均值最低的为自我认同型支付意愿（M=2.490），整体上处于劣性状态。同样地，投资理财型支付意愿的均值为3.546，生态环保型支付意愿的均值也仅为3.258。

表5-1　城市居民绿色住宅支付意愿的描述性统计分析结果

变量	均值（M）	标准差	平均综合得分	
			已购买绿色住宅	未购买绿色住宅
绿色住宅支付意愿	3.490	—	2.994	2.998

续表

变量	均值（M）	标准差	平均综合得分	
			已购买绿色住宅	未购买绿色住宅
经济实惠型支付意愿	3.968	1.079	3.42	3.46
功能偏好型支付意愿	4.177	0.993	3.85	4.01
投资理财型支付意愿	3.546	0.860	3.08	3.10
生态环保型支付意愿	3.258	1.035	2.93	3.00
自我认同型支付意愿	2.490	0.788	1.69	1.42

为进一步探究绿色住宅市场中，已经购买绿色住宅的居民的支付动机以及未购买绿色住宅（且表示未来愿意购买绿色住宅）的居民支付意愿的差异性，本书进一步使用了排序题探究这两类居民的支付动机差异。

通过对已购买/未购买绿色住宅的居民支付意愿动机进行平均综合得分计算，结果表明，对于已经购买绿色住宅的居民来说，其支付动机排序为：功能偏好型支付意愿＞经济实惠型支付意愿＞投资理财型支付意愿＞生态环保型支付意愿＞自我认同型支付意愿；对于未购买绿色住宅的居民来说，其支付意愿排序为：功能偏好型支付意愿＞经济实惠型支付意愿＞投资理财型支付意愿＞生态环保型支付意愿＞自我认同型支付意愿。

由以上结果可知，已购买和未购买绿色住宅的居民在对绿色住宅的效益诉求排序层面并无太大差异，但是除自我认同型支付意愿维度，在其他各个维度上，未购买绿色住宅居民的平均综合得分均略高于已购买绿色住宅的居民，这说明对未购买的居民来说，绿色住宅是十分有吸引力的，潜在市场较大，同时也反向证实购买了绿色住宅的居民在居住后产生的自我认同感和社会责任感可能略优于未购买绿色住宅的居民。

二 绿色住宅支付意愿响应的个体间差异

（一）性别

首先对男性和女性样本在绿色住宅支付意愿及其各维度上存在的差异性进行独立样本 T 检验，数据分析结果见表 5-2。

表 5-2　　城市居民绿色住宅支付意愿在性别上的 T 检验结果

	性别（平均值±标准差）		t	p
	男性（n=2182）	女性（n=2680）		
自我认同型支付意愿	2.48±0.79	2.50±0.79	-1.081	0.280
生态环保型支付意愿	3.21±1.07	3.29±1.00	-2.641	0.008**
投资理财型支付意愿	3.59±0.86	3.51±0.86	3.200	0.001**
功能偏好型支付意愿	4.10±1.03	4.24±0.96	-4.786	0.000***
经济实惠型支付意愿	3.99±1.08	3.95±1.08	1.471	0.141

注：本书在显著性检验时，*表示 p<0.05，**表示 p<0.01，***表示 p<0.001。余同。

从表 5-2 可以看出：性别在生态环保型支付意愿、投资理财型支付意愿、功能偏好型支付意愿上均呈现出差异性（0.01 显著性水平）。进一步地，对 T 检验显示有显著性差异的变量使用效应量研究差异幅度情况，检验结果如表 5-3 所示。

表 5-3　　　　　　　　显著性差异变量的效应量

分析项	联合方差	Cohen's d 值
生态环保型支付意愿	1.071	0.076
投资理财型支付意愿	0.739	0.092
功能偏好型支付意愿	0.982	0.138

T 检验时使用 Cohen's d 值表示效应量大小，该值越大说明差异越大。由表 5-3 可以看出，性别在功能偏好型支付意愿上的差异性最大，其次是投资理财型支付意愿，差异性较小的是生态环保型支付意愿。

为进一步探究绿色住宅市场中，已经购买绿色住宅的居民当时的购买动机以及未购买绿色住宅的居民（且未来愿意购买绿色住宅）支付意愿的差异性，以及同一单项社会人口学特征一致的居民（如已购买绿色住宅的女性和未购买绿色住宅的女性）的购买动机差异性，本书还使用了排序题探究这两类居民的支付动机。

首先，先询问调研对象"您购买过绿色住宅吗？"根据调研对象的不同选择跳转到相应题项上。如调研对象选择"购买过"，则回答问题"请您按照自身实际购买原因，为以下选项进行排序（您认为最重要的排第一，次重要的排第二……以此类推）"；如调研对象选择"没有购买过"，则回答问题"未来是否有购买绿色住宅的意愿"，如回答"是"，则继续回答"请您按照自身实际意愿，为以下选项进行排序（您认为最重要的排第一，次重要的排第二……以此类推）"，如回答"否"，则结束本轮询问。①

经计算，对于已购买绿色住宅的男性居民，其支付意愿由高到低的排序分别为：功能偏好型支付意愿>经济实惠型支付意愿>投资理财型支付意愿>生态环保型支付意愿>自我认同型支付意愿；对于已购买绿色住宅的女性居民，其支付意愿由高到低的排序分别为：功能偏好型支付意愿>经济实惠型支付意愿>生态环保型支付意愿>投资理财型支付意愿>自我认同型支付意愿；在经济实惠型支付意愿、功能偏好型支付意愿、生态环保型支付意愿以及自我认同型支付意愿维度上，女性居民的得分均高于男性，其中，女性居民在自我认同支付意愿维度上的得分要远高于男性居民，表明已购买绿色住宅的女性社会责任感和认同感会呈现较明显的提高；此外，女性也更看重绿色住宅所带来的生态环保效益，其次是功能偏好效益、经济实惠效益。

对于未购买绿色住宅的男性居民，其支付意愿由高到低的排序分别为：功能偏好型支付意愿>经济实惠型支付意愿>投资理财型支付意愿>生态环保型支付意愿>自我认同型支付意愿；对于未购买绿色住宅的女性居民，其支付意愿由高到低的排序分别为：功能偏好型支付意愿>经济实惠型支付意愿>生态环保型支付意愿>投资理财型支付意愿>自我认同型支付意愿；在功能偏好型支付意愿、生态环保型支付意愿维度上，女性居民的得分均高于男性，其中，女性居民在功能偏好型支付意愿维度上的得分要远高于男性居民，表明未购买绿色住宅的女性更看重绿色住宅所带来的功能偏好效益和生态环保效益。

在功能偏好型支付意愿、经济实惠型支付意愿以及生态环保型支付意愿维度上，已购买绿色住宅的男性居民得分均略低于未购买绿色住宅的男性居民；在投资理财型支付意愿和自我认同型支付意愿维度上，已购买绿色住宅的男性居民得分均略高于未购买绿色住宅的男性居民。

---

① 以下此类排序题均采用此方法开展调研，在相应讨论中不再赘述。

与男性所不同的是,在功能偏好型支付意愿、投资理财型支付意愿以及生态环保型支付意愿维度上,已购买绿色住宅的女性居民得分均略低于未购买绿色住宅的女性居民;在经济实惠型支付意愿和自我认同型支付意愿维度上,已购买绿色住宅的女性居民得分均略高于未购买绿色住宅的女性居民。

(二)年龄

首先,对不同年龄层个体在绿色住宅支付意愿及其各维度上存在的差异性进行单因素方差分析,数据分析结果见表5-4和图5-1。

表5-4 城市居民绿色住宅支付意愿在年龄上的单因素方差分析结果

年龄 (平均值±标准差)	经济实惠型 支付意愿	功能偏好型 支付意愿	投资理财型 支付意愿	生态环保型 支付意愿	自我认同型 支付意愿
18岁以下(n=34)	3.62±1.07	3.94±1.18	3.35±0.77	3.38±1.41	2.62±0.95
18—25岁(n=1438)	3.92±1.07	4.24±0.95	3.50±0.87	3.30±1.04	2.43±0.78
26—30岁(n=1240)	4.02±1.07	4.22±0.99	3.55±0.84	3.21±1.03	2.52±0.79
31—35岁(n=1154)	3.98±1.07	4.20±0.96	3.58±0.84	3.20±1.04	2.51±0.77
36—40岁(n=524)	3.90±1.08	3.98±1.09	3.65±0.88	3.30±1.07	2.53±0.79
41—45岁(n=226)	4.19±1.07	4.11±1.08	3.42±0.85	3.30±0.97	2.49±0.84
46—50岁(n=138)	3.82±1.15	4.24±0.88	3.50±0.88	3.43±0.90	2.41±0.85
51—60岁(n=92)	4.10±1.08	3.76±1.19	3.54±0.94	3.20±1.08	2.48±0.86
60岁以上(n=16)	3.75±1.00	3.88±1.50	3.75±0.93	3.50±0.52	2.50±0.63
F	**3.251**	**6.319**	**2.540**	1.875	1.706
p	**0.001****	**0.000*****	**0.009****	0.059	0.092

表5-5 方差分析中间过程值

	差异	平方和	自由度	均方	F	p
经济实惠型 支付意愿	组间	30.159	8.000	3.770	3.251	0.001**
	组内	5626.835	4853.000	1.159		
	总计	5656.995	4861.000	—		

续表

差异		平方和	自由度	均方	F	p
功能偏好型支付意愿	组间	49.456	8.000	6.182	6.319	0.000***
	组内	4747.779	4853.000	0.978		
	总计	4797.235	4861.000	—		
投资理财型支付意愿	组间	14.998	8.000	1.875	2.540	0.009**
	组内	3582.366	4853.000	0.738		
	总计	3597.363	4861.000	—		
生态环保型支付意愿	组间	16.059	8.000	2.007	1.875	0.059
	组内	5194.511	4853.000	1.070		
	总计	5210.570	4861.000	—		
自我认同型支付意愿	组间	8.470	8.000	1.059	1.706	0.092
	组内	3012.516	4853.000	0.621		
	总计	3020.986	4861.000	—		

从表5-4可以看出：不同年龄样本在生态环保型支付意愿、自我认同型支付意愿上未表现出显著性（p>0.05），意味着不同年龄样本对于生态环保型支付意愿、自我认同型支付意愿均表现出一致性，并没有差异性。另外，年龄在经济实惠型支付意愿、功能偏好型支付意愿、投资理财型支付意愿上均呈现出显著性（p<0.05），意味着不同年龄样本对于经济实惠型支付意愿、功能偏好型支付意愿、投资理财型支付意愿有差异性。

随着年龄的增长，经济实惠型支付意愿维度上的得分波动上升，在该维度上，41—45岁年龄阶段的居民得分最高（见图5-1），说明中年人更在意绿色住宅所带来的经济实惠效益。对于功能偏好型支付意愿维度，得分基本呈现"U"形分布，在18—35岁以及46—60岁的年龄阶段上得分最高，说明青年群体和偏老年群体更在意居住的舒适性与健康性。对于投资理财型支付意愿，各个年龄阶段差异性不算太高，得分较高的群体主要集中于36—40岁以及60岁以上的居民，这部分的居民已经积累了一定的物质财富，并热衷于寻求更加增值保值的理财手段。

进一步地，只对经济实惠型支付意愿、功能偏好型支付意愿和投资理财型支付意愿进行效应量指标检验，检验结果如表5-6所示。

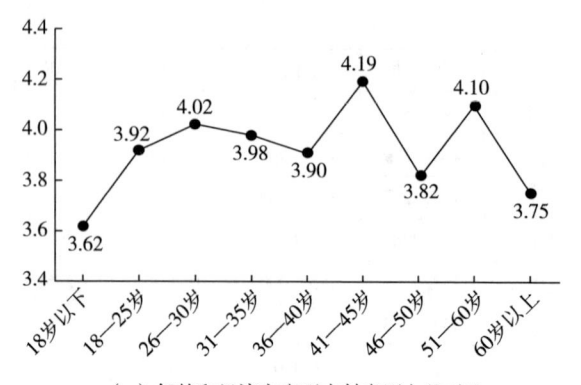

(a)年龄和经济实惠型支付意愿方差对比

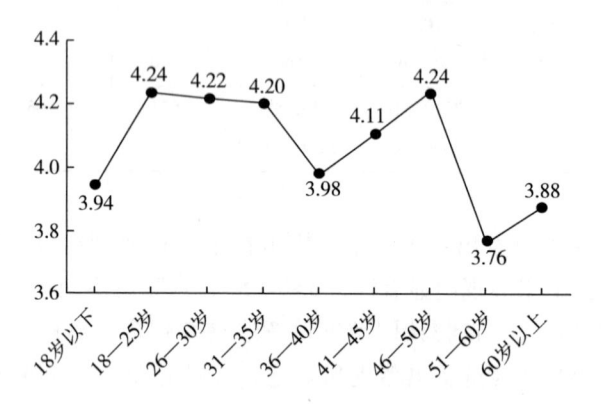

(b)年龄和功能偏好型支付意愿方差对比

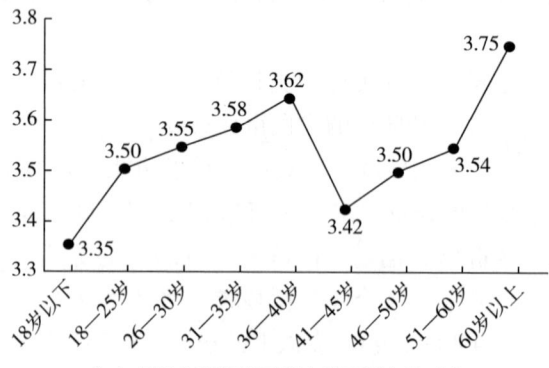

(c)年龄和投资理财型支付意愿方差对比

图 5-1　年龄和支付意愿方差对比情况

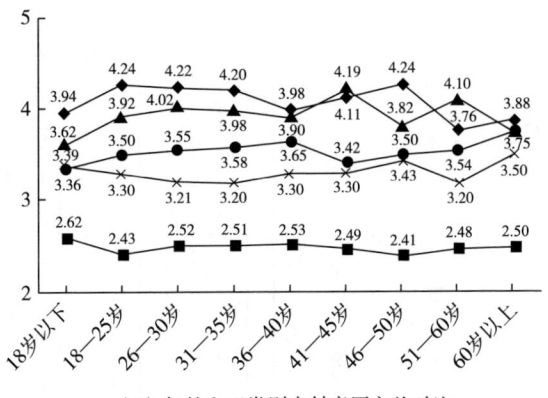

(d) 年龄和五类别支付意愿方差对比

——▲—— 经济实惠型支付意愿　——◆—— 功能偏好型支付意愿
——●—— 投资理财型支付意愿　——×—— 生态环保型支付意愿
——■—— 自我认同型支付意愿

图 5-1　年龄和支付意愿方差对比情况（续）

表 5-6　　　　　　　　　效应量指标

分析项	SSB（组间差）	SST（总离差）	偏 Eta 方（Partial η^2）	Cohen's F
经济实惠型支付意愿	30.159	5656.995	0.005	0.073
功能偏好型支付意愿	49.456	4797.235	0.010	0.102
投资理财型支付意愿	14.998	3597.363	0.004	0.065

方差分析时使用偏 Eta 方表示效应量大小，该值越大说明差异越大。由表 5-6 可以看出，年龄在功能偏好型支付意愿上的差异性最大，其次是经济实惠型支付意愿，差异性较小的是投资理财型支付意愿。

同样地，为进一步探究绿色住宅市场中，已经购买绿色住宅的居民当时的购买动机以及未购买绿色住宅的居民（且未来愿意购买绿色住宅）支付意愿的差异性，以及同一单项社会人口学特征一致的居民（如已购买绿色住宅的 18—25 岁居民和未购买绿色住宅的 18—25 岁的居民）的购买动机差异性，本书还使用了排序题探究这两类居民的支付动机。

经计算，平均综合得分如图 5-2 所示。

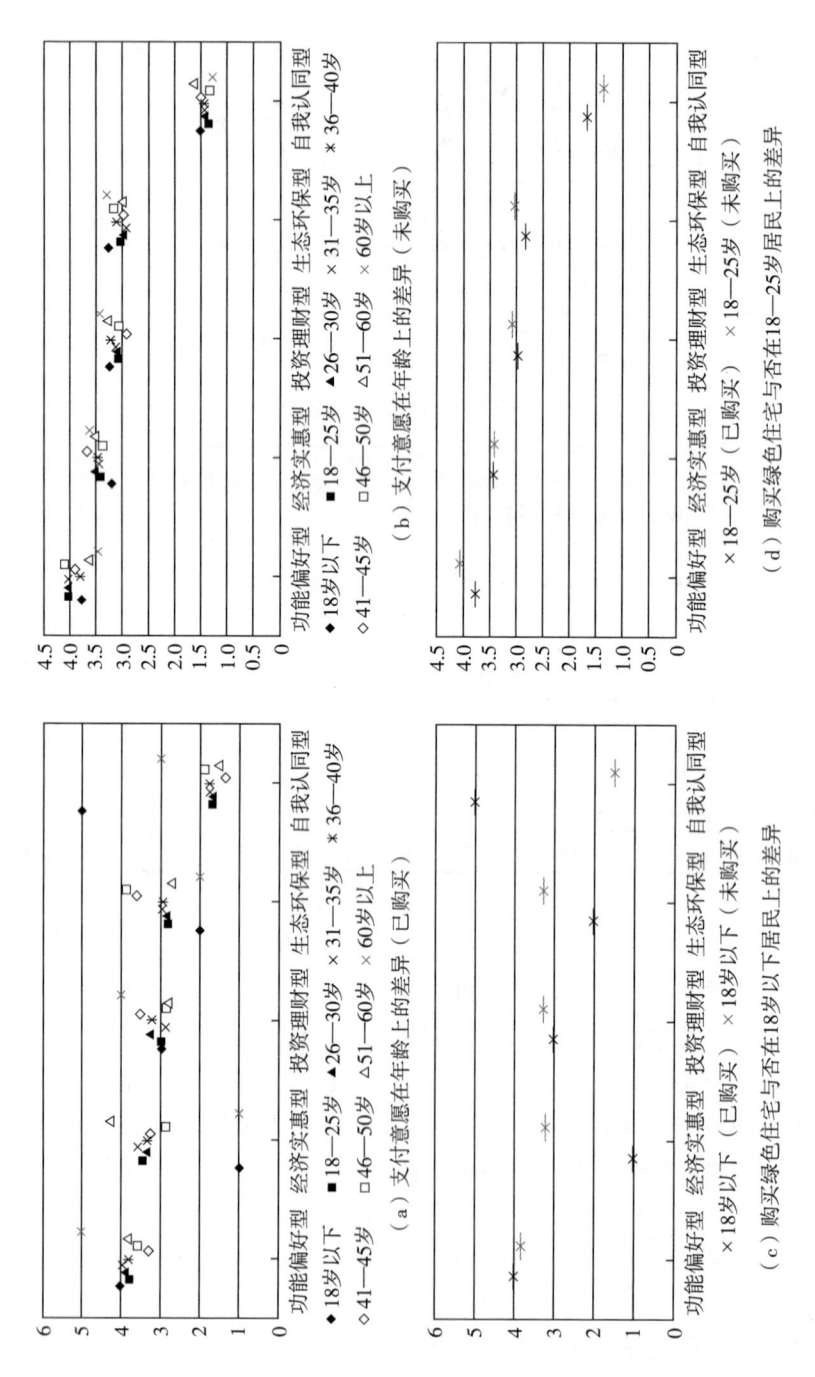

88 / 城市居民绿色住宅支付响应的机理、测度及助推策略

图 5-2 未购买/已购买绿色住宅的居民在年龄上的平均综合得分及差异性

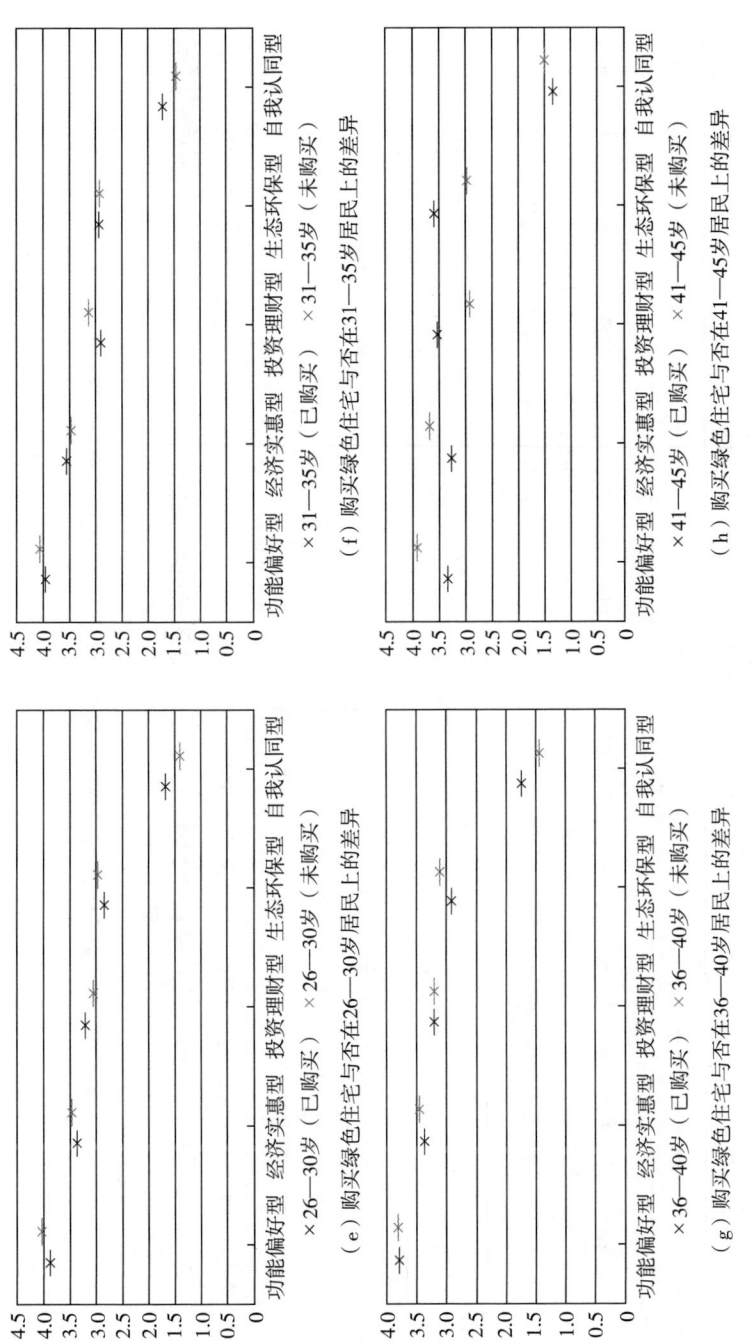

图 5-2　未购买/已购买绿色住宅的居民在年龄上的平均综合得分及差异性（续）

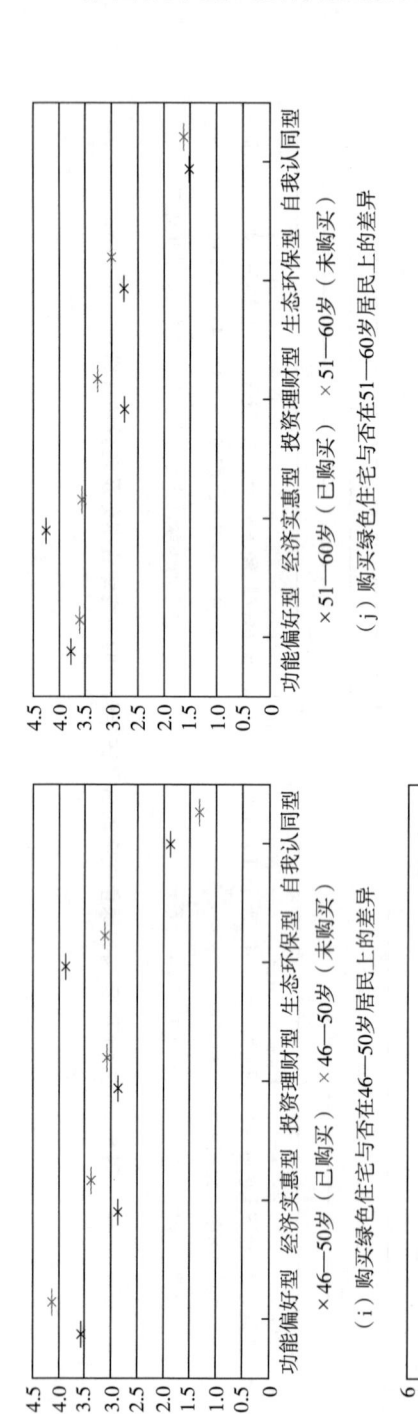

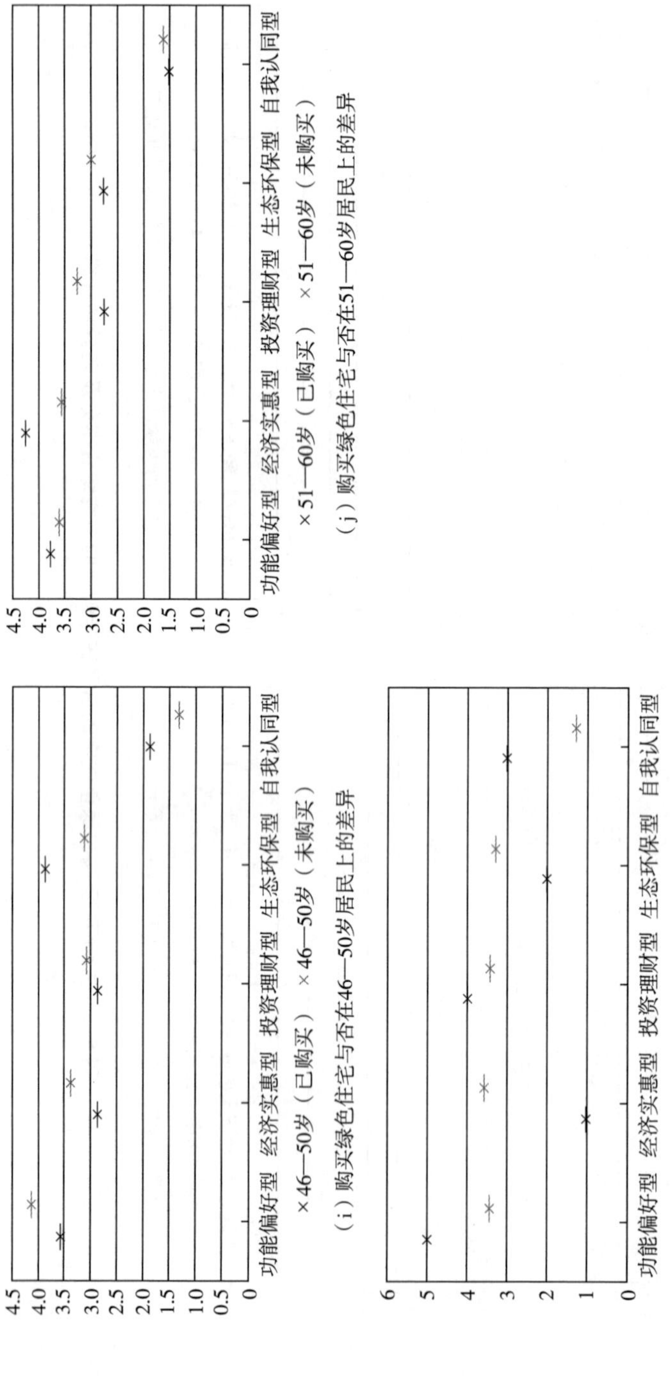

图 5-2 未购买/已购买绿色住宅的居民在年龄上的平均综合得分及差异性（续）

(三) 受教育水平

首先，对不同受教育程度个体在绿色住宅支付意愿及其各维度上存在的差异性进行单因素方差分析，结果详见表 5-7 和表 5-8。

表 5-7　城市居民绿色住宅支付意愿在学历上的单因素方差分析结果

	受教育水平（包含正在攻读的）（平均值±标准差)						F	p
	初中及以下 (n=42)	高中/中专 (n=242)	大专 (n=798)	本科 (n=3296)	硕士 (n=432)	博士及以上 (n=52)		
经济实惠型支付意愿	3.81±1.13	3.87±1.13	3.95±1.07	3.97±1.08	4.00±1.08	4.27±0.99	1.495	0.188
功能偏好型支付意愿	4.12±0.92	4.07±1.13	4.17±1.00	4.19±0.98	4.15±1.01	4.13±1.09	0.864	0.504
投资理财型支付意愿	3.36±0.93	3.50±0.85	3.46±0.88	3.57±0.86	3.55±0.82	3.38±0.75	3.045	0.010**
生态环保型支付意愿	3.31±1.20	3.38±1.11	3.27±1.05	3.26±1.01	3.19±1.10	3.15±1.14	1.200	0.306
自我认同型支付意愿	2.43±0.97	2.48±0.82	2.50±0.81	2.49±0.78	2.51±0.81	2.52±0.80	0.219	0.955

表 5-8　方差分析中间过程值

	差异	平方和	自由度	均方	F	p
经济实惠型支付意愿	组间	8.692	5.000	1.738	1.495	0.188
	组内	5648.302	4856.000	1.163		
	总计	5656.995	4861.000	—		
功能偏好型支付意愿	组间	4.265	5.000	0.853	0.864	0.504
	组内	4792.970	4856.000	0.987		
	总计	4797.235	4861.000	—		

续表

差异		平方和	自由度	均方	F	p
投资理财型支付意愿	组间	11.245	5.000	2.249	3.045	0.010**
	组内	3586.118	4856.000	0.738		
	总计	3597.363	4861.000	—		
生态环保型支付意愿	组间	6.431	5.000	1.286	1.200	0.306
	组内	5204.139	4856.000	1.072		
	总计	5210.570	4861.000	—		
自我认同型支付意愿	组间	0.681	5.000	0.136	0.219	0.955
	组内	3020.305	4856.000	0.622		
	总计	3020.986	4861.000	—		

从表5-7可以看出：不同受教育水平（包含正在攻读的）样本对于经济实惠型支付意愿、功能偏好型支付意愿、生态环保型支付意愿、自我认同型支付意愿共4项未呈现出显著性（$p>0.05$），对投资理财型支付意愿呈现出显著性（$p<0.05$）。整体来看，得分均值呈现倒"U"形，均值最高的是本科和硕士学历的居民。

同样地，为进一步探究绿色住宅市场中，已经购买绿色住宅的居民当时的购买动机以及未购买绿色住宅的居民（且未来愿意购买绿色住宅）支付意愿的差异性，以及同一单项社会人口学特征一致的居民（如已购买绿色住宅的受教育水平为本科的居民和未购买绿色住宅的受教育水平为本科的居民）的购买动机差异性，本书还使用了排序题探究这两类居民的支付动机。

经计算，平均综合得分如图5-3所示。

（四）行业类型

将城市居民绿色住宅支付意愿及其各维度作为因变量，行业类型作为分组变量，对不同行业类型个体在绿色住宅支付意愿上存在的差异性进行单因素方差分析，结果见表5-9、表5-10和图5-4。

第五章 城市居民绿色住宅支付意愿响应的实证分析 / 93

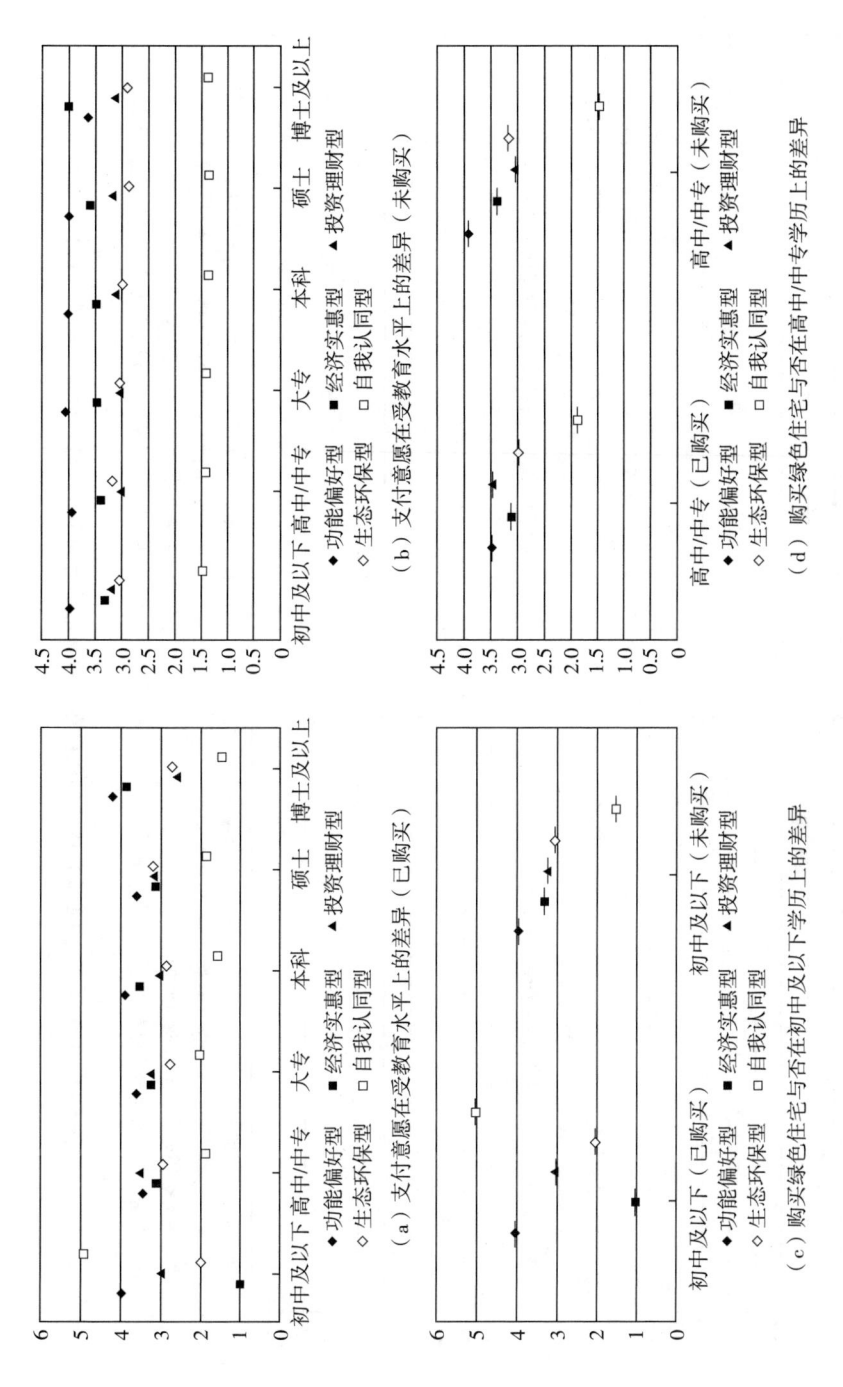

图 5-3 未购买/已购买绿色住宅的居民在受教育水平上的平均综合得分及差异性

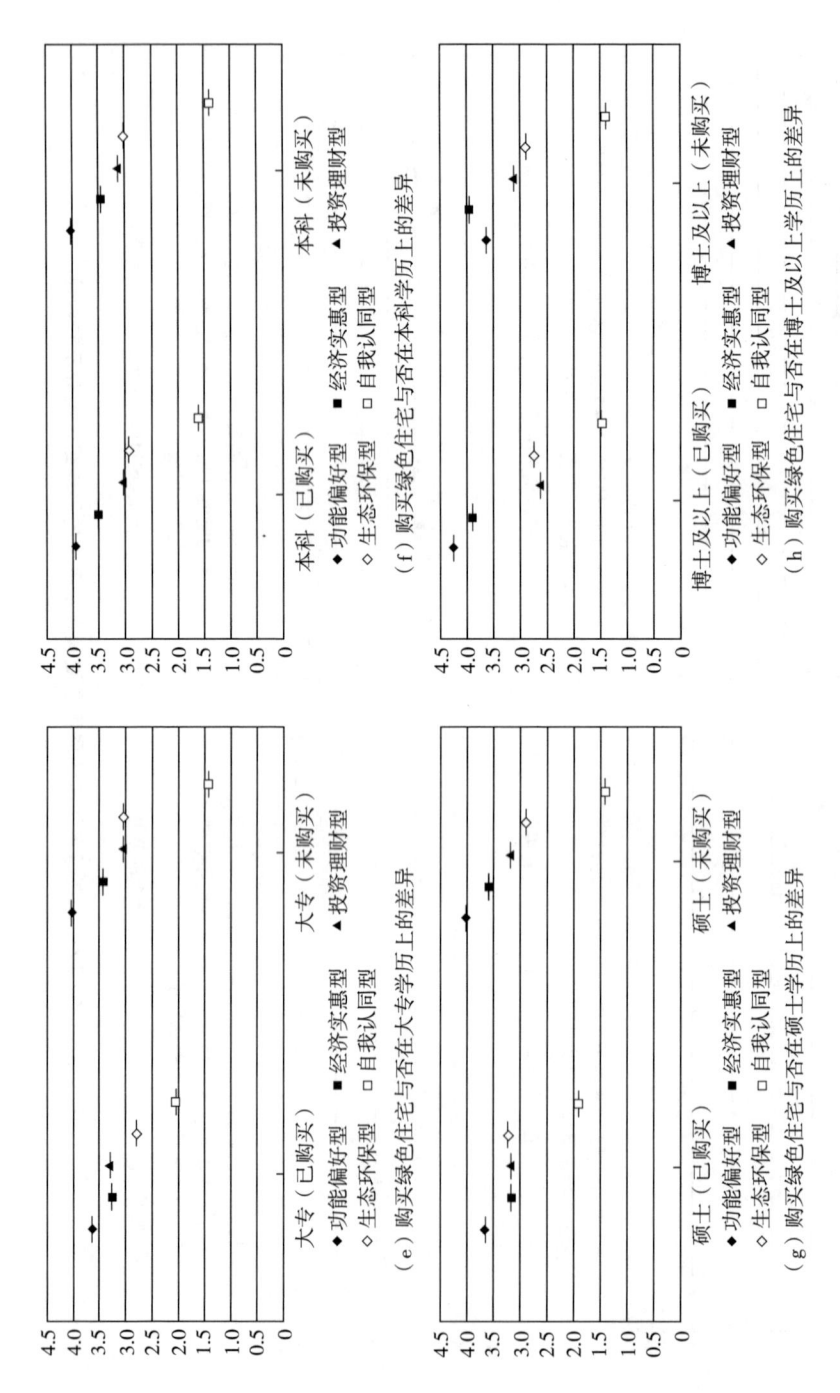

94 / 城市居民绿色住宅支付响应的机理、测度及助推策略

图 5-3 未购买/已购买绿色住宅的居民在受教育水平上的平均综合得分及差异性（续）

表 5-9　　城市居民绿色住宅支付意愿在行业类型上的单因素方差分析结果

工作单位所属行业（平均值±标准差）	经济实惠型支付意愿	功能偏好型支付意愿	投资理财型支付意愿	生态环保型支付意愿	自我认同型支付意愿
农林牧渔业（n=66）	3.92±1.04	4.35±0.94	3.39±0.78	3.44±0.77	2.45±0.75
公共管理、社会保障（n=240）	3.99±1.14	4.14±1.16	3.54±0.90	3.12±0.97	2.47±0.83
采矿业（n=32）	4.50±0.88	4.06±0.91	3.22±0.83	3.13±1.13	2.34±0.70
制造业（n=888）	4.01±1.07	4.16±0.97	3.59±0.89	3.23±1.06	2.53±0.77
建筑业（n=194）	4.13±1.04	3.92±1.04	3.52±0.95	3.35±1.04	2.48±0.76
批发与零售业（n=362）	4.07±1.05	4.15±1.01	3.56±0.82	3.25±1.06	2.56±0.82
交通运输、仓储和邮政业（n=190）	4.05±1.08	4.04±1.14	3.63±0.84	3.06±1.02	2.57±0.84
住宿和餐饮业（n=128）	3.96±1.06	4.05±1.11	3.53±0.84	3.24±0.95	2.48±0.79
信息传输、软件和信息技术服务业（n=730）	3.99±1.06	4.16±0.97	3.56±0.83	3.29±1.01	2.53±0.77
金融业（n=318）	4.04±1.11	4.22±0.99	3.55±0.91	3.07±1.02	2.47±0.79
房地产业（n=76）	3.87±1.04	4.45±0.85	3.61±0.73	3.36±0.76	2.49±0.70
教育（n=688）	3.92±1.07	4.26±0.93	3.49±0.83	3.30±1.05	2.42±0.74
医疗卫生和社会工作（n=256）	3.83±1.09	4.23±0.97	3.57±0.90	3.26±1.12	2.47±0.79
文化体育和娱乐业（n=158）	3.91±1.11	4.19±0.83	3.70±0.91	3.37±0.97	2.39±0.73
其他（n=536）	3.80±1.10	4.22±1.02	3.46±0.83	3.37±1.07	2.45±0.87
F	2.843	2.505	1.815	2.671	1.425
p	0.000***	0.001**	0.031*	0.001***	0.132

表 5-10　　方差分析中间过程值

	差异	平方和	自由度	均方	F	p
经济实惠型支付意愿	组间	46.071	14.000	3.291	2.843	0.000***
	组内	5610.924	4847.000	1.158		
	总计	5656.995	4861.000	—		

续表

	差异	平方和	自由度	均方	F	p
功能偏好型支付意愿	组间	34.462	14.000	2.462	2.505	0.001**
	组内	4762.773	4847.000	0.983		
	总计	4797.235	4861.000	—		
投资理财型支付意愿	组间	18.761	14.000	1.340	1.815	0.031*
	组内	3578.603	4847.000	0.738		
	总计	3597.363	4861.000	—		
生态环保型支付意愿	组间	39.894	14.000	2.850	2.671	0.001***
	组内	5170.676	4847.000	1.067		
	总计	5210.570	4861.000	—		
自我认同型支付意愿	组间	12.379	14.000	0.884	1.425	0.132
	组内	3008.606	4847.000	0.621		
	总计	3020.986	4861.000	—		

从表5-9可以看出：不同工作单位所属行业样本对于自我认同型支付意愿这1项未表现出显著差异（p>0.05），对于经济实惠型支付意愿、功能偏好型支付意愿、投资理财型支付意愿、生态环保型支付意愿共4项表现出显著差异（p<0.05）。在经济实惠型支付意愿维度上，得分最高的是采矿业，其次是建筑业；在功能偏好型支付意愿维度上，得分最高的是房地产业，其次是农林牧渔业；在投资理财型支付意愿维度上，得分最高的是文化体育和娱乐业，其次是交通运输、仓储和邮政业；在生态环保型支付意愿维度上，得分最高的是农林牧渔业，其次是文化体育和娱乐业、其他行业。

综上所述，不同工作单位所属行业样本对于自我认同型支付意愿未表现出显著性差异，但对于经济实惠型支付意愿、功能偏好型支付意愿、投资理财型支付意愿和生态环保型支付意愿共4项呈现出显著性差异。

进一步地，对方差分析显示存在显著性差异（p<0.05）的变量使用效应量研究差异幅度情况，因此只对经济实惠型支付意愿、功能偏好型支付意愿、投资理财型支付意愿和生态环保型支付意愿进行检验，检验结果如表5-11所示。

第五章 城市居民绿色住宅支付意愿响应的实证分析

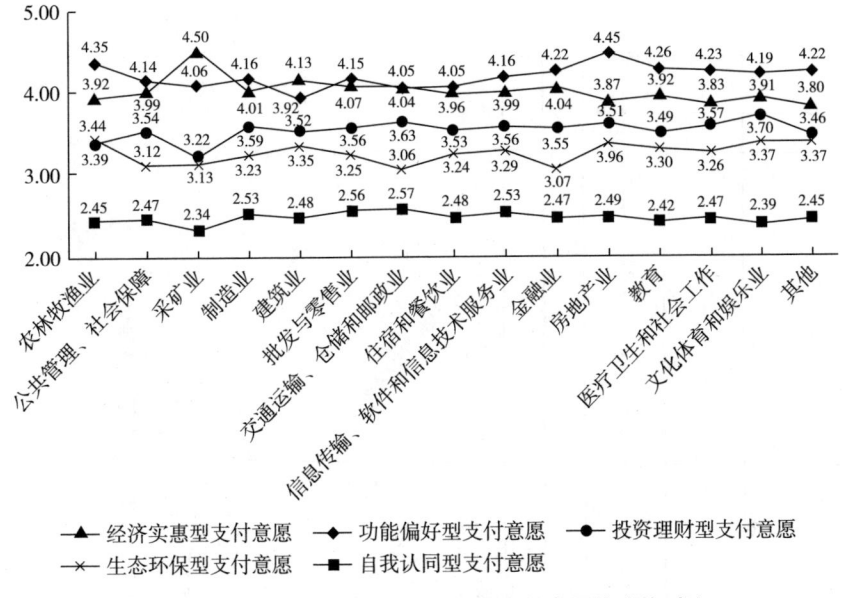

图 5-4 工作单位所属行业与五类支付意愿的均值对比

表 5-11 效应量指标

	SSB（组间差）	SST（总离差）	偏 Eta 方（Partial η^2）	Cohen's F
经济实惠型支付意愿	46.071	5656.995	0.008	0.091
功能偏好型支付意愿	34.462	4797.235	0.007	0.085
投资理财型支付意愿	18.761	3597.363	0.005	0.072
生态环保型支付意愿	39.894	5210.570	0.008	0.088

方差分析时使用偏 Eta 方表示效应量大小，该值越大说明差异越大。由表 5-11 可以看出，工作单位所属行业在经济实惠型和生态环保型支付意愿上的差异性最大，其次是功能偏好型支付意愿，差异性较小的是投资理财型支付意愿。

同样地，为进一步探究绿色住宅市场中，已经购买绿色住宅的居民当时的购买动机以及未购买绿色住宅的居民（且未来愿意购买绿色住宅）支付意愿的差异性，以及同一单项社会人口学特征一致的居民（如已购买绿色住宅的在制造业工作的居民和未购买绿色住宅的在制造业工作的居民）的购买动机差异性，本书还使用了排序题探究这两类居民的支付动机。

经计算，平均综合得分如图 5-5 所示。

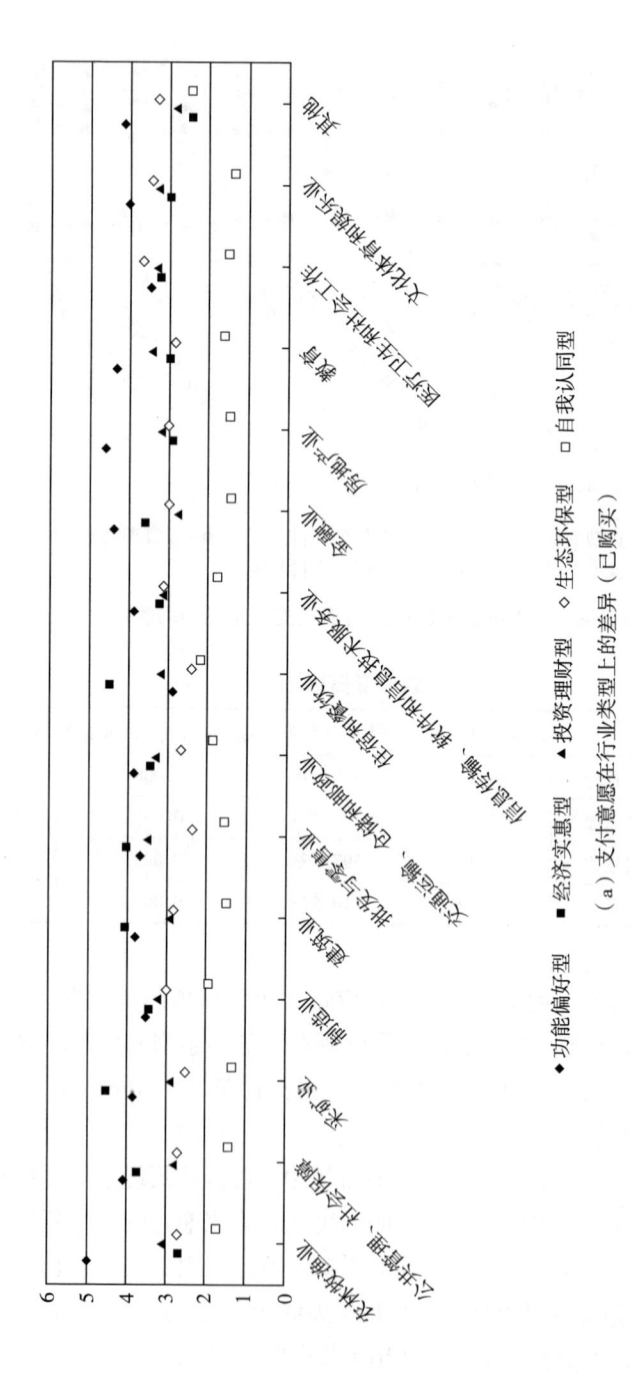

图 5-5 未购买/已购买绿色住宅的居民在行业类型上的平均综合得分及差异性

（a）支付意愿在行业类型上的差异（已购买）

第五章 城市居民绿色住宅支付意愿响应的实证分析 / 99

(b) 支付意愿在行业类型上的差异（未购买）

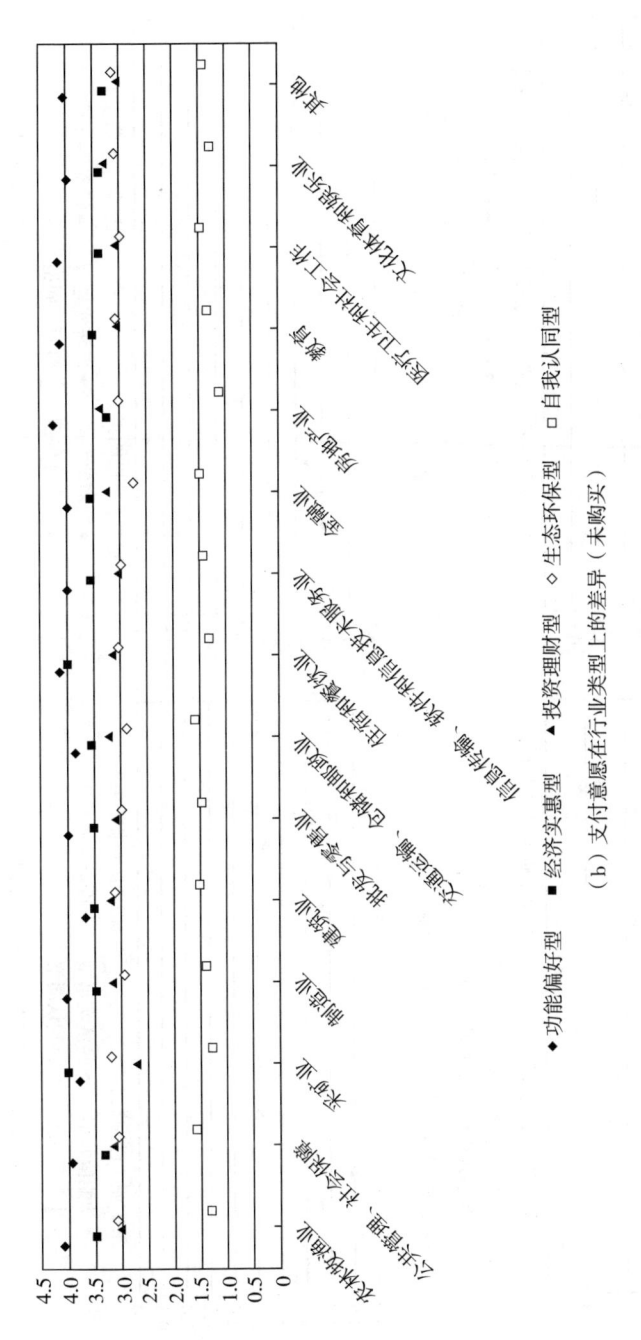

图 5-5 未购买/已购买绿色住宅的居民在行业类型上的平均综合得分及差异性（续）

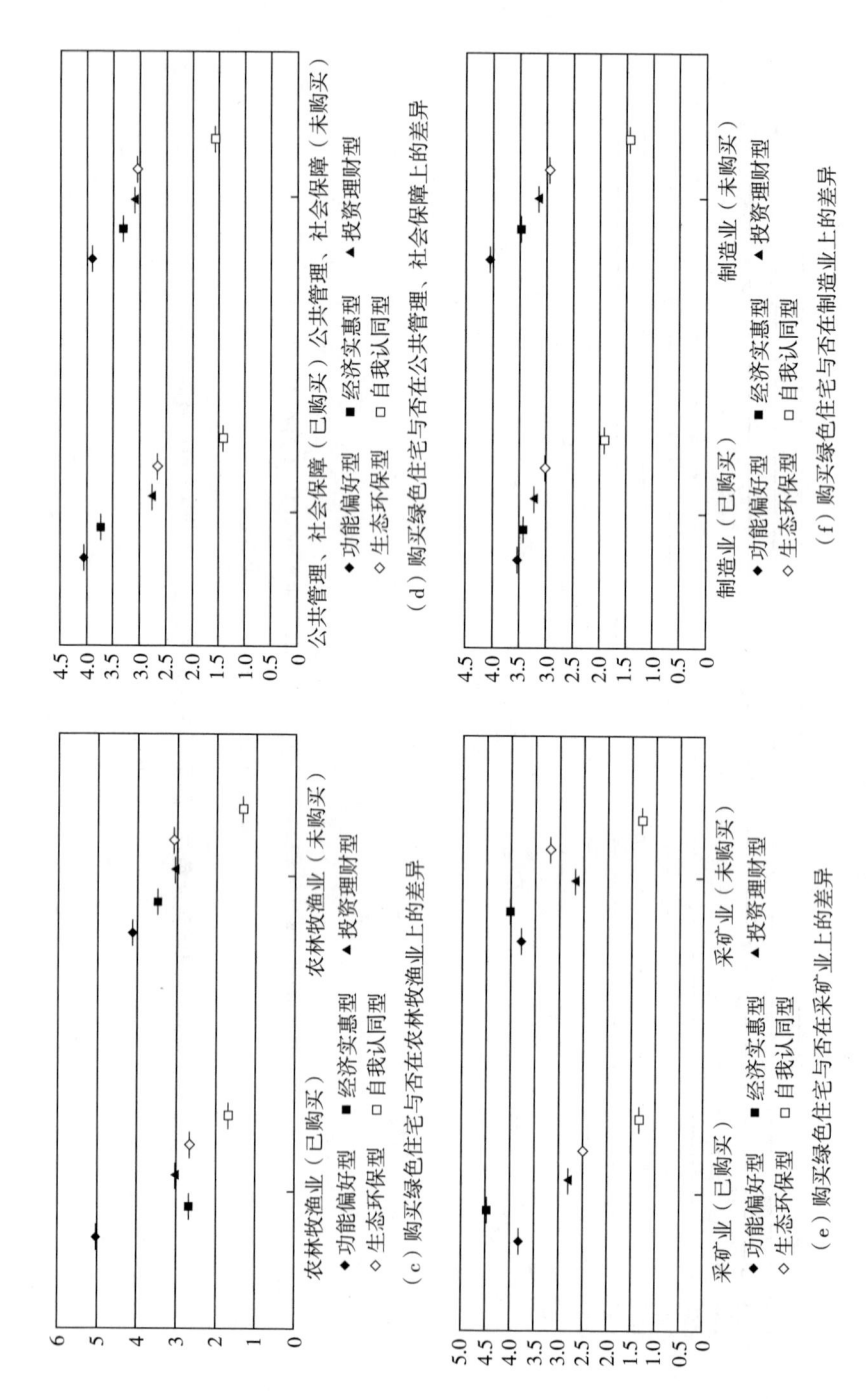

图 5-5 未购买/已购买绿色住宅的居民在行业类型上的平均综合得分及差异性（续）

第五章 城市居民绿色住宅支付意愿响应的实证分析 / 101

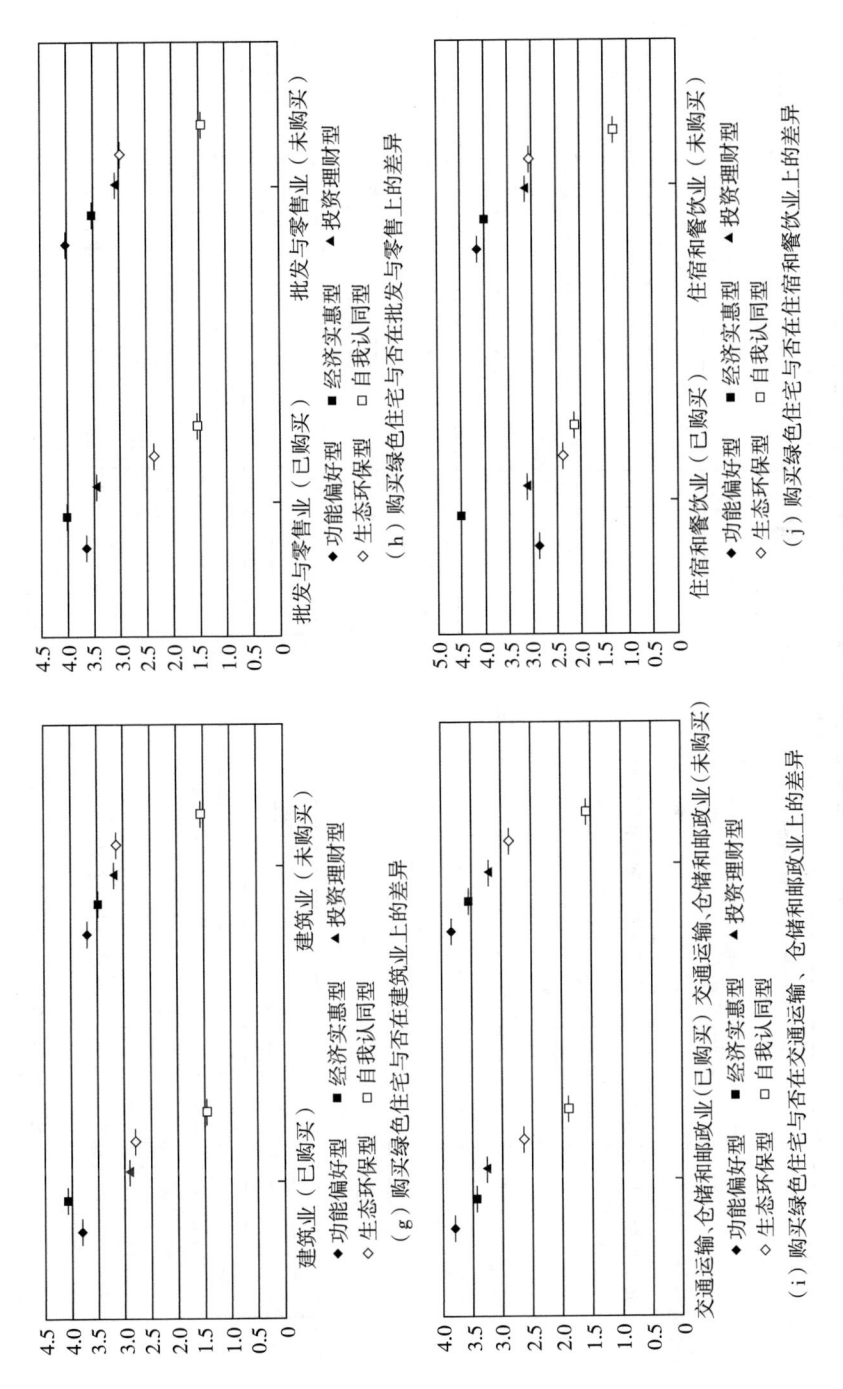

图 5-5 未购买/已购买绿色住宅的居民在行业类型上的平均综合得分差异性（续）

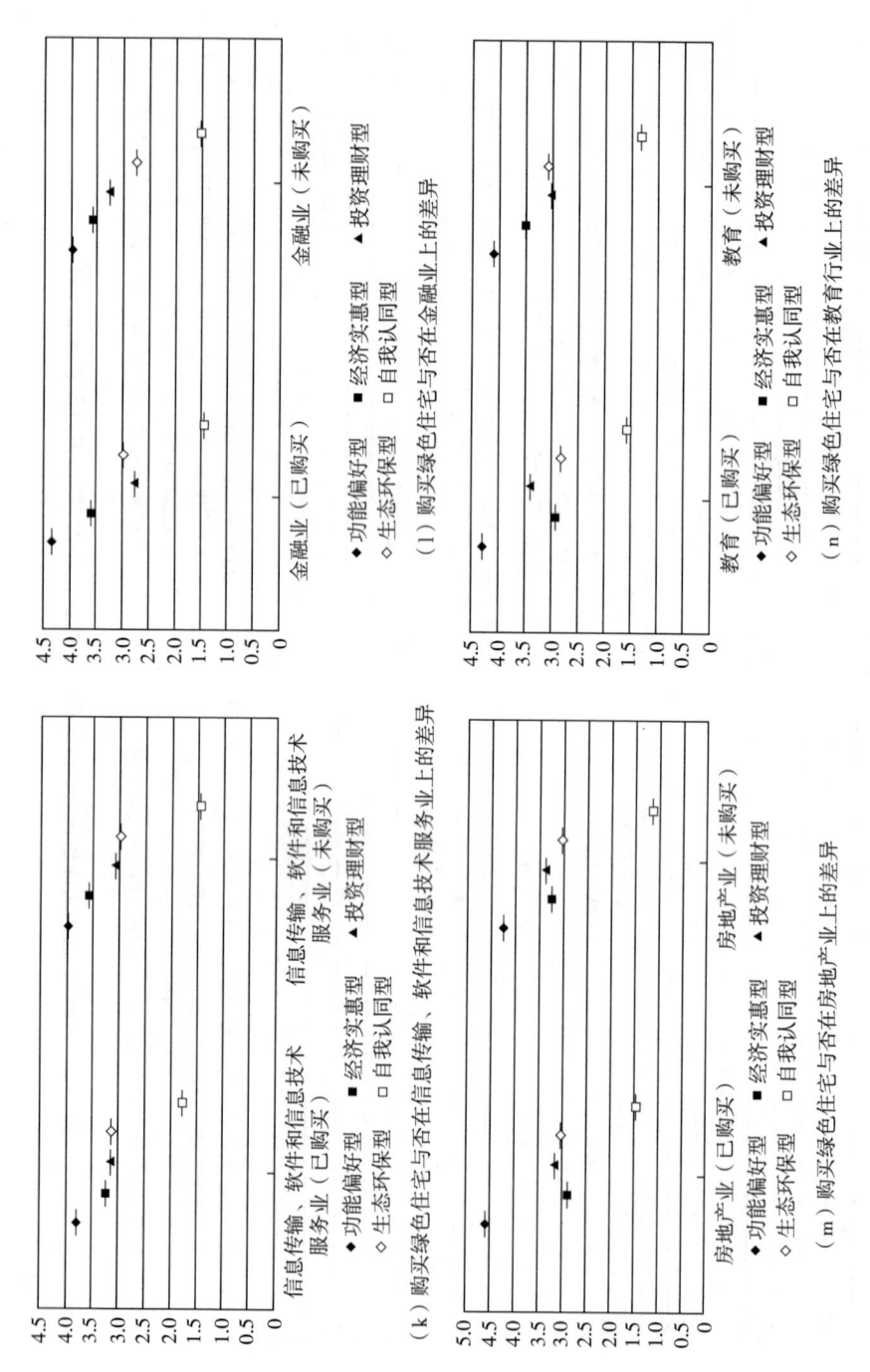

图 5-5 未购买/已购买绿色住宅的居民在行业类型上的平均综合得分及差异性（续）

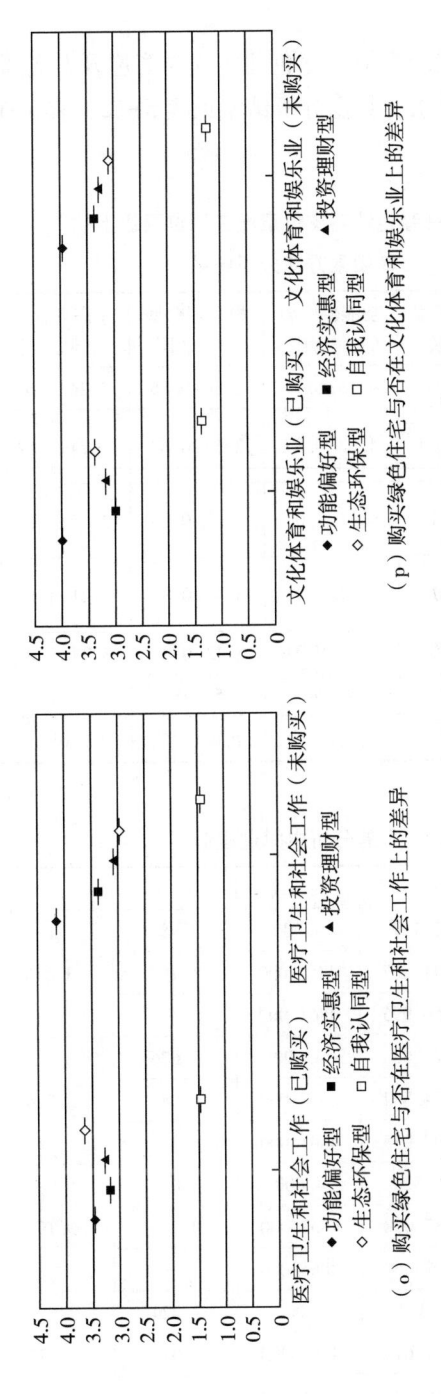

第五章　城市居民绿色住宅支付意愿响应的实证分析 / 103

图 5-5　未购买/已购买绿色住宅的居民在行业类型上的平均综合得分及差异性（续）

(五) 职位层级

首先，对不同职位层级个体在绿色住宅支付意愿及其各维度上存在的差异性进行单因素方差分析，数据分析结果见表5-12、表5-13和图5-6、图5-7。

表5-12　　城市居民绿色住宅支付意愿在职位层级上的单因素方差分析结果

职位层级 （平均值±标准差）	经济实惠型 支付意愿	功能偏好型 支付意愿	投资理财型 支付意愿	生态环保型 支付意愿	自我认同型 支付意愿
基层员工（n=1386）	4.03±1.07	4.13±0.99	3.58±0.86	3.24±1.01	2.50±0.80
基层管理人员（n=1462）	3.98±1.06	4.22±0.95	3.55±0.87	3.24±1.04	2.52±0.77
中层管理人员（n=1170）	3.93±1.10	4.11±1.09	3.58±0.86	3.25±1.05	2.48±0.78
高层管理人员（n=214）	3.98±1.13	4.19±0.94	3.45±0.89	3.21±1.01	2.43±0.82
其他（n=630）	3.86±1.08	4.31±0.93	3.42±0.84	3.37±1.05	2.44±0.80
F	3.256	5.774	5.195	2.077	1.430
p	0.011*	0.000***	0.000***	0.081	0.221

表5-13　　方差分析中间过程值

项	差异	平方和	自由度	均方	F	p
经济实惠型 支付意愿	组间	15.127	4.000	3.782	3.256	0.011*
	组内	5641.867	4857.000	1.162		
	总计	5656.995	4861.000	—		
功能偏好型 支付意愿	组间	22.703	4.000	5.676	5.774	0.000***
	组内	4774.532	4857.000	0.983		
	总计	4797.235	4861.000	—		
投资理财型 支付意愿	组间	15.326	4.000	3.831	5.195	0.000***
	组内	3582.038	4857.000	0.738		
	总计	3597.363	4861.000	—		
生态环保型 支付意愿	组间	8.897	4.000	2.224	2.077	0.081
	组内	5201.673	4857.000	1.071		
	总计	5210.570	4861.000	—		

第五章　城市居民绿色住宅支付意愿响应的实证分析 / 105

续表

项	差异	平方和	自由度	均方	F	p
自我认同型支付意愿	组间	3.553	4.000	0.888	1.430	0.221
	组内	3017.433	4857.000	0.621		
	总计	3020.986	4861.000	—		

从表 5-12 可以看出：不同职位层级样本对于生态环保型支付意愿、自我认同型支付意愿未呈现出显著差异（$p>0.05$），对于经济实惠型支付意愿、功能偏好型支付意愿、投资理财型支付意愿呈现出显著性（$p<0.05$）。

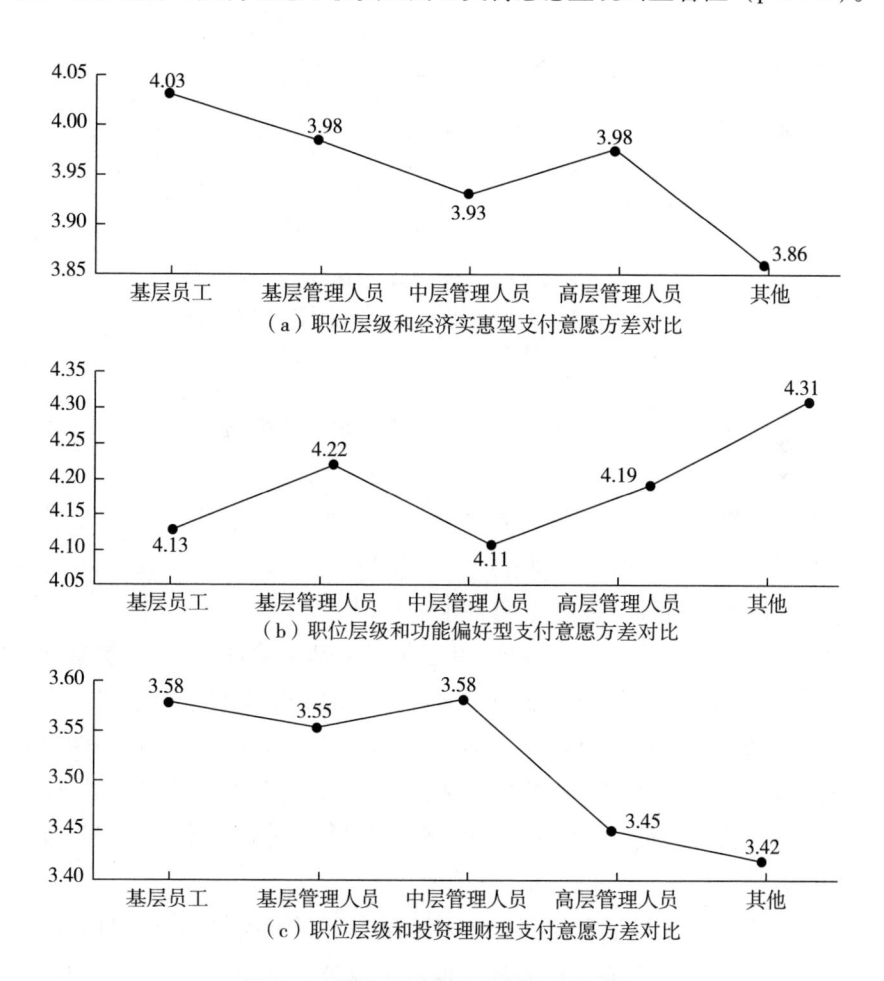

（a）职位层级和经济实惠型支付意愿方差对比
基层员工 4.03　基层管理人员 3.98　中层管理人员 3.93　高层管理人员 3.98　其他 3.86

（b）职位层级和功能偏好型支付意愿方差对比
基层员工 4.13　基层管理人员 4.22　中层管理人员 4.11　高层管理人员 4.19　其他 4.31

（c）职位层级和投资理财型支付意愿方差对比
基层员工 3.58　基层管理人员 3.55　中层管理人员 3.58　高层管理人员 3.45　其他 3.42

图 5-6　职位层级和支付意愿方差对比

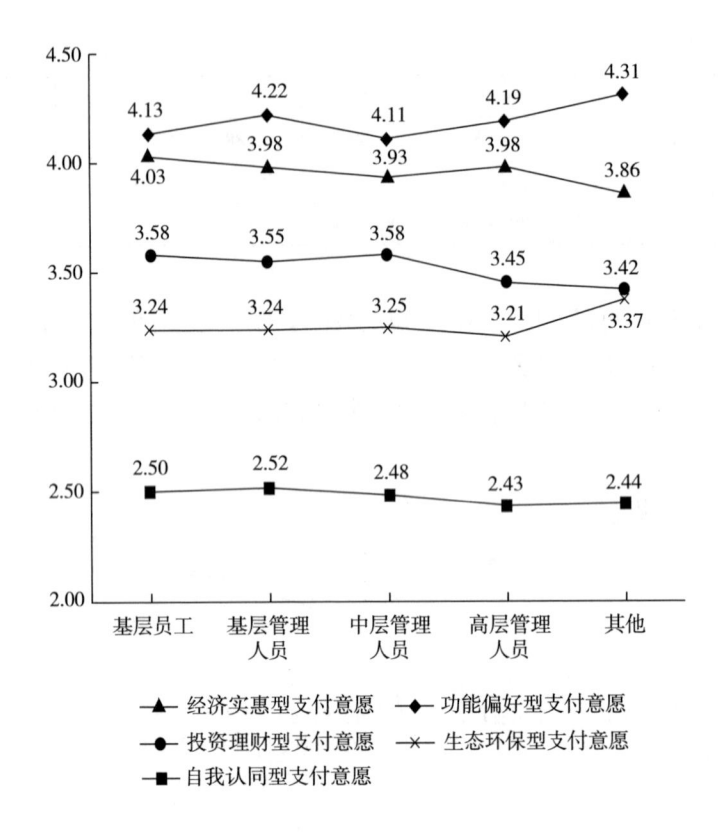

图 5-7 职位层级和五类支付意愿的均值比较

具体分析可知：职位层级对于经济实惠型支付意愿呈现出差异性（0.05 显著性水平）（F=3.256，p=0.011）。职位层级对于功能偏好型支付意愿呈现出差异性（0.01 显著性水平）（F=5.774，p=0.000），其中，"基层管理人员>基层员工；其他>基层员工；基层管理人员>中层管理人员；其他>中层管理人员"。职位层级在投资理财型支付意愿上呈现出差异性（F=5.195，p=0.000），以及具体对比差异可知，有着较为明显差异的组别平均值得分对比结果为"基层员工>高层管理人员；基层员工>其他；基层管理人员>其他；中层管理人员>高层管理人员；中层管理人员>其他"。

综上所述，不同职位层级样本对于生态环保型支付意愿、自我认同型支付意愿未表现出显著性差异，但对于经济实惠型支付意愿、功能偏好型支付意愿、投资理财型支付意愿呈现出显著性差异。在功能偏好型支付意愿维度上，得分最高的是其他人员，其次是基层管理人员；在经济实惠型支付意愿维度上，得分最高的是基层员工，其次是高层管理人员。

进一步地，对经济实惠型支付意愿、功能偏好型支付意愿、投资理财型支付意愿进行检验，检验结果如表 5-14 所示。

表 5-14　　　　　　　　　效应量指标

分析项	SSB（组间差）	SST（总离差）	偏 Eta 方（Partial η^2）	Cohen's F
经济实惠型支付意愿	15.127	5656.995	0.003	0.052
功能偏好型支付意愿	22.703	4797.235	0.005	0.069
投资理财型支付意愿	15.326	3597.363	0.004	0.065

方差分析时使用偏 Eta 方表示效应量大小，该值越大说明差异越大。由表 5-14 可以看出，职位层级在功能偏好型支付意愿上的差异性最大，其次是投资理财型支付意愿，差异性较小的是经济实惠型支付意愿。

同样地，为进一步探究绿色住宅市场中，已经购买绿色住宅的居民当时的购买动机以及未购买绿色住宅的居民（且未来愿意购买绿色住宅）支付意愿的差异性，以及同一单项社会人口学特征一致的居民（如已购买绿色住宅的基层员工和未购买绿色住宅的基层员工）的购买动机差异性，本书还使用了排序题探究这两类居民的支付动机。

经计算，平均综合得分如图 5-8 所示。

（六）家庭结构

将城市居民绿色住宅支付意愿及其各维度作为因变量，家庭成员构成作为分组变量，对不同家庭结构在绿色住宅支付意愿及其各维度上存在的差异性进行单因素方差分析，数据分析结果见表 5-15、表 5-16 和图 5-9。

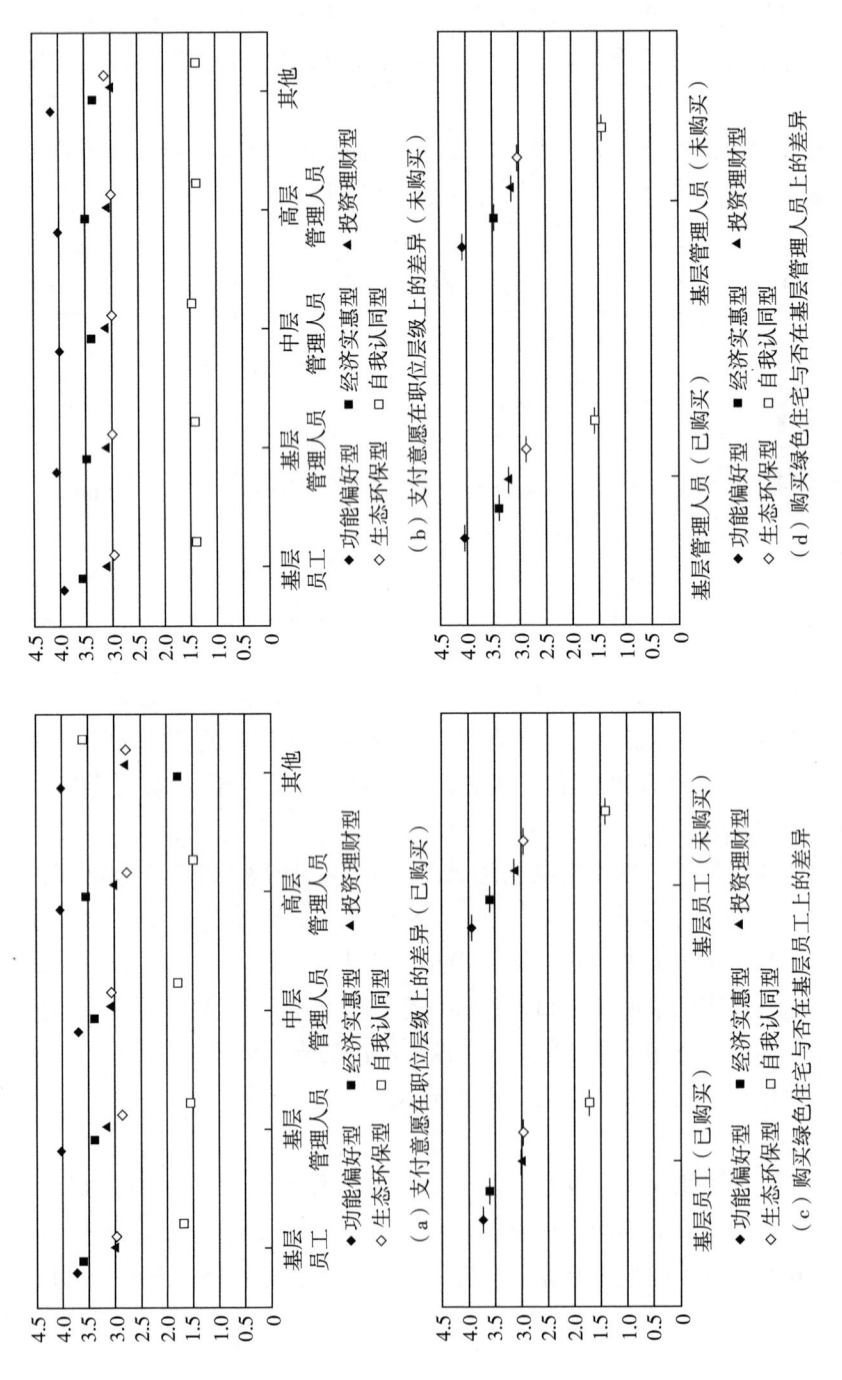

图 5-8 未购买/已购买绿色住宅的居民在职位层级上的平均综合得分及差异性

第五章 城市居民绿色住宅支付意愿响应的实证分析 / 109

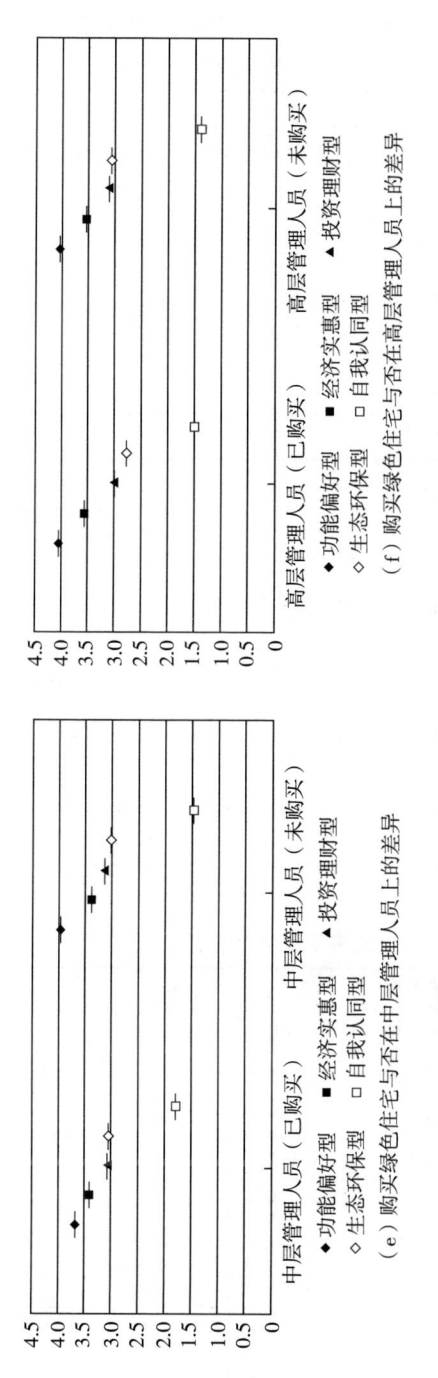

图 5-8 未购买/已购买绿色住宅的居民在职位层级上的平均综合得分及差异性（续）

表 5-15　城市居民绿色住宅支付意愿在家庭结构上的单因素方差分析结果

家庭成员构成 （平均值±标准差）	经济实惠型 支付意愿	功能偏好型 支付意愿	投资理财型 支付意愿	生态环保型 支付意愿	自我认同型 支付意愿
一人独居（n=958）	4.04±1.06	4.21±0.95	3.49±0.88	3.26±1.05	2.44±0.78
夫妻二人暂无子女或不与子女父母同住（n=666）	3.95±1.08	4.12±1.02	3.55±0.86	3.31±1.00	2.50±0.79
夫妻二人与父母同住（n=236）	3.92±1.06	4.28±0.91	3.47±0.91	3.33±0.95	2.47±0.78
夫妻二人与子女同住（n=1800）	3.93±1.09	4.14±1.04	3.58±0.86	3.23±1.07	2.51±0.80
夫妻二人与父母及子女同住（n=682）	3.93±1.09	4.24±0.93	3.56±0.85	3.26±0.99	2.50±0.76
四代同堂（n=68）	4.18±1.09	4.28±0.97	3.65±0.81	2.94±0.88	2.54±0.66
其他（n=452）	4.05±1.05	4.17±0.95	3.50±0.83	3.30±1.05	2.48±0.81
F	2.173	1.779	1.932	1.815	0.959
p	0.043*	0.099	0.072	0.092	0.452

表 5-16　方差分析中间过程值

	差异	平方和	自由度	均方	F	p
经济实惠型支付意愿	组间	15.154	6.000	2.526	2.173	0.043*
	组内	5641.841	4855.000	1.162		
	总计	5656.995	4861.000	—		
功能偏好型支付意愿	组间	10.525	6.000	1.754	1.779	0.099
	组内	4786.710	4855.000	0.986		
	总计	4797.235	4861.000	—		
投资理财型支付意愿	组间	8.571	6.000	1.428	1.932	0.072
	组内	3588.793	4855.000	0.739		
	总计	3597.363	4861.000	—		

续表

	差异	平方和	自由度	均方	F	p
生态环保型支付意愿	组间	11.664	6.000	1.944	1.815	0.092
	组内	5198.906	4855.000	1.071		
	总计	5210.570	4861.000	—		
自我认同型支付意愿	组间	3.576	6.000	0.596	0.959	0.452
	组内	3017.410	4855.000	0.622		
	总计	3020.986	4861.000	—		

从表5-15可以看出，不同家庭成员构成样本对于功能偏好型支付意愿、投资理财型支付意愿、生态环保型支付意愿、自我认同型支付意愿未表现出显著差异（p>0.05），对于经济实惠型支付意愿呈现出显著差异（p<0.05）。

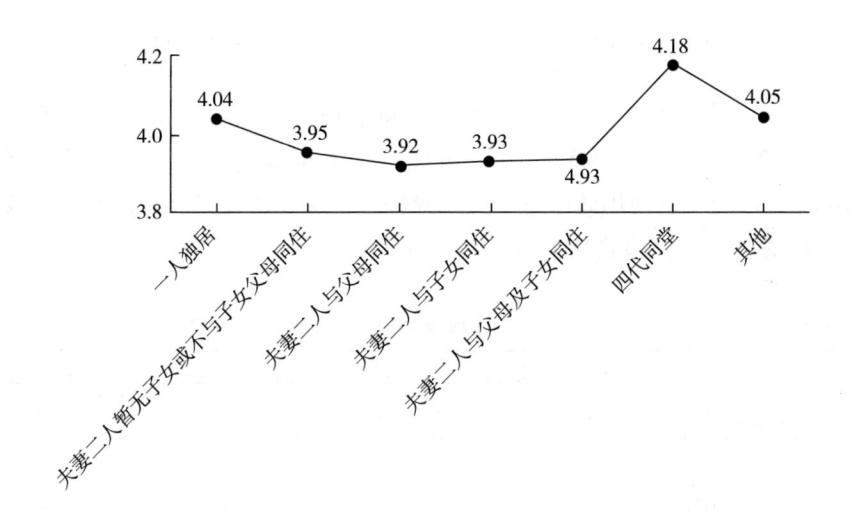

（a）家庭成员构成和经济实惠型支付意愿方差对比

图5-9 家庭成员构成在支付意愿上的方差及均值对比

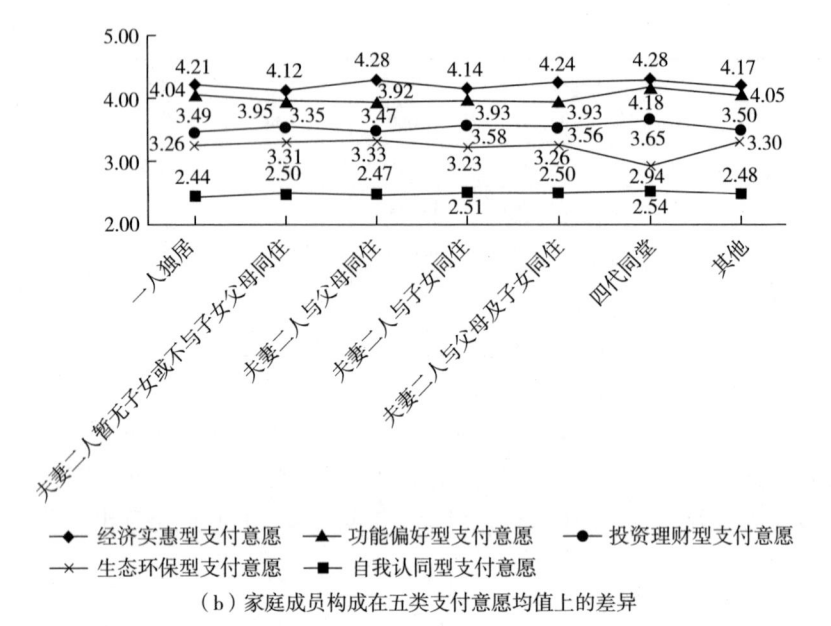

112 / 城市居民绿色住宅支付响应的机理、测度及助推策略

(b) 家庭成员构成在五类支付意愿均值上的差异

图 5-9 家庭成员构成在支付意愿上的方差及均值对比（续）

家庭成员构成对于经济实惠型支付意愿在 0.05 显著性水平上存在差异（F=2.173，p=0.043），进一步地，对 T 检验显示存在显著性差异（p<0.05）的变量使用效应量研究差异幅度情况，因此只对经济实惠型支付意愿进行检验，检验结果如表 5-17 所示。

表 5-17　　　　　　　　效应量指标

	SSB（组间差）	SST（总离差）	偏 Eta 方（Partial η^2）	Cohen's F
经济实惠型支付意愿	15.154	5656.995	0.003	0.052

方差分析时使用偏 Eta 方表示效应量大小，该值越大说明差异越大。由表 5-17 可以看出，家庭成员构成在经济实惠型支付意愿上的差异性最大。

同样地，为进一步探究绿色住宅市场中，已经购买绿色住宅的居民当时的购买动机以及未购买绿色住宅的居民（且未来愿意购买绿色住宅）支付意愿的差异性，以及同一单项社会人口学特征一致的居民（如已购买绿色住宅的一人独居的居民和未购买绿色住宅的一人独居的居民）的购买动机差异性，本书还使用了排序题探究这两类居民的支付动机。

经计算，平均综合得分如图 5-10 所示。

第五章 城市居民绿色住宅支付意愿响应的实证分析 / 113

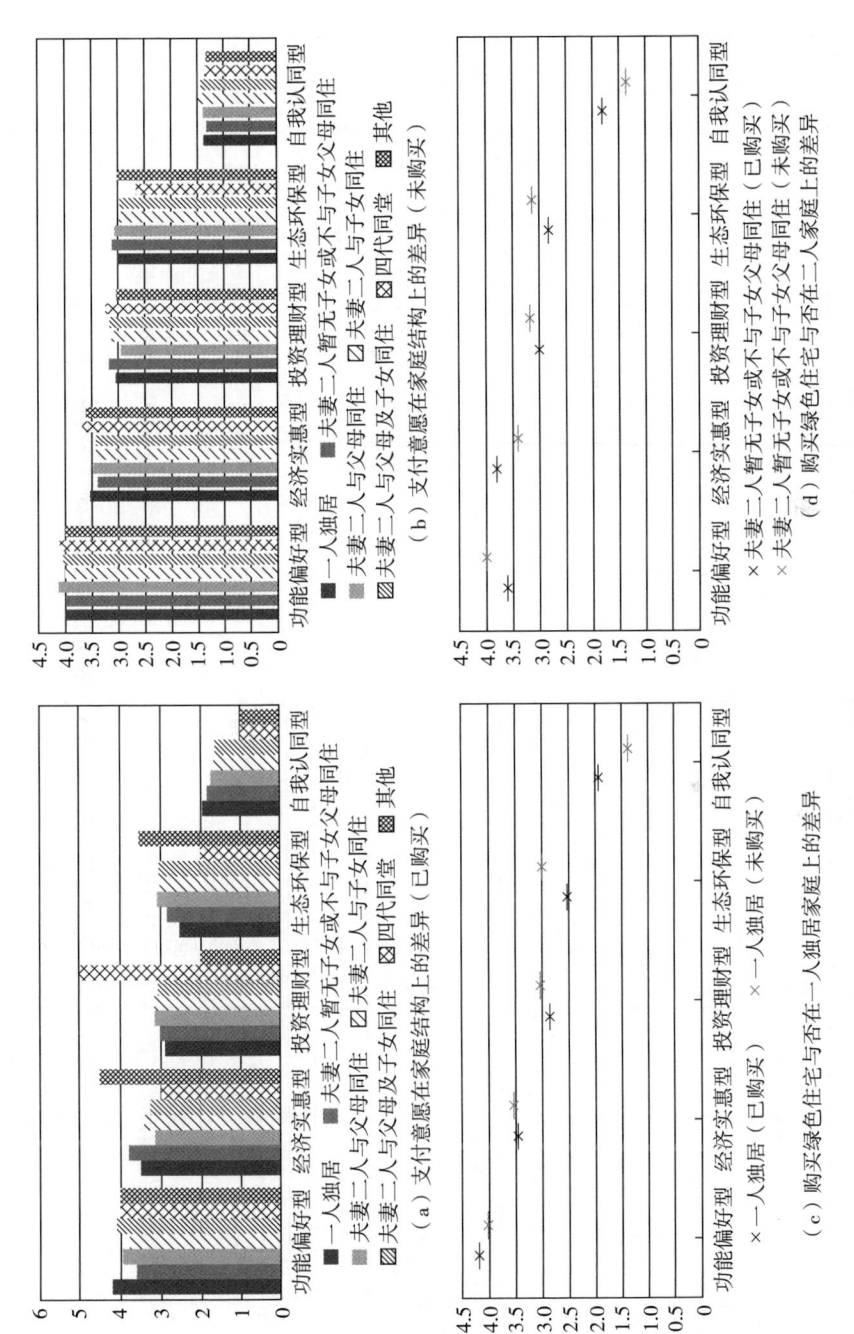

图 5-10 未购买/已购买绿色住宅的居民在家庭结构上的平均综合得分及差异性

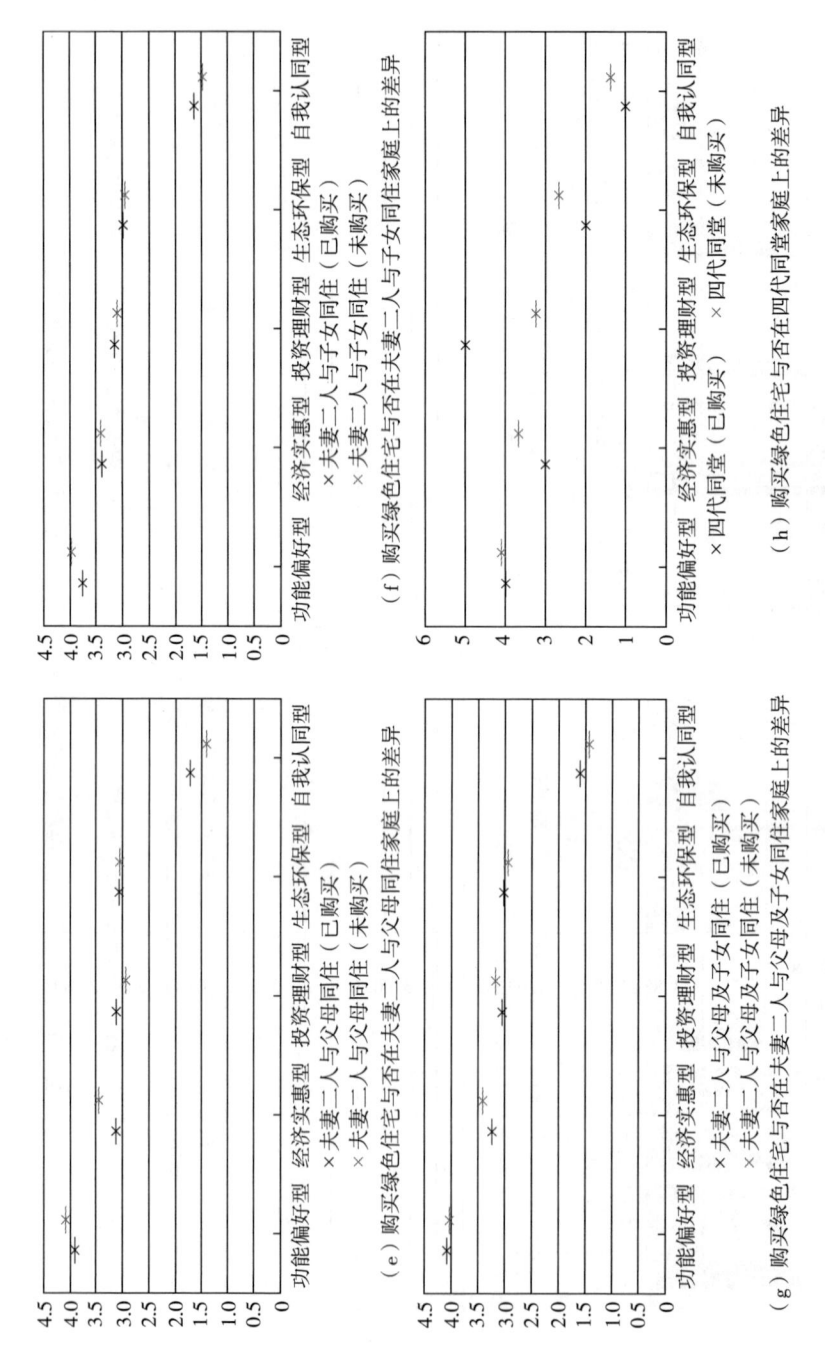

图 5-10 未购买/已购买绿色住宅的居民在家庭结构上的平均综合得分及差异性（续）

(七) 家庭收入水平

首先,对不同家庭收入水平在绿色住宅支付意愿及其各维度上存在的差异性进行单因素方差分析,数据分析结果见表 5-18、表 5-19 和图 5-11。

表 5-18　城市居民绿色住宅支付意愿在家庭收入水平上的单因素方差分析结果

家庭月收入水平 (平均值±标准差)	经济实惠型 支付意愿	功能偏好型 支付意愿	投资理财型 支付意愿	生态环保型 支付意愿	自我认同型 支付意愿
4000 元以下 (n=286)	3.90±1.09	4.20±1.01	3.44±0.85	3.24±1.11	2.44±0.88
4000—6000 元 (n=452)	3.85±1.08	4.26±0.89	3.49±0.85	3.34±1.04	2.41±0.81
6000—8000 元 (n=524)	4.07±1.08	4.17±0.96	3.47±0.91	3.22±1.01	2.43±0.80
8000—10000 元 (n=726)	4.02±1.09	4.12±0.97	3.59±0.87	3.23±1.00	2.49±0.83
1 万—3 万元 (n=2076)	3.99±1.07	4.20±1.00	3.57±0.85	3.25±1.04	2.51±0.75
3 万—5 万元 (n=566)	3.83±1.07	4.09±1.11	3.60±0.85	3.31±1.04	2.59±0.80
5 万—10 万元 (n=150)	4.05±1.12	4.19±0.92	3.43±0.90	3.28±1.07	2.42±0.75
10 万元及以上 (n=82)	4.05±1.02	4.30±0.86	3.54±0.83	3.07±1.07	2.50±0.67
F	3.537	1.734	2.670	1.162	3.027
p	0.001***	0.096	0.009**	0.321	0.004**

注:月收入水平的上限值不包括在收入区间内。下同。

表 5-19　　　　　　　　　方差分析中间过程值

	差异	平方和	自由度	均方	F	p
经济实惠型支付意愿	组间	28.711	7.000	4.102	3.537	0.001***
	组内	5628.283	4854.000	1.160		
	总计	5656.995	4861.000	—		
功能偏好型支付意愿	组间	11.966	7.000	1.709	1.734	0.096
	组内	4785.269	4854.000	0.986		
	总计	4797.235	4861.000	—		
投资理财型支付意愿	组间	13.796	7.000	1.971	2.670	0.009**
	组内	3583.568	4854.000	0.738		
	总计	3597.363	4861.000	—		
生态环保型支付意愿	组间	8.717	7.000	1.245	1.162	0.321
	组内	5201.853	4854.000	1.072		
	总计	5210.570	4861.000	—		
自我认同型支付意愿	组间	13.131	7.000	1.876	3.027	0.004**
	组内	3007.854	4854.000	0.620		
	总计	3020.986	4861.000	—		

从表5-18可以看出：不同家庭月收入水平样本对于功能偏好型支付意愿、生态环保型支付意愿未表现出显著差异（p>0.05），但对于经济实惠型支付意愿、投资理财型支付意愿、自我认同型支付意愿呈现出显著差异（p<0.05）。

综上所述，不同家庭月收入水平样本对于功能偏好型支付意愿，生态环保型支付意愿未表现出显著性差异，但对于经济实惠型支付意愿、投资理财型支付意愿、自我认同型支付意愿呈现出显著性差异。在经济实惠型支付意愿维度上，得分最高的是月收入6000—8000元的居民家庭，其次是月收入5万—10万元的居民家庭；在投资理财型支付意愿维度上，得分最高的是月收入3万—5万元的居民家庭，其次是月收入8000—10000元的居民家庭；在自我认同型支付意愿维度上，得分最高的是月收入3万—5万元的居民家庭，其次是月收入1万—3万元的居民家庭。

进一步地，对经济实惠型支付意愿、投资理财型支付意愿、自我认同型支付意愿进行检验，检验结果如表5-20所示。

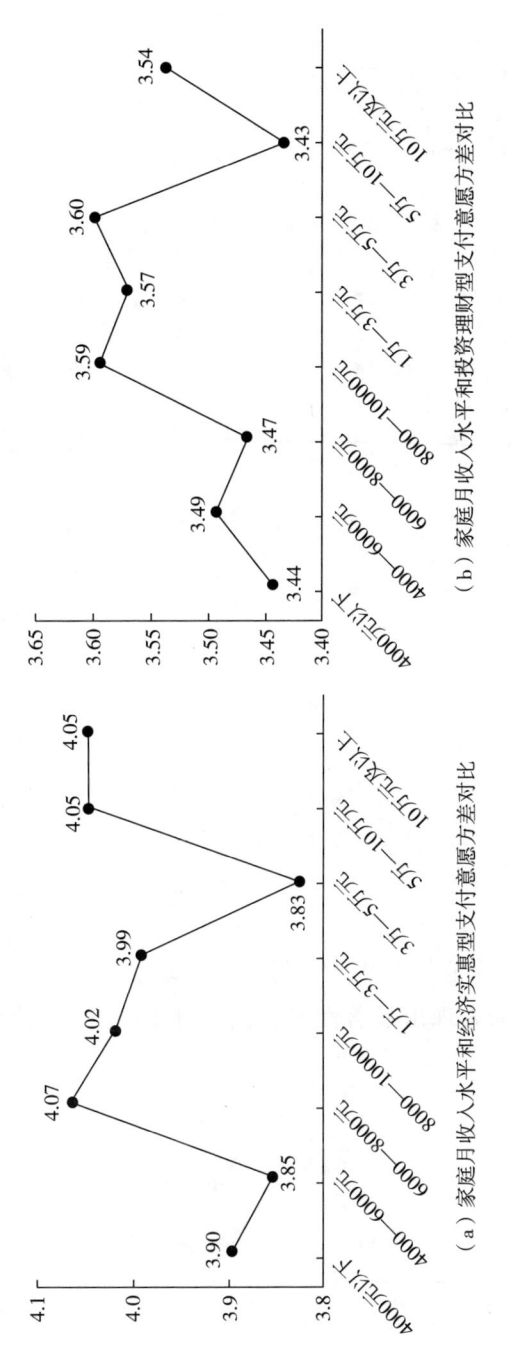

图 5-11 家庭月收入水平在支付意愿上的方差及均值对比

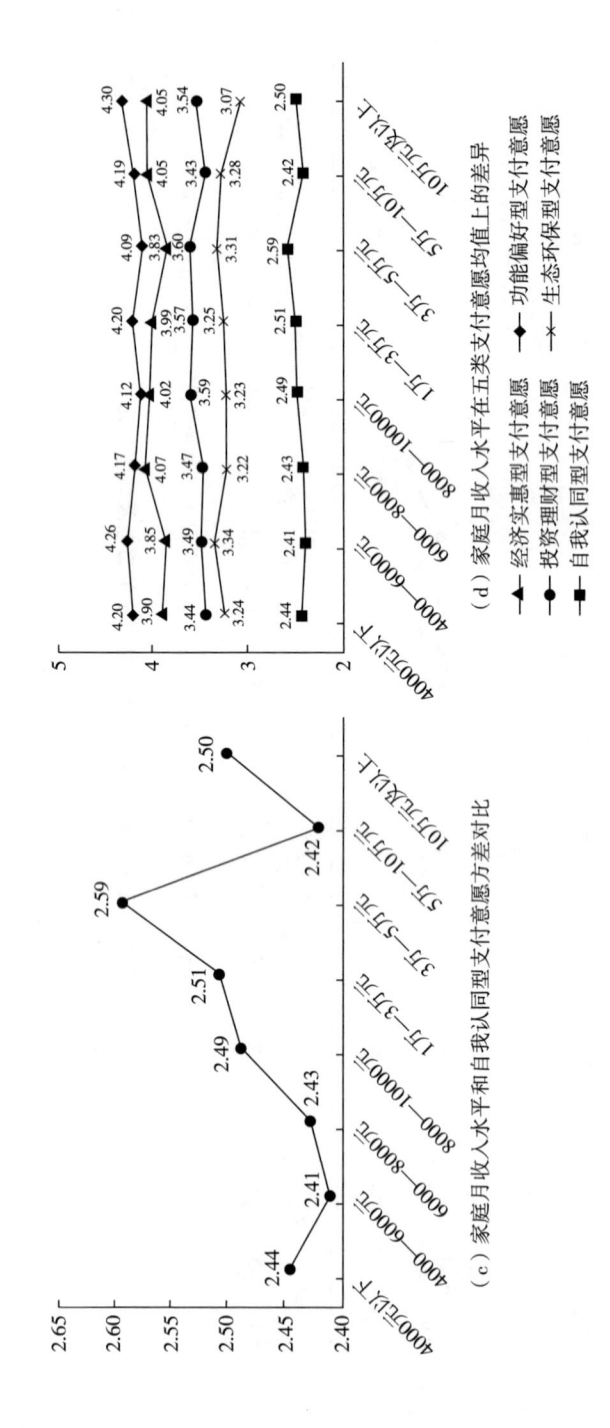

118 / 城市居民绿色住宅支付响应的机理、测度及助推策略

图 5-11 家庭月收入水平在支付意愿上的方差及均值对比（续）

表 5-20　　　　　　　　　　　　效应量指标

	SSB（组间差）	SST（总离差）	偏 Eta 方（Partial η^2）	Cohen's F
经济实惠型支付意愿	28.711	5656.995	0.005	0.071
投资理财型支付意愿	13.796	3597.363	0.004	0.062
自我认同型支付意愿	13.131	3020.986	0.004	0.066

方差分析时使用偏 Eta 方表示效应量大小，该值越大说明差异越大。由表5-20可以看出，家庭月收入水平在经济实惠型支付意愿上的差异性最大，其次是投资理财型支付意愿和自我认同型支付意愿。

同样地，为进一步探究绿色住宅市场中，已经购买绿色住宅的居民当时的购买动机以及未购买绿色住宅的居民（且未来愿意购买绿色住宅）支付意愿的差异性，以及同一单项社会人口学特征一致的居民（如已购买绿色住宅的月收入6000—8000元的家庭和未购买绿色住宅的月收入6000—8000元的家庭）的购买动机差异性，本书还使用了排序题探究这两类居民的支付动机。

经计算，平均综合得分如图5-12所示。

（八）家庭住宅类型

首先，对不同家庭住宅类型在绿色住宅支付意愿及其各维度上存在的差异性进行单因素方差分析，数据分析结果见表5-21和表5-22，结果显示，家庭住宅类型对于各类支付意愿均未呈现出显著性差异。

但是就均值来看，短期租住房的居民更看重绿色住宅的舒适健康方便的效益；短期租住房居民和长期租住房居民都更看重绿色住宅经济实惠的效益，这与现实情境较为一致，一般来说，大多数租客都更希望节省日常生活开支，经济实惠；自有产权还贷房的居民更看重绿色住宅投资理财的效益，这可能是因为较高的贷款利率使居民更加看重住宅升值的潜力，以弥补自身贷款的额外损失。

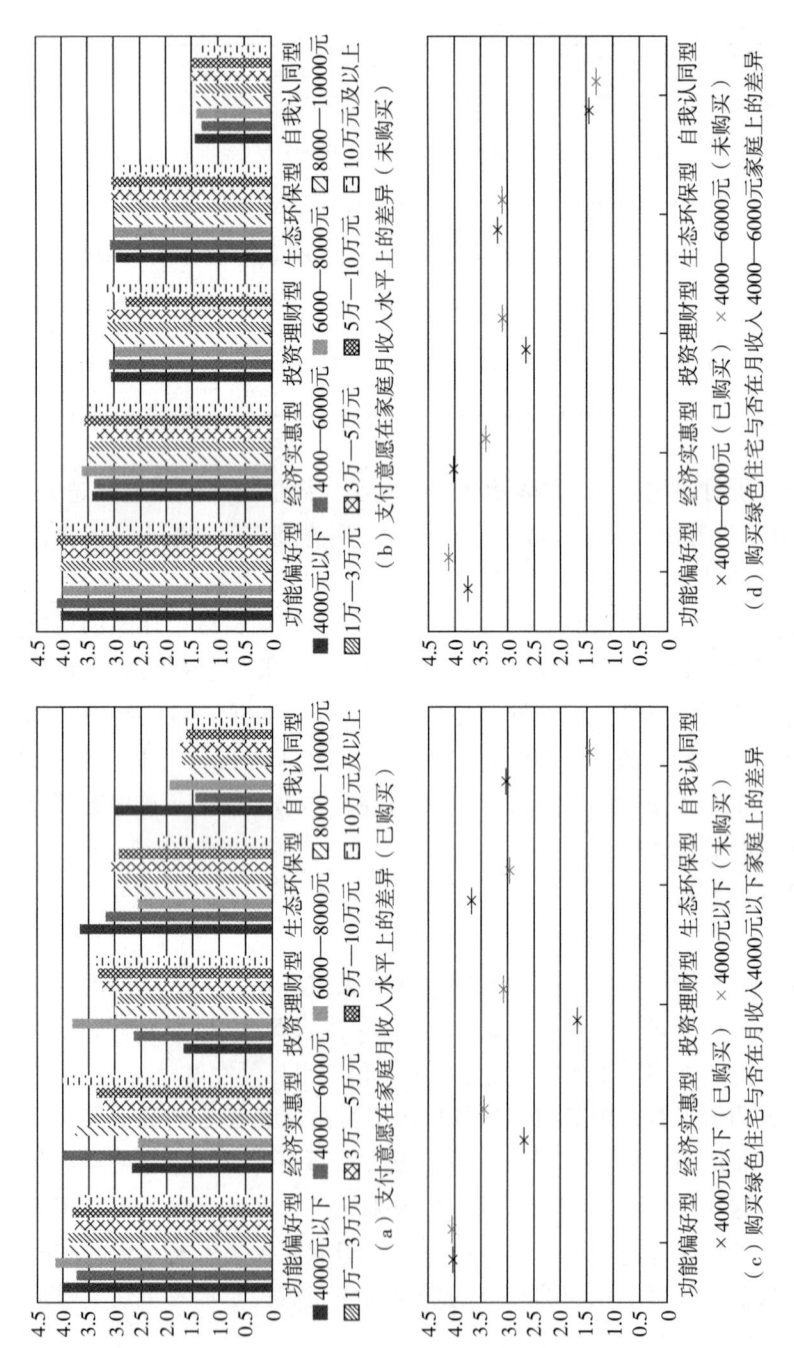

120 / 城市居民绿色住宅支付响应的机理、测度及助推策略

图 5-12 未购买/已购买绿色住宅的居民在家庭月收入水平上的平均综合得分及差异性

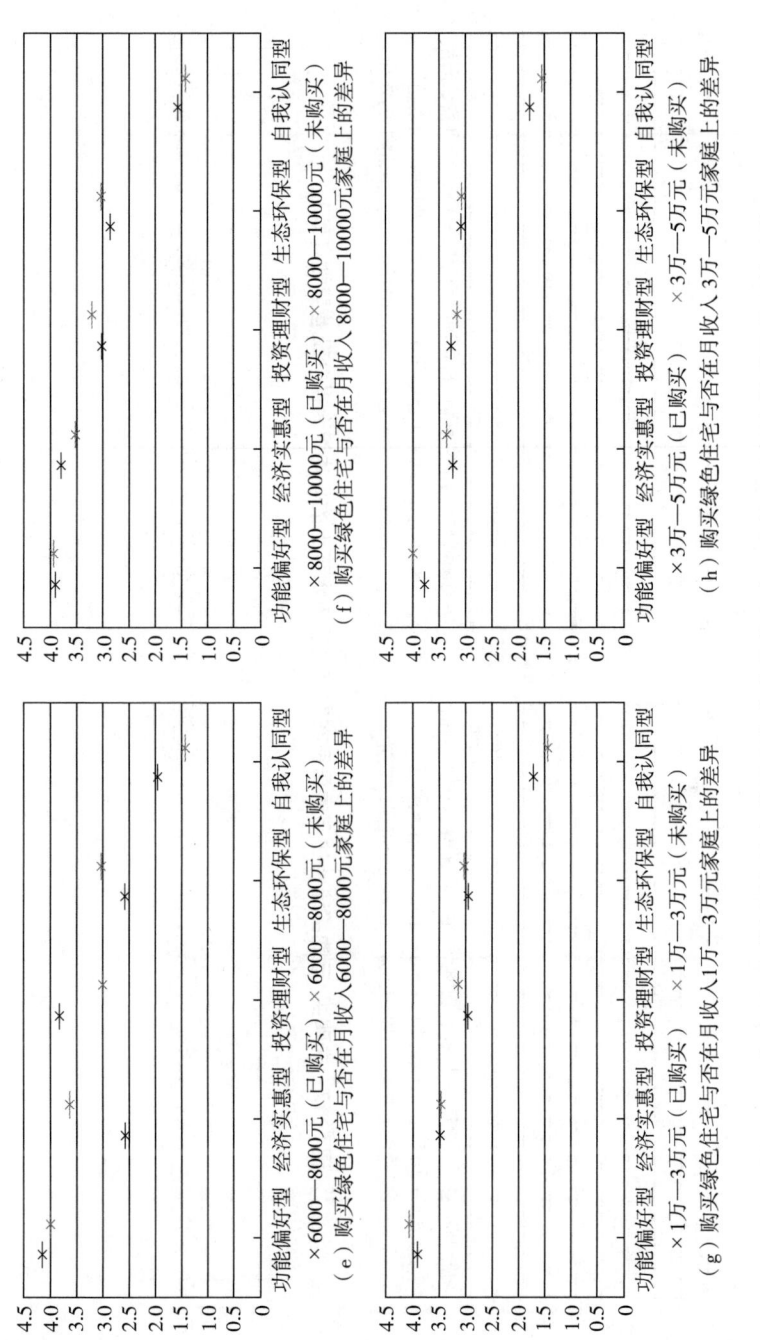

图 5-12 未购买/已购买绿色住宅的居民在家庭月收入水平上的平均综合得分及差异性（续）

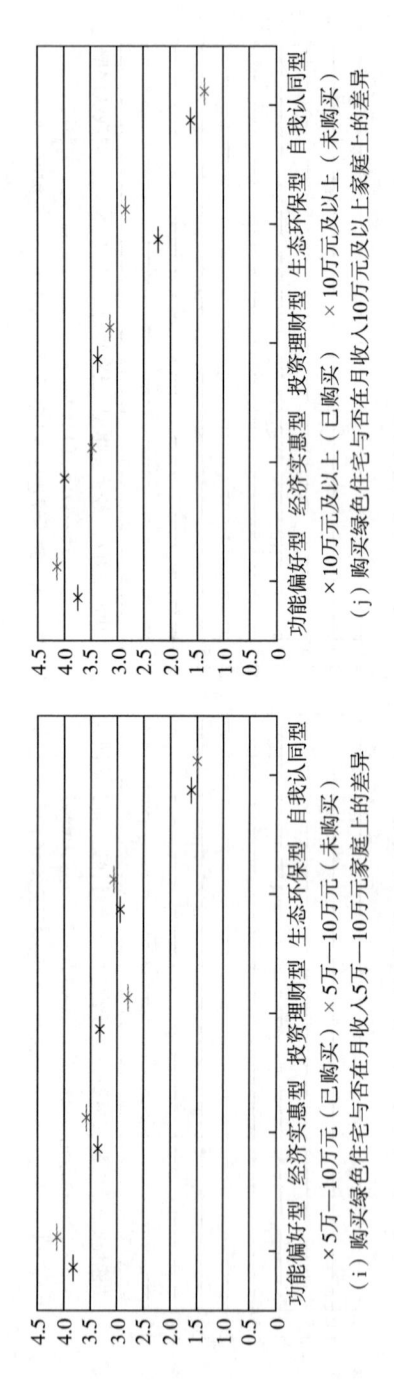

图 5-12 未购买/已购买绿色住宅的居民在家庭月收入水平上的平均综合得分及差异性（续）

表 5-21　城市居民绿色住宅支付意愿在家庭住宅类型上的单因素方差分析结果

家庭住宅类型 （平均值±标准差）	经济实惠型 支付意愿	功能偏好型 支付意愿	投资理财型 支付意愿	生态环保型 支付意愿	自我认同型 支付意愿
短期租住房（n=378）	3.99±1.09	4.30±0.83	3.49±0.82	3.24±1.03	2.42±0.81
长期租住房（n=708）	3.99±1.04	4.18±0.96	3.55±0.88	3.26±1.03	2.53±0.77
自有产权还贷房（n=1784）	3.94±1.09	4.16±1.04	3.56±0.87	3.27±1.03	2.51±0.78
自有产权无贷房（n=1992）	3.98±1.08	4.17±0.99	3.54±0.85	3.25±1.04	2.47±0.79
F	0.800	2.136	0.783	0.090	2.541
p	0.494	0.094	0.503	0.965	0.055

表 5-22　方差分析中间过程值

项	差异	平方和	自由度	均方	F	p
经济实惠型 支付意愿	组间	2.792	3.000	0.931	0.800	0.494
	组内	5654.203	4858.000	1.164		
	总计	5656.995	4861.000	—		
功能偏好型 支付意愿	组间	6.319	3.000	2.106	2.136	0.094
	组内	4790.916	4858.000	0.986		
	总计	4797.235	4861.000	—		
投资理财型 支付意愿	组间	1.738	3.000	0.579	0.783	0.503
	组内	3595.625	4858.000	0.740		
	总计	3597.363	4861.000	—		
生态环保型 支付意愿	组间	0.290	3.000	0.097	0.090	0.965
	组内	5210.280	4858.000	1.073		
	总计	5210.570	4861.000	—		
自我认同型 支付意愿	组间	4.732	3.000	1.577	2.541	0.055
	组内	3016.253	4858.000	0.621		
	总计	3020.986	4861.000	—		

同样地，为进一步探究绿色住宅市场中，已经购买绿色住宅的居民当时的购买动机以及未购买绿色住宅的居民（且未来愿意购买绿色住宅）支付意愿的差异性，以及同一单项社会人口学特征一致的居民（如已购买绿色住宅的且在还贷阶段的家庭和未购买绿色住宅的且在还贷阶段的家庭）的购买动机差异性，本书还使用了排序题探究这两类居民的支付动机。

经计算，平均综合得分如图 5-13 所示。

124 / 城市居民绿色住宅支付响应的机理、测度及助推策略

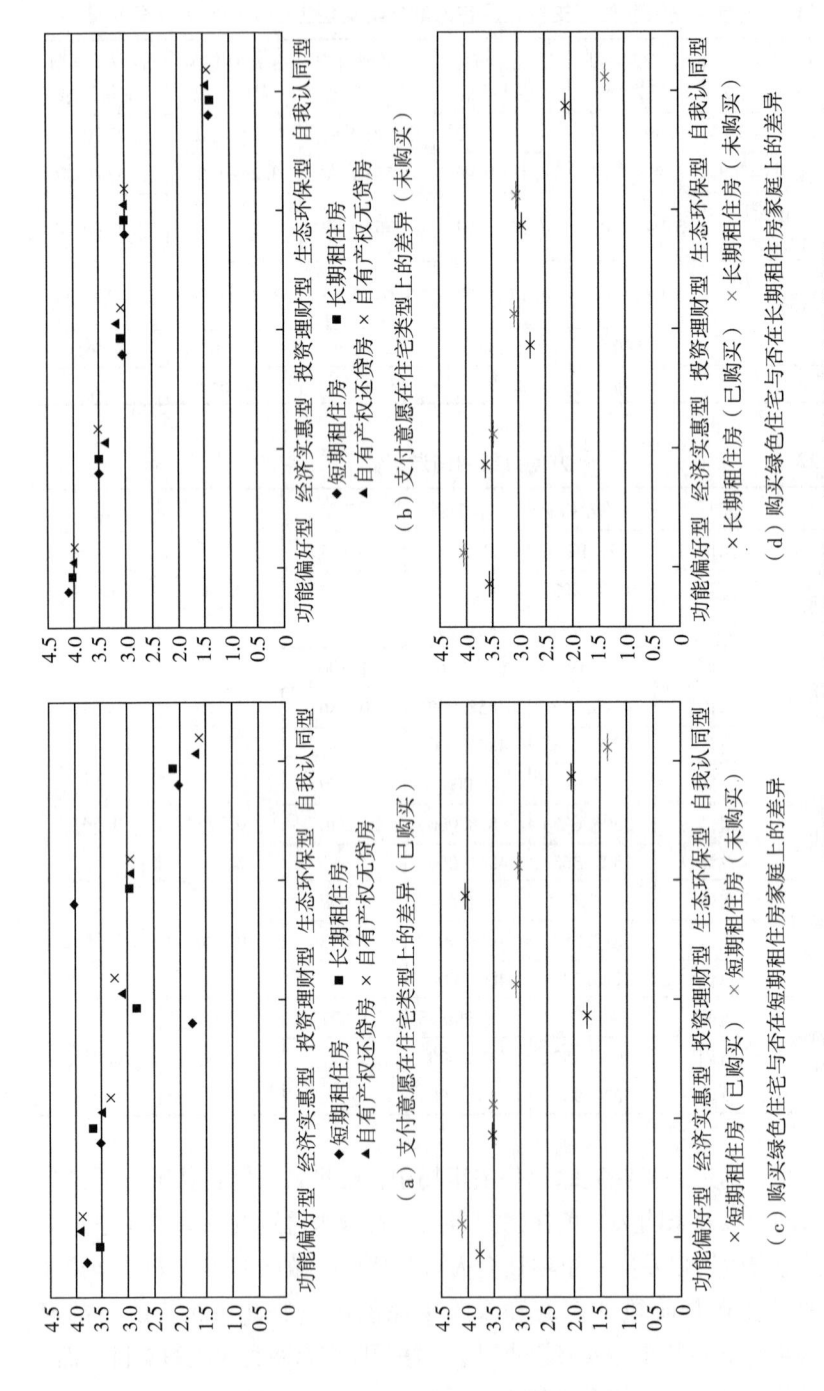

图 5-13 未购买/已购买绿色住宅的居民家庭在住宅类型上的平均综合得分及差异性

第五章 城市居民绿色住宅支付意愿响应的实证分析 / 125

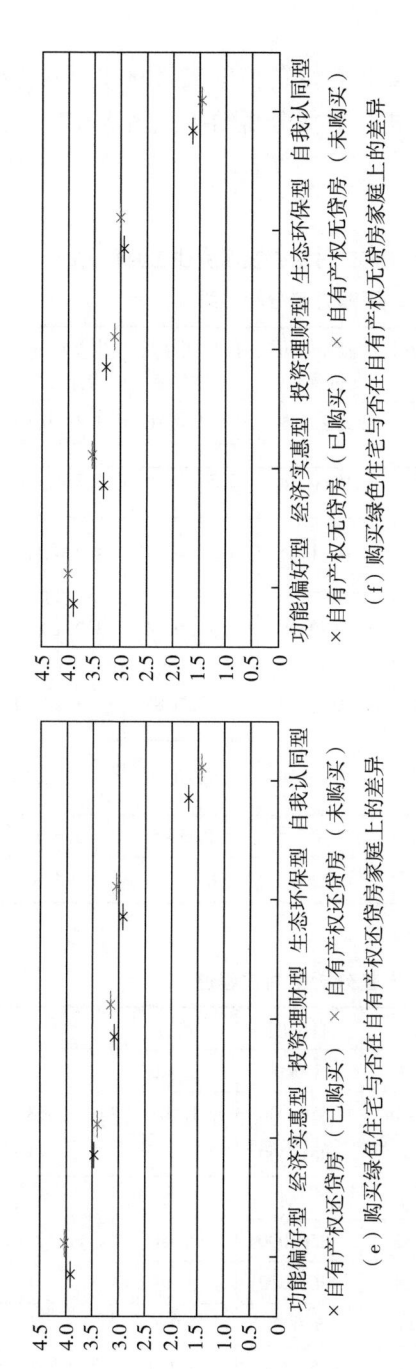

(e) 购买绿色住宅与否在自有产权还贷房家庭上的差异

(f) 购买绿色住宅与否在自有产权无贷房家庭上的差异

图 5-13 未购买/已购买绿色住宅的居民在家庭住宅类型上的平均综合得分及差异性（续）

(九) 家庭住宅面积

首先，对不同家庭住宅面积在绿色住宅支付意愿及其各维度上存在的差异性进行单因素方差分析，数据分析结果见表5-23、表5-24和图5-14。

表5-23　城市居民绿色住宅支付意愿在家庭住宅面积上的单因素方差分析结果

家庭住宅面积 （平均值±标准差）	经济实惠型 支付意愿	功能偏好型 支付意愿	投资理财型 支付意愿	生态环保型 支付意愿	自我认同型 支付意愿
40平方米以下（n=242）	4.12±1.04	4.25±0.85	3.47±0.86	3.33±0.97	2.42±0.75
40—80平方米（n=1002）	4.04±1.04	4.15±0.98	3.58±0.85	3.21±1.03	2.53±0.80
81—120平方米（n=2448）	3.91±1.09	4.16±1.02	3.56±0.87	3.28±1.06	2.50±0.79
121—160平方米（n=902）	3.98±1.07	4.24±0.98	3.51±0.84	3.22±0.99	2.45±0.78
161—200平方米（n=158）	4.04±1.10	4.20±1.03	3.49±0.88	3.31±1.01	2.34±0.74
200平方米以上（n=110）	3.96±1.11	4.10±0.96	3.58±0.88	3.15±1.14	2.48±0.80
F	3.368	1.401	1.238	1.541	2.552
p	0.005**	0.220	0.289	0.173	0.026*

表5-24　方差分析中间过程值

	差异	平方和	自由度	均方	F	p
经济实惠型 支付意愿	组间	19.550	5.000	3.910	3.368	0.005**
	组内	5637.444	4856.000	1.161		
	总计	5656.995	4861.000	—		
功能偏好型 支付意愿	组间	6.913	5.000	1.383	1.401	0.220
	组内	4790.322	4856.000	0.986		
	总计	4797.235	4861.000	—		
投资理财型 支付意愿	组间	4.578	5.000	0.916	1.238	0.289
	组内	3592.785	4856.000	0.740		
	总计	3597.363	4861.000	—		

续表

差异		平方和	自由度	均方	F	p
生态环保型支付意愿	组间	8.256	5.000	1.651	1.541	0.173
	组内	5202.315	4856.000	1.071		
	总计	5210.570	4861.000	—		
自我认同型支付意愿	组间	7.918	5.000	1.584	2.552	0.026*
	组内	3013.068	4856.000	0.620		
	总计	3020.986	4861.000	—		

从表 5-23 可以看出：不同家庭住宅面积的样本对于功能偏好型支付意愿、投资理财型支付意愿、生态环保型支付意愿未表现出显著差异（p>0.05），但对于经济实惠型支付意愿、自我认同型支付意愿呈现出显著差异（p<0.05）。

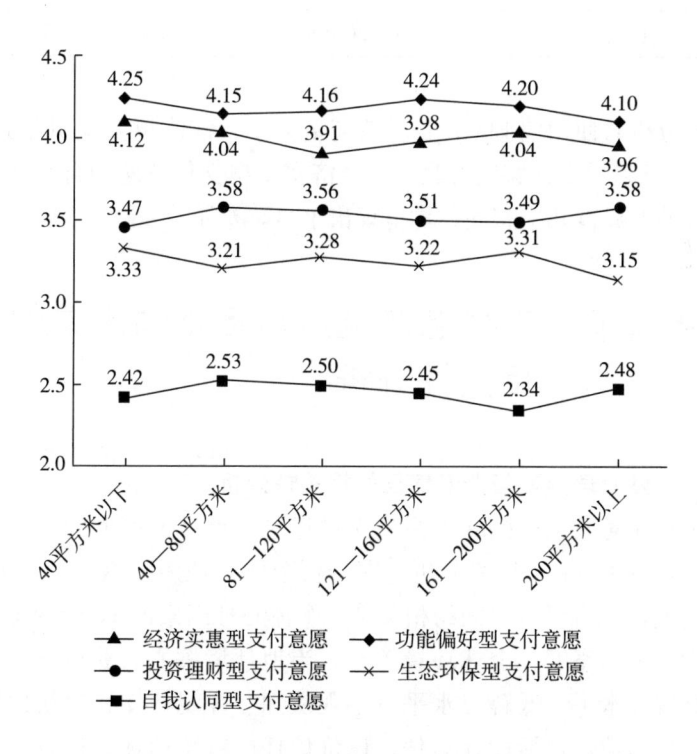

图 5-14　家庭住宅面积在五类支付意愿均值上的差异

综上所述，不同家庭住宅面积的样本对于功能偏好型支付意愿、投资理财型支付意愿、生态环保型支付意愿未表现出显著性差异，对于经济实惠型支付意愿、自我认同型支付意愿呈现出显著性差异。在经济实惠型支付意愿维度上，均值最高的是 40 平方米以下的居民家庭，其次是 40—80 平方米和 161—200 平方米的居民家庭；在自我认同型支付意愿维度上，均值最高的是 40—80 平方米的居民家庭，其次是 81—120 平方米的居民家庭。

进一步地，对经济实惠型支付意愿、自我认同型支付意愿进行效应量检验，以研究其差异幅度情况，检验结果如表 5-25 所示。

表 5-25　　　　　　　　效应量指标

分析项	SSB（组间差）	SST（总离差）	偏 Eta 方（Partial η^2）	Cohen's F
经济实惠型支付意愿	19.550	5656.995	0.003	0.059
自我认同型支付意愿	7.918	3020.986	0.003	0.051

方差分析时使用偏 Eta 方表示效应量大小，该值越大说明差异越大。由表 5-25 可以看出，家庭月收入在经济实惠型支付意愿和自我认同型支付意愿上的差异性几乎相同，均呈现出了显著差异。

第二节　支付意愿响应与各驱动因素的相关性分析

一　个体心理因素与普遍信任的相关性分析

本书首先对城市居民绿色住宅支付意愿驱动理论模型中的自变量和中介变量进行 Pearson 相关分析，即分析个体心理因素六维度（12 个变量）与普遍信任五维度之间的相关性。个体心理因素的 12 个变量分别为支持态度、带动态度、全球环境关心、当地环境关心、获得账户、损失账户、高解释水平、低解释水平、主观认知、客观认知、道德内隐和道德外显。普遍信任包括设计信任、评价信任、售卖信任、运行信任和监管信任。相关性分析结果如表 5-26 所示。

表 5-26　　　个体心理因素与普遍信任的相关性分析结果

		设计信任	评价信任	售卖信任	运行信任	监管信任
支持态度	相关系数	0.322***	0.290***	0.219***	0.326***	0.275***
	p	0.000	0.000	0.000	0.000	0.000
带动态度	相关系数	0.419***	0.416***	0.381***	0.282***	0.359***
	p	0.000	0.000	0.000	0.000	0.000
全球环境关心	相关系数	0.164***	0.170***	0.099***	0.263***	0.220***
	p	0.000	0.000	0.000	0.000	0.000
当地环境关心	相关系数	0.289***	0.257***	0.163***	0.359***	0.305***
	p	0.000	0.000	0.000	0.000	0.000
获得账户	相关系数	0.366***	0.395***	0.327***	0.399***	0.336***
	p	0.000	0.000	0.000	0.000	0.000
损失账户	相关系数	-0.116***	-0.100***	0.106*	-0.095***	-0.118***
	p	0.000	0.000	0.049	0.000	0.000
高解释水平	相关系数	0.230***	0.210***	0.174***	0.271***	0.232***
	p	0.000	0.000	0.000	0.000	0.000
低解释水平	相关系数	0.100*	-0.108*	0.187***	-0.144***	-0.138***
	p	0.043	0.045	0.000	0.000	0.000
主观认知	相关系数	0.429***	0.402***	0.415***	0.254***	0.288***
	p	0.000	0.000	0.000	0.000	0.000
客观认知	相关系数	0.385***	0.318***	0.338***	0.252***	0.244***
	p	0.000	0.000	0.000	0.000	0.000
道德内隐	相关系数	0.273***	0.247***	0.177***	0.351***	0.281***
	p	0.000	0.000	0.000	0.000	0.000
道德外显	相关系数	0.319***	0.318***	0.358***	0.228***	0.230***
	p	0.000	0.000	0.000	0.000	0.000

结果显示，设计信任与心理因素层面各变量间的相关系数值呈现出显著性。具体来看，设计信任与支持态度、带动态度、全球环境关心、当地环境关心、获得账户、高解释水平、低解释水平、主观认知、客观认知、道德内隐、道德外显之间分别存在显著的正相关关系，其相关系数值分别为 0.322、0.419、0.164、0.289、0.366、0.230、0.100、0.429、0.385、0.273、0.319；设计信任与损失账户之间存在显著的负相

关关系，相关系数值为-0.116。

评价信任与心理因素层面各变量间的相关系数值呈现出显著性。具体来看，评价信任与支持态度、带动态度、全球环境关心、当地环境关心、获得账户、高解释水平、主观认知、客观认知、道德内隐、道德外显之间分别存在显著的正相关关系，其相关系数值分别为0.290、0.416、0.170、0.257、0.395、0.210、0.402、0.318、0.247、0.318；评价信任与损失账户、低解释水平之间分别存在显著的负相关关系，其相关系数值分别为-0.100、-0.108。

售卖信任与心理因素层面各变量间的相关系数值呈现出显著性。相关系数值分别是0.219、0.381、0.099、0.163、0.327、0.106、0.174、0.187、0.415、0.338、0.177、0.358，全部均大于0，意味着售卖信任与支持态度、带动态度、全球环境关心、当地环境关心、获得账户、损失账户、高解释水平、低解释水平、主观认知、客观认知、道德内隐、道德外显共12项之间存在正相关关系。

运行信任与心理因素层面各变量间的相关系数值呈现出显著性。具体来看，运行信任和支持态度、带动态度、全球环境关心、当地环境关心、获得账户、高解释水平、主观认知、客观认知、道德内隐、道德外显之间分别存在显著的正相关关系，其相关系数值分别为0.326、0.282、0.263、0.359、0.399、0.271、0.254、0.252、0.351、0.228；评价信任与损失账户、低解释水平之间分别存在显著的负相关关系，其相关系数值分别为-0.095、-0.144。

监管信任与心理因素层面各变量间的相关系数值呈现出显著性。具体来看，监管信任和支持态度、带动态度、全球环境关心、当地环境关心、获得账户、高解释水平、主观认知、客观认知、道德内隐、道德外显之间分别存在显著的正相关关系，其相关系数值分别为0.275、0.359、0.220、0.305、0.336、0.232、0.288、0.244、0.281、0.230；评价信任与损失账户、低解释水平之间分别存在显著的负相关关系，其相关系数值分别为-0.118、-0.138。

二 普遍信任与绿色住宅支付意愿的相关性分析

同理，本书分析了城市居民绿色住宅支付意愿驱动模型中的中介变量和因变量之间的相关性，即普遍信任与绿色住宅支付意愿之间的相关性。绿色住宅支付意愿包含经济实惠型支付意愿、功能偏好型支付意愿、投资理财型支付意愿、生态环保型支付意愿和自我认同型支付意愿五个维度。相关性分析结果如表 5-27 所示。

表 5-27　　普遍信任与绿色住宅支付意愿的相关性分析结果

		经济实惠型支付意愿	功能偏好型支付意愿	投资理财型支付意愿	生态环保型支付意愿	自我认同型支付意愿
设计信任	相关系数	0.424***	0.438***	0.481***	0.419***	0.194***
	p	0.000	0.000	0.000	0.000	0.000
评价信任	相关系数	0.377***	0.393***	0.492***	0.416***	0.219***
	p	0.000	0.000	0.000	0.000	0.000
售卖信任	相关系数	0.432***	0.463***	0.339***	0.381***	0.030*
	p	0.000	0.000	0.000	0.000	0.039
运行信任	相关系数	0.179***	0.185***	0.308***	0.282***	0.360***
	p	0.000	0.000	0.000	0.000	0.000
监管信任	相关系数	0.314***	0.313***	0.513***	0.359***	0.301***
	p	0.000	0.000	0.000	0.000	0.000

结果表明，经济实惠型支付意愿与普遍信任各维度（设计信任、评价信任、售卖信任、运行信任、监管信任）之间均呈现出显著性，相关系数值分别是 0.424、0.377、0.432、0.179、0.314，并且相关系数值均大于 0，意味着经济实惠型支付意愿与普遍信任各维度之间均存在显著正相关关系。功能偏好型支付意愿与普遍信任各维度（设计信任、评价信任、售卖信任、运行信任、监管信任）之间均呈现出显著性，相关系数值分别是 0.438、0.393、0.463、0.185、0.313，并且相关系数值均大于 0，意味着功能偏好型支付意愿与普遍信任各维度之间均存在显著正相关关系。投资理财型支付意愿与普遍信任各维度（设计信任、评价信任、售卖信任、运行信任、监管信任）之间均呈现出显著性，相关系数值分别是 0.481、0.492、0.339、0.308、0.513，并且相关系数值均大于 0，意味着投资理财型支付意愿与普遍信任各维度之间均存在显著正相关关系。生态环保型支付意愿与普遍信任各维度（设计信任、评价信任、售卖信任、运行信任、监管信任）之间均呈现出显著性，相关系数值分别是 0.419、0.416、0.381、0.282、0.359，并且相关系数值均大于 0，意

味着生态环保型支付意愿与普遍信任各维度之间均存在显著正相关关系。自我认同型支付意愿与普遍信任各维度（设计信任、评价信任、售卖信任、运行信任、监管信任）之间均呈现出显著性，相关系数值分别是 0.194、0.219、0.030、0.360、0.301，并且相关系数值均大于 0，意味着自我认同型支付意愿与普遍信任各维度之间均存在显著正相关关系。

综上所述，普遍信任及其各维度与个体绿色住宅支付意愿均显著相关，且均为正相关关系，即随着居民普遍信任（设计信任、评价信任、售卖信任、运行信任、监管信任）的提升，其支付意愿（经济实惠型支付意愿、功能偏好型支付意愿、投资理财型支付意愿、生态环保型支付意愿、自我认同型支付意愿）也会随之显著提升。

三 个体心理因素与绿色住宅支付意愿的相关性分析

进一步地，本书对城市居民绿色住宅支付意愿驱动模型中的自变量和因变量进行 Pearson 相关分析，即分析个体心理因素与绿色住宅支付意愿及其各维度之间的相关性。相关性分析结果如表 5-28 所示。可以看出，个体心理因素与绿色住宅支付意愿及其各维度均具有显著相关性。其中，支持态度、带动态度、全球环境关心、当地环境关心、获得账户、高解释水平、主观认知、客观认知、道德内隐和道德外显与绿色住宅支付意愿各维度呈正相关关系，即为同向变化关系；损失账户与绿色住宅支付意愿各维度呈负相关关系，即为反向变化关系；低解释水平与投资理财型支付意愿、生态环保型支付意愿和自我认同型支付意愿呈负相关关系，即为反向变化关系；低解释水平与经济实惠型支付意愿和功能偏好型支付意愿呈正相关关系，即为正向变化关系。

表 5-28　个体心理因素与绿色住宅支付意愿的相关性分析结果

		经济实惠型支付意愿	功能偏好型支付意愿	投资理财型支付意愿	生态环保型支付意愿	自我认同型支付意愿
支持态度	相关系数	0.240***	0.231***	0.218***	0.291***	0.238***
	p	0.000	0.000	0.000	0.000	0.000
带动态度	相关系数	0.456***	0.545***	0.421***	1.000***	0.178***
	p	0.000	0.000	0.000	0.000	0.000
全球环境关心	相关系数	0.060***	0.203*	0.126***	0.141***	0.272***
	p	0.000	0.048	0.000	0.000	0.000

续表

		经济实惠型支付意愿	功能偏好型支付意愿	投资理财型支付意愿	生态环保型支付意愿	自我认同型支付意愿
当地环境关心	相关系数	0.125***	0.085***	0.225***	0.215***	0.330***
	p	0.000	0.000	0.000	0.000	0.000
获得账户	相关系数	0.269***	0.286***	0.285***	0.350***	0.214***
	p	0.000	0.000	0.000	0.000	0.000
损失账户	相关系数	-0.083***	-0.067***	-0.138***	-0.131***	-0.100***
	p	0.000	0.000	0.000	0.000	0.000
高解释水平	相关系数	0.135***	0.159***	0.175***	0.221***	0.201***
	p	0.000	0.000	0.000	0.000	0.000
低解释水平	相关系数	0.110***	0.115***	-0.204*	-0.103*	-0.178***
	p	0.000	0.000	0.044	0.042	0.000
主观认知	相关系数	0.434***	0.542***	0.359***	0.538***	0.067***
	p	0.000	0.000	0.000	0.000	0.000
客观认知	相关系数	0.379***	0.491***	0.303***	0.518***	0.054***
	p	0.000	0.000	0.000	0.000	0.000
道德内隐	相关系数	0.126***	0.088***	0.207***	0.204***	0.312***
	p	0.000	0.000	0.000	0.000	0.000
道德外显	相关系数	0.290***	0.348***	0.255***	0.338***	0.080***
	p	0.000	0.000	0.000	0.000	0.000

四 情境因素与绿色住宅支付意愿的相关性分析

最后，本书对城市居民绿色住宅支付意愿驱动模型中的情境因素变量和因变量，即绿色住宅支付意愿之间的相关性进行了分析。相关性分析结果如表 5-29 所示。结果表明，情境因素与绿色住宅支付意愿及其各维度均具有显著的相关性。

表 5-29　情境因素与绿色住宅支付意愿的相关性分析结果

		自我认同型支付意愿	生态环保型支付意愿	投资理财型支付意愿	功能偏好型支付意愿	经济实惠型支付意愿
标识壁垒	相关系数	-0.292***	-0.293***	-0.248***	-0.291***	-0.270***
	p	0.000	0.000	0.000	0.000	0.000

续表

		自我认同型支付意愿	生态环保型支付意愿	投资理财型支付意愿	功能偏好型支付意愿	经济实惠型支付意愿
位置壁垒	相关系数	-0.217***	-0.298***	-0.063***	-0.164***	-0.167***
	p	0.000	0.000	0.000	0.000	0.000
品牌壁垒	相关系数	-0.255***	-0.309***	-0.228***	-0.263***	-0.223***
	p	0.000	0.000	0.000	0.000	0.000
技术壁垒	相关系数	-0.027*	-0.104***	-0.047***	-0.030*	-0.043**
	p	0.041	0.000	0.001	0.046	0.003
成本壁垒	相关系数	-0.105*	-0.118***	-0.109*	-0.119*	-0.027*
	p	0.048	0.000	0.028	0.043	0.042
主动型信息诉求	相关系数	0.328***	0.342***	0.238***	0.346***	0.307***
	p	0.000	0.000	0.000	0.000	0.000
被动型信息诉求	相关系数	0.355***	0.438***	0.290***	0.375***	0.439***
	p	0.000	0.000	0.000	0.000	0.000
政策执行度	相关系数	0.513***	0.308***	0.339***	0.492***	0.481***
	p	0.000	0.000	0.000	0.000	0.000
政策普及度	相关系数	0.313***	0.185***	0.463***	0.393***	0.438***
	p	0.000	0.000	0.000	0.000	0.000
政策完善度	相关系数	0.314***	0.179***	0.432***	0.377***	0.424***
	p	0.000	0.000	0.000	0.000	0.000
组织规范	相关系数	0.392***	0.382***	0.268***	0.362***	0.368***
	p	0.000	0.000	0.000	0.000	0.000
家庭规范	相关系数	0.323***	0.249***	0.408***	0.431***	0.420***
	p	0.000	0.000	0.000	0.000	0.000
社会规范	相关系数	0.256***	0.301***	0.230***	0.330***	0.360***
	p	0.000	0.000	0.000	0.000	0.000

具体来看，经济实惠型支付意愿与属性壁垒各维度间（标识壁垒、位置壁垒、品牌壁垒、技术壁垒、成本壁垒）均呈现 0.01 显著性水平下的负相关性，其相关系数值分别为-0.270、-0.167、-0.223、-0.043、-0.027。经济实惠型支付意愿与信息诉求各维度间（主动型信息诉求、被动型信息诉求）均呈现 0.01 显著性水平下的正相关性，其相关系数值分别为 0.307、

0.439。经济实惠型支付意愿与政策标准各维度间（政策执行度、政策普及度、政策完善度）均呈现 0.01 显著性水平下的正相关性，其相关系数值分别为 0.481、0.438、0.424。经济实惠型支付意愿与群体规范各维度间（组织规范、家庭规范、社会规范）均呈现 0.01 显著性水平下的正相关性，其相关系数值分别为 0.368、0.420、0.360。

功能偏好型支付意愿与属性壁垒各维度间（标识壁垒、位置壁垒、品牌壁垒、技术壁垒、成本壁垒）均呈现显著负相关性，其相关系数值分别为 -0.291、-0.164、-0.263、-0.030、-0.119。功能偏好型支付意愿与信息诉求各维度间（主动型信息诉求、被动型信息诉求）均呈现 0.01 显著性水平下的正相关性，其相关系数值分别为 0.346、0.375。功能偏好型支付意愿与政策标准各维度间（政策执行度、政策普及度、政策完善度）均呈现 0.01 显著性水平下的正相关性，其相关系数值分别为 0.492、0.393、0.377。功能偏好型支付意愿与群体规范各维度间（组织规范、家庭规范、社会规范）均呈现 0.01 显著性水平下的正相关性，其相关系数值分别为 0.362、0.431、0.330。

投资理财型支付意愿与属性壁垒各维度间（标识壁垒、位置壁垒、品牌壁垒、技术壁垒、成本壁垒）均呈现显著负相关性，其相关系数值分别为 -0.248、-0.063、-0.228、-0.047、-0.109。投资理财型支付意愿与信息诉求各维度间（主动型信息诉求、被动型信息诉求）均呈现 0.01 显著性水平下的正相关性，其相关系数值分别为 0.238、0.290。投资理财型支付意愿与政策标准各维度间（政策执行度、政策普及度、政策完善度）均呈现 0.01 显著性水平下的正相关性，其相关系数值分别为 0.339、0.463、0.432。投资理财型支付意愿与群体规范各维度间（组织规范、家庭规范、社会规范）均呈现 0.01 显著性水平下的正相关性，其相关系数值分别为 0.268、0.408、0.230。

生态环保型支付意愿与属性壁垒各维度间（标识壁垒、位置壁垒、品牌壁垒、技术壁垒、成本壁垒）均呈现显著负相关性，其相关系数值分别为 -0.293、-0.298、-0.309、-0.104、-0.118。生态环保型支付意愿与信息诉求各维度间（主动型信息诉求、被动型信息诉求）均呈现 0.01 显著性水平下的正相关性，其相关系数值分别为 0.342、0.438。生态环保型支付意愿与政策标准各维度间（政策执行度、政策普及度、政策完善度）均呈现 0.01 显著性水平下的正相关性，其相关系数值分别为

0.308、0.185、0.179。生态环保型支付意愿与群体规范各维度间（组织规范、家庭规范、社会规范）均呈现 0.01 显著性水平下的正相关性，其相关系数值分别为 0.382、0.249、0.301。

自我认同型支付意愿与属性壁垒各维度间（标识壁垒、位置壁垒、品牌壁垒、技术壁垒、成本壁垒）均呈现显著负相关性，其相关系数值分别为 -0.292、-0.217、-0.255、-0.027、-0.105。自我认同型支付意愿与信息诉求各维度间（主动型信息诉求、被动型信息诉求）均呈现 0.01 显著性水平下的正相关性，其相关系数值分别为 0.328、0.355。自我认同型支付意愿与政策标准各维度间（政策执行度、政策普及度、政策完善度）均呈现 0.01 显著性水平下的正相关性，其相关系数值分别为 0.513、0.313、0.314。自我认同型支付意愿与群体规范各维度间（组织规范、家庭规范、社会规范）均呈现 0.01 显著性水平下的正相关性，其相关系数值分别为 0.392、0.323、0.256。

第三节　支付意愿响应的直接驱动效应分析

一　个体心理因素对绿色住宅支付意愿的预测效应分析

（一）心理特征因素对绿色住宅支付意愿整体的预测效应分析

通过"进入"的方式，回归分析了个体心理因素对绿色住宅支付意愿的预测效应（见表5-30和表5-31）。从表中可以看出，模型 R^2 值为 0.632，且通过了 F 检验（$F=694.832$，$p=0.000<0.05$）；且模型不存在共线性问题（VIF<5）和自相关性问题（D-W 值在 2 附近），个体心理变量对绿色住宅支付意愿的预测效应模型拟合指数达到了较高水平。

表5-30　心理特征因素对绿色住宅支付意愿整体的回归模型结果

	平方和	df	均方	F	p
回归	989.913	12	82.493	694.832	0.000
残差	575.689	4849	0.119		
总计	1565.602	4861	—		

表 5-31　心理特征因素对绿色住宅支付意愿整体的回归系数

	非标准化系数 B	标准误	标准化系数 Beta	t	p	VIF
常数	0.703	0.064	—	11.012	0.000***	—
支持态度	0.055	0.010	0.053	5.292	0.000***	1.347
带动态度	0.401	0.008	0.542	48.309	0.000***	1.658
全球环境关心	0.002	0.010	0.001	0.146	0.884	1.252
当地环境关心	0.032	0.017	0.029	1.908	0.046*	2.023
获得账户	0.054	0.010	0.060	5.650	0.000***	1.491
损失账户	-0.039	0.006	-0.058	-6.182	0.000***	1.176
高解释水平	0.023	0.008	0.029	2.908	0.004**	1.295
低解释水平	0.046	0.006	0.075	7.625	0.000***	1.271
主观认知	0.100	0.008	0.150	12.864	0.000***	1.804
客观认知	0.061	0.008	0.089	8.092	0.000***	1.587
道德内隐	0.034	0.016	0.032	2.166	0.030*	2.867
道德外显	0.042	0.008	0.051	4.993	0.000***	1.358

D-W 值：1.914；R^2：0.632

从表 5-31 可以看出，支持态度、带动态度、当地环境关心、获得账户、高解释水平、低解释水平、主观认知、客观认知、道德内隐、道德外显会对支付意愿产生显著的正向预测作用；损失账户会对支付意愿产生显著的负向预测作用；但是全球环境关心并不会对支付意愿产生显著的预测作用。

(二) 心理特征因素对经济实惠型支付意愿的预测效应分析

通过"进入"的方式，回归分析了个体心理因素对经济实惠型支付意愿的预测效应（见表 5-32 和表 5-33）。从表中可以看出，模型 R^2 值为 0.296，且模型通过了 F 检验（F=169.977，p=0.000<0.05）；且模型不存在共线性问题（VIF<5）和自相关性问题（D-W 值在 2 附近），个体心理变量对经济实惠型支付意愿的预测效应模型拟合指数达到了较高水平。

表 5-32　心理特征因素对经济实惠型支付意愿的回归模型结果

	平方和	df	均方	F	p
回归	1071.288	12.000	89.274	169.977	0.000
残差	2546.750	4849.000	0.525		
总计	3618.038	4861.000	—		

表 5-33　心理特征因素对经济实惠型支付意愿的回归系数

	非标准化系数 B	标准误	标准化系数 Beta	t	p	VIF
常数	0.394	0.134	—	2.930	0.003**	—
支持态度	0.096	0.022	0.062	4.424	0.000***	1.347
带动态度	0.276	0.017	0.245	15.822	0.000***	1.658
全球环境关心	0.046	0.022	−0.028	2.103	0.036*	1.252
当地环境关心	0.025	0.035	−0.015	0.707	0.480	3.023
获得账户	0.063	0.020	0.046	3.115	0.002**	1.491
损失账户	−0.060	0.013	−0.059	−4.483	0.000***	1.176
高解释水平	0.011	0.016	0.010	0.704	0.481	1.295
低解释水平	0.132	0.013	0.142	10.427	0.000***	1.271
主观认知	0.185	0.016	0.183	11.317	0.000***	1.804
客观认知	0.106	0.016	0.100	6.614	0.000***	1.587
道德内隐	0.027	0.033	0.016	0.804	0.421	2.867
道德外显	0.082	0.017	0.066	4.676	0.000***	1.358

D-W 值：1.950；R^2：0.296

综上所述，支持态度、带动态度、获得账户、低解释水平、主观认知、客观认知、道德外显会对经济实惠型支付意愿产生显著的正向预测作用；全球环境关心、损失账户会对经济实惠型支付意愿产生显著的负向预测作用；但是当地环境关心、高解释水平、道德内隐并不会对经济实惠型支付意愿产生显著的预测作用。

（三）心理特征因素对功能偏好型支付意愿的预测效应分析

本研究使用同样的方式分析了个体心理因素对功能偏好型支付意愿的预测效应（见表 5-34 和表 5-35）。可以看出，模型 R^2 值为 0.436，且

第五章　城市居民绿色住宅支付意愿响应的实证分析 / 139

模型通过了 F 检验（F=312.202，p=0.000<0.05）；且模型不存在共线性问题（VIF<5）和自相关性问题（D-W 值在 2 附近），个体心理变量对功能偏好型支付意愿的预测效应模型拟合指数达到了较高水平。

表 5-34　心理特征因素对功能偏好型支付意愿的回归模型结果

	平方和	df	均方	F	p
回归	1836.324	12.000	153.027	312.202	0.000
残差	2376.756	4849.000	0.490		
总计	4213.080	4861.000	—		

表 5-35　心理特征因素对功能偏好型支付意愿的回归系数

	非标准化系数 B	标准误	标准化系数 Beta	t	p	VIF
常数	0.164	0.130	—	1.262	0.207	—
支持态度	0.045	0.021	0.027	2.122	0.034*	1.347
带动态度	0.345	0.017	0.284	20.472	0.000***	1.658
全球环境关心	0.115	0.021	−0.066	5.444	0.000***	1.252
当地环境关心	0.090	0.034	−0.050	2.656	0.008**	3.023
获得账户	0.058	0.020	0.039	2.972	0.003**	1.491
损失账户	−0.032	0.013	−0.029	−2.444	0.015*	1.176
高解释水平	0.023	0.016	0.018	1.451	0.147	1.295
低解释水平	0.121	0.012	0.121	9.919	0.000***	1.271
主观认知	0.274	0.016	0.251	17.343	0.000***	1.804
客观认知	0.193	0.015	0.170	12.530	0.000***	1.587
道德内隐	−0.012	0.032	−0.007	−0.364	0.716	2.867
道德外显	0.122	0.017	0.091	7.241	0.000***	1.358

D-W 值：1.958；R^2：0.436

综上所述，支持态度、带动态度、获得账户、低解释水平、主观认知、客观认知、道德外显会对功能偏好型支付意愿产生显著的正向预测作用；全球环境关心、当地环境关心、损失账户会对功能偏好型支付意愿产生显著的负向预测作用；但是高解释水平、道德内隐并不会对功能偏好型支付意愿产生显著的预测作用。

（四）心理特征因素对投资理财型支付意愿的预测效应分析

本研究使用同样的方式分析了个体心理因素对投资理财型支付意愿的预测效应（见表5-36和表5-37），结果显示，模型R^2值为0.234，且模型通过了F检验（F=123.490，p=0.000<0.05）；且模型不存在共线性问题（VIF<5）和自相关性问题（D-W值在2附近），个体心理变量对投资理财型支付意愿的预测效应模型拟合指数达到了可接受水平。

表5-36 心理特征因素对投资理财型支付意愿的回归模型结果

	平方和	df	均方	F	p
回归	741.585	12.000	61.799	123.490	0.000
残差	2426.616	4849.000	0.500		
总计	3168.201	4861.000	—		

表5-37 心理特征因素对投资理财型支付意愿的回归系数

	非标准化系数 B	标准误	标准化系数 Beta	t	p	VIF
常数	1.020	0.131	—	7.778	0.000***	—
支持态度	0.011	0.021	0.008	0.532	0.595	1.347
带动态度	0.266	0.017	0.253	15.638	0.000***	1.658
全球环境关心	0.005	0.021	0.003	0.212	0.832	1.252
当地环境关心	0.119	0.034	0.076	3.462	0.001***	3.023
获得账户	0.098	0.020	0.076	4.949	0.000***	1.491
损失账户	-0.082	0.013	-0.086	-6.285	0.000***	1.176
高解释水平	0.022	0.016	0.020	1.383	0.167	1.295
低解释水平	0.032	0.012	0.037	2.599	0.009**	1.271
主观认知	0.109	0.016	0.115	6.827	0.000***	1.804
客观认知	0.047	0.016	0.048	3.026	0.002**	1.587
道德内隐	0.036	0.032	0.024	1.131	0.258	2.867
道德外显	0.053	0.017	0.045	3.090	0.002**	1.358

D-W值：1.957；R^2：0.234

由表5-37可以看出，带动态度、当地环境关心、获得账户、低解释水平、主观认知、客观认知、道德外显会对投资理财型支付意愿产生显著的正向预测作用；损失账户会对投资理财型支付意愿产生显著的负向预测作用；但是支持态度、全球环境关心、高解释水平、道德内隐并不会对投资理财型支付意愿产生显著的预测作用。

（五）心理特征因素对生态环保型支付意愿的预测效应分析

同理，本研究分析了个体心理因素对生态环保型支付意愿的预测效应（见表5-38和表5-39），结果显示，模型R^2值为0.253，且模型通过了F检验（F=137.210，p=0.000<0.05）；另外，模型不存在共线性问题（VIF<5）和自相关性问题（D-W值在2附近），个体心理变量对生态环保型支付意愿的预测效应模型拟合指数达到了较高水平。

表5-38 心理特征因素对生态环保型支付意愿的回归模型结果

	平方和	df	均方	F	p
回归	383.395	12.000	31.950	137.210	0.000
残差	1129.096	4849.000	0.233		
总计	1512.491	4861.000	—		

表5-39 心理特征因素对生态环保型支付意愿的回归系数

	非标准化系数 B	标准误	标准化系数 Beta	t	p	VIF
常数	1.189	0.089	—	13.302	0.000***	—
支持态度	0.081	0.014	0.081	5.602	0.000***	1.347
带动态度	0.110	0.012	0.151	9.433	0.000***	1.658
全球环境关心	0.089	0.015	0.085	6.140	0.000***	1.252
当地环境关心	0.078	0.023	0.071	3.314	0.001***	3.023
获得账户	0.093	0.014	0.104	6.878	0.000***	1.491
损失账户	0.005	0.009	0.008	0.571	0.568	1.176
高解释水平	0.056	0.011	0.072	5.133	0.000***	1.295
低解释水平	-0.012	0.008	-0.020	-1.462	0.144	1.271
主观认知	0.029	0.011	0.044	2.658	0.008**	1.804
客观认知	0.003	0.011	0.005	0.298	0.765	1.587

续表

	非标准化系数 B	标准误	标准化系数 Beta	t	p	VIF
道德内隐	0.132	0.022	0.126	5.988	0.000***	2.867
道德外显	0.054	0.012	0.068	4.670	0.000***	1.358

D-W 值：1.982；R^2：0.253

由表 5-39 可以看出，支持态度、带动态度、全球环境关心、当地环境关心、获得账户、高解释水平、主观认知、道德内隐、道德外显会对生态环保型支付意愿产生显著的正向预测作用，但是损失账户、低解释水平、客观认知并不会对生态环保型支付意愿产生显著的预测作用。

（六）心理特征因素对自我认同型支付意愿的预测效应分析

本研究使用同样的方式分析了个体心理因素对自我认同型支付意愿的预测效应（见表 5-40 和表 5-41），结果表明，模型 R^2 值为 0.185，且模型通过了 F 检验（F=91.468，p=0.000<0.05）；另外，模型不存在共线性问题（VIF<5）和自相关性问题（D-W 值在 2 附近），个体心理变量对自我认同型支付意愿的预测效应模型拟合指数达到了较高水平。

表 5-40　心理特征因素对自我认同型支付意愿的回归模型结果

	平方和	df	均方	F	p
回归	378.331	12.000	31.528	91.468	0.000
残差	1671.365	4849.000	0.345		
总计	2049.696	4861.000	—		

表 5-41　心理特征因素对自我认同型支付意愿的回归系数

	非标准化系数 B	标准误	标准化系数 Beta	t	p	VIF
常数	1.939	0.109	—	17.820	0.000***	—
支持态度	0.121	0.018	0.104	6.898	0.000***	1.347
带动态度	0.116	0.014	0.137	8.201	0.000***	1.658
全球环境关心	0.164	0.018	0.134	9.262	0.000***	1.252
当地环境关心	0.156	0.028	0.123	5.466	0.000***	3.023

续表

	非标准化系数 B	标准误	标准化系数 Beta	t	p	VIF
获得账户	0.053	0.016	0.051	3.225	0.001**	1.491
损失账户	−0.023	0.011	−0.030	−2.119	0.034*	1.176
高解释水平	0.056	0.013	0.063	4.268	0.000***	1.295
低解释水平	−0.056	0.010	−0.080	−5.457	0.000***	1.271
主观认知	0.068	0.013	0.089	5.128	0.000***	1.804
客观认知	−0.039	0.013	−0.049	−3.008	0.003**	1.587
道德内隐	0.119	0.027	0.097	4.433	0.000***	2.867
道德外显	−0.049	0.014	−0.053	−3.480	0.001***	1.358

D-W 值：1.982；R^2：0.185

由表5-41可以看出，支持态度、带动态度、全球环境关心、当地环境关心、获得账户、高解释水平、主观认知、道德内隐会对自我认同型支付意愿产生显著的正向预测作用，损失账户、低解释水平、客观认知、道德外显会对自我认同型支付意愿产生显著的负向预测作用。

二 情境因素对绿色住宅支付意愿的预测效应分析

（一）情境因素对绿色住宅支付意愿整体的预测效应分析

同样地，本研究将情境因素作为自变量，分析其对绿色住宅支付意愿整体的预测效应，回归模型分析结果显示（见表5-42和表5-43），模型R^2值为0.606，且模型通过了F检验（F=574.148，p=0.000<0.05）；另外，模型不存在共线性问题（VIF<5）和自相关性问题（D-W值在2附近），情境变量对绿色住宅支付意愿整体的预测效应模型拟合指数达到了较高水平。

表5-42　情境因素对绿色住宅支付意愿整体的回归模型结果

	平方和	df	均方	F	p
回归	608.656	13.000	46.820	574.148	0.000
残差	395.336	4848.000	0.082		
总计	1003.992	4861.000	—		

由表5-43可以看出，社会规范、家庭规范、组织规范、政策完善度、政策普及度、政策执行度、被动型信息诉求、主动型信息诉求会对绿色住宅支付意愿整体产生显著的正向预测作用，成本壁垒、品牌壁垒、位置壁垒、标识壁垒会对绿色住宅支付意愿整体产生显著的负向预测作用，但是技术壁垒并不会对绿色住宅支付意愿整体产生显著的预测作用。

表5-43　　　情境因素对绿色住宅支付意愿整体的回归系数

	非标准化系数 B	标准误	标准化系数 Beta	t	p	VIF
常数	1.786	0.063	—	28.337	0.000***	—
社会规范	0.046	0.007	0.065	6.190	0.000***	1.376
家庭规范	0.051	0.007	0.090	6.963	0.000***	2.056
组织规范	0.056	0.008	0.078	6.723	0.000***	1.665
政策完善度	0.055	0.007	0.105	8.397	0.000***	1.915
政策普及度	0.051	0.007	0.104	7.703	0.000***	2.240
政策执行度	0.161	0.006	0.285	25.366	0.000***	1.558
被动型信息诉求	0.162	0.009	0.191	17.115	0.000***	1.536
主动型信息诉求	0.066	0.009	0.081	7.500	0.000***	1.420
成本壁垒	-0.023	0.007	-0.034	-3.504	0.000***	1.168
技术壁垒	-0.001	0.006	-0.001	-0.099	0.921	1.186
品牌壁垒	-0.041	0.006	-0.074	-7.237	0.000***	1.273
位置壁垒	-0.062	0.007	-0.084	-8.422	0.000***	1.211
标识壁垒	-0.063	0.007	-0.095	-9.137	0.000***	1.319

D-W值：2.019；R^2：0.606

（二）情境因素对经济实惠型支付意愿的预测效应分析

将情境因素作为自变量，分析其对经济实惠型支付意愿的预测效应，回归模型分析结果（见表5-44和表5-45）显示，模型R^2值为0.299，且模型通过了F检验（F=159.274，p=0.000<0.05）；另外，模型不存在共线性问题（VIF<5）和自相关性问题（D-W值在2附近），情境变量对经济实惠型支付意愿的预测效应模型拟合指数达到了可接受的水平。

表 5-44　　情境因素对经济实惠型支付意愿的回归模型结果

	平方和	df	均方	F	p
回归	626.679	13.000	48.206	159.274	0.000
残差	1467.305	4848.000	0.303		
总计	2093.985	4861.000	—		

由表 5-45 可以看出，家庭规范、政策完善度、政策普及度、政策执行度、被动型信息诉求会对经济实惠型支付意愿产生显著的正向预测作用，品牌壁垒、标识壁垒、技术壁垒会对经济实惠型支付意愿产生显著的负向预测作用，但是社会规范、组织规范、主动型信息诉求、成本壁垒、位置壁垒并不会对经济实惠型支付意愿产生显著的预测作用。

表 5-45　　情境因素对经济实惠型支付意愿的回归系数

	非标准化系数 B	标准误	标准化系数 Beta	t	p	VIF
常数	1.772	0.121	—	14.595	0.000***	—
社会规范	-0.018	0.014	-0.018	-1.291	0.197	1.376
家庭规范	0.098	0.014	0.119	6.910	0.000***	2.056
组织规范	-0.011	0.016	-0.011	-0.703	0.482	1.665
政策完善度	0.124	0.013	0.163	9.819	0.000***	1.915
政策普及度	0.157	0.013	0.223	12.372	0.000***	2.240
政策执行度	0.026	0.012	0.033	2.172	0.030*	1.558
被动型信息诉求	0.127	0.018	0.103	6.935	0.000***	1.536
主动型信息诉求	0.031	0.017	0.026	1.812	0.070	1.420
成本壁垒	-0.023	0.013	-0.024	-1.821	0.069	1.168
技术壁垒	-0.026	0.012	-0.027	-2.075	0.038*	1.186
品牌壁垒	-0.056	0.011	-0.070	-5.141	0.000***	1.273
位置壁垒	-0.006	0.014	-0.006	-0.443	0.658	1.211
标识壁垒	-0.077	0.013	-0.079	-5.742	0.000***	1.319

D-W 值：2.060；R^2：0.299

(三) 情境因素对功能偏好型支付意愿的预测效应分析

将情境因素作为自变量，分析其对功能偏好型支付意愿的预测效应，回归模型分析结果（见表 5-46 和表 5-47）显示，模型 R^2 值为 0.319，且模型通过了 F 检验（F = 174.307，p = 0.000<0.05）；另外，模型不存在共线性问题（VIF<5）和自相关性问题（D-W 值在 2 附近），情境变量对功能偏好型支付意愿的预测效应模型拟合指数达到了较高水平。

表 5-46　　　　情境因素对功能偏好型支付意愿的回归模型结果

	平方和	df	均方	F	p
回归	503.252	13.000	38.712	174.307	0.000
残差	1076.688	4848.000	0.222		
总计	1579.940	4861.000	—		

由表 5-47 可以看出，社会规范、组织规范、政策执行度、被动型信息诉求、主动型信息诉求会对功能偏好型支付意愿产生显著的正向预测效应，成本壁垒、技术壁垒、品牌壁垒、位置壁垒、标识壁垒会对功能偏好型支付意愿产生显著的负向预测效应，但是家庭规范、政策完善度、政策普及度并不会对功能偏好型支付意愿产生显著的预测效应。

表 5-47　　　　情境因素对功能偏好型支付意愿的回归系数

	非标准化系数 B	标准误	标准化系数 Beta	t	p	VIF
常数	2.621	0.104	—	25.206	0.000***	—
社会规范	0.095	0.012	0.108	7.773	0.000***	1.376
家庭规范	-0.009	0.012	-0.013	-0.778	0.437	2.056
组织规范	0.110	0.014	0.124	8.076	0.000***	1.665
政策完善度	-0.008	0.011	-0.011	-0.700	0.484	1.915
政策普及度	-0.009	0.011	-0.015	-0.825	0.410	2.240
政策执行度	0.092	0.010	0.130	8.772	0.000***	1.558
被动型信息诉求	0.199	0.016	0.187	12.736	0.000***	1.536
主动型信息诉求	0.074	0.014	0.072	5.105	0.000***	1.420
成本壁垒	-0.055	0.011	-0.065	-5.046	0.000***	1.168

续表

	非标准化系数 B	标准误	标准化系数 Beta	t	p	VIF
技术壁垒	-0.034	0.011	-0.042	-3.231	0.001**	1.186
品牌壁垒	-0.075	0.009	-0.108	-8.056	0.000***	1.273
位置壁垒	-0.117	0.012	-0.126	-9.644	0.000***	1.211
标识壁垒	-0.050	0.011	-0.059	-4.362	0.000***	1.319

D-W 值：2.041；R^2：0.319

（四）情境因素对投资理财型支付意愿的预测效应分析

将情境因素作为自变量，分析其对投资理财型支付意愿的预测效应，回归模型分析结果显示（见表5-48和表5-49），模型 R^2 值为0.371，且模型通过了 F 检验（F=219.743，p=0.000<0.05）；另外，模型不存在共线性问题（VIF<5）和自相关性问题（D-W值在2附近），情境变量对投资理财支付意愿的预测效应模型拟合指数达到了较高水平。

表 5-48　情境因素对投资理财型支付意愿的回归模型结果

	平方和	df	均方	F	p
回归	794.416	13.000	61.109	219.743	0.000
残差	1348.195	4848.000	0.278		
总计	2142.611	4861.000	—		

由表5-49可以看出，社会规范、家庭规范、政策完善度、政策普及度、政策执行度、被动型信息诉求、主动型信息诉求会对投资理财型支付意愿产生显著的正向预测效应，品牌壁垒、位置壁垒、标识壁垒会对投资理财型支付意愿产生显著的负向预测效应，但是组织规范、成本壁垒、技术壁垒并不会对投资理财型支付意愿产生显著的预测效应。

表 5-49　情境因素对投资理财型支付意愿的回归系数

	非标准化系数 B	标准误	标准化系数 Beta	t	p	VIF
常数	1.427	0.116	—	12.261	0.000***	—

续表

	非标准化系数 B	标准误	标准化系数 Beta	t	p	VIF
社会规范	0.064	0.014	0.063	4.681	0.000***	1.376
家庭规范	0.116	0.014	0.138	8.476	0.000***	2.056
组织规范	0.016	0.015	0.015	1.050	0.294	1.665
政策完善度	0.048	0.012	0.062	3.924	0.000***	1.915
政策普及度	0.032	0.012	0.045	2.651	0.008**	2.240
政策执行度	0.221	0.012	0.269	18.886	0.000***	1.558
被动型信息诉求	0.140	0.017	0.113	8.022	0.000***	1.536
主动型信息诉求	0.101	0.016	0.085	6.277	0.000***	1.420
成本壁垒	-0.012	0.012	-0.013	-1.022	0.307	1.168
技术壁垒	-0.007	0.012	-0.007	-0.591	0.555	1.186
品牌壁垒	-0.036	0.010	-0.045	-3.465	0.001***	1.273
位置壁垒	-0.049	0.014	-0.045	-3.600	0.000***	1.211
标识壁垒	-0.069	0.013	-0.070	-5.384	0.000***	1.319

D-W 值：1.978；R^2：0.371

（五）情境因素对自我认同型支付意愿的预测效应分析

将情境因素作为自变量，分析其对自我认同型支付意愿的预测效应，回归模型分析结果显示（见表5-50），模型 R^2 值为0.358，且模型通过了F检验（F=208.389，p=0.000<0.05）；另外，模型不存在共线性问题（VIF<5）和自相关性问题（D-W值在2附近），情境变量对自我认同型支付意愿的预测效应模型拟合指数达到了较高水平。

表 5-50　　情境因素对自我认同型支付意愿的回归模型结果

	平方和	df	均方	F	p
回归	820.899	13.000	63.146	208.389	0.000
残差	1469.044	4848.000	0.303		
总计	2289.943	4861.000	—		

进一步地，通过路径系数显著性水平（见表5-51）可以看出，组织

规范、政策完善度、政策执行度、被动型信息诉求、主动型信息诉求会对自我认同型支付意愿产生显著的正向预测效应,以及品牌壁垒、位置壁垒、标识壁垒会对自我认同型支付意愿产生显著的负向预测效应,但是社会规范、家庭规范、政策普及度、成本壁垒、技术壁垒并不会对自我认同型支付意愿产生显著的预测效应。

表 5-51　　情境因素对自我认同型支付意愿的回归系数

	非标准化系数 B	标准误	标准化系数 Beta	t	p	VIF
常数	1.835	0.121	—	15.106	0.000***	—
社会规范	0.004	0.014	0.004	0.287	0.774	1.376
家庭规范	0.002	0.014	0.002	0.115	0.909	2.056
组织规范	0.139	0.016	0.129	8.695	0.000***	1.665
政策完善度	0.033	0.013	0.041	2.567	0.010*	1.915
政策普及度	0.003	0.013	0.005	0.266	0.790	2.240
政策执行度	0.309	0.012	0.363	25.279	0.000***	1.558
被动型信息诉求	0.107	0.018	0.083	5.839	0.000***	1.536
主动型信息诉求	0.087	0.017	0.071	5.160	0.000***	1.420
成本壁垒	0.016	0.013	0.016	1.277	0.202	1.168
技术壁垒	-0.023	0.012	-0.023	-1.834	0.067	1.186
品牌壁垒	-0.038	0.011	-0.045	-3.502	0.000***	1.273
位置壁垒	-0.094	0.014	-0.084	-6.617	0.000***	1.211
标识壁垒	-0.079	0.013	-0.078	-5.882	0.000***	1.319

D-W 值:2.025;R^2:0.358

(六)情境因素对生态环保型支付意愿的预测效应分析

将情境因素作为自变量,分析其对生态环保型支付意愿的预测效应,回归模型分析结果(见表 5-52)显示,模型 R^2 值为 0.398,且模型通过了 F 检验(F=247.044,p=0.000<0.05);另外,模型不存在共线性问题(VIF<5)和自相关性问题(D-W 值在 2 附近),情境变量对生态环保型支付意愿的预测效应模型拟合指数达到了较高水平。

表 5-52　情境因素对生态环保型支付意愿的回归模型结果

	平方和	df	均方	F	p
回归	680.920	13.000	52.378	247.044	0.000
残差	1027.877	4848.000	0.212		
总计	1708.797	4861.000	—		

进一步地，通过路径系数显著性水平（见表5-53）可以看出，社会规范、家庭规范、政策完善度、政策普及度、政策执行度、被动型信息诉求、主动型信息诉求会对生态环保型支付意愿产生显著的正向预测效应，以及成本壁垒、位置壁垒、标识壁垒、技术壁垒会对生态环保型支付意愿产生显著的负向预测效应，但是组织规范、品牌壁垒并不会对生态环保型支付意愿产生显著的预测效应。

表 5-53　情境因素对生态环保型支付意愿的回归系数

	非标准化系数 B	标准误	标准化系数 Beta	t	p	VIF
常数	1.274	0.102	—	12.535	0.000***	—
社会规范	0.084	0.012	0.092	7.075	0.000***	1.376
家庭规范	0.051	0.012	0.068	4.287	0.000***	2.056
组织规范	0.024	0.013	0.026	1.824	0.068	1.665
政策完善度	0.079	0.011	0.115	7.460	0.000***	1.915
政策普及度	0.070	0.011	0.110	6.592	0.000***	2.240
政策执行度	0.156	0.010	0.212	15.233	0.000***	1.558
被动型信息诉求	0.238	0.015	0.215	15.583	0.000***	1.536
主动型信息诉求	0.035	0.014	0.033	2.508	0.012*	1.420
成本壁垒	-0.041	0.011	-0.047	-3.883	0.000***	1.168
技术壁垒	-0.035	0.010	0.041	-3.391	0.001**	1.186
品牌壁垒	-0.001	0.009	0.001	0.100	0.920	1.273
位置壁垒	-0.044	0.012	-0.045	-3.684	0.000***	1.211
标识壁垒	-0.043	0.011	-0.049	-3.809	0.000***	1.319

D-W 值：1.992；R^2：0.398

三 普遍信任对绿色住宅支付意愿的预测效应分析

(一) 普遍信任对绿色住宅支付意愿整体的预测效应分析

将设计信任、评价信任、售卖信任、运行信任、监管信任作为自变量，将支付意愿总均值作为因变量进行回归分析，分析结果（见表 5-54）显示，模型 R^2 值为 0.489，且模型通过了 F 检验（F=930.071，p=0.000<0.05）；另外，模型不存在共线性问题（VIF<5）和自相关性问题（D-W 值在 2 附近），普遍信任各维度变量对绿色住宅支付意愿的预测效应模型拟合指数达到了较高水平。

表 5-54　普遍信任对绿色住宅支付意愿整体的回归模型结果

	平方和	df	均方	F	p
回归	765.867	5.000	153.173	930.071	0.000
残差	799.735	4856.000	0.165		
总计	1565.602	4861.000	—		

进一步地，通过路径系数显著性水平（见表 5-55）可以看出，设计信任、评价信任、售卖信任、运行信任、监管信任均会对支付意愿总均值产生显著的正向预测效应。

表 5-55　普遍信任对绿色住宅支付意愿整体的回归系数

	非标准化系数 B	标准误	标准化系数 Beta	t	p	VIF
常数	0.363	0.052	—	7.010	0.000***	—
设计信任	0.218	0.013	0.228	17.095	0.000***	1.695
评价信任	0.165	0.011	0.193	14.441	0.000***	1.699
售卖信任	0.206	0.010	0.238	20.437	0.000***	1.291
运行信任	0.087	0.011	0.088	7.724	0.000***	1.229
监管信任	0.172	0.010	0.208	16.591	0.000***	1.495

D-W 值：1.997；R^2：0.489

(二) 普遍信任对经济实惠型支付意愿的预测效应分析

将设计信任、评价信任、售卖信任、运行信任、监管信任作为自变量，将经济实惠型支付意愿作为因变量进行回归分析，结果（见表5-56）显示，模型 R^2 值为0.275，且模型通过了F检验（F=369.289，p=0.000<0.05）；另外，模型不存在共线性问题（VIF<5）和自相关性问题（D-W值在2附近），普遍信任各维度变量对经济实惠型支付意愿的预测效应模型拟合指数达到了可接受水平。

表5-56　普遍信任对经济实惠型支付意愿的回归模型结果

	平方和	df	均方	F	p
回归	996.727	5.000	199.345	369.289	0.000
残差	2621.311	4856.000	0.540		
总计	3618.038	4861.000	—		

进一步地，通过路径系数显著性水平（见表5-57）可以看出，设计信任、评价信任、售卖信任、运行信任、监管信任会对经济实惠型支付意愿产生显著的正向预测效应。

表5-57　普遍信任对经济实惠型支付意愿的回归系数

	非标准化系数 B	标准误	标准化系数 Beta	t	p	VIF
常数	0.015	0.094	—	0.163	0.871	—
设计信任	0.299	0.023	0.205	12.908	0.000***	1.695
评价信任	0.169	0.021	0.130	8.177	0.000***	1.699
售卖信任	0.362	0.018	0.275	19.830	0.000***	1.291
运行信任	0.047	0.020	0.031	2.314	0.021*	1.229
监管信任	0.105	0.019	0.083	5.590	0.000***	1.495

D-W值：1.986；R^2：0.275

（三）普遍信任对功能偏好型支付意愿的预测效应分析

将设计信任、评价信任、售卖信任、运行信任、监管信任作为自变量，将功能偏好型支付意愿作为因变量进行回归分析，结果（见表5-58）显示，模型 R^2 值为0.303，且模型通过了F检验（F=422.682，p=0.000<0.05）；另外，模型不存在共线性问题（VIF<5）和自相关性问题

(D-W 值在 2 附近),普遍信任各维度变量对功能偏好型支付意愿的预测效应模型拟合指数达到了较高水平。

表 5-58　普遍信任对功能偏好型支付意愿的回归模型结果

	平方和	df	均方	F	p
回归	1277.578	5.000	255.516	422.682	0.000
残差	2935.502	4856.000	0.605		
总计	4213.080	4861.000	—		

进一步地,通过路径系数显著性水平(见表 5-59)可以看出,设计信任、评价信任、售卖信任、运行信任和监管信任会对功能偏好型支付意愿产生显著的正向预测效应。

表 5-59　普遍信任对功能偏好型支付意愿的回归系数

	非标准化系数 B	标准误	标准化系数 Beta	t	p	VIF
常数	0.502	0.099	—	5.059	0.000***	—
设计信任	0.323	0.024	0.206	13.201	0.000***	1.695
评价信任	0.202	0.022	0.144	9.212	0.000***	1.699
售卖信任	0.434	0.019	0.306	22.477	0.000***	1.291
运行信任	0.052	0.022	0.032	2.392	0.017*	1.229
监管信任	0.090	0.020	0.067	4.548	0.000***	1.495

D-W 值:1.994;R^2:0.303

(四)普遍信任对投资理财型支付意愿的预测效应分析

将设计信任、评价信任、售卖信任、运行信任、监管信任作为自变量,将投资理财型支付意愿作为因变量进行回归分析,结果(见表 5-60)显示,模型 R^2 值为 0.377,且模型通过了 F 检验(F=587.191,p=0.000<0.05);另外,模型不存在共线性问题(VIF<5)和自相关性问题(D-W 值在 2 附近),普遍信任各维度变量对投资理财型支付意愿的预测效应模型拟合指数达到了较高水平。

154 / 城市居民绿色住宅支付响应的机理、测度及助推策略

表 5-60　普遍信任对投资理财型支付意愿的回归模型结果

	平方和	df	均方	F	p
回归	1193.756	5.000	238.751	587.191	0.000
残差	1974.445	4856.000	0.407		
总计	3168.201	4861.000	—		

进一步地，通过路径系数显著性水平（见表5-61）可以看出，设计信任、评价信任、售卖信任、运行信任、监管信任均会对投资理财型支付意愿产生显著的正向预测效应。

表 5-61　普遍信任对投资理财型支付意愿的回归系数

	非标准化系数		标准化系数	t	p	VIF
	B	标准误	Beta			
常数	-0.246	0.081	—	-3.024	0.003**	—
设计信任	0.247	0.020	0.181	12.285	0.000***	1.695
评价信任	0.230	0.018	0.189	12.822	0.000***	1.699
售卖信任	0.117	0.016	0.095	7.369	0.000***	1.291
运行信任	0.086	0.018	0.060	4.810	0.000***	1.229
监管信任	0.334	0.016	0.284	20.508	0.000***	1.495

D-W 值：2.023；R^2：0.377

（五）普遍信任对自我认同型支付意愿的预测效应分析

将设计信任、评价信任、售卖信任、运行信任、监管信任作为自变量，将自我认同型支付意愿作为因变量进行线性回归分析，结果（见表5-62）显示，模型 R^2 值为 0.178，且模型通过了 F 检验（F=211.010，p=0.000<0.05）；另外，模型不存在共线性问题（VIF<5）和自相关性问题（D-W 值在 2 附近），普遍信任各维度变量对自我认同型支付意愿的预测效应模型拟合指数达到了较高水平。

表 5-62　　普遍信任对自我认同型支付意愿的回归模型结果

	平方和	df	均方	F	p
回归	365.845	5.000	73.169	211.010	0.000
残差	1683.851	4856.000	0.347		
总计	2049.696	4861.000	—		

进一步地，通过路径系数显著性水平（见表5-63）可以看出，评价信任、售卖信任、运行信任、监管信任会对自我认同型支付意愿产生显著的正向预测效应；但是设计信任并不会对自我认同型支付意愿产生显著的预测效应。

表 5-63　　普遍信任对自我认同型支付意愿的回归系数

	非标准化系数 B	标准误	标准化系数 Beta	t	p	VIF
常数	2.375	0.075	—	31.597	0.000***	—
设计信任	0.020	0.019	0.018	1.073	0.283	1.695
评价信任	0.033	0.017	0.033	1.969	0.049*	1.699
售卖信任	0.114	0.015	0.115	7.787	0.000***	1.291
运行信任	0.340	0.016	0.299	20.715	0.000***	1.229
监管信任	0.200	0.015	0.211	13.271	0.000***	1.495

D-W 值：2.002；R^2：0.178

（六）普遍信任对生态环保型支付意愿的预测效应分析

将设计信任、评价信任、售卖信任、运行信任、监管信任作为自变量，将生态环保型支付意愿作为因变量进行线性回归分析，结果（见表5-64）显示，模型 R^2 值为 0.275，且模型通过了 F 检验（F=368.988，p=0.000<0.05）；另外，模型不存在共线性问题（VIF<5）和自相关性问题（D-W 值在 2 附近），普遍信任各维度变量对生态环保型支付意愿的预测效应模型拟合指数达到了较高水平。

表 5-64　普遍信任对生态环保型支付意愿的回归模型结果

	平方和	df	均方	F	p
回归	788.212	5.000	157.642	368.988	0.000
残差	2074.622	4856.000	0.427		
总计	2862.834	4861.000	—		

进一步地,通过路径系数显著性水平(见表 5-65)可以看出,设计信任、评价信任、售卖信任、运行信任、监管信任均会对生态环保型支付意愿产生显著的正向预测效应。

表 5-65　普遍信任对生态环保型支付意愿的回归系数

	非标准化系数		标准化系数	t	p	VIF
	B	标准误	Beta			
常数	0.174	0.083	—	2.080	0.038*	—
设计信任	0.204	0.021	0.158	9.906	0.000***	1.695
评价信任	0.191	0.018	0.166	10.397	0.000***	1.699
售卖信任	0.231	0.016	0.198	14.245	0.000***	1.291
运行信任	0.111	0.018	0.082	6.072	0.000***	1.229
监管信任	0.131	0.017	0.117	7.849	0.000***	1.495

D-W 值: 2.003; R^2: 0.275

四　城市居民绿色住宅支付意愿直接驱动效应假设检验

根据上述实证分析,接下来本书分别对前文提出的个体心理因素、情境因素与普遍信任对城市居民绿色住宅支付意愿的预测效应相关假设进行检验,检验结果汇总见表 5-66、表 5-67 和表 5-68。

(一)个体心理因素对城市居民绿色住宅支付意愿影响的假设检验

表 5-66　个体心理因素对城市居民绿色住宅支付意愿影响的假设验证

序号	研究假设	检验结果
H1	个体态度对城市居民绿色住宅支付意愿存在显著的影响作用	成立
H1-1	个体态度对城市居民经济实惠型支付意愿存在显著的影响作用	成立

续表

序号	研究假设	检验结果
H1-2	个体态度对城市居民功能偏好型支付意愿存在显著的影响作用	成立
H1-3	个体态度对城市居民投资理财型支付意愿存在显著的影响作用	部分成立
H1-4	个体态度对城市居民生态环保型支付意愿存在显著的影响作用	成立
H1-5	个体态度对城市居民自我认同型支付意愿存在显著的影响作用	成立
H1a	支持态度对城市居民绿色住宅支付意愿存在显著的影响作用	成立
H1a-1	支持态度对城市居民经济实惠型支付意愿存在显著的影响作用	成立
H1a-2	支持态度对城市居民功能偏好型支付意愿存在显著的影响作用	成立
H1a-3	支持态度对城市居民投资理财型支付意愿存在显著的影响作用	不成立
H1a-4	支持态度对城市居民生态环保型支付意愿存在显著的影响作用	成立
H1a-5	支持态度对城市居民自我认同型支付意愿存在显著的影响作用	成立
H1b	带动态度对城市居民绿色住宅支付意愿存在显著的影响作用	成立
H1b-1	带动态度对城市居民经济实惠型支付意愿存在显著的影响作用	成立
H1b-2	带动态度对城市居民功能偏好型支付意愿存在显著的影响作用	成立
H1b-3	带动态度对城市居民投资理财型支付意愿存在显著的影响作用	成立
H1b-4	带动态度对城市居民生态环保型支付意愿存在显著的影响作用	成立
H1b-5	带动态度对城市居民自我认同型支付意愿存在显著的影响作用	成立
H2	绿色住宅心理账户对城市居民绿色住宅支付意愿存在显著的影响作用	成立
H2-1	绿色住宅心理账户对城市居民经济实惠型支付意愿存在显著的影响作用	成立
H2-2	绿色住宅心理账户对城市居民功能偏好型支付意愿存在显著的影响作用	成立
H2-3	绿色住宅心理账户对城市居民投资理财型支付意愿存在显著的影响作用	成立
H2-4	绿色住宅心理账户对城市居民生态环保型支付意愿存在显著的影响作用	部分成立
H2-5	绿色住宅心理账户对城市居民自我认同型支付意愿存在显著的影响作用	成立
H2a	获得账户对城市居民绿色住宅支付意愿存在显著的影响作用	成立
H2a-1	获得账户对城市居民经济实惠型支付意愿存在显著的影响作用	成立
H2a-2	获得账户对城市居民功能偏好型支付意愿存在显著的影响作用	成立
H2a-3	获得账户对城市居民投资理财型支付意愿存在显著的影响作用	成立
H2a-4	获得账户对城市居民生态环保型支付意愿存在显著的影响作用	成立
H2a-5	获得账户对城市居民自我认同型支付意愿存在显著的影响作用	成立
H2b	损失账户对城市居民绿色住宅支付意愿存在显著的影响作用	成立
H2b-1	损失账户对城市居民经济实惠型支付意愿存在显著的影响作用	成立
H2b-2	损失账户对城市居民功能偏好型支付意愿存在显著的影响作用	成立

续表

序号	研究假设	检验结果
H2b-3	损失账户对城市居民投资理财型支付意愿存在显著的影响作用	成立
H2b-4	损失账户对城市居民生态环保型支付意愿存在显著的影响作用	不成立
H2b-5	损失账户对城市居民自我认同型支付意愿存在显著的影响作用	成立
H3	道德认同对城市居民绿色住宅支付意愿存在显著的影响作用	成立
H3-1	道德认同对城市居民经济实惠型支付意愿存在显著的影响作用	部分成立
H3-3	道德认同对城市居民功能偏好型支付意愿存在显著的影响作用	部分成立
H3-3	道德认同对城市居民投资理财型支付意愿存在显著的影响作用	部分成立
H3-4	道德认同对城市居民生态环保型支付意愿存在显著的影响作用	成立
H3-5	道德认同对城市居民自我认同型支付意愿存在显著的影响作用	部分成立
H3a	道德内隐对城市居民绿色住宅支付意愿存在显著的影响作用	成立
H3a-1	道德内隐对城市居民经济实惠型支付意愿存在显著的影响作用	不成立
H3a-2	道德内隐对城市居民功能偏好型支付意愿存在显著的影响作用	不成立
H3a-3	道德内隐对城市居民投资理财型支付意愿存在显著的影响作用	不成立
H3a-4	道德内隐对城市居民生态环保型支付意愿存在显著的影响作用	成立
H3a-5	道德内隐对城市居民自我认同型支付意愿存在显著的影响作用	成立
H3b	道德外显对城市居民绿色住宅支付意愿存在显著的影响作用	成立
H3b-1	道德外显对城市居民经济实惠型支付意愿存在显著的影响作用	成立
H3b-2	道德外显对城市居民功能偏好型支付意愿存在显著的影响作用	成立
H3b-3	道德外显对城市居民投资理财型支付意愿存在显著的影响作用	成立
H3b-4	道德外显对城市居民生态环保型支付意愿存在显著的影响作用	成立
H3b-5	道德外显对城市居民自我认同型支付意愿存在显著的影响作用	成立
H4	解释水平对城市居民绿色住宅支付意愿存在显著的影响作用	成立
H4-1	解释水平对城市居民经济实惠型支付意愿存在显著的影响作用	部分成立
H4-2	解释水平对城市居民功能偏好型支付意愿存在显著的影响作用	部分成立
H4-3	解释水平对城市居民投资理财型支付意愿存在显著的影响作用	成立
H4-4	解释水平对城市居民生态环保型支付意愿存在显著的影响作用	部分成立
H4-5	解释水平对城市居民自我认同型支付意愿存在显著的影响作用	成立
H4a	高解释水平对城市居民绿色住宅支付意愿存在显著的影响作用	成立
H4a-1	高解释水平对城市居民经济实惠型支付意愿存在显著的影响作用	不成立
H4a-2	高解释水平对城市居民功能偏好型支付意愿存在显著的影响作用	不成立
H4a-3	高解释水平对城市居民投资理财型支付意愿存在显著的影响作用	不成立

续表

序号	研究假设	检验结果
H4a-4	高解释水平对城市居民生态环保型支付意愿存在显著的影响作用	成立
H4a-5	高解释水平对城市居民自我认同型支付意愿存在显著的影响作用	成立
H4b	低解释水平对城市居民绿色住宅支付意愿存在显著的影响作用	成立
H4b-1	低解释水平对城市居民经济实惠型支付意愿存在显著的影响作用	成立
H4b-2	低解释水平对城市居民功能偏好型支付意愿存在显著的影响作用	成立
H4b-3	低解释水平对城市居民投资理财型支付意愿存在显著的影响作用	成立
H4b-4	低解释水平对城市居民生态环保型支付意愿存在显著的影响作用	不成立
H4b-5	低解释水平对城市居民自我认同型支付意愿存在显著的影响作用	成立
H5	环境关心对城市居民绿色住宅支付意愿存在显著的影响作用	部分成立
H5-1	环境关心对城市居民经济实惠型支付意愿存在显著的影响作用	部分成立
H5-2	环境关心对城市居民功能偏好型支付意愿存在显著的影响作用	成立
H5-3	环境关心对城市居民投资理财型支付意愿存在显著的影响作用	部分成立
H5-4	环境关心对城市居民生态环保型支付意愿存在显著的影响作用	成立
H5-5	环境关心对城市居民自我认同型支付意愿存在显著的影响作用	成立
H5a	全球环境关心对城市居民绿色住宅支付意愿存在显著的影响作用	不成立
H5a-1	全球环境关心对城市居民经济实惠型支付意愿存在显著的影响作用	成立
H5a-2	全球环境关心对城市居民功能偏好型支付意愿存在显著的影响作用	成立
H5a-3	全球环境关心对城市居民投资理财型支付意愿存在显著的影响作用	不成立
H5a-4	全球环境关心对城市居民生态环保型支付意愿存在显著的影响作用	成立
H5a-5	全球环境关心对城市居民自我认同型支付意愿存在显著的影响作用	成立
H5b	当地环境关心对城市居民绿色住宅支付意愿存在显著的影响作用	成立
H5b-1	当地环境关心对城市居民经济实惠型支付意愿存在显著的影响作用	不成立
H5b-2	当地环境关心对城市居民功能偏好型支付意愿存在显著的影响作用	成立
H5b-3	当地环境关心对城市居民投资理财型支付意愿存在显著的影响作用	成立
H5b-4	当地环境关心对城市居民生态环保型支付意愿存在显著的影响作用	成立
H5b-5	当地环境关心对城市居民自我认同型支付意愿存在显著的影响作用	成立
H6	绿色住宅认知对城市居民绿色住宅支付意愿存在显著的影响作用	成立
H6-1	绿色住宅认知对城市居民经济实惠型支付意愿存在显著的影响作用	成立
H6-2	绿色住宅认知对城市居民功能偏好型支付意愿存在显著的影响作用	成立
H6-3	绿色住宅认知对城市居民投资理财型支付意愿存在显著的影响作用	成立
H6-4	绿色住宅认知对城市居民生态环保型支付意愿存在显著的影响作用	部分成立

续表

序号	研究假设	检验结果
H6-5	绿色住宅认知对城市居民自我认同型支付意愿存在显著的影响作用	成立
H6a	主观认知对城市居民绿色住宅支付意愿存在显著的影响作用	成立
H6a-1	主观认知对城市居民经济实惠型支付意愿存在显著的影响作用	成立
H6a-2	主观认知对城市居民功能偏好型支付意愿存在显著的影响作用	成立
H6a-3	主观认知对城市居民投资理财型支付意愿存在显著的影响作用	成立
H6a-4	主观认知对城市居民生态环保型支付意愿存在显著的影响作用	成立
H6a-5	主观认知对城市居民自我认同型支付意愿存在显著的影响作用	成立
H6b	客观认知对城市居民绿色住宅支付意愿存在显著的影响作用	成立
H6b-1	客观认知对城市居民经济实惠型支付意愿存在显著的影响作用	成立
H6b-2	客观认知对城市居民功能偏好型支付意愿存在显著的影响作用	成立
H6b-3	客观认知对城市居民投资理财型支付意愿存在显著的影响作用	成立
H6b-4	客观认知对城市居民生态环保型支付意愿存在显著的影响作用	不成立
H6b-5	客观认知对城市居民自我认同型支付意愿存在显著的影响作用	成立

（二）普遍信任对城市居民绿色住宅支付意愿影响的假设检验

根据实证分析结果可知，普遍信任及其各个维度对城市居民绿色住宅支付意愿的假设检验如表5-67所示。

表5-67　普遍信任对城市居民绿色住宅支付意愿影响的假设验证

序号	研究假设	检验结果
H7	普遍信任对城市居民绿色住宅支付意愿存在显著的影响作用	成立
H7-1	普遍信任对城市居民经济实惠型支付意愿存在显著的影响作用	成立
H7-2	普遍信任对城市居民功能偏好型支付意愿存在显著的影响作用	成立
H7-3	普遍信任对城市居民投资理财型支付意愿存在显著的影响作用	成立
H7-4	普遍信任对城市居民生态环保型支付意愿存在显著的影响作用	成立
H7-5	普遍信任对城市居民自我认同型支付意愿存在显著的影响作用	成立
H7a	设计信任对城市居民绿色住宅支付意愿存在显著的影响作用	成立
H7a-1	设计信任对城市居民经济实惠型支付意愿存在显著的影响作用	成立
H7a-2	设计信任对城市居民功能偏好型支付意愿存在显著的影响作用	成立
H7a-3	设计信任对城市居民投资理财型支付意愿存在显著的影响作用	成立

续表

序号	研究假设	检验结果
H7a-4	设计信任对城市居民生态环保型支付意愿存在显著的影响作用	不成立
H7a-5	设计信任对城市居民自我认同型支付意愿存在显著的影响作用	成立
H7b	评价信任对城市居民绿色住宅支付意愿存在显著的影响作用	成立
H7b-1	评价信任对城市居民经济实惠型支付意愿存在显著的影响作用	成立
H7b-2	评价信任对城市居民功能偏好型支付意愿存在显著的影响作用	成立
H7b-3	评价信任对城市居民投资理财型支付意愿存在显著的影响作用	成立
H7b-4	评价信任对城市居民生态环保型支付意愿存在显著的影响作用	成立
H7b-5	评价信任对城市居民自我认同型支付意愿存在显著的影响作用	成立
H7c	售卖信任对城市居民绿色住宅支付意愿存在显著的影响作用	成立
H7c-1	售卖信任对城市居民经济实惠型支付意愿存在显著的影响作用	成立
H7c-2	售卖信任对城市居民功能偏好型支付意愿存在显著的影响作用	成立
H7c-3	售卖信任对城市居民投资理财型支付意愿存在显著的影响作用	成立
H7c-4	售卖信任对城市居民生态环保型支付意愿存在显著的影响作用	成立
H7c-5	售卖信任对城市居民自我认同型支付意愿存在显著的影响作用	成立
H7d	运行信任对城市居民绿色住宅支付意愿存在显著的影响作用	成立
H7d-1	运行信任对城市居民经济实惠型支付意愿存在显著的影响作用	成立
H7d-2	运行信任对城市居民功能偏好型支付意愿存在显著的影响作用	成立
H7d-3	运行信任对城市居民投资理财型支付意愿存在显著的影响作用	成立
H7d-4	运行信任对城市居民生态环保型支付意愿存在显著的影响作用	成立
H7d-5	运行信任对城市居民自我认同型支付意愿存在显著的影响作用	成立
H7e	监管信任对城市居民绿色住宅支付意愿存在显著的影响作用	成立
H7e-1	监管信任对城市居民经济实惠型支付意愿存在显著的影响作用	成立
H7e-2	监管信任对城市居民功能偏好型支付意愿存在显著的影响作用	成立
H7e-3	监管信任对城市居民投资理财型支付意愿存在显著的影响作用	成立
H7e-4	监管信任对城市居民生态环保型支付意愿存在显著的影响作用	成立
H7e-5	监管信任对城市居民自我认同型支付意愿存在显著的影响作用	成立

（三）情境因素对城市居民绿色住宅支付意愿影响的假设检验

根据实证分析结果可知，情境因素中的各个维度对城市居民绿色住宅支付意愿的假设检验如表5-68所示。

表 5-68　情境因素对城市居民绿色住宅支付意愿影响的假设验证

序号	研究假设	检验结果
H14	信息诉求对城市居民绿色住宅支付意愿存在显著的影响作用	成立
H14-1	信息诉求对城市居民经济实惠型支付意愿存在显著的影响作用	部分成立
H14-2	信息诉求对城市居民功能偏好型支付意愿存在显著的影响作用	成立
H14-3	信息诉求对城市居民投资理财型支付意愿存在显著的影响作用	成立
H14-4	信息诉求对城市居民生态环保型支付意愿存在显著的影响作用	成立
H14-5	信息诉求对城市居民自我认同型支付意愿存在显著的影响作用	成立
H14a	主动型信息诉求对城市居民绿色住宅支付意愿存在显著的影响作用	成立
H14a-1	主动型信息诉求对城市居民经济实惠型支付意愿存在显著的影响作用	不成立
H14a-2	主动型信息诉求对城市居民功能偏好型支付意愿存在显著的影响作用	成立
H14a-3	主动型信息诉求对城市居民投资理财型支付意愿存在显著的影响作用	成立
H14a-4	主动型信息诉求对城市居民生态环保型支付意愿存在显著的影响作用	成立
H14a-5	主动型信息诉求对城市居民自我认同型支付意愿存在显著的影响作用	成立
H14b	被动型信息诉求对城市居民绿色住宅支付意愿存在显著的影响作用	成立
H14b-1	被动型信息诉求对城市居民经济实惠型支付意愿存在显著的影响作用	成立
H14b-2	被动型信息诉求对城市居民功能偏好型支付意愿存在显著的影响作用	成立
H14b-3	被动型信息诉求对城市居民投资理财型支付意愿存在显著的影响作用	成立
H14b-4	被动型信息诉求对城市居民生态环保型支付意愿存在显著的影响作用	成立
H14b-5	被动型信息诉求对城市居民自我认同型支付意愿存在显著的影响作用	成立
H15	政策标准对城市居民绿色住宅支付意愿存在显著的影响作用	成立
H15-1	政策标准对城市居民经济实惠型支付意愿存在显著的影响作用	成立
H15-2	政策标准对城市居民功能偏好型支付意愿存在显著的影响作用	部分成立
H15-3	政策标准对城市居民投资理财型支付意愿存在显著的影响作用	成立
H15-4	政策标准对城市居民生态环保型支付意愿存在显著的影响作用	部分成立
H15-5	政策标准对城市居民自我认同型支付意愿存在显著的影响作用	部分成立
H15a	政策完善度对城市居民绿色住宅支付意愿存在显著的影响作用	成立
H15a-1	政策完善度对城市居民经济实惠型支付意愿存在显著的影响作用	成立
H15a-2	政策完善度对城市居民功能偏好型支付意愿存在显著的影响作用	不成立
H15a-3	政策完善度对城市居民投资理财型支付意愿存在显著的影响作用	成立
H15a-4	政策完善度对城市居民生态环保型支付意愿存在显著的影响作用	成立

续表

序号	研究假设	检验结果
H15a-5	政策完善度对城市居民自我认同型支付意愿存在显著的影响作用	成立
H15b	政策普及度对城市居民绿色住宅支付意愿存在显著的影响作用	成立
H15b-1	政策普及度对城市居民经济实惠型支付意愿存在显著的影响作用	成立
H15b-2	政策普及度对城市居民功能偏好型支付意愿存在显著的影响作用	不成立
H15b-3	政策普及度对城市居民投资理财型支付意愿存在显著的影响作用	成立
H15b-4	政策普及度对城市居民生态环保型支付意愿存在显著的影响作用	不成立
H15b-5	政策普及度对城市居民自我认同型支付意愿存在显著的影响作用	成立
H15c	政策执行度对城市居民绿色住宅支付意愿存在显著的影响作用	成立
H15c-1	政策执行度对城市居民经济实惠型支付意愿存在显著的影响作用	成立
H15c-2	政策执行度对城市居民功能偏好型支付意愿存在显著的影响作用	成立
H15c-3	政策执行度对城市居民投资理财型支付意愿存在显著的影响作用	成立
H15c-4	政策执行度对城市居民生态环保型支付意愿存在显著的影响作用	成立
H15c-5	政策执行度对城市居民自我认同型支付意愿存在显著的影响作用	成立
H16	属性壁垒对城市居民绿色住宅支付意愿存在显著的影响作用	部分成立
H16-1	属性壁垒对城市居民经济实惠型支付意愿存在显著的影响作用	部分成立
H16-2	属性壁垒对城市居民功能偏好型支付意愿存在显著的影响作用	成立
H16-3	属性壁垒对城市居民投资理财型支付意愿存在显著的影响作用	部分成立
H16-4	属性壁垒对城市居民生态环保型支付意愿存在显著的影响作用	部分成立
H16-5	属性壁垒对城市居民自我认同型支付意愿存在显著的影响作用	部分成立
H16a	成本壁垒对城市居民绿色住宅支付意愿存在显著的影响作用	成立
H16a-1	成本壁垒对城市居民经济实惠型支付意愿存在显著的影响作用	不成立
H16a-2	成本壁垒对城市居民功能偏好型支付意愿存在显著的影响作用	成立
H16a-3	成本壁垒对城市居民投资理财型支付意愿存在显著的影响作用	不成立
H16a-4	成本壁垒对城市居民生态环保型支付意愿存在显著的影响作用	成立
H16a-5	成本壁垒对城市居民自我认同型支付意愿存在显著的影响作用	不成立
H16b	技术壁垒对城市居民绿色住宅支付意愿存在显著的影响作用	不成立
H16b-1	技术壁垒对城市居民经济实惠型支付意愿存在显著的影响作用	成立
H16b-2	技术壁垒对城市居民功能偏好型支付意愿存在显著的影响作用	成立
H16b-3	技术壁垒对城市居民投资理财型支付意愿存在显著的影响作用	不成立

续表

序号	研究假设	检验结果
H16b-4	技术壁垒对城市居民生态环保型支付意愿存在显著的影响作用	成立
H16b-5	技术壁垒对城市居民自我认同型支付意愿存在显著的影响作用	不成立
H16c	品牌壁垒对城市居民绿色住宅支付意愿存在显著的影响作用	成立
H16c-1	品牌壁垒对城市居民经济实惠型支付意愿存在显著的影响作用	成立
H16c-2	品牌壁垒对城市居民功能偏好型支付意愿存在显著的影响作用	成立
H16c-3	品牌壁垒对城市居民投资理财型支付意愿存在显著的影响作用	成立
H16c-4	品牌壁垒对城市居民生态环保型支付意愿存在显著的影响作用	不成立
H16c-5	品牌壁垒对城市居民自我认同型支付意愿存在显著的影响作用	成立
H16d	位置壁垒对城市居民绿色住宅支付意愿存在显著的影响作用	成立
H16d-1	位置壁垒对城市居民经济实惠型支付意愿存在显著的影响作用	不成立
H16d-2	位置壁垒对城市居民功能偏好型支付意愿存在显著的影响作用	成立
H16d-3	位置壁垒对城市居民投资理财型支付意愿存在显著的影响作用	成立
H16d-4	位置壁垒对城市居民生态环保型支付意愿存在显著的影响作用	成立
H16d-5	位置壁垒对城市居民自我认同型支付意愿存在显著的影响作用	成立
H16e	标识壁垒对城市居民绿色住宅支付意愿存在显著的影响作用	成立
H16e-1	标识壁垒对城市居民经济实惠型支付意愿存在显著的影响作用	成立
H16e-2	标识壁垒对城市居民功能偏好型支付意愿存在显著的影响作用	成立
H16e-3	标识壁垒对城市居民投资理财型支付意愿存在显著的影响作用	成立
H16e-4	标识壁垒对城市居民生态环保型支付意愿存在显著的影响作用	成立
H16e-5	标识壁垒对城市居民自我认同型支付意愿存在显著的影响作用	成立
H17	群体规范对城市居民绿色住宅支付意愿存在显著的影响作用	成立
H17-1	群体规范对城市居民经济实惠型支付意愿存在显著的影响作用	部分成立
H17-2	群体规范对城市居民功能偏好型支付意愿存在显著的影响作用	部分成立
H17-3	群体规范对城市居民投资理财型支付意愿存在显著的影响作用	部分成立
H17-4	群体规范对城市居民生态环保型支付意愿存在显著的影响作用	部分成立
H17-5	群体规范对城市居民自我认同型支付意愿存在显著的影响作用	部分成立
H17a	社会规范对城市居民绿色住宅支付意愿存在显著的影响作用	成立
H17a-1	社会规范对城市居民经济实惠型支付意愿存在显著的影响作用	不成立
H17a-2	社会规范对城市居民功能偏好型支付意愿存在显著的影响作用	成立

续表

序号	研究假设	检验结果
H17a-3	社会规范对城市居民投资理财型支付意愿存在显著的影响作用	成立
H17a-4	社会规范对城市居民生态环保型支付意愿存在显著的影响作用	成立
H17a-5	社会规范对城市居民自我认同型支付意愿存在显著的影响作用	不成立
H17b	家庭规范对城市居民绿色住宅支付意愿存在显著的影响作用	成立
H17b-1	家庭规范对城市居民经济实惠型支付意愿存在显著的影响作用	成立
H17b-2	家庭规范对城市居民功能偏好型支付意愿存在显著的影响作用	不成立
H17b-3	家庭规范对城市居民投资理财型支付意愿存在显著的影响作用	成立
H17b-4	家庭规范对城市居民生态环保型支付意愿存在显著的影响作用	成立
H17b-5	家庭规范对城市居民自我认同型支付意愿存在显著的影响作用	不成立
H17c	组织规范对城市居民绿色住宅支付意愿存在显著的影响作用	成立
H17c-1	组织规范对城市居民经济实惠型支付意愿存在显著的影响作用	不成立
H17c-2	组织规范对城市居民功能偏好型支付意愿存在显著的影响作用	成立
H17c-3	组织规范对城市居民投资理财型支付意愿存在显著的影响作用	不成立
H17c-4	组织规范对城市居民生态环保型支付意愿存在显著的影响作用	不成立
H17c-5	组织规范对城市居民自我认同型支付意愿存在显著的影响作用	成立

第四节 普遍信任的中介效应分析

本书通过构建包含自变量（个体心理因素）、中介变量（普遍信任）和因变量（绿色住宅支付意愿）的结构方程全模型，来进行相应的中介路径检验。在本书中，城市居民绿色住宅支付意愿包含经济实惠型支付意愿、功能偏好型支付意愿、投资理财型支付意愿、生态环保型支付意愿和自我认同型支付意愿五个维度，并将分别探讨普遍信任在个体心理因素和绿色住宅支付意愿及其各维度间的中介效应。

同时，为减少人口统计特征对中介效应的干扰，本书将性别、年龄、受教育水平（包含正在攻读的）、家庭月收入水平作为控制变量加入模型中。出于对共线性问题的考虑，在进行中介作用检验前，首先对各变量进行标准化处理。

一 普遍信任在个体心理因素与绿色住宅支付意愿间的中介效应分析

将性别、年龄、受教育水平（包含正在攻读的）、家庭月收入水平作为控制变量加入模型中后，普遍信任在个体心理因素和绿色住宅支付意愿间的中介效应的检验结果详见表 5-69。

表 5-69　普遍信任在个体心理因素和绿色住宅支付意愿间的中介作用分析

	c 总效应	a	b	a×b 中介效应	a×b (95%Boot CI)	c' 直接效应	检验结论
个体态度→普遍信任均值→绿色住宅支付意愿均值	0.167***	0.081***	1.108***	0.090	0.035—0.065	0.077***	部分中介
环境关心→普遍信任均值→绿色住宅支付意愿均值	0.110**	0.081***	1.108***	0.090	0.033—0.062	0.021	完全中介
获得账户→普遍信任均值→绿色住宅支付意愿均值	0.198***	0.166***	1.108***	0.185	0.093—0.129	0.014	完全中介
损失账户→普遍信任均值→绿色住宅支付意愿均值	-0.109***	-0.031***	1.108***	-0.034	-0.040—-0.015	-0.075***	部分中介
高解释水平→普遍信任均值→绿色住宅支付意愿均值	0.081***	0.046***	1.108***	0.051	0.022—0.058	0.030*	部分中介
低解释水平→普遍信任均值→绿色住宅支付意愿均值	0.093***	0.031***	1.108***	0.035	0.015—0.046	0.059***	部分中介
主观认知→普遍信任均值→绿色住宅支付意愿均值	0.319***	0.110***	1.108***	0.122	0.089—0.122	0.197***	部分中介
客观认知→普遍信任均值→绿色住宅支付意愿均值	0.246***	0.088***	1.108***	0.097	0.065—0.093	0.148***	部分中介
道德内隐→普遍信任均值→绿色住宅支付意愿均值	0.146***	0.082***	1.108***	0.091	0.033—0.065	0.055	完全中介
道德外显→普遍信任均值→绿色住宅支付意愿均值	0.149***	0.069***	1.108***	0.076	0.038—0.066	0.073***	部分中介

通过全模型的中介效应结构方程检验，可以看出环境关心、获得账户和道德内隐完全通过普遍信任作用于绿色住宅支付意愿，而个体态度、损失账户、高解释水平、低解释水平、主观认知、客观认知和道德外显则不完全通过普遍信任作用于绿色住宅支付意愿，即部分通过普遍信任作用于绿色住宅支付意愿，部分直接作用于绿色住宅支付意愿。

二 普遍信任在个体心理因素与经济实惠型支付意愿间的中介效应分析

将性别、年龄、受教育水平（包含正在攻读的）、家庭月收入水平作为控制变量加入模型中后，普遍信任在个体心理因素和经济实惠型支付意愿间的中介效应的检验结果详见表5-70。

表5-70　普遍信任在个体心理因素和经济实惠型支付意愿间的中介作用分析结果

	c 总效应	a	b	a×b 中介效应	a×b（95%Boot CI）	c' 直接效应	检验结论
个体态度→普遍信任均值→经济实惠型支付意愿	0.128***	0.081***	0.720***	0.058	0.023—0.042	0.070**	部分中介
环境关心→普遍信任均值→经济实惠型支付意愿	-0.036	0.081***	0.720***	0.058	0.022—0.042	-0.094*	遮掩效应
获得账户→普遍信任均值→经济实惠型支付意愿	0.104***	0.166***	0.720***	0.120	0.061—0.085	-0.016	完全中介
损失账户→普遍信任均值→经济实惠型支付意愿	-0.104***	-0.031***	0.720***	-0.022	-0.026—-0.010	-0.081***	部分中介
高解释水平→普遍信任均值→经济实惠型支付意愿	0.023	0.046***	0.720***	0.033	0.014—0.038	-0.010	完全中介
低解释水平→普遍信任均值→经济实惠型支付意愿	0.165***	0.031***	0.720***	0.023	0.010—0.031	0.142***	部分中介
主观认知→普遍信任均值→经济实惠型支付意愿	0.301***	0.110***	0.720***	0.079	0.055—0.080	0.221***	部分中介

续表

	c 总效应	a	b	a×b 中介效应	a×b (95%Boot CI)	c' 直接效应	检验结果
客观认知→普遍信任均值→经济实惠型支付意愿	0.219***	0.088***	0.720***	0.063	0.041—0.062	0.156***	部分中介
道德外显→普遍信任均值→经济实惠型支付意愿	0.047	0.082***	0.720***	0.059	0.021—0.044	-0.012	完全中介
道德内隐→普遍信任均值→经济实惠型支付意愿	0.134***	0.069***	0.720***	0.049	0.025—0.043	0.084***	部分中介

通过全模型的中介效应结构方程检验，可以看出获得账户、高解释水平、道德外显完全通过普遍信任作用于经济实惠型支付意愿，而个体态度、环境关心、损失账户、低解释水平、主观认知、客观认知和道德内隐则不完全通过普遍信任作用于经济实惠型支付意愿，即部分通过普遍信任作用于经济实惠型支付意愿，部分直接作用于经济实惠型支付意愿，其中，环境关心存在遮掩效应。

三 普遍信任在个体心理因素与功能偏好型支付意愿间的中介效应分析

将性别、年龄、受教育水平（包含正在攻读的）、家庭月收入水平作为控制变量加入模型中后，普遍信任在个体心理因素和功能偏好型支付意愿间的中介效应的检验结果详见表5-71。

表5-71　普遍信任在个体心理因素和功能偏好型支付意愿间的中介作用分析结果

	c 总效应	a	b	a×b 中介效应	a×b (95%Boot CI)	c' 直接效应	检验结果
个体态度→普遍信任均值→功能偏好型支付意愿	0.066**	0.081***	0.632***	0.051	0.020—0.038	0.015	完全中介
环境关心→普遍信任均值→功能偏好型支付意愿	-0.112**	0.081***	0.632***	0.051	0.019—0.037	-0.163***	遮掩效应

续表

	c 总效应	a	b	a×b 中介效应	a×b (95%Boot CI)	c' 直接效应	检验结论
获得账户→普遍信任均值→功能偏好型支付意愿	0.089***	0.166***	0.632***	0.105	0.051—0.076	-0.016	完全中介
损失账户→普遍信任均值→功能偏好型支付意愿	-0.071***	-0.031***	0.632***	-0.020	-0.024—-0.008	-0.052***	部分中介
高解释水平→普遍信任均值→功能偏好型支付意愿	0.032	0.046***	0.632***	0.029	0.012—0.033	0.003	完全中介
低解释水平→普遍信任均值→功能偏好型支付意愿	0.150***	0.031***	0.632***	0.020	0.008—0.027	0.130***	部分中介
主观认知→普遍信任均值→功能偏好型支付意愿	0.391***	0.110***	0.632***	0.069	0.050—0.074	0.321***	部分中介
客观认知→普遍信任均值→功能偏好型支付意愿	0.315***	0.088***	0.632***	0.055	0.037—0.055	0.260***	部分中介
道德内隐→普遍信任均值→功能偏好型支付意愿	-0.003	0.082***	0.632***	0.052	0.018—0.037	-0.055	完全中介
道德外显→普遍信任均值→功能偏好型支付意愿	0.163***	0.069***	0.632***	0.043	0.021—0.040	0.120***	部分中介

通过全模型的中介效应结构方程检验，可以看出个体态度、获得账户、高解释水平和道德内隐完全通过普遍信任作用于功能偏好型支付意愿，而环境关心、损失账户、低解释水平、主观认知、客观认知和道德外显则不完全通过普遍信任作用于功能偏好型支付意愿，即部分通过普遍信任作用于功能偏好型支付意愿，部分直接作用于功能偏好型支付意愿，其中，环境关心存在遮掩效应。

四 普遍信任在个体心理因素与投资理财型支付意愿间的中介效应分析

将性别、年龄、受教育水平（包含正在攻读的）、家庭月收入水平作为控制变量加入模型中后，普遍信任在个体心理因素和投资理财型支付意愿间的中介效应的检验结果详见表 5-72。

表 5-72　普遍信任在个体心理因素和投资理财型支付意愿间的中介作用分析结果

	c 总效应	a	b	a×b 中介效应	a×b (95%Boot CI)	c' 直接效应	检验结论
个体态度→普遍信任均值→投资理财型支付意愿	0.037	0.081***	1.248***	0.101	0.040—0.074	-0.064**	遮掩效应
环境关心→普遍信任均值→投资理财型支付意愿	0.153***	0.081***	1.248***	0.101	0.037—0.069	0.052	完全中介
获得账户→普遍信任均值→投资理财型支付意愿	0.164***	0.166***	1.248***	0.208	0.103—0.144	-0.044	完全中介
损失账户→普遍信任均值→投资理财型支付意愿	-0.133***	-0.031***	1.248***	-0.039	-0.043—-0.017	-0.094***	部分中介
高解释水平→普遍信任均值→投资理财型支付意愿	0.034	0.046***	1.248***	0.057	0.026—0.065	-0.023	完全中介
低解释水平→普遍信任均值→投资理财型支付意愿	0.047**	0.031***	1.248***	0.039	0.018—0.051	0.008	完全中介
主观认知→普遍信任均值→投资理财型支付意愿	0.227***	0.110***	1.248***	0.137	0.100—0.137	0.090***	部分中介
客观认知→普遍信任均值→投资理财型支付意愿	0.153***	0.088***	1.248***	0.109	0.076—0.107	0.043*	部分中介
道德内隐→普遍信任均值→投资理财型支付意愿	0.064	0.082***	1.248***	0.103	0.038—0.074	-0.039	完全中介
道德外显→普遍信任均值→投资理财型支付意愿	0.105***	0.069***	1.248***	0.086	0.043—0.074	0.019	完全中介

通过全模型的中介效应结构方程检验,可以看出环境关心、获得账户、高解释水平、低解释水平、道德内隐和道德外显完全通过普遍信任作用于投资理财型支付意愿,而个体态度、损失账户、主观认知、客观认知则不完全通过普遍信任作用于投资理财型支付意愿,即部分通过普遍信任作用于投资理财型支付意愿,部分直接作用于投资理财型支付意愿,其中,个体态度存在遮掩效应。

五 普遍信任在个体心理因素与自我认同型支付意愿间的中介效应分析

将性别、年龄、受教育水平(包含正在攻读的)、家庭月收入水平作为控制变量加入模型中后,普遍信任在个体心理因素和自我认同型支付意愿间的中介效应的检验结果详见表5-73。

表5-73　普遍信任在个体心理因素和自我认同型支付意愿间的中介作用分析结果

	c 总效应	a	b	a×b 中介效应	a×b (95%Boot CI)	c' 直接效应	检验结论
个体态度→普遍信任均值→自我认同型支付意愿	0.163***	0.081***	0.509***	0.041	0.016—0.032	0.122***	部分中介
环境关心→普遍信任均值→自我认同型支付意愿	0.181***	0.081***	0.509***	0.041	0.014—0.030	0.140***	部分中介
获得账户→普遍信任均值→自我认同型支付意愿	0.208***	0.166***	0.509***	0.085	0.040—0.061	0.123***	部分中介
损失账户→普遍信任均值→自我认同型支付意愿	0.007	-0.031***	0.509***	-0.016	-0.019—-0.007	0.022	完全中介
高解释水平→普遍信任均值→自我认同型支付意愿	0.117***	0.046***	0.509***	0.023	0.010—0.025	0.093***	部分中介
低解释水平→普遍信任均值→自我认同型支付意愿	-0.027	0.031***	0.509***	0.016	0.007—0.023	-0.043**	遮掩效应

续表

	c 总效应	a	b	a×b 中介效应	a×b (95%Boot CI)	c' 直接效应	检验结论
主观认知→普遍信任均值→自我认同型支付意愿	0.096***	0.110***	0.509***	0.056	0.037—0.059	0.040*	部分中介
客观认知→普遍信任均值→自我认同型支付意愿	0.062***	0.088***	0.509***	0.045	0.028—0.043	0.017	完全中介
道德内隐→普遍信任均值→自我认同型支付意愿	0.263***	0.082***	0.509***	0.042	0.014—0.031	0.222***	部分中介
道德外显→普遍信任均值→自我认同型支付意愿	0.119***	0.069***	0.509***	0.035	0.016—0.031	0.084***	部分中介

通过全模型的中介效应结构方程检验，可以看出损失账户、客观认知完全通过普遍信任作用于自我认同型支付意愿，而个体态度、环境关心、获得账户、高解释水平、低解释水平、主观认知、道德内隐和道德外显则不完全通过普遍信任作用于自我认同型支付意愿，即部分通过普遍信任作用于自我认同型支付意愿，部分直接作用于自我认同型支付意愿，其中，低解释水平存在遮掩效应。

六 普遍信任在个体心理因素与生态环保型支付意愿间的中介效应分析

将性别、年龄、受教育水平（包含正在攻读的）、家庭月收入水平作为控制变量加入模型中后，普遍信任在个体心理因素和生态环保型支付意愿间的中介效应的检验结果详见表5-74。

表5-74　普遍信任在个体心理因素和生态环保型支付意愿间的中介效应分析结果

	c 总效应	a	b	a×b 中介效应	a×b (95%Boot CI)	c' 直接效应	检验结论
个体态度→普遍信任均值→生态环保型支付意愿	0.087***	0.081***	0.521***	0.042	0.016—0.033	0.045*	部分中介

续表

	c 总效应	a	b	a×b 中介效应	a×b (95%Boot CI)	c' 直接效应	检验结论
环境关心→普遍信任均值→生态环保型支付意愿	0.056	0.081***	0.521***	0.042	0.015—0.029	0.014	完全中介
获得账户→普遍信任均值→生态环保型支付意愿	0.143***	0.166***	0.521***	0.087	0.041—0.066	0.056**	部分中介
损失账户→普遍信任均值→生态环保型支付意愿	-0.087***	-0.031***	0.521***	-0.016	-0.019—-0.007	-0.071***	部分中介
高解释水平→普遍信任均值→生态环保型支付意愿	0.041*	0.046***	0.521***	0.024	0.010—0.027	0.017	完全中介
低解释水平→普遍信任均值→生态环保型支付意愿	0.048***	0.031***	0.521***	0.016	0.007—0.021	0.032*	部分中介
主观认知→普遍信任均值→生态环保型支付意愿	0.327***	0.110***	0.521***	0.057	0.038—0.060	0.270***	部分中介
客观认知→普遍信任均值→生态环保型支付意愿	0.358***	0.088***	0.521***	0.046	0.032—0.048	0.313***	部分中介
道德内隐→普遍信任均值→生态环保型支付意愿	0.056	0.082***	0.521***	0.043	0.017—0.034	0.014	完全中介
道德外显→普遍信任均值→生态环保型支付意愿	0.081***	0.069***	0.521***	0.036	0.017—0.031	0.045*	部分中介

通过全模型的中介效应结构方程检验，可以看出环境关心、高解释水平和道德内隐完全通过普遍信任作用于生态环保型支付意愿，而个体态度、获得账户、损失账户、低解释水平、主观认知、客观认知和道德外显则不完全通过普遍信任作用于生态环保型支付意愿，即部分通过普遍信任作用于生态环保型支付意愿，部分直接作用于生态环保型支付意愿。

七 城市居民普遍信任中介效应的假设检验

根据上述分析，接下来本书对前文提出的普遍信任在个体心理因素和绿色住宅支付意愿及其各维度间的中介效应相关假设进行检验，结果汇总见表5-75。

表5-75 普遍信任在个体心理因素和绿色住宅支付意愿及其各维度间的中介效应的假设验证

序号	研究假设	检验结果
H8	个体态度各维度通过普遍信任间接作用于城市居民绿色住宅支付意愿	成立
H8-1	个体态度各维度通过普遍信任间接作用于城市居民经济实惠型支付意愿	成立
H8-2	个体态度各维度通过普遍信任间接作用于城市居民功能偏好型支付意愿	成立
H8-3	个体态度各维度通过普遍信任间接作用于城市居民投资理财型支付意愿	不成立
H8-4	个体态度各维度通过普遍信任间接作用于城市居民生态环保型支付意愿	成立
H8-5	个体态度各维度通过普遍信任间接作用于城市居民自我认同型支付意愿	成立
H9	绿色住宅心理账户各维度通过普遍信任间接作用于城市居民绿色住宅支付意愿	成立
H9-1	绿色住宅心理账户各维度通过普遍信任间接作用于城市居民经济实惠型支付意愿	成立
H9-2	绿色住宅心理账户各维度通过普遍信任间接作用于城市居民功能偏好型支付意愿	成立
H9-3	绿色住宅心理账户各维度通过普遍信任间接作用于城市居民投资理财型支付意愿	成立
H9-4	绿色住宅心理账户各维度通过普遍信任间接作用于城市居民生态环保型支付意愿	成立
H9-5	绿色住宅心理账户各维度通过普遍信任间接作用于城市居民自我认同型支付意愿	成立
H10	道德认同各维度通过普遍信任间接作用于城市居民绿色住宅支付意愿	成立
H10-1	道德认同各维度通过普遍信任间接作用于城市居民经济实惠型支付意愿	成立
H10-2	道德认同各维度通过普遍信任间接作用于城市居民功能偏好型支付意愿	成立
H10-3	道德认同各维度通过普遍信任间接作用于城市居民投资理财型支付意愿	成立
H10-4	道德认同各维度通过普遍信任间接作用于城市居民生态环保型支付意愿	成立
H10-5	道德认同各维度通过普遍信任间接作用于城市居民自我认同型支付意愿	成立
H11	解释水平各维度通过普遍信任间接作用于城市居民绿色住宅支付意愿	成立
H11-1	解释水平各维度通过普遍信任间接作用于城市居民经济实惠型支付意愿	成立

续表

序号	研究假设	检验结果
H11-2	解释水平各维度通过普遍信任间接作用于城市居民功能偏好型支付意愿	成立
H11-3	解释水平各维度通过普遍信任间接作用于城市居民投资理财型支付意愿	成立
H11-4	解释水平各维度通过普遍信任间接作用于城市居民生态环保型支付意愿	成立
H11-5	解释水平各维度通过普遍信任间接作用于城市居民自我认同型支付意愿	部分成立
H12	环境关心各维度通过普遍信任间接作用于城市居民绿色住宅支付意愿	成立
H12-1	环境关心各维度通过普遍信任间接作用于城市居民经济实惠型支付意愿	不成立
H12-2	环境关心各维度通过普遍信任间接作用于城市居民功能偏好型支付意愿	不成立
H12-3	环境关心各维度通过普遍信任间接作用于城市居民投资理财型支付意愿	成立
H12-4	环境关心各维度通过普遍信任间接作用于城市居民生态环保型支付意愿	成立
H12-5	环境关心各维度通过普遍信任间接作用于城市居民自我认同型支付意愿	成立
H13	绿色住宅认知各维度通过普遍信任间接作用于城市居民绿色住宅支付意愿	成立
H13-1	绿色住宅认知各维度通过普遍信任间接作用于城市居民经济实惠型支付意愿	成立
H13-2	绿色住宅认知各维度通过普遍信任间接作用于城市居民功能偏好型支付意愿	成立
H13-3	绿色住宅认知各维度通过普遍信任间接作用于城市居民投资理财型支付意愿	成立
H13-4	绿色住宅认知各维度通过普遍信任间接作用于城市居民生态环保型支付意愿	成立
H13-5	绿色住宅认知各维度通过普遍信任间接作用于城市居民自我认同型支付意愿	成立

第五节　情境因素的调节效应分析

通过前文的文献分析，在普遍信任影响个体绿色住宅支付意愿的过程中，情境因素可能会影响它们之间的关系。检验其调节效应共包含三个层级，第一层是自变量层，即普遍信任；第二层是情境因素层，即产品设施、政策标准、环节信任和群体规范变量；第三层则是普遍信任与情境因素的交互项。

一 信息诉求的调节效应检验

在不考虑其他变量的情况下，本书对信息诉求的调节效应进行检验，其中自变量为普遍信任，因变量分别为绿色住宅支付意愿及其五个维度。调节效应研究的第一步是对数据进行中心化处理，详见表5-76。

表5-76 研究变量处理说明

类型	名称	数据类型	数据处理
因变量	绿色住宅支付意愿	定量	不处理
	经济实惠型支付意愿	定量	不处理
	功能偏好型支付意愿	定量	不处理
	投资理财型支付意愿	定量	不处理
	生态环保型支付意愿	定量	不处理
	自我认同型支付意愿	定量	不处理
自变量	普遍信任	定量	中心化
调节变量	主动型信息诉求	定量	中心化
	被动型信息诉求	定量	中心化
控制变量	性别	—	不处理
	年龄	—	不处理
	受教育水平（包含正在攻读的）	—	不处理
	家庭月收入水平	—	不处理

（一）主动型信息诉求的调节效应检验

1. 绿色住宅支付意愿

主动型信息诉求调节效应的分析结果详见表5-77。

表5-77 主动型信息诉求的调节效应检验
（因变量=绿色住宅支付意愿）

	模型1	模型2	模型3
普遍信任	1.546***	1.272***	1.268***
	(68.777)	(54.932)	(55.040)
主动型信息诉求		0.517***	0.553***
		(27.460)	(28.617)

续表

	模型 1	模型 2	模型 3
普遍信任×主动型信息诉求			0.260***
			(7.517)
R^2	0.499	0.567	0.572
调整 R^2	0.499	0.566	0.571
F	F (5, 4856) = 968.194, p=0.000	F (6, 4855) = 1057.620, p=0.000	F (7, 4854) = 924.970, p=0.000
ΔR^2	—	0.068	0.005
ΔF	—	F (1, 4855) = 754.041, p=0.000	F (1, 4854) = 56.512, p=0.000

注：*p<0.05，**p<0.01，***p<0.001，括号里为 t 值，下同。

从表 5-77 可知，普遍信任与主动型信息诉求的交互项呈现出显著性（t=7.517，p=0.000<0.05），意味着调节变量（主动型信息诉求）对普遍信任作用于绿色住宅支付意愿路径具有显著的调节效应。其中，主动型信息诉求与普遍信任的交互项系数大于 0（0.260），表明主动型信息诉求对普遍信任作用于绿色住宅支付意愿路径具有正向的调节效应。

2. 经济实惠型支付意愿

主动型信息诉求调节效应的分析结果详见表 5-78。

表 5-78　　　　主动型信息诉求的调节效应检验
（因变量=经济实惠型支付意愿）

	模型 1	模型 2	模型 3
普遍信任	1.069***	1.055***	1.050***
	(38.648)	(34.460)	(34.448)
主动型信息诉求		0.025	0.070**
		(1.009)	(2.745)
普遍信任×主动型信息诉求			0.328***
			(7.147)
R^2	0.242	0.242	0.250
调整 R^2	0.241	0.241	0.249

续表

	模型 1	模型 2	模型 3
F	$F_{(5, 4856)}$ = 310.397, p = 0.000	$F_{(6, 4855)}$ = 258.834, p = 0.000	$F_{(7, 4854)}$ = 231.443, p = 0.000
ΔR^2	—	0.000	0.008
ΔF	—	$F_{(1, 4855)}$ = 1.018, p = 0.313	$F_{(1, 4854)}$ = 51.077, p = 0.000

从表 5-78 可知，普遍信任与主动型信息诉求的交互项呈现出显著性（t = 7.147, p = 0.000 < 0.05），意味着调节变量（主动型信息诉求）对普遍信任作用于经济实惠型支付意愿路径具有显著的调节效应。其中，主动型信息诉求与普遍信任的交互项系数大于 0（0.328），表明主动型信息诉求对普遍信任作用于经济实惠型支付意愿路径具有正向的调节效应。

3. 功能偏好型支付意愿

主动型信息诉求调节效应的分析结果详见表 5-79。

表 5-79　　　　主动型信息诉求的调节效应检验
（因变量=功能偏好型支付意愿）

	模型 1	模型 2	模型 3
普遍信任	1.096*** (40.137)	1.078*** (35.656)	1.071*** (35.745)
主动型信息诉求		0.033 (1.361)	0.094*** (3.739)
普遍信任×主动型信息诉求			0.440*** (9.763)
R^2	0.261	0.261	0.276
调整 R^2	0.260	0.260	0.275
F	$F_{(5, 4856)}$ = 343.208, p = 0.000	$F_{(6, 4855)}$ = 286.365, p = 0.000	$F_{(7, 4854)}$ = 263.842, p = 0.000
ΔR^2	—	0.000	0.015
ΔF	—	$F_{(1, 4855)}$ = 1.853, p = 0.173	$F_{(1, 4854)}$ = 95.319, p = 0.000

从表 5-79 可知，普遍信任与主动型信息诉求的交互项呈现出显著性（t=9.763，p=0.000<0.05），意味着调节变量（主动型信息诉求）对普遍信任作用于功能偏好型支付意愿路径具有显著的调节效应。其中，主动型信息诉求与普遍信任的交互项系数大于 0（0.440），表明主动型信息诉求对普遍信任作用于功能偏好型支付意愿路径具有正向的调节效应。

4. 投资理财型支付意愿

主动型信息诉求调节效应的分析结果详见表 5-80。

表 5-80　　　　　主动型信息诉求的调节效应检验
（因变量=投资理财型支付意愿）

	模型 1	模型 2	模型 3
普遍信任	1.325***	1.300***	1.298***
	(52.212)	(46.280)	(46.230)
主动型信息诉求		0.046*	0.065**
		(2.036)	(2.764)
普遍信任×主动型信息诉求			0.135**
			(3.202)
R^2	0.362	0.362	0.364
调整 R^2	0.361	0.362	0.363
F	F(5, 4856)=550.729, p=0.000	F(6, 4855)=459.929, p=0.000	F(7, 4854)=396.441, p=0.000
ΔR^2	—	0.000	0.002
ΔF	—	F(1, 4855)=4.145, p=0.042	F(1, 4854)=10.255, p=0.001

从表 5-80 可知，普遍信任与主动型信息诉求的交互项呈现出显著性（t=3.202，p=0.001<0.05），意味着调节变量（主动型信息诉求）对普遍信任作用于投资理财型支付意愿路径具有显著的调节效应。其中，主动型信息诉求与普遍信任的交互项系数大于 0（0.135），表明主动型信息诉求对普遍信任作用于投资理财型支付意愿路径具有正向的调节效应。

5. 生态环保型支付意愿

主动型信息诉求调节效应的分析结果详见表 5-81。

表 5-81　　　　　主动型信息诉求的调节效应检验
（因变量=生态环保型支付意愿）

	模型 1	模型 2	模型 3
普遍信任	1.118***	1.003***	0.999***
	(41.573)	(33.972)	(33.927)
主动型信息诉求		0.216***	0.250***
		(9.003)	(10.130)
普遍信任×主动型信息诉求			0.248***
			(5.589)
R^2	0.284	0.295	0.300
调整 R^2	0.283	0.294	0.299
F	F(5, 4856) = 384.432, p=0.000	F(6, 4855) = 339.148, p=0.000	F(7, 4854) = 296.971, p=0.000
ΔR^2	—	0.011	0.005
ΔF	—	F(1, 4855) = 81.045, p=0.000	F(1, 4854) = 31.232, p=0.000

从表 5-81 可知，普遍信任与主动型信息诉求的交互项呈现出显著性（t=5.589，p=0.000<0.05），主动型信息诉求与普遍信任的交互项系数大于 0（0.248），表明主动型信息诉求对普遍信任作用于生态环保型支付意愿路径具有正向的调节效应。

6. 自我认同型支付意愿

主动型信息诉求调节效应的分析结果详见表 5-82。

表 5-82　　　　　主动型信息诉求的调节效应检验
（因变量=自我认同型支付意愿）

	模型 1	模型 2	模型 3
普遍信任	0.858***	0.770***	0.767***
	(41.573)	(33.972)	(33.927)
主动型信息诉求		0.166***	0.192***
		(9.003)	(10.130)

续表

	模型 1	模型 2	模型 3
普遍信任×主动型信息诉求			0.190***
			(5.589)
R^2	0.284	0.295	0.300
调整 R^2	0.283	0.294	0.299
F	$F(5, 4856) = 384.432, p=0.000$	$F(6, 4855) = 339.148, p=0.000$	$F(7, 4854) = 296.971, p=0.000$
ΔR^2	—	0.011	0.005
ΔF	—	$F(1, 4855) = 81.045, p=0.000$	$F(1, 4854) = 31.232, p=0.000$

从表 5-82 可知，普遍信任与主动型信息诉求的交互项呈现出显著性（t=5.589, p=0.000<0.05），意味着调节变量（主动型信息诉求）对普遍信任作用于自我认同型支付意愿路径具有显著的调节效应。其中，主动型信息诉求与普遍信任的交互项系数大于 0（0.190），表明主动型信息诉求对普遍信任作用于自我认同型支付意愿路径具有正向的调节效应。

（二）被动型信息诉求的调节效应检验

1. 绿色住宅支付意愿

被动型信息诉求调节效应的分析结果详见表 5-83。

表 5-83　　　　被动型信息诉求的调节效应检验
（因变量=绿色住宅支付意愿）

	模型 1	模型 2	模型 3
普遍信任	1.546***	1.471***	1.471***
	(68.777)	(55.961)	(56.204)
被动型信息诉求		0.122***	0.169***
		(5.474)	(7.271)
普遍信任×被动型信息诉求			0.241***
			(6.568)
R^2	0.499	0.502	0.507
调整 R^2	0.499	0.502	0.506

续表

	模型 1	模型 2	模型 3
F	F (5, 4856) = 968.194, p=0.000	F (6, 4855) = 816.634, p=0.000	F (7, 4854) = 712.211, p=0.000
ΔR²	—	0.003	0.005
ΔF	—	F (1, 4855) = 29.961, p=0.000	F (1, 4854) = 43.142, p=0.000

从表 5-83 可知，普遍信任与被动型信息诉求的交互项呈现出显著性（t=6.568，p=0.000<0.05），意味着调节变量（被动型信息诉求）对普遍信任作用于绿色住宅支付意愿路径具有显著的调节效应。其中，被动型信息诉求与普遍信任的交互项系数大于 0（0.241），表明被动型信息诉求对普遍信任作用于绿色住宅支付意愿路径具有正向的调节效应。

2. 经济实惠型支付意愿

被动型信息诉求调节效应的分析结果详见表 5-84。

表 5-84　　　　被动型信息诉求的调节效应检验
（因变量=经济实惠型支付意愿）

	模型 1	模型 2	模型 3
普遍信任	1.069*** (38.648)	1.118*** (34.512)	1.118*** (34.655)
被动型信息诉求		-0.080** (-2.931)	-0.023 (-0.797)
普遍信任×被动型信息诉求			0.290*** (6.415)
R²	0.242	0.244	0.250
调整 R²	0.241	0.243	0.249
F	F (5, 4856) = 310.397, p=0.000	F (6, 4855) = 260.500, p=0.000	F (7, 4854) = 231.011, p=0.000
ΔR²	—	0.002	0.006
ΔF	—	F (1, 4855) = 8.592, p=0.003	F (1, 4854) = 41.150, p=0.000

从表 5-84 可知，普遍信任与被动型信息诉求的交互项呈现出显著性（t=6.415，p=0.000<0.05），意味着调节变量（被动型信息诉求）对普遍信任作用于经济实惠型支付意愿路径具有显著的调节效应。其中，被动型信息诉求与普遍信任的交互项系数大于 0（0.290），表明被动型信息诉求对普遍信任作用于经济实惠型支付意愿路径具有正向的调节效应。

3. 功能偏好型支付意愿

被动型信息诉求调节效应的分析结果详见表 5-85。

表 5-85　　　　　被动型信息诉求的调节效应检验
（因变量＝功能偏好型支付意愿）

	模型 1	模型 2	模型 3
普遍信任	1.096***	1.142***	1.142***
	(40.137)	(35.699)	(35.953)
被动型信息诉求		−0.075**	−0.001
		(−2.778)	(−0.051)
普遍信任×被动型信息诉求			0.373***
			(8.363)
R^2	0.261	0.262	0.273
调整 R^2	0.260	0.261	0.272
F	F (5, 4856) = 343.208, p=0.000	F (6, 4855) = 287.688, p=0.000	F (7, 4854) = 260.082, p=0.000
ΔR^2	—	0.000	0.011
ΔF	—	F (1, 4855) = 7.717, p=0.005	F (1, 4854) = 69.937, p=0.000

从表 5-85 可知，普遍信任与被动型信息诉求的交互项呈现出显著性（t=8.363，p=0.000<0.05），意味着调节变量（被动型信息诉求）对普遍信任作用于功能偏好型支付意愿路径具有显著的调节效应。其中，被动型信息诉求与普遍信任的交互项系数大于 0（0.373），表明被动型信息诉求对普遍信任作用于功能偏好型支付意愿路径具有正向的调节效应。

4. 投资理财型支付意愿

被动型信息诉求调节效应的分析结果详见表 5-86。

表 5-86　　　　　　被动型信息诉求的调节效应检验
（因变量=投资理财型支付意愿）

	模型 1	模型 2	模型 3
普遍信任	1.325***	1.343***	1.343***
	(52.212)	(45.154)	(45.194)
被动型信息诉求		−0.030	−0.005
		(−1.208)	(−0.188)
普遍信任×被动型信息诉求			0.129**
			(3.081)
R^2	0.362	0.362	0.363
调整 R^2	0.361	0.361	0.362
F	$F_{(5, 4856)}$ = 550.729, p=0.000	$F_{(6, 4855)}$ = 459.228, p=0.000	$F_{(7, 4854)}$ = 395.669, p=0.000
ΔR^2	—	0.000	0.001
ΔF	—	$F_{(1, 4855)}$ = 1.459, p=0.227	$F_{(1, 4854)}$ = 9.494, p=0.002

从表 5-86 可知，普遍信任与被动型信息诉求的交互项呈现出显著性（t=3.081，p=0.002<0.05），意味着调节变量（被动型信息诉求）对普遍信任作用于投资理财型支付意愿路径具有显著的调节效应。其中，被动型信息诉求与普遍信任的交互项系数大于 0（0.129），表明被动型信息诉求对普遍信任作用于投资理财型支付意愿路径具有正向的调节效应。

5. 生态环保型支付意愿

被动型信息诉求调节效应的分析结果详见表 5-87。

表 5-87　　　　　　被动型信息诉求的调节效应检验
（因变量=生态环保型支付意愿）

	模型 1	模型 2	模型 3
普遍信任	1.118***	0.987***	0.987***
	(41.573)	(31.504)	(31.627)
被动型信息诉求		0.212***	0.266***
		(7.988)	(9.561)

续表

	模型1	模型2	模型3
普遍信任×被动型信息诉求			0.273***
			(6.229)
R^2	0.284	0.293	0.298
调整 R^2	0.283	0.292	0.297
F	$F_{(5, 4856)}$ = 384.432, p=0.000	$F_{(6, 4855)}$ = 335.139, p=0.000	$F_{(7, 4854)}$ = 295.042, p=0.000
ΔR^2	—	0.009	0.005
ΔF	—	$F_{(1, 4855)}$ = 63.812, p=0.000	$F_{(1, 4854)}$ = 38.799, p=0.000

从表5-87可知，普遍信任与被动型信息诉求的交互项呈现出显著性（t=6.229，p=0.000<0.05），意味着调节变量（被动型信息诉求）对普遍信任作用于生态环保型支付意愿路径具有显著的调节效应。其中，被动型信息诉求与普遍信任的交互项系数大于0（0.273），表明被动型信息诉求对普遍信任作用于生态环保型支付意愿路径具有正向的调节效应。

6. 自我认同型支付意愿

被动型信息诉求调节效应的分析结果详见表5-88。

表5-88 被动型信息诉求的调节效应检验
（因变量=自我认同型支付意愿）

	模型1	模型2	模型3
普遍信任	0.948***	0.750***	0.750***
	(33.183)	(22.673)	(22.708)
被动型信息诉求		0.321***	0.358***
		(11.486)	(12.163)
普遍信任×被动型信息诉求			0.183***
			(3.956)
R^2	0.191	0.212	0.215
调整 R^2	0.190	0.211	0.213
F	$F_{(5, 4856)}$ = 228.697, p=0.000	$F_{(6, 4855)}$ = 217.707, p=0.000	$F_{(7, 4854)}$ = 189.404, p=0.000

续表

	模型1	模型2	模型3
ΔR^2	—	0.021	0.003
ΔF	—	F (1, 4855) = 131.926, p=0.000	F (1, 4854) = 15.646, p=0.000

从表 5-88 可知，普遍信任与被动型信息诉求的交互项呈现出显著性（t=3.956，p=0.000<0.05），且交互项系数大于 0（0.183），表明被动型信息诉求对普遍信任作用于自我认同型支付意愿路径具有正向的调节效应。

二 政策标准的调节效应检验

在不考虑其他变量的情况下，本书对政策标准的调节效应进行检验，其中自变量为普遍信任，因变量分别为绿色住宅支付意愿及其五个维度。调节效应研究的第一步是对数据进行中心化处理，详见表 5-89。

表 5-89　　　　　　　研究变量处理说明

类型	名称	数据类型	数据处理
因变量	绿色住宅支付意愿	定量	不处理
	经济实惠型支付意愿	定量	不处理
	功能偏好型支付意愿	定量	不处理
	投资理财型支付意愿	定量	不处理
	生态环保型支付意愿	定量	不处理
	自我认同型支付意愿	定量	不处理
自变量	普遍信任	定量	中心化
调节变量	政策完善度	定量	中心化
	政策普及度	定量	中心化
	政策执行度	定量	中心化
控制变量	性别	—	不处理
	年龄	—	不处理
	受教育水平（包含正在攻读的）	—	不处理
	家庭月收入水平	—	不处理

(一) 政策完善度的调节效应检验

1. 绿色住宅支付意愿

政策完善度调节效应的分析结果详见表5-90。

表5-90　政策完善度的调节效应检验（因变量=绿色住宅支付意愿）

	模型1	模型2	模型3
普遍信任	1.546***	0.940***	0.963***
	(68.777)	(51.023)	(52.167)
政策完善度		0.657***	0.650***
		(67.745)	(67.413)
普遍信任×政策完善度			0.149***
			(8.876)
R^2	0.499	0.743	0.747
调整 R^2	0.499	0.742	0.746
F	F(5, 4856)=968.194, p=0.000	F(6, 4855)=2334.110, p=0.000	F(7, 4854)=2043.975, p=0.000
ΔR^2	—	0.244	0.004
ΔF	—	F(1, 4855)=4589.446, p=0.000	F(1, 4854)=78.785, p=0.000

从表5-90可知，普遍信任与政策完善度的交互项呈现出显著性（t=8.876，p=0.000<0.05），意味着调节变量（政策完善度）对普遍信任作用于绿色住宅支付意愿路径具有显著的调节效应。其中，政策完善度与普遍信任的交互项系数大于0（0.149），表明政策完善度对普遍信任作用于绿色住宅支付意愿路径具有正向的调节效应。

2. 经济实惠型支付意愿

政策完善度调节效应的分析结果详见表5-91。

表5-91　政策完善度的调节效应检验（因变量=经济实惠型支付意愿）

	模型1	模型2	模型3
普遍信任	0.939***	0.837***	0.847***
	(59.904)	(47.369)	(47.519)

续表

	模型1	模型2	模型3
政策完善度		0.111***	0.108***
		(11.898)	(11.583)
普遍信任×政策完善度			0.064***
			(3.925)
R^2	0.435	0.451	0.452
调整 R^2	0.434	0.450	0.452
F	$F_{(5, 4856)}=746.593, p=0.000$	$F_{(6, 4855)}=663.764, p=0.000$	$F_{(7, 4854)}=572.828, p=0.000$
ΔR^2	—	0.016	0.001
ΔF	—	$F_{(1, 4855)}=141.563, p=0.000$	$F_{(1, 4854)}=15.403, p=0.000$

从表5-91可知，普遍信任与政策完善度的交互项呈现出显著性（t=3.925，p=0.000<0.05），意味着调节变量（政策完善度）对普遍信任作用于经济实惠型支付意愿路径具有显著的调节效应。其中，政策完善度与普遍信任的交互项系数大于0（0.064），表明政策完善度对普遍信任作用于经济实惠型支付意愿路径具有正向的调节效应。

3. 功能偏好型支付意愿

政策完善度调节效应的分析结果详见表5-92。

表5-92　　　　　　政策完善度的调节效应检验
（因变量=功能偏好型支付意愿）

	模型1	模型2	模型3
普遍信任	1.096***	0.524***	0.560***
	(40.137)	(19.980)	(21.339)
政策完善度		0.620***	0.610***
		(44.879)	(44.439)
普遍信任×政策完善度			0.232***
			(9.719)
R^2	0.261	0.478	0.488

	模型1	模型2	模型3
调整 R^2	0.260	0.477	0.487
F	$F_{(5, 4856)}$ = 343.208, p=0.000	$F_{(6, 4855)}$ = 740.260, p=0.000	$F_{(7, 4854)}$ = 660.215, p=0.000
ΔR^2	—	0.217	0.010
ΔF	—	$F_{(1, 4855)}$ = 2014.116, p=0.000	$F_{(1, 4854)}$ = 94.454, p=0.000

从表5-92可知，普遍信任与政策完善度的交互项呈现出显著性（t=9.719，p=0.000<0.05），意味着调节变量（政策完善度）对普遍信任作用于功能偏好型支付意愿路径具有显著的调节效应。其中，政策完善度与普遍信任的交互项系数大于0（0.232），表明政策完善度对普遍信任作用于功能偏好型支付意愿路径具有正向的调节效应。

4. 投资理财型支付意愿

政策完善度调节效应的分析结果详见表5-93。

表5-93　　　　　政策完善度的调节效应检验
（因变量=投资理财型支付意愿）

	模型1	模型2	模型3
普遍信任	1.325***	1.056***	1.053***
	(52.212)	(37.851)	(37.356)
政策完善度		0.291***	0.292***
		(19.829)	(19.834)
普遍信任×政策完善度			-0.021
			(-0.823)
R^2	0.362	0.410	0.410
调整 R^2	0.361	0.409	0.409
F	$F_{(5, 4856)}$ = 550.729, p=0.000	$F_{(6, 4855)}$ = 561.540, p=0.000	$F_{(7, 4854)}$ = 481.384, p=0.000
ΔR^2	—	0.048	0.000
ΔF	—	$F_{(1, 4855)}$ = 393.195, p=0.000	$F_{(1, 4854)}$ = 0.677, p=0.411

普遍信任与政策完善度的交互项未呈现出显著性（t=-0.823，p=0.411>0.05），以及从模型1可知，自变量对于因变量产生影响关系，意味着普遍信任影响投资理财型支付意愿时，调节变量（政策完善度）在不同水平时的影响幅度保持一致。

5. 生态环保型支付意愿

政策完善度调节效应的分析结果详见表5-94。

表5-94　　　　　　　政策完善度的调节效应检验

（因变量=生态环保型支付意愿）

	模型1	模型2	模型3
普遍信任	1.118***	0.831***	0.846***
	(41.573)	(28.114)	(28.372)
政策完善度		0.311***	0.307***
		(20.017)	(19.711)
普遍信任×政策完善度			0.097***
			(3.580)
R^2	0.284	0.338	0.340
调整 R^2	0.283	0.337	0.339
F	F(5,4856)=384.432, p=0.000	F(6,4855)=413.505, p=0.000	F(7,4854)=357.126, p=0.000
ΔR^2	—	0.054	0.002
ΔF	—	F(1,4855)=400.667, p=0.000	F(1,4854)=12.815, p=0.000

从表5-94可知，普遍信任与政策完善度的交互项呈现出显著性（t=3.580，p=0.000<0.05），意味着调节变量（政策完善度）对普遍信任作用于生态环保型支付意愿路径具有显著的调节效应。其中，政策完善度与普遍信任的交互项系数大于0（0.097），表明政策完善度对普遍信任作用于生态环保型支付意愿路径具有正向的调节效应。

6. 自我认同型支付意愿

政策完善度调节效应的分析结果详见表5-95。

表 5-95　　政策完善度的调节效应检验
（因变量=自我认同型支付意愿）

	模型 1	模型 2	模型 3
普遍信任	0.948***	0.932***	0.963***
	(33.183)	(28.530)	(29.295)
政策完善度		0.017	0.009
		(1.009)	(0.510)
普遍信任×政策完善度			0.197***
			(6.581)
R^2	0.191	0.191	0.198
调整 R^2	0.190	0.190	0.197
F	F(5, 4856)=228.697, p=0.000	F(6, 4855)=190.752, p=0.000	F(7, 4854)=171.113, p=0.000
ΔR^2	—	0.000	0.007
ΔF	—	F(1, 4855)=1.018, p=0.313	F(1, 4854)=43.310, p=0.000

从表 5-95 可知，普遍信任与政策完善度的交互项呈现出显著性（t=6.581，p=0.000<0.05），政策完善度与普遍信任的交互项系数大于 0（0.197），表明政策完善度对普遍信任作用于自我认同型支付意愿路径具有正向的调节效应。

（二）政策普及度的调节效应检验

1. 绿色住宅支付意愿

政策普及度调节效应的分析结果详见表 5-96。

表 5-96　　政策普及度的调节效应检验
（因变量=绿色住宅支付意愿）

	模型 1	模型 2	模型 3
普遍信任	1.546***	0.909***	0.927***
	(68.777)	(49.478)	(50.556)
政策普及度		0.624***	0.617***
		(69.480)	(68.846)
普遍信任×政策普及度			0.142***
			(8.898)

续表

	模型1	模型2	模型3
R^2	0.499	0.749	0.753
调整 R^2	0.499	0.749	0.753
F	$F_{(5, 4856)} = 968.194, p = 0.000$	$F_{(6, 4855)} = 2413.312, p = 0.000$	$F_{(7, 4854)} = 2113.166, p = 0.000$
ΔR^2	—	0.250	0.004
ΔF	—	$F_{(1, 4855)} = 4827.419, p = 0.000$	$F_{(1, 4854)} = 79.166, p = 0.000$

从表 5-96 可知，普遍信任与政策普及度的交互项呈现出显著性（t=8.898，p=0.000<0.05），意味着调节变量（政策普及度）对普遍信任作用于绿色住宅支付意愿路径具有显著的调节效应。其中，政策普及度与普遍信任的交互项系数大于 0（0.142），表明政策普及度对普遍信任作用于绿色住宅支付意愿路径具有正向的调节效应。

2. 经济实惠型支付意愿

政策普及度调节效应的分析结果详见表 5-97。

表 5-97　　　　政策普及度的调节效应检验
（因变量=经济实惠型支付意愿）

	模型1	模型2	模型3
普遍信任	1.069***	0.468***	0.488***
	(38.648)	(17.432)	(18.178)
政策普及度		0.589***	0.580***
		(44.879)	(44.213)
普遍信任×政策普及度			0.162***
			(6.923)
R^2	0.242	0.464	0.470
调整 R^2	0.241	0.464	0.469
F	$F_{(5, 4856)} = 310.397, p = 0.000$	$F_{(6, 4855)} = 701.582, p = 0.000$	$F_{(7, 4854)} = 614.016, p = 0.000$
ΔR^2	—	0.222	0.006

续表

	模型1	模型2	模型3
ΔF	—	$F(1, 4855) = 2014.116, p=0.000$	$F(1, 4854) = 47.929, p=0.000$

从表5-97可知，普遍信任与政策普及度的交互项呈现出显著性（t=6.923, p=0.000<0.05），意味着调节变量（政策普及度）对普遍信任作用于经济实惠型支付意愿路径具有显著的调节效应。其中，政策普及度与普遍信任的交互项系数大于0（0.162），表明政策普及度对普遍信任作用于经济实惠型支付意愿路径具有正向的调节效应。

3. 功能偏好型支付意愿

政策普及度调节效应的分析结果详见表5-98。

表5-98　　　政策普及度的调节效应检验
（因变量=功能偏好型支付意愿）

	模型1	模型2	模型3
普遍信任	0.767***	0.871***	0.880***
	(53.800)	(53.813)	(54.180)
政策普及度		-0.102***	-0.106***
		(-12.847)	(-13.311)
普遍信任×政策普及度			0.072***
			(5.079)
R^2	0.380	0.401	0.404
调整R^2	0.380	0.400	0.403
F	$F(5, 4856) = 596.354, p=0.000$	$F(6, 4855) = 541.260, p=0.000$	$F(7, 4854) = 469.992, p=0.000$
ΔR^2	—	0.021	0.003
ΔF	—	$F(1, 4855) = 165.056, p=0.000$	$F(1, 4854) = 25.794, p=0.000$

从表5-98可知，普遍信任与政策普及度的交互项呈现出显著性（t=5.079, p=0.000<0.05），意味着调节变量（政策普及度）对普遍信任作用于功能偏好型支付意愿路径具有显著的调节效应。其中，政策普及度

与普遍信任的交互项系数大于0（0.072），表明政策普及度对普遍信任作用于功能偏好型支付意愿路径具有正向的调节效应。

4. 投资理财型支付意愿

政策普及度调节效应的分析结果详见表5-99。

表5-99　政策普及度的调节效应检验（因变量=投资理财型支付意愿）

	模型1	模型2	模型3
普遍信任	1.325***	1.019***	1.022***
	(52.212)	(36.482)	(36.356)
政策普及度		0.300***	0.298***
		(21.928)	(21.736)
普遍信任×政策普及度			0.022
			(0.911)
R^2	0.362	0.419	0.419
调整R^2	0.361	0.419	0.419
F	F(5, 4856)=550.729, p=0.000	F(6, 4855)=584.430, p=0.000	F(7, 4854)=501.041, p=0.000
ΔR^2	—	0.057	0.000
ΔF	—	F(1, 4855)=480.836, p=0.000	F(1, 4854)=0.829, p=0.362

从表5-99可知，普遍信任与政策普及度的交互项未呈现出显著性（t=0.911，p=0.362>0.05），以及从模型1可知，自变量对于因变量产生影响关系，意味着普遍信任影响投资理财型支付意愿时，调节变量（政策普及度）在不同水平时的影响幅度保持一致。

5. 生态环保型支付意愿

政策普及度调节效应的分析结果详见表5-100。

表5-100　政策普及度的调节效应检验
（因变量=生态环保型支付意愿）

	模型1	模型2	模型3
普遍信任	1.118***	0.709***	0.717***
	(41.573)	(24.686)	(24.823)

续表

	模型1	模型2	模型3
政策普及度		0.401***	0.397***
		(28.524)	(28.164)
普遍信任×政策普及度			0.063*
			(2.489)
R^2	0.284	0.386	0.387
调整 R^2	0.283	0.386	0.386
F	F(5, 4856) = 384.432, p=0.000	F(6, 4855) = 509.573, p=0.000	F(7, 4854) = 438.130, p=0.000
ΔR^2	—	0.102	0.001
ΔF	—	F(1, 4855) = 813.619, p=0.000	F(1, 4854) = 6.196, p=0.013

从表5-100可知，普遍信任与政策普及度的交互项呈现出显著性（t=2.489, p=0.013<0.05），且交互项系数大于0（0.063），表明政策普及度对普遍信任作用于生态环保型支付意愿路径具有正向的调节效应。

6. 自我认同型支付意愿

政策普及度调节效应的分析结果详见表5-101。

表5-101　　　　　政策普及度的调节效应检验
（因变量=自我认同型支付意愿）

	模型1	模型2	模型3
普遍信任	0.948***	0.926***	0.953***
	(33.183)	(28.077)	(28.875)
政策普及度		0.022	0.010
		(1.361)	(0.650)
普遍信任×政策普及度			0.212***
			(7.360)
R^2	0.191	0.191	0.200
调整 R^2	0.190	0.190	0.199
F	F(5, 4856) = 228.697, p=0.000	F(6, 4855) = 190.924, p=0.000	F(7, 4854) = 173.179, p=0.000

续表

	模型1	模型2	模型3
ΔR^2	—	0.000	0.009
ΔF	—	$F(1,4855)=1.853, p=0.173$	$F(1,4854)=54.165, p=0.000$

从表5-101可知，普遍信任与政策普及度的交互项呈现出显著性（t=7.360，p=0.000<0.05），意味着调节变量（政策普及度）对普遍信任作用于自我认同型支付意愿路径具有显著的调节效应。其中，政策普及度与普遍信任的交互项系数大于0（0.212），表明政策普及度对普遍信任作用于自我认同型支付意愿路径具有正向的调节效应。

（三）政策执行度的调节效应检验

1. 绿色住宅支付意愿

政策执行度调节效应的分析结果详见表5-102。

表5-102　政策执行度的调节效应检验（因变量=绿色住宅支付意愿）

	模型1	模型2	模型3
普遍信任	1.546***	0.825***	0.864***
	(68.777)	(37.220)	(39.334)
政策执行度		0.674***	0.693***
		(54.251)	(56.409)
普遍信任×政策执行度			0.248***
			(13.420)
R^2	0.499	0.688	0.699
调整R^2	0.499	0.688	0.699
F	$F(5,4856)=968.194, p=0.000$	$F(6,4855)=1786.192, p=0.000$	$F(7,4854)=1613.227, p=0.000$
ΔR^2	—	0.189	0.011
ΔF	—	$F(1,4855)=2943.144, p=0.000$	$F(1,4854)=180.094, p=0.000$

从表5-102可知，普遍信任与政策执行度的交互项呈现出显著性（t=13.420，p=0.000<0.05），意味着调节变量（政策执行度）对普遍信任作用于绿色住宅支付意愿路径具有显著的调节效应。其中，政策执行

度与普遍信任的交互项系数大于0（0.248），表明政策执行度对普遍信任作用于绿色住宅支付意愿路径具有正向的调节效应。

2. 经济实惠型支付意愿

政策执行度调节效应的分析结果详见表5-103。

表5-103　　　　　　政策执行度的调节效应检验
（因变量=经济实惠型支付意愿）

	模型1	模型2	模型3
普遍信任	1.069***	0.673***	0.706***
	(38.648)	(20.264)	(21.176)
政策执行度		0.369***	0.385***
		(19.829)	(20.655)
普遍信任×政策执行度			0.208***
			(7.434)
R^2	0.242	0.299	0.307
调整R^2	0.241	0.298	0.306
F	F(5, 4856)=310.397, p=0.000	F(6, 4855)=345.087, p=0.000	F(7, 4854)=306.991, p=0.000
ΔR^2	—	0.057	0.008
ΔF	—	F(1, 4855)=393.195, p=0.000	F(1, 4854)=55.267, p=0.000

从表5-103可知，普遍信任与政策执行度的交互项呈现出显著性（t=7.434，p=0.000<0.05），且交互项系数大于0（0.208），表明政策执行度对普遍信任作用于经济实惠型支付意愿路径具有正向的调节效应。

3. 功能偏好型支付意愿

政策执行度调节效应的分析结果详见表5-104。

表5-104　　　　　　政策执行度的调节效应检验
（因变量=功能偏好型支付意愿）

	模型1	模型2	模型3
普遍信任	1.096***	0.668***	0.720***
	(40.137)	(20.522)	(22.256)

续表

	模型 1	模型 2	模型 3
政策执行度		0.400***	0.425***
		(21.928)	(23.503)
普遍信任×政策执行度			0.332***
			(12.214)
R^2	0.261	0.328	0.348
调整 R^2	0.260	0.327	0.347
F	F (5, 4856) = 343.208, p=0.000	F (6, 4855) = 394.407, p=0.000	F (7, 4854) = 369.692, p=0.000
ΔR^2	—	0.067	0.020
ΔF	—	F (1, 4855) = 480.836, p=0.000	F (1, 4854) = 149.176, p=0.000

从表 5-104 可知，普遍信任与政策执行度的交互项呈现出显著性（t=12.214，p=0.000<0.05），意味着调节变量（政策执行度）对普遍信任作用于功能偏好型支付意愿路径具有显著的调节效应。其中，政策执行度与普遍信任的交互项系数大于 0（0.332），表明政策执行度对普遍信任作用于功能偏好型支付意愿路径具有正向的调节效应。

4. 投资理财型支付意愿

政策执行度调节效应的分析结果详见表 5-105。

表 5-105　　　　　政策执行度的调节效应检验
（因变量=投资理财型支付意愿）

	模型 1	模型 2	模型 3
普遍信任	1.153***	1.129***	1.128***
	(89.463)	(70.109)	(69.486)
政策执行度		0.023*	0.023*
		(2.547)	(2.522)
普遍信任×政策执行度			-0.001
			(-0.073)
R^2	0.626	0.627	0.627

续表

	模型1	模型2	模型3
调整 R^2	0.626	0.626	0.626
F	$F(5, 4856) =$ 1628.069, p=0.000	$F(6, 4855) =$ 1359.339, p=0.000	$F(7, 4854) =$ 1164.909, p=0.000
ΔR^2	—	0.001	0.000
ΔF	—	$F(1, 4855) =$ 6.487, p=0.011	$F(1, 4854) =$ 0.005, p=0.942

从表 5-105 可知，普遍信任与政策执行度的交互项并不会呈现出显著性（t=-0.073，p=0.942>0.05），以及从模型 1 可知，自变量对于因变量产生影响关系，意味着普遍信任影响投资理财型支付意愿时，调节变量（政策执行度）在不同水平时的影响幅度保持一致。

5. 生态环保型支付意愿

政策执行度调节效应的分析结果详见表 5-106。

表 5-106　　　　政策执行度的调节效应检验
（因变量=生态环保型支付意愿）

	模型1	模型2	模型3
普遍信任	1.118*** (41.573)	0.886*** (26.736)	0.906*** (27.166)
政策执行度		0.217*** (11.664)	0.226*** (12.138)
普遍信任×政策执行度			0.130*** (4.622)
R^2	0.284	0.303	0.306
调整 R^2	0.283	0.302	0.305
F	$F(5, 4856) =$ 384.432, p=0.000	$F(6, 4855) =$ 351.946, p=0.000	$F(7, 4854) =$ 305.985, p=0.000
ΔR^2	—	0.019	0.003
ΔF	—	$F(1, 4855) =$ 136.055, p=0.000	$F(1, 4854) =$ 21.363, p=0.000

从表 5-106 可知，普遍信任与政策执行度的交互项呈现出显著性（t=4.622，p=0.000<0.05），其中，政策执行度与普遍信任的交互项系数大于 0（0.130），表明政策执行度对普遍信任作用于生态环保型支付意愿路径具有正向的调节效应。

6. 自我认同型支付意愿

政策执行度调节效应的分析结果详见表 5-107。

表 5-107　　　　　政策执行度的调节效应检验
（因变量=自我认同型支付意愿）

	模型 1	模型 2	模型 3
普遍信任	0.948***	0.905***	0.935***
	(33.183)	(25.344)	(26.080)
政策执行度		0.041*	0.055**
		(2.036)	(2.767)
普遍信任×政策执行度			0.195***
			(6.476)
R^2	0.191	0.191	0.198
调整 R^2	0.190	0.190	0.197
F	$F_{(5, 4856)}$ = 228.697, p=0.000	$F_{(6, 4855)}$ = 191.395, p=0.000	$F_{(7, 4854)}$ = 171.429, p=0.000
ΔR^2	—	0.000	0.007
ΔF	—	$F_{(1, 4855)}$ = 4.145, p=0.042	$F_{(1, 4854)}$ = 41.944, p=0.000

从表 5-107 可知，普遍信任与政策执行度的交互项呈现出显著性（t=6.476，p=0.000<0.05），意味着调节变量（政策执行度）对普遍信任作用于自我认同型支付意愿路径具有显著的调节效应。其中，政策执行度与普遍信任的交互项系数大于 0（0.195），表明政策执行度对普遍信任作用于自我认同型支付意愿路径具有正向的调节效应。

三　属性壁垒的调节效应检验

在不考虑其他变量的情况下，本书对属性壁垒的调节效应进行检验，其中自变量为普遍信任，因变量分别为城市居民绿色住宅支付意愿及其五个维度。调节效应研究的第一步是对数据进行中心化处理，详见

表5-108。

表5-108　　　　　　　　研究变量处理说明

类型	名称	数据类型	数据处理
因变量	城市居民绿色住宅支付意愿	定量	不处理
	经济实惠型支付意愿	定量	不处理
	功能偏好型支付意愿	定量	不处理
	投资理财型支付意愿	定量	不处理
	生态环保型支付意愿	定量	不处理
	自我认同型支付意愿	定量	不处理
自变量	普遍信任	定量	中心化
调节变量	成本壁垒	定量	中心化
	技术壁垒	定量	中心化
	品牌壁垒	定量	中心化
	位置壁垒	定量	中心化
	标识壁垒	定量	中心化
控制变量	性别	—	不处理
	年龄	—	不处理
	受教育水平（包含正在攻读的）	—	不处理
	家庭月收入水平	—	不处理

（一）成本壁垒的调节效应检验

1. 城市居民绿色住宅支付意愿

成本壁垒调节效应的分析结果详见表5-109。

表5-109　　　　　　成本壁垒的调节效应检验

（因变量=绿色住宅支付意愿）

	模型1	模型2	模型3
普遍信任	1.546***	1.534***	1.542***
	(68.777)	(68.064)	(68.389)
成本壁垒		−0.061***	−0.049***
		(−5.019)	(−3.942)

续表

	模型1	模型2	模型3
普遍信任×成本壁垒			−0.118***
			(−4.822)
R^2	0.499	0.502	0.504
调整 R^2	0.499	0.501	0.503
F	$F_{(5, 4856)}$ = 968.194, p=0.000	$F_{(6, 4855)}$ = 815.045, p=0.000	$F_{(7, 4854)}$ = 705.133, p=0.000
ΔR^2	—	0.003	0.002
ΔF	—	$F_{(1, 4855)}$ = 25.188, p=0.000	$F_{(1, 4854)}$ = 23.248, p=0.000

从表5-109可知，普遍信任与成本壁垒的交互项呈现出显著性（t=−4.822，p=0.000<0.05），意味着调节变量（成本壁垒）对普遍信任作用于城市居民绿色住宅支付意愿路径具有显著的调节效应。其中，成本壁垒与普遍信任的交互项系数小于0（−0.118），表明成本壁垒对普遍信任作用于绿色住宅支付意愿路径具有负向的调节效应。

2. 经济实惠型支付意愿

成本壁垒调节效应的分析结果详见表5-110。

表5-110　　　　　　成本壁垒的调节效应检验
（因变量=经济实惠型支付意愿）

	模型1	模型2	模型3
普遍信任	1.069***	1.063***	1.067***
	(38.648)	(38.241)	(38.297)
成本壁垒		−0.031*	−0.025
		(−2.078)	(−1.623)
普遍信任×成本壁垒			−0.061*
			(−2.018)
R^2	0.242	0.243	0.244
调整 R^2	0.241	0.242	0.242
F	$F_{(5, 4856)}$ = 310.397, p=0.000	$F_{(6, 4855)}$ = 259.560, p=0.000	$F_{(7, 4854)}$ = 223.203, p=0.000

续表

	模型 1	模型 2	模型 3
ΔR^2	—	0.001	0.000
ΔF	—	$F(1, 4855) = 4.316$, $p=0.038$	$F(1, 4854) = 4.074$, $p=0.044$

从表 5-110 可知，普遍信任与成本壁垒的交互项呈现出显著性（$t=-2.018$，$p=0.044<0.05$），且交互项系数小于 0（-0.061），表明成本壁垒对普遍信任作用于经济实惠型支付意愿路径具有负向的调节效应。

3. 功能偏好型支付意愿

成本壁垒调节效应的分析结果详见表 5-111。

表 5-111　　　　　成本壁垒的调节效应检验
（因变量=功能偏好型支付意愿）

	模型 1	模型 2	模型 3
普遍信任	1.096***	1.096***	1.101***
	(40.137)	(39.910)	(40.013)
成本壁垒		-0.001	0.007
		(-0.086)	(0.437)
普遍信任×成本壁垒			-0.077*
			(-2.561)
R^2	0.261	0.261	0.262
调整 R^2	0.260	0.260	0.261
F	$F(5, 4856) = 343.208$, $p=0.000$	$F(6, 4855) = 285.949$, $p=0.000$	$F(7, 4854) = 246.317$, $p=0.000$
ΔR^2	—	0.000	0.001
ΔF	—	$F(1, 4855) = 0.007$, $p=0.931$	$F(1, 4854) = 6.558$, $p=0.010$

从表 5-111 可知，普遍信任与成本壁垒的交互项呈现出显著性（$t=-2.561$，$p=0.010<0.05$），意味着调节变量（成本壁垒）对普遍信任作用于功能偏好型支付意愿路径具有显著的调节效应。其中，成本壁垒与普遍信任的交互项系数小于 0（-0.077），表明成本壁垒对普遍信任作用于功能偏好型支付意愿路径具有负向的调节效应。

4. 投资理财型支付意愿

成本壁垒调节效应的分析结果详见表 5-112。

表 5-112　　　　成本壁垒的调节效应检验

（因变量＝投资理财型支付意愿）

	模型 1	模型 2	模型 3
普遍信任	1.325***	1.308***	1.313***
	(52.212)	(51.488)	(51.553)
成本壁垒		−0.088***	−0.081***
		(−6.389)	(−5.760)
普遍信任×成本壁垒			−0.068*
			(−2.451)
R^2	0.362	0.367	0.368
调整 R^2	0.361	0.366	0.367
F	$F(5, 4856) = 550.729, p=0.000$	$F(6, 4855) = 469.509, p=0.000$	$F(7, 4854) = 403.709, p=0.000$
ΔR^2	—	0.005	0.001
ΔF	—	$F(1, 4855) = 40.826, p=0.000$	$F(1, 4854) = 6.005, p=0.014$

从表 5-112 可知，普遍信任与成本壁垒的交互项呈现出显著性（t=−2.451，p=0.014<0.05），意味着调节变量（成本壁垒）对普遍信任作用于投资理财型支付意愿路径具有显著的调节效应。其中，成本壁垒与普遍信任的交互项系数小于 0（−0.068），表明成本壁垒对普遍信任作用于投资理财型支付意愿路径具有负向的调节效应。

5. 生态环保型支付意愿

成本壁垒调节效应的分析结果详见表 5-113。

表 5-113　　　　成本壁垒的调节效应检验

（因变量＝生态环保型支付意愿）

	模型 1	模型 2	模型 3
普遍信任	1.118***	1.104***	1.106***
	(41.573)	(40.955)	(40.891)

续表

	模型 1	模型 2	模型 3
成本壁垒		-0.069***	-0.067***
		(-4.730)	(-4.485)
普遍信任×成本壁垒			-0.021
			(-0.712)
R^2	0.284	0.287	0.287
调整 R^2	0.283	0.286	0.286
F	F (5, 4856) = 384.432, p=0.000	F (6, 4855) = 325.499, p=0.000	F (7, 4854) = 279.043, p=0.000
ΔR^2	—	0.003	0.000
ΔF	—	F (1, 4855) = 22.372, p=0.000	F (1, 4854) = 0.507, p=0.476

从表 5-113 可知，普遍信任与成本壁垒的交互项并未呈现出显著性（t=-0.712，p=0.476>0.05），以及从模型 1 可知，自变量对于因变量产生影响关系，意味着普遍信任影响生态环保型支付意愿时，调节变量（成本壁垒）在不同水平时的影响幅度保持一致。

6. 自我认同型支付意愿

成本壁垒调节效应的分析结果详见表 5-114。

表 5-114　　　　成本壁垒的调节效应检验
（因变量=自我认同型支付意愿）

	模型 1	模型 2	模型 3
普遍信任	0.948***	0.947***	0.956***
	(33.183)	(32.947)	(33.225)
成本壁垒		-0.009	0.005
		(-0.549)	(0.316)
普遍信任×成本壁垒			-0.131***
			(-4.194)
R^2	0.191	0.191	0.194
调整 R^2	0.190	0.190	0.192

续表

	模型1	模型2	模型3
F	F (5, 4856) = 228.697, p=0.000	F (6, 4855) = 190.604, p=0.000	F (7, 4854) = 166.446, p=0.000
ΔR^2	—	0.000	0.002
ΔF	—	F (1, 4855) = 0.302, p=0.583	F (1, 4854) = 17.589, p=0.000

从表5-114可知，普遍信任与成本壁垒的交互项呈现出显著性（t=-4.194，p=0.000<0.05），意味着调节变量（成本壁垒）对普遍信任作用于自我认同型支付意愿路径具有显著的调节效应。其中，成本壁垒与普遍信任的交互项系数小于0（-0.131），表明成本壁垒对普遍信任作用于自我认同型支付意愿路径具有负向的调节效应。

（二）技术壁垒的调节效应检验

1. 绿色住宅支付意愿

技术壁垒调节效应的分析结果详见表5-115。

表5-115　　技术壁垒的调节效应检验
（因变量=绿色住宅支付意愿）

	模型1	模型2	模型3
普遍信任	1.546***	1.535***	1.544***
	(68.777)	(57.825)	(58.377)
技术壁垒		-0.013	-0.045*
		(-0.791)	(-2.555)
普遍信任×技术壁垒			-0.166***
			(-6.907)
R^2	0.499	0.499	0.504
调整 R^2	0.499	0.499	0.503
F	F (5, 4856) = 968.194, p=0.000	F (6, 4855) = 806.871, p=0.000	F (7, 4854) = 705.070, p=0.000
ΔR^2	—	0.000	0.005
ΔF	—	F (1, 4855) = 0.626, p=0.429	F (1, 4854) = 47.700, p=0.000

从表5-115可知，普遍信任与技术壁垒的交互项呈现出显著性（t=-6.907，p=0.000<0.05），其中，技术壁垒与普遍信任的交互项系数小于0（-0.166），表明技术壁垒对普遍信任作用于城市居民绿色住宅支付意愿路径具有负向的调节效应。

2. 经济实惠型支付意愿

技术壁垒调节效应的分析结果详见表5-116。

表5-116 技术壁垒的调节效应检验
（因变量=经济实惠型支付意愿）

	模型1	模型2	模型3
普遍信任	1.069***	1.085***	1.093***
	(38.648)	(33.242)	(33.509)
技术壁垒		0.020	-0.006
		(0.962)	(-0.283)
普遍信任×技术壁垒			-0.139***
			(-4.691)
R^2	0.242	0.242	0.246
调整R^2	0.241	0.241	0.245
F	F(5, 4856) = 310.397, p=0.000	F(6, 4855) = 258.814, p=0.000	F(7, 4854) = 225.945, p=0.000
ΔR^2	—	0.000	0.004
ΔF	—	F(1, 4855) = 0.925, p=0.336	F(1, 4854) = 22.009, p=0.000

从表5-116可知，普遍信任与技术壁垒的交互项呈现出显著性（t=-4.691，p=0.000<0.05），意味着调节变量（技术壁垒）对普遍信任作用于经济实惠型支付意愿路径具有显著的调节效应。其中，技术壁垒与普遍信任的交互项系数小于0（-0.139），表明技术壁垒对普遍信任作用于经济实惠型支付意愿路径具有负向的调节效应。

3. 功能偏好型支付意愿

技术壁垒调节效应的分析结果详见表5-117。

表 5-117　　　　　　　　技术壁垒的调节效应检验
（因变量=功能偏好型支付意愿）

	模型 1	模型 2	模型 3
普遍信任	1.096***	1.111***	1.118***
	(40.137)	(34.453)	(34.711)
技术壁垒		0.018	-0.007
		(0.867)	(-0.347)
普遍信任×技术壁垒			-0.134***
			(-4.586)
R^2	0.261	0.261	0.264
调整 R^2	0.260	0.260	0.263
F	$F(5, 4856)=343.208, p=0.000$	$F(6, 4855)=286.117, p=0.000$	$F(7, 4854)=249.259, p=0.000$
ΔR^2	—	0.000	0.003
ΔF	—	$F(1, 4855)=0.752, p=0.386$	$F(1, 4854)=21.031, p=0.000$

从表5-117可知，普遍信任与技术壁垒的交互项呈现出显著性（t=-4.586，p=0.000<0.05），意味着调节变量（技术壁垒）对普遍信任作用于功能偏好型支付意愿路径具有显著的调节效应。其中，技术壁垒与普遍信任的交互项系数小于0（-0.134），表明技术壁垒对普遍信任作用于功能偏好型支付意愿路径具有负向的调节效应。

4. 投资理财型支付意愿

技术壁垒调节效应的分析结果详见表5-118。

表 5-118　　　　　　　　技术壁垒的调节效应检验
（因变量=投资理财型支付意愿）

	模型 1	模型 2	模型 3
普遍信任	1.325***	1.277***	1.281***
	(52.212)	(42.663)	(42.747)
技术壁垒		-0.057**	-0.069***
		(-2.993)	(-3.498)

续表

	模型1	模型2	模型3
普遍信任×技术壁垒			-0.064*
			(-2.339)
R^2	0.362	0.363	0.364
调整 R^2	0.361	0.362	0.363
F	$F(5, 4856) = 550.729$, p=0.000	$F(6, 4855) = 461.187$, p=0.000	$F(7, 4854) = 396.449$, p=0.000
ΔR^2	—	0.001	0.001
ΔF	—	$F(1, 4855) = 8.960$, p=0.003	$F(1, 4854) = 5.472$, p=0.019

从表5-118可知，普遍信任与技术壁垒的交互项呈现出显著性（t=-2.339，p=0.019<0.05），意味着调节变量（技术壁垒）对普遍信任作用于投资理财型支付意愿路径具有显著的调节效应。其中，技术壁垒与普遍信任的交互项系数小于0（-0.064），表明技术壁垒对普遍信任作用于投资理财型支付意愿路径具有负向的调节效应。

5. 生态环保型支付意愿

技术壁垒调节效应的分析结果详见表5-119。

表5-119　　　　　技术壁垒的调节效应检验
（因变量=生态环保型支付意愿）

	模型1	模型2	模型3
普遍信任	1.118***	1.108***	1.113***
	(41.573)	(34.892)	(35.072)
技术壁垒		-0.012	-0.032
		(-0.590)	(-1.501)
普遍信任×技术壁垒			-0.103***
			(-3.595)
R^2	0.284	0.284	0.286
调整 R^2	0.283	0.283	0.285
F	$F(5, 4856) = 384.432$, p=0.000	$F(6, 4855) = 320.375$, p=0.000	$F(7, 4854) = 277.128$, p=0.000

续表

	模型1	模型2	模型3
ΔR^2	—	0.000	0.002
ΔF	—	$F(1, 4855)=$ 0.348, p=0.555	$F(1, 4854)=$ 12.924, p=0.000

从表5-119可知,普遍信任与技术壁垒的交互项呈现出显著性(t=-3.595, p=0.000<0.05),意味着调节变量(技术壁垒)对普遍信任作用于生态环保型支付意愿路径具有显著的调节效应。其中,技术壁垒与普遍信任的交互项系数小于0(-0.103),表明技术壁垒对普遍信任作用于生态环保型支付意愿路径具有负向的调节效应。

6. 自我认同型支付意愿

技术壁垒调节效应的分析结果详见表5-120。

表5-120　技术壁垒的调节效应检验
(因变量=自我认同型支付意愿)

	模型1	模型2	模型3
普遍信任	0.948***	1.010***	1.021***
	(33.183)	(29.969)	(30.362)
技术壁垒		0.075***	0.039
		(3.451)	(1.736)
普遍信任×技术壁垒			-0.190***
			(-6.225)
R^2	0.191	0.193	0.199
调整R^2	0.190	0.192	0.198
F	$F(5, 4856)=$ 228.697, p=0.000	$F(6, 4855)=$ 192.994, p=0.000	$F(7, 4854)=$ 172.245, p=0.000
ΔR^2	—	0.002	0.006
ΔF	—	$F(1, 4855)=$ 11.908, p=0.001	$F(1, 4854)=$ 38.747, p=0.000

从表5-120可知,普遍信任与技术壁垒的交互项呈现出显著性(t=-6.225, p=0.000<0.05),意味着调节变量(技术壁垒)对普遍信任作

用于自我认同型支付意愿路径具有显著的调节效应。其中,技术壁垒与普遍信任的交互项系数小于0(-0.190),表明技术壁垒对普遍信任作用于自我认同型支付意愿路径具有负向的调节效应。

(三)品牌壁垒的调节效应检验

1. 绿色住宅支付意愿

品牌壁垒调节效应的分析结果详见表5-121。

表5-121　　　　　品牌壁垒的调节效应检验
（因变量=绿色住宅支付意愿）

	模型1	模型2	模型3
普遍信任	1.546***	1.508***	1.505***
	(68.777)	(63.069)	(63.040)
品牌壁垒		-0.060***	-0.074***
		(-4.509)	(-5.403)
普遍信任×品牌壁垒			-0.123***
			(-4.687)
R^2	0.499	0.501	0.504
调整R^2	0.499	0.501	0.503
F	$F_{(5, 4856)}$ = 968.194, p=0.000	$F_{(6, 4855)}$ = 813.427, p=0.000	$F_{(7, 4854)}$ = 703.374, p=0.000
ΔR^2	—	0.002	0.003
ΔF	—	$F_{(1, 4855)}$ = 20.327, p=0.000	$F_{(1, 4854)}$ = 21.970, p=0.000

从表5-121可知,普遍信任与品牌壁垒的交互项呈现出显著性(t=-4.687,p=0.000<0.05),意味着调节变量(品牌壁垒)对普遍信任作用于绿色住宅支付意愿路径具有显著的调节效应。其中,品牌壁垒与普遍信任的交互项系数小于0(-0.123),表明品牌壁垒对普遍信任作用于城市居民绿色住宅支付意愿路径具有负向的调节效应。

2. 经济实惠型支付意愿

品牌壁垒调节效应的分析结果详见表5-122。

表 5-122　品牌壁垒的调节效应检验
（因变量=经济实惠型支付意愿）

	模型 1	模型 2	模型 3
普遍信任	1.069***	1.084***	1.079***
	(38.648)	(36.764)	(36.697)
品牌壁垒		0.024	0.005
		(1.476)	(0.293)
普遍信任×品牌壁垒			−0.178***
			(−5.485)
R^2	0.242	0.243	0.247
调整 R^2	0.241	0.242	0.246
F	$F_{(5, 4856)}$ = 310.397, p=0.000	$F_{(6, 4855)}$ = 259.090, p=0.000	$F_{(7, 4854)}$ = 227.706, p=0.000
ΔR^2	—	0.001	0.004
ΔF	—	$F_{(1, 4855)}$ = 2.178, p=0.140	$F_{(1, 4854)}$ = 30.088, p=0.000

从表 5-122 可知，普遍信任与品牌壁垒的交互项呈现出显著性（t=−5.485，p=0.000<0.05），意味着调节变量（品牌壁垒）对普遍信任作用于经济实惠型支付意愿路径具有显著的调节效应。其中，品牌壁垒与普遍信任的交互项系数小于 0（−0.178），表明品牌壁垒对普遍信任作用于经济实惠型支付意愿路径具有负向的调节效应。

3. 功能偏好型支付意愿

品牌壁垒调节效应的分析结果详见表 5-123。

表 5-123　品牌壁垒的调节效应检验
（因变量=功能偏好型支付意愿）

	模型 1	模型 2	模型 3
普遍信任	1.096***	1.125***	1.117***
	(40.137)	(38.659)	(38.709)
品牌壁垒		0.046**	0.014
		(2.848)	(0.853)

续表

	模型 1	模型 2	模型 3
普遍信任×品牌壁垒			−0.295***
			(−9.293)
R^2	0.261	0.262	0.275
调整 R^2	0.260	0.261	0.274
F	F (5, 4856) = 343.208, p=0.000	F (6, 4855) = 287.777, p=0.000	F (7, 4854) = 263.340, p=0.000
ΔR^2	—	0.001	0.013
ΔF	—	F (1, 4855) = 8.110, p=0.004	F (1, 4854) = 86.363, p=0.000

从表 5-123 可知，普遍信任与品牌壁垒的交互项呈现出显著性（t= −9.293，p=0.000<0.05），意味着调节变量（品牌壁垒）对普遍信任作用于功能偏好型支付意愿路径具有显著的调节效应。其中，品牌壁垒与普遍信任的交互项系数小于 0（−0.295），表明品牌壁垒对普遍信任作用于功能偏好型支付意愿路径具有负向的调节效应。

4. 投资理财型支付意愿

品牌壁垒调节效应的分析结果详见表 5-124。

表 5-124　　　　品牌壁垒的调节效应检验
（因变量=投资理财型支付意愿）

	模型 1	模型 2	模型 3
普遍信任	1.325***	1.330***	1.327***
	(52.212)	(49.145)	(49.076)
品牌壁垒		0.008	−0.002
		(0.517)	(−0.145)
普遍信任×品牌壁垒			−0.092**
			(−3.095)
R^2	0.362	0.362	0.363
调整 R^2	0.361	0.361	0.362
F	F (5, 4856) = 550.729, p=0.000	F (6, 4855) = 458.916, p=0.000	F (7, 4854) = 395.420, p=0.000

续表

	模型1	模型2	模型3
ΔR^2	—	0.000	0.001
ΔF	—	$F(1, 4855) = 0.267, p=0.605$	$F(1, 4854) = 9.578, p=0.002$

从表5-124可知，普遍信任与品牌壁垒的交互项呈现出显著性（t=-3.095，p=0.002<0.05），意味着调节变量（品牌壁垒）对普遍信任作用于投资理财型支付意愿路径具有显著的调节效应。其中，品牌壁垒与普遍信任的交互项系数小于0（-0.092），表明品牌壁垒对普遍信任作用于投资理财型支付意愿路径具有负向的调节效应。

5. 生态环保型支付意愿

品牌壁垒调节效应的分析结果详见表5-125。

表5-125　品牌壁垒的调节效应检验
（因变量=生态环保型支付意愿）

	模型1	模型2	模型3
普遍信任	1.118***	1.076***	1.073***
	(41.573)	(37.616)	(37.541)
品牌壁垒		-0.066***	-0.079***
		(-4.148)	(-4.852)
普遍信任×品牌壁垒			-0.118***
			(-3.760)
R^2	0.284	0.286	0.288
调整 R^2	0.283	0.285	0.287
F	$F(5, 4856) = 384.432, p=0.000$	$F(6, 4855) = 324.298, p=0.000$	$F(7, 4854) = 280.742, p=0.000$
ΔR^2	—	0.002	0.002
ΔF	—	$F(1, 4855) = 17.209, p=0.000$	$F(1, 4854) = 14.140, p=0.000$

从表5-125可知，普遍信任与品牌壁垒的交互项呈现出显著性（t=-3.760，p=0.000<0.05），意味着调节变量（品牌壁垒）对普遍信任作

用于生态环保型支付意愿路径具有显著的调节效应。其中,品牌壁垒与普遍信任的交互项系数小于0(-0.118),表明品牌壁垒对普遍信任作用于生态环保型支付意愿路径具有负向的调节效应。

6. 自我认同型支付意愿

品牌壁垒调节效应的分析结果详见表5-126。

表5-126　　　　　　品牌壁垒的调节效应检验
（因变量=自我认同型支付意愿）

	模型1	模型2	模型3
普遍信任	0.948***	0.795***	0.796***
	(33.183)	(26.672)	(26.682)
品牌壁垒		-0.247***	-0.245***
		(-14.825)	(-14.326)
普遍信任×品牌壁垒			0.026
			(0.791)
R^2	0.191	0.226	0.226
调整R^2	0.190	0.225	0.225
F	F(5, 4856)=228.697, p=0.000	F(6, 4855)=235.795, p=0.000	F(7, 4854)=202.184, p=0.000
ΔR^2	—	0.035	0.000
ΔF	—	F(1, 4855)=219.768, p=0.000	F(1, 4854)=0.626, p=0.429

从表5-126可知,普遍信任与品牌壁垒的交互项并不会呈现出显著性(t=0.791,p=0.429>0.05),以及从模型1可知,自变量对于因变量产生影响关系,意味着普遍信任对于自我认同型支付意愿产生影响时,调节变量(品牌壁垒)在不同水平时的影响幅度保持一致。

（四）位置壁垒的调节效应检验

1. 绿色住宅支付意愿

位置壁垒调节效应的分析结果详见表5-127。

表 5-127　　　　　　　位置壁垒的调节效应检验

（因变量=绿色住宅支付意愿）

	模型 1	模型 2	模型 3
普遍信任	1.546***	1.544***	1.544***
	(68.777)	(66.514)	(66.449)
位置壁垒		−0.006	−0.009
		(−0.334)	(−0.458)
普遍信任×位置壁垒			−0.014
			(−0.393)
R^2	0.499	0.499	0.499
调整 R^2	0.499	0.499	0.499
F	F(5, 4856)=968.194, p=0.000	F(6, 4855)=806.699, p=0.000	F(7, 4854)=691.358, p=0.000
ΔR^2	—	0.000	0.000
ΔF	—	F(1, 4855)=0.112, p=0.738	F(1, 4854)=0.155, p=0.694

从表 5-127 可知，普遍信任与位置壁垒的交互项并不会呈现出显著性（t=−0.393，p=0.694>0.05），以及从模型 1 可知，自变量对于因变量产生影响关系，意味着普遍信任对于绿色住宅支付意愿影响时，调节变量（位置壁垒）在不同水平时的影响幅度保持一致。

2. 经济实惠型支付意愿

位置壁垒调节效应的分析结果详见表 5-128。

表 5-128　　　　　　　位置壁垒的调节效应检验

（因变量=经济实惠型支付意愿）

	模型 1	模型 2	模型 3
普遍信任	1.069***	1.125***	1.121***
	(38.648)	(39.637)	(39.525)
位置壁垒		0.166***	0.134***
		(7.913)	(5.925)
普遍信任×位置壁垒			−0.157***
			(−3.720)

续表

	模型1	模型2	模型3
R^2	0.242	0.252	0.254
调整R^2	0.241	0.251	0.253
F	F(5, 4856)=310.397, p=0.000	F(6, 4855)=272.381, p=0.000	F(7, 4854)=236.064, p=0.000
ΔR^2	—	0.010	0.002
ΔF	—	F(1, 4855)=62.613, p=0.000	F(1, 4854)=13.836, p=0.000

从表5-128可知，普遍信任与位置壁垒的交互项呈现出显著性（t=-3.720, p=0.000<0.05），其中，位置壁垒与普遍信任的交互项系数小于0（-0.157），表明位置壁垒对普遍信任作用于经济实惠型支付意愿路径具有负向的调节效应。

3. 功能偏好型支付意愿

位置壁垒调节效应的分析结果详见表5-129。

表5-129　　　　　位置壁垒的调节效应检验
（因变量=功能偏好型支付意愿）

	模型1	模型2	模型3
普遍信任	1.096***	1.185***	1.183***
	(40.137)	(42.769)	(42.666)
位置壁垒		0.267***	0.243***
		(12.976)	(10.933)
普遍信任×位置壁垒			-0.118**
			(-2.870)
R^2	0.261	0.286	0.287
调整R^2	0.260	0.285	0.286
F	F(5, 4856)=343.208, p=0.000	F(6, 4855)=323.927, p=0.000	F(7, 4854)=279.242, p=0.000
ΔR^2	—	0.025	0.001
ΔF	—	F(1, 4855)=168.376, p=0.000	F(1, 4854)=8.238, p=0.004

从表 5-129 可知，普遍信任与位置壁垒的交互项呈现出显著性（t=-2.870，p=0.004<0.05），意味着调节变量（位置壁垒）对普遍信任作用于功能偏好型支付意愿路径具有显著的调节效应。其中，位置壁垒与普遍信任的交互项系数小于 0（-0.118），表明位置壁垒对普遍信任作用于功能偏好型支付意愿路径具有负向的调节效应。

4. 投资理财型支付意愿

位置壁垒调节效应的分析结果详见表 5-130。

表 5-130　　　　　　位置壁垒的调节效应检验
（因变量=投资理财型支付意愿）

	模型 1	模型 2	模型 3
普遍信任	1.325***	1.349***	1.346***
	(52.212)	(51.569)	(51.466)
位置壁垒		0.073***	0.050*
		(3.763)	(2.367)
普遍信任×位置壁垒			-0.115**
			(-2.954)
R^2	0.362	0.364	0.365
调整 R^2	0.361	0.363	0.364
F	$F(5, 4856)=550.729$, p=0.000	$F(6, 4855)=462.545$, p=0.000	$F(7, 4854)=398.345$, p=0.000
ΔR^2	—	0.002	0.001
ΔF	—	$F(1, 4855)=14.162$, p=0.000	$F(1, 4854)=8.728$, p=0.003

从表 5-130 可知，普遍信任与位置壁垒的交互项呈现出显著性（t=-2.954，p=0.003<0.05），其中，位置壁垒与普遍信任的交互项系数小于 0（-0.115），表明位置壁垒对普遍信任作用于投资理财型支付意愿路径具有负向的调节效应。

5. 生态环保型支付意愿

位置壁垒调节效应的分析结果详见表 5-131。

表 5-131　　　　　　　　位置壁垒的调节效应检验
（因变量=生态环保型支付意愿）

	模型 1	模型 2	模型 3
普遍信任	1.118***	1.157***	1.154***
	(41.573)	(41.800)	(41.695)
位置壁垒		0.116***	0.091***
		(5.662)	(4.095)
普遍信任×位置壁垒			-0.125**
			(-3.039)
R^2	0.284	0.288	0.290
调整 R^2	0.283	0.287	0.289
F	$F(5, 4856) =$ 384.432, p=0.000	$F(6, 4855) =$ 327.753, p=0.000	$F(7, 4854) =$ 282.727, p=0.000
ΔR^2	—	0.004	0.002
ΔF		$F(1, 4855) =$ 32.063, p=0.000	$F(1, 4854) =$ 9.234, p=0.002

从表 5-131 可知，普遍信任与位置壁垒的交互项呈现出显著性（t=-3.039，p=0.002<0.05），意味着调节变量（位置壁垒）对普遍信任作用于生态环保型支付意愿路径具有显著的调节效应。其中，位置壁垒与普遍信任的交互项系数小于 0（-0.125），表明位置壁垒对普遍信任作用于生态环保型支付意愿路径具有负向的调节效应。

6. 自我认同型支付意愿

位置壁垒调节效应的分析结果详见表 5-132。

表 5-132　　　　　　　　位置壁垒的调节效应检验
（因变量=自我认同型支付意愿）

	模型 1	模型 2	模型 3
普遍信任	-0.201***	-0.200***	-0.201***
	(-5.903)	(-5.666)	(-5.698)
位置壁垒		0.005	-0.005
		(0.198)	(-0.184)

续表

	模型 1	模型 2	模型 3
普遍信任×位置壁垒			-0.051
			(-0.971)
R^2	0.009	0.009	0.009
调整 R^2	0.008	0.008	0.008
F	F (5, 4856) = 8.921, p=0.000	F (6, 4855) = 7.439, p=0.000	F (7, 4854) = 6.511, p=0.000
ΔR^2	—	0.000	0.000
ΔF	—	F (1, 4855) = 0.039, p=0.843	F (1, 4854) = 0.943, p=0.332

从表 5-132 可知，普遍信任与位置壁垒的交互项并不会呈现出显著性（t=-0.971, p=0.332>0.05），以及从模型 1 可知，自变量对于因变量产生影响关系，意味着普遍信任影响自我认同型支付意愿时，调节变量（位置壁垒）在不同水平时的影响幅度保持一致。

（五）标识壁垒的调节效应检验

1. 绿色住宅支付意愿

标识壁垒调节效应的分析结果详见表 5-133。

表 5-133　　　　　　标识壁垒的调节效应检验
（因变量=绿色住宅支付意愿）

	模型 1	模型 2	模型 3
普遍信任	1.546***	1.499***	1.494***
	(68.777)	(61.781)	(61.627)
标识壁垒		-0.082***	-0.104***
		(-5.058)	(-6.163)
普遍信任×标识壁垒			-0.151***
			(-4.676)
R^2	0.499	0.502	0.504
调整 R^2	0.499	0.501	0.503
F	F (5, 4856) = 968.194, p=0.000	F (6, 4855) = 815.178, p=0.000	F (7, 4854) = 704.850, p=0.000

续表

	模型1	模型2	模型3
ΔR^2	—	0.003	0.002
ΔF	—	F(1, 4855) = 25.586, p=0.000	F(1, 4854) = 21.865, p=0.000

从表5-133可知，普遍信任与标识壁垒的交互项呈现出显著性（t=-4.676，p=0.000<0.05），其中，标识壁垒与普遍信任的交互项系数小于0（-0.151），表明标识壁垒对普遍信任作用于绿色住宅支付意愿路径具有负向的调节效应。

2. 经济实惠型支付意愿

标识壁垒调节效应的分析结果详见表5-134。

表5-134　　　　　标识壁垒的调节效应检验
（因变量=经济实惠型支付意愿）

	模型1	模型2	模型3
普遍信任	1.069***	1.070***	1.065***
	(38.648)	(35.773)	(35.601)
标识壁垒		0.003	-0.020
		(0.167)	(-0.959)
普遍信任×标识壁垒			-0.161***
			(-4.057)
R^2	0.242	0.242	0.245
调整R^2	0.241	0.241	0.244
F	F(5, 4856) = 310.397, p=0.000	F(6, 4855) = 258.617, p=0.000	F(7, 4854) = 224.728, p=0.000
ΔR^2	—	0.000	0.003
ΔF	—	F(1, 4855) = 0.028, p=0.868	F(1, 4854) = 16.456, p=0.000

从表5-134可知，普遍信任与标识壁垒的交互项呈现出显著性（t=-4.057，p=0.000<0.05），意味着调节变量（标识壁垒）对普遍信任作用于经济实惠型支付意愿路径具有显著的调节效应。其中，标识壁垒与普遍信任的交互项系数小于0（-0.161），表明标识壁垒对普遍信任作用

于经济实惠型支付意愿路径具有负向的调节效应。

3. 功能偏好型支付意愿

标识壁垒调节效应的分析结果详见表 5-135。

表 5-135　　　　　标识壁垒的调节效应检验
（因变量=功能偏好型支付意愿）

	模型 1	模型 2	模型 3
普遍信任	1.096***	1.121***	1.108***
	(40.137)	(37.963)	(37.820)
标识壁垒		0.044*	-0.008
		(2.247)	(-0.398)
普遍信任×标识壁垒			-0.363***
			(-9.331)
R^2	0.261	0.262	0.275
调整 R^2	0.260	0.261	0.274
F	$F_{(5,4856)}$=343.208, p=0.000	$F_{(6,4855)}$=287.086, p=0.000	$F_{(7,4854)}$=262.876, p=0.000
ΔR^2	—	0.001	0.013
ΔF	—	$F_{(1,4855)}$=5.048, p=0.025	$F_{(1,4854)}$=87.077, p=0.000

从表 5-135 可知，普遍信任与标识壁垒的交互项呈现出显著性（t=-9.331，p=0.000<0.05），意味着调节变量（标识壁垒）对普遍信任作用于功能偏好型支付意愿路径具有显著的调节效应。其中，标识壁垒与普遍信任的交互项系数小于 0（-0.363），表明标识壁垒对普遍信任作用于功能偏好型支付意愿路径具有负向的调节效应。

4. 投资理财型支付意愿

标识壁垒调节效应的分析结果详见表 5-136。

表 5-136　　　　　标识壁垒的调节效应检验
（因变量=投资理财型支付意愿）

	模型 1	模型 2	模型 3
普遍信任	1.325***	1.324***	1.320***
	(52.212)	(48.234)	(48.079)

续表

	模型1	模型2	模型3
标识壁垒		−0.000	−0.017
		(−0.020)	(−0.883)
普遍信任×标识壁垒			−0.114**
			(−3.129)
R^2	0.362	0.362	0.363
调整 R^2	0.361	0.361	0.362
F	$F_{(5, 4856)}=$ 550.729, p=0.000	$F_{(6, 4855)}=$ 458.847, p=0.000	$F_{(7, 4854)}=$ 395.408, p=0.000
ΔR^2	—	0.000	0.001
ΔF	—	$F_{(1, 4855)}=$ 0.000, p=0.984	$F_{(1, 4854)}=$ 9.791, p=0.002

从表5-136可知，普遍信任与标识壁垒的交互项呈现出显著性（t=−3.129，p=0.002<0.05），意味着调节变量（标识壁垒）对普遍信任作用于投资理财型支付意愿路径具有显著的调节效应。其中，标识壁垒与普遍信任的交互项系数小于0（−0.114），表明标识壁垒对普遍信任作用于投资理财型支付意愿路径具有负向的调节效应。

5. 生态环保型支付意愿

标识壁垒调节效应的分析结果详见表5-137。

表5-137 标识壁垒的调节效应检验
（因变量=生态环保型支付意愿）

	模型1	模型2	模型3
普遍信任	1.118***	1.072***	1.065***
	(41.573)	(36.920)	(36.734)
标识壁垒		−0.079***	−0.109***
		(−4.072)	(−5.420)
普遍信任×标识壁垒			−0.209***
			(−5.413)
R^2	0.284	0.286	0.290

续表

	模型1	模型2	模型3
调整 R^2	0.283	0.285	0.289
F	$F_{(5, 4856)}$ = 384.432, p=0.000	$F_{(6, 4855)}$ = 324.152, p=0.000	$F_{(7, 4854)}$ = 283.650, p=0.000
ΔR^2	—	0.002	0.004
ΔF	—	$F_{(1, 4855)}$ = 16.582, p=0.000	$F_{(1, 4854)}$ = 29.300, p=0.000

从表5-137可知，普遍信任与标识壁垒的交互项呈现出显著性（t=-5.413，p=0.000<0.05），意味着调节变量（标识壁垒）对普遍信任作用于生态环保型支付意愿路径具有显著的调节效应。其中，标识壁垒与普遍信任的交互项系数小于0（-0.209），表明标识壁垒对普遍信任作用于生态环保型支付意愿路径具有负向的调节效应。

6. 自我认同型支付意愿

标识壁垒调节效应的分析结果详见表5-138。

表5-138　　　　　标识壁垒的调节效应检验
（因变量=自我认同型支付意愿）

	模型1	模型2	模型3
普遍信任	0.948***	0.787***	0.789***
	(33.183)	(25.955)	(25.996)
标识壁垒		-0.282***	-0.274***
		(-13.885)	(-12.952)
普遍信任×标识壁垒			0.058
			(1.427)
R^2	0.191	0.222	0.222
调整 R^2	0.190	0.221	0.221
F	$F_{(5, 4856)}$ = 228.697, p=0.000	$F_{(6, 4855)}$ = 230.239, p=0.000	$F_{(7, 4854)}$ = 197.680, p=0.000
ΔR^2	—	0.031	0.000
ΔF	—	$F_{(1, 4855)}$ = 192.783, p=0.000	$F_{(1, 4854)}$ = 2.037, p=0.154

从表5-138可知,普遍信任与标识壁垒的交互项并未呈现出显著性(t=1.427,p=0.154>0.05),以及从模型1可知,自变量对于因变量产生影响关系,意味着普遍信任影响自我认同型支付意愿时,调节变量(标识壁垒)在不同水平时的影响幅度保持一致。

四 群体规范的调节效应检验

在不考虑其他变量的情况下,本书对群体规范的调节效应进行检验,其中自变量为普遍信任,因变量分别为城市居民绿色住宅支付意愿及其五个维度。调节效应研究的第一步是对数据进行中心化处理,详见表5-139。

表5-139　　　　　　　　　研究变量处理说明

类型	名称	数据类型	数据处理
因变量	城市居民绿色住宅支付意愿	定量	不处理
	经济实惠型支付意愿	定量	不处理
	功能偏好型支付意愿	定量	不处理
	投资理财型支付意愿	定量	不处理
	生态环保型支付意愿	定量	不处理
	自我认同型支付意愿	定量	不处理
自变量	普遍信任	定量	中心化
调节变量	家庭规范	定量	中心化
	组织规范	定量	中心化
	社会规范	定量	中心化
控制变量	性别	—	不处理
	年龄	—	不处理
	受教育水平(包含正在攻读的)	—	不处理
	家庭月收入水平	—	不处理

(一)家庭规范的调节效应检验

1. 城市居民绿色住宅支付意愿

家庭规范调节效应的分析结果详见表5-140。

表 5-140　　　　　　　　家庭规范的调节效应检验
（因变量＝城市居民绿色住宅支付意愿）

	模型 1	模型 2	模型 3
普遍信任	1.546***	1.177***	1.203***
	(68.777)	(49.311)	(50.675)
家庭规范		0.421***	0.419***
		(30.508)	(30.726)
普遍信任×家庭规范			0.250***
			(10.519)
R^2	0.499	0.580	0.589
调整 R^2	0.499	0.579	0.589
F	F (5, 4856) = 968.194, p=0.000	F (6, 4855) = 1116.436, p=0.000	F (7, 4854) = 994.365, p=0.000
ΔR^2	—	0.081	0.009
ΔF	—	F (1, 4855) = 930.762, p=0.000	F (1, 4854) = 110.651, p=0.000

从表 5-140 可知，普遍信任与家庭规范的交互项呈现出显著性（t＝10.519，p＝0.000<0.05），意味着调节变量（家庭规范）对普遍信任作用于城市居民绿色住宅支付意愿路径具有显著的调节效应。其中，家庭规范与普遍信任的交互项系数大于 0（0.250），表明家庭规范对普遍信任作用于城市居民绿色住宅支付意愿路径具有正向的调节效应。

2. 经济实惠型支付意愿

家庭规范调节效应的分析结果详见表 5-141。

表 5-141　　　　　　　　家庭规范的调节效应检验
（因变量＝经济实惠型支付意愿）

	模型 1	模型 2	模型 3
普遍信任	1.069***	0.691***	0.714***
	(38.648)	(22.874)	(23.624)
家庭规范		0.431***	0.429***
		(24.666)	(24.712)

续表

	模型1	模型2	模型3
普遍信任×家庭规范			0.221***
			(7.332)
R^2	0.242	0.327	0.334
调整 R^2	0.241	0.326	0.333
F	F (5, 4856) = 310.397, p=0.000	F (6, 4855) = 392.416, p=0.000	F (7, 4854) = 347.692, p=0.000
ΔR^2	—	0.085	0.007
ΔF	—	F (1, 4855) = 608.390, p=0.000	F (1, 4854) = 53.762, p=0.000

从表5-141可知,普遍信任与家庭规范的交互项呈现出显著性(t=7.332,p=0.000<0.05),意味着调节变量(家庭规范)对普遍信任作用于经济实惠型支付意愿路径具有显著的调节效应。其中,家庭规范与普遍信任的交互项系数大于0(0.221),表明家庭规范对普遍信任作用于经济实惠型支付意愿路径具有正向的调节效应。

3. 功能偏好型支付意愿

家庭规范调节效应的分析结果详见表5-142。

表5-142　　　　　家庭规范的调节效应检验
（因变量=功能偏好型支付意愿）

	模型1	模型2	模型3
普遍信任	1.096***	0.594***	0.627***
	(40.137)	(21.003)	(22.336)
家庭规范		0.573***	0.571***
		(35.070)	(35.400)
普遍信任×家庭规范			0.321***
			(11.444)
R^2	0.261	0.410	0.426
调整 R^2	0.260	0.410	0.425
F	F (5, 4856) = 343.208, p=0.000	F (6, 4855) = 563.378, p=0.000	F (7, 4854) = 514.531, p=0.000

续表

	模型1	模型2	模型3
ΔR^2	—	0.149	0.016
ΔF	—	$F(1, 4855) = 1229.939, p=0.000$	$F(1, 4854) = 130.964, p=0.000$

从表5-142可知，普遍信任与家庭规范的交互项呈现出显著性（t=11.444，p=0.000<0.05），意味着调节变量（家庭规范）对普遍信任作用于功能偏好型支付意愿路径具有显著的调节效应。其中，家庭规范与普遍信任的交互项系数大于0（0.321），表明家庭规范对普遍信任作用于功能偏好型支付意愿路径具有正向的调节效应。

4. 投资理财型支付意愿

家庭规范调节效应的分析结果详见表5-143。

表5-143　　　　　　　家庭规范的调节效应检验
（因变量=投资理财型支付意愿）

	模型1	模型2	模型3
普遍信任	1.325***	1.147***	1.151***
	(52.212)	(39.561)	(39.530)
家庭规范		0.203***	0.203***
		(12.143)	(12.125)
普遍信任×家庭规范			0.048
			(1.639)
R^2	0.362	0.381	0.381
调整R^2	0.361	0.380	0.380
F	$F(5, 4856) = 550.729, p=0.000$	$F(6, 4855) = 497.356, p=0.000$	$F(7, 4854) = 426.837, p=0.000$
ΔR^2	—	0.019	0.000
ΔF	—	$F(1, 4855) = 147.445, p=0.000$	$F(1, 4854) = 2.686, p=0.101$

从表5-143可知，普遍信任与家庭规范的交互项并不会呈现出显著性（t=1.639，p=0.101>0.05），以及从模型1可知，自变量对于因变量产生影响关系，意味着普遍信任对于投资理财型支付意愿影响时，调节

变量（家庭规范）在不同水平时的影响幅度保持一致。

5. 生态环保型支付意愿

家庭规范调节效应的分析结果详见表5-144。

表5-144　　　　　　家庭规范的调节效应检验

（因变量=生态环保型支付意愿）

	模型1	模型2	模型3
普遍信任	1.118***	0.216***	0.219***
	(41.573)	(12.117)	(12.232)
家庭规范		1.030***	1.029***
		(99.870)	(99.863)
普遍信任×家庭规范			0.031
			(1.723)
R^2	0.284	0.765	0.766
调整 R^2	0.283	0.765	0.765
F	F (5, 4856) = 384.432, p=0.000	F (6, 4855) = 2640.621, p=0.000	F (7, 4854) = 2264.732, p=0.000
ΔR^2	—	0.481	0.001
ΔF	—	F (1, 4855) = 9973.949, p=0.000	F (1, 4854) = 2.970, p=0.085

从表5-144可知，普遍信任与家庭规范的交互项并不会呈现出显著性（t=1.723，p=0.085>0.05），以及从模型1可知，自变量对于因变量产生影响关系，意味着普遍信任对于生态环保型支付意愿影响时，调节变量（家庭规范）在不同水平时的影响幅度保持一致。

6. 自我认同型支付意愿

家庭规范调节效应的分析结果详见表5-145。

表5-145　　　　　　家庭规范的调节效应检验

（因变量=自我认同型支付意愿）

	模型1	模型2	模型3
普遍信任	0.948***	0.814***	0.826***
	(33.183)	(24.718)	(25.018)

续表

	模型 1	模型 2	模型 3
家庭规范		0.154***	0.153***
		(8.084)	(8.050)
普遍信任×家庭规范			0.127***
			(3.861)
R^2	0.191	0.201	0.204
调整 R^2	0.190	0.200	0.203
F	F(5, 4856) = 228.697, p=0.000	F(6, 4855) = 203.998, p=0.000	F(7, 4854) = 177.486, p=0.000
ΔR^2	—	0.010	0.003
ΔF	—	F(1, 4855) = 65.349, p=0.000	F(1, 4854) = 14.906, p=0.000

从表5-145可知，普遍信任与家庭规范的交互项呈现出显著性（t=3.861，p=0.000<0.05），其中，家庭规范与普遍信任的交互项系数大于0（0.127），表明家庭规范对普遍信任作用于自我认同型支付意愿路径具有正向的调节效应。

（二）组织规范的调节效应检验

1. 绿色住宅支付意愿

组织规范调节效应的分析结果详见表5-146。

表5-146　　　　　组织规范的调节效应检验
（因变量=绿色住宅支付意愿）

	模型 1	模型 2	模型 3
普遍信任	1.546***	1.266***	1.278***
	(68.777)	(51.906)	(52.443)
组织规范		0.408***	0.431***
		(23.512)	(24.406)
普遍信任×组织规范			0.184***
			(6.317)
R^2	0.499	0.550	0.554

续表

	模型 1	模型 2	模型 3
调整 R^2	0.499	0.550	0.553
F	$F_{(5, 4856)}$ = 968.194, p=0.000	$F_{(6, 4855)}$ = 990.646, p=0.000	$F_{(7, 4854)}$ = 861.629, p=0.000
ΔR^2	—	0.051	0.004
ΔF	—	$F_{(1, 4855)}$ = 552.807, p=0.000	$F_{(1, 4854)}$ = 39.902, p=0.000

从表 5-146 可知，普遍信任与组织规范的交互项呈现出显著性（t=6.317，p=0.000<0.05），意味着调节变量（组织规范）对普遍信任作用于绿色住宅支付意愿路径具有显著的调节效应。其中，组织规范与普遍信任的交互项系数大于 0（0.184），表明组织规范对普遍信任作用于绿色住宅支付意愿路径具有正向的调节效应。

2. 经济实惠型支付意愿

组织规范调节效应的分析结果详见表 5-147。

表 5-147　　　　组织规范的调节效应检验
（因变量=经济实惠型支付意愿）

	模型 1	模型 2	模型 3
普遍信任	1.069***	1.010***	1.027***
	(38.648)	(31.926)	(32.579)
组织规范		0.086***	0.122***
		(3.824)	(5.329)
普遍信任×组织规范			0.281***
			(7.467)
R^2	0.242	0.244	0.253
调整 R^2	0.241	0.244	0.252
F	$F_{(5, 4856)}$ = 310.397, p=0.000	$F_{(6, 4855)}$ = 261.827, p=0.000	$F_{(7, 4854)}$ = 234.920, p=0.000
ΔR^2	—	0.002	0.009
ΔF	—	$F_{(1, 4855)}$ = 14.623, p=0.000	$F_{(1, 4854)}$ = 55.763, p=0.000

从表 5-147 可知，普遍信任与组织规范的交互项呈现出显著性（t=7.467，p=0.000<0.05），意味着调节变量（组织规范）对普遍信任作用于经济实惠型支付意愿路径具有显著的调节效应。其中，组织规范与普遍信任的交互项系数大于 0（0.281），表明组织规范对普遍信任作用于经济实惠型支付意愿路径具有正向的调节效应。

3. 功能偏好型支付意愿

组织规范调节效应的分析结果详见表 5-148。

表 5-148　　　　　组织规范的调节效应检验
（因变量＝功能偏好型支付意愿）

	模型 1	模型 2	模型 3
普遍信任	1.096***	1.004***	1.024***
	(40.137)	(32.224)	(32.998)
组织规范		0.134***	0.174***
		(6.046)	(7.720)
普遍信任×组织规范			0.312***
			(8.411)
R^2	0.261	0.267	0.277
调整 R^2	0.260	0.266	0.276
F	F (5, 4856) = 343.208, p=0.000	F (6, 4855) = 294.192, p=0.000	F (7, 4854) = 265.893, p=0.000
ΔR^2	—	0.006	0.010
ΔF	—	F (1, 4855) = 36.552, p=0.000	F (1, 4854) = 70.740, p=0.000

从表 5-148 可知，普遍信任与组织规范的交互项呈现出显著性（t=8.411，p=0.000<0.05），意味着调节变量（组织规范）对普遍信任作用于功能偏好型支付意愿路径具有显著的调节效应。其中，组织规范与普遍信任的交互项系数大于 0（0.312），表明组织规范对普遍信任作用于功能偏好型支付意愿路径具有正向的调节效应。

4. 投资理财型支付意愿

组织规范调节效应的分析结果详见表 5-149。

表 5-149　　　　　　　组织规范的调节效应检验
（因变量=投资理财型支付意愿）

	模型 1	模型 2	模型 3
普遍信任	1.325***	1.235***	1.241***
	(52.212)	(42.663)	(42.767)
组织规范		0.131***	0.143***
		(6.378)	(6.795)
普遍信任×组织规范			0.092**
			(2.647)
R^2	0.362	0.367	0.368
调整 R^2	0.361	0.366	0.367
F	F(5, 4856)=550.729, p=0.000	F(6, 4855)=469.470, p=0.000	F(7, 4854)=403.901, p=0.000
ΔR^2	—	0.005	0.001
ΔF	—	F(1, 4855)=40.675, p=0.000	F(1, 4854)=7.005, p=0.008

从表 5-149 可知，普遍信任与组织规范的交互项呈现出显著性（t=2.647，p=0.008<0.05），其中，组织规范与普遍信任的交互项系数大于0（0.092），表明组织规范对普遍信任作用于投资理财型支付意愿路径具有正向的调节效应。

5. 生态环保型支付意愿

组织规范调节效应的分析结果详见表 5-150。

表 5-150　　　　　　　组织规范的调节效应检验
（因变量=生态环保型支付意愿）

	模型 1	模型 2	模型 3
普遍信任	1.118***	0.382***	0.402***
	(41.573)	(17.450)	(18.553)
组织规范		1.072***	1.111***
		(68.893)	(70.831)

续表

	模型 1	模型 2	模型 3
普遍信任×组织规范			0.308***
			(11.917)
R^2	0.284	0.638	0.648
调整 R^2	0.283	0.637	0.648
F	F (5, 4856) = 384.432, p=0.000	F (6, 4855) = 1424.463, p=0.000	F (7, 4854) = 1276.721, p=0.000
ΔR^2	—	0.354	0.010
ΔF	—	F (1, 4855) = 4746.281, p=0.000	F (1, 4854) = 142.019, p=0.000

从表 5-150 可知，普遍信任与组织规范的交互项呈现出显著性（t=11.917，p=0.000<0.05），意味着调节变量（组织规范）对普遍信任作用于生态环保型支付意愿路径具有显著的调节效应。其中，组织规范与普遍信任的交互项系数大于 0（0.308），表明组织规范对普遍信任作用于生态环保型支付意愿路径具有正向的调节效应。

6. 自我认同型支付意愿

组织规范调节效应的分析结果详见表 5-151。

表 5-151　　　　　组织规范的调节效应检验
（因变量=自我认同型支付意愿）

	模型 1	模型 2	模型 3
普遍信任	0.948***	0.715***	0.726***
	(33.183)	(22.347)	(22.648)
组织规范		0.340***	0.361***
		(14.932)	(15.528)
普遍信任×组织规范			0.164***
			(4.295)
R^2	0.191	0.226	0.229
调整 R^2	0.190	0.225	0.228
F	F (5, 4856) = 228.697, p=0.000	F (6, 4855) = 236.456, p=0.000	F (7, 4854) = 206.040, p=0.000

第五章 城市居民绿色住宅支付意愿响应的实证分析 / 235

续表

	模型 1	模型 2	模型 3
ΔR^2	—	0.036	0.003
ΔF	—	$F(1, 4855) = 222.979, p=0.000$	$F(1, 4854) = 18.444, p=0.000$

从表 5-151 可知,普遍信任与组织规范的交互项呈现出显著性（t=4.295,p=0.000<0.05）,意味着调节变量（组织规范）对普遍信任作用于自我认同型支付意愿路径具有显著的调节效应。其中,组织规范与普遍信任的交互项系数大于 0（0.164）,表明组织规范对普遍信任作用于自我认同型支付意愿路径具有正向的调节效应。

（三）社会规范的调节效应检验

1. 城市居民绿色住宅支付意愿

社会规范调节效应的分析结果详见表 5-152。

表 5-152　　　　　社会规范的调节效应检验

（因变量=城市居民绿色住宅支付意愿）

	模型 1	模型 2	模型 3
普遍信任	1.546***	1.405***	1.414***
	(68.777)	(58.463)	(59.004)
社会规范		0.245***	0.256***
		(14.569)	(15.229)
普遍信任×社会规范			0.207***
			(6.716)
R^2	0.499	0.520	0.525
调整 R^2	0.499	0.520	0.524
F	$F(5, 4856) = 968.194, p=0.000$	$F(6, 4855) = 877.303, p=0.000$	$F(7, 4854) = 765.248, p=0.000$
ΔR^2	—	0.021	0.005
ΔF	—	$F(1, 4855) = 212.251, p=0.000$	$F(1, 4854) = 45.102, p=0.000$

从表 5-152 可知,普遍信任与社会规范的交互项呈现出显著性（t=

6.716，p=0.000<0.05），意味着调节变量（社会规范）对普遍信任作用于城市居民绿色住宅支付意愿路径具有显著的调节效应。其中，社会规范与普遍信任的交互项系数大于 0（0.207），表明社会规范对普遍信任作用于城市居民绿色住宅支付意愿路径具有正向的调节效应。

2. 经济实惠型支付意愿

社会规范调节效应的分析结果详见表 5-153。

表 5-153　　　　　　　社会规范的调节效应检验
（因变量=经济实惠型支付意愿）

	模型 1	模型 2	模型 3
普遍信任	1.069***	0.964***	0.973***
	(38.648)	(32.161)	(32.537)
社会规范		0.182***	0.194***
		(8.682)	(9.248)
普遍信任×社会规范			0.225***
			(5.836)
R^2	0.242	0.254	0.259
调整 R^2	0.241	0.253	0.258
F	F (5, 4856) = 310.397, p=0.000	F (6, 4855) = 275.190, p=0.000	F (7, 4854) = 242.348, p=0.000
ΔR^2	—	0.012	0.005
ΔF	—	F (1, 4855) = 75.384, p=0.000	F (1, 4854) = 34.054, p=0.000

从表 5-153 可知，普遍信任与社会规范的交互项呈现出显著性（t=5.836，p=0.000<0.05），意味着调节变量（社会规范）对普遍信任作用于经济实惠型支付意愿路径具有显著的调节效应。其中，社会规范与普遍信任的交互项系数大于 0（0.225），表明社会规范对普遍信任作用于经济实惠型支付意愿路径具有正向的调节效应。

3. 功能偏好型支付意愿

社会规范调节效应的分析结果详见表 5-154。

表 5-154　　　　　　　　社会规范的调节效应检验
（因变量=功能偏好型支付意愿）

	模型 1	模型 2	模型 3
普遍信任	1.096***	0.967***	0.976***
	(40.137)	(32.827)	(33.150)
社会规范		0.223***	0.234***
		(10.831)	(11.326)
普遍信任×社会规范			0.199***
			(5.235)
R^2	0.261	0.279	0.283
调整 R^2	0.260	0.278	0.282
F	F (5, 4856) = 343.208, p=0.000	F (6, 4855) = 312.410, p=0.000	F (7, 4854) = 273.152, p=0.000
ΔR^2	—	0.018	0.004
ΔF	—	F (1, 4855) = 117.317, p=0.000	F (1, 4854) = 27.409, p=0.000

从表 5-154 可知，普遍信任与社会规范的交互项呈现出显著性（t=5.235，p=0.000<0.05），意味着调节变量（社会规范）对普遍信任作用于功能偏好型支付意愿路径具有显著的调节效应。其中，社会规范与普遍信任的交互项系数大于 0（0.199），表明社会规范对普遍信任作用于功能偏好型支付意愿路径具有正向的调节效应。

4. 投资理财型支付意愿

社会规范调节效应的分析结果详见表 5-155。

表 5-155　　　　　　　　社会规范的调节效应检验
（因变量=投资理财型支付意愿）

	模型 1	模型 2	模型 3
普遍信任	1.325***	1.262***	1.267***
	(52.212)	(45.690)	(45.853)
社会规范		0.109***	0.115***
		(5.625)	(5.937)

续表

	模型1	模型2	模型3
普遍信任×社会规范			0.120***
			(3.365)
R^2	0.362	0.366	0.367
调整R^2	0.361	0.365	0.367
F	F(5, 4856) = 550.729, p=0.000	F(6, 4855) = 467.112, p=0.000	F(7, 4854) = 402.850, p=0.000
ΔR^2	—	0.004	0.001
ΔF	—	F(1, 4855) = 31.646, p=0.000	F(1, 4854) = 11.324, p=0.001

从表5-155可知，普遍信任与社会规范的交互项呈现出显著性（t=3.365，p=0.001<0.05），意味着调节变量（社会规范）对普遍信任作用于投资理财型支付意愿路径具有显著的调节效应。其中，社会规范与普遍信任的交互项系数大于0（0.120），表明社会规范对普遍信任作用于投资理财型支付意愿路径具有正向的调节效应。

5. 生态环保型支付意愿

社会规范调节效应的分析结果详见表5-156。

表5-156　　　　　社会规范的调节效应检验
（因变量=生态环保型支付意愿）

	模型1	模型2	模型3
普遍信任	1.118***	0.956***	0.960***
	(41.573)	(33.205)	(33.317)
社会规范		0.281***	0.286***
		(13.937)	(14.135)
普遍信任×社会规范			0.097**
			(2.607)
R^2	0.284	0.311	0.312
调整R^2	0.283	0.310	0.311
F	F(5, 4856) = 384.432, p=0.000	F(6, 4855) = 365.484, p=0.000	F(7, 4854) = 314.617, p=0.000

续表

	模型1	模型2	模型3
ΔR^2	—	0.027	0.001
ΔF	—	$F(1, 4855) = 194.249, p=0.000$	$F(1, 4854) = 6.795, p=0.009$

从表5-156可知，普遍信任与社会规范的交互项呈现出显著性（t=2.607，p=0.009<0.05），意味着调节变量（社会规范）对普遍信任作用于生态环保型支付意愿路径具有显著的调节效应。其中，社会规范与普遍信任的交互项系数大于0（0.097），表明社会规范对普遍信任作用于生态环保型支付意愿路径具有正向的调节效应。

6. 自我认同型支付意愿

社会规范调节效应的分析结果详见表5-157。

表5-157 社会规范的调节效应检验
（因变量=自我认同型支付意愿）

	模型1	模型2	模型3
普遍信任	0.948***	0.810***	0.814***
	(33.183)	(26.278)	(26.376)
社会规范		0.241***	0.246***
		(11.152)	(11.333)
普遍信任×社会规范			0.092*
			(2.325)
R^2	0.191	0.211	0.212
调整R^2	0.190	0.210	0.211
F	$F(5, 4856) = 228.697, p=0.000$	$F(6, 4855) = 216.153, p=0.000$	$F(7, 4854) = 186.214, p=0.000$
ΔR^2	—	0.020	0.001
ΔF	—	$F(1, 4855) = 124.378, p=0.000$	$F(1, 4854) = 5.404, p=0.020$

从表5-157可知，普遍信任与社会规范的交互项呈现出显著性（t=2.325，p=0.020<0.05），其中，社会规范与普遍信任的交互项系数大于

0（0.092），表明社会规范对普遍信任作用于自我认同型支付意愿路径具有正向的调节效应。

五 情境因素调节效应的假设检验

根据上述实证分析，接下来本书对前文提出的情境因素在普遍信任和绿色住宅支付意愿间的调节效应相关假设进行检验，检验结果汇总见表5-158。

表5-158 情境因素在普遍信任和绿色住宅支付意愿间调节效应的假设验证

序号	研究假设	检验结果
H18	信息诉求对普遍信任作用于城市居民绿色住宅支付意愿的路径关系存在显著调节作用	成立
H18a	主动型信息诉求对普遍信任作用于城市居民绿色住宅支付意愿的路径关系存在显著调节作用	成立
H18b	被动型信息诉求对普遍信任作用于城市居民绿色住宅支付意愿的路径关系存在显著调节作用	成立
H19	政策标准对普遍信任作用于城市居民绿色住宅支付意愿的路径关系存在显著调节作用	部分成立
H19a	政策完善度对普遍信任作用于城市居民绿色住宅支付意愿的路径关系存在显著调节作用	部分成立
H19b	政策普及度对普遍信任作用于城市居民绿色住宅支付意愿的路径关系存在显著调节作用	部分成立
H19c	政策执行度对普遍信任作用于城市居民绿色住宅支付意愿的路径关系存在显著调节作用	部分成立
H20	属性壁垒对普遍信任作用于城市居民绿色住宅支付意愿的路径关系存在显著调节作用	成立
H20a	成本壁垒对普遍信任作用于城市居民绿色住宅支付意愿的路径关系存在显著调节作用	部分成立
H20b	技术壁垒对普遍信任作用于城市居民绿色住宅支付意愿的路径关系存在显著调节作用	成立
H20c	品牌壁垒对普遍信任作用于城市居民绿色住宅支付意愿的路径关系存在显著调节作用	部分成立

续表

序号	研究假设	检验结果
H20d	位置壁垒对普遍信任作用于城市居民绿色住宅支付意愿的路径关系存在显著调节作用	部分成立
H20e	标识壁垒对普遍信任作用于城市居民绿色住宅支付意愿的路径关系存在显著调节作用	部分成立
H21	群体规范对普遍信任作用于城市居民绿色住宅支付意愿的路径关系存在显著调节作用	成立
H21a	家庭规范对普遍信任作用于城市居民绿色住宅支付意愿的路径关系存在显著调节作用	部分成立
H21b	组织规范对普遍信任作用于城市居民绿色住宅支付意愿的路径关系存在显著调节作用	成立
H21c	社会规范对普遍信任作用于城市居民绿色住宅支付意愿的路径关系存在显著调节作用	成立

第六节 驱动机理理论模型修正

基于前述章节分析结果可知，全球环境关心作用于绿色住宅支付意愿的路径不显著；位置壁垒对普遍信任影响绿色住宅支付意愿路径关系的调节效应不显著，故在修正模型过程中删除上述路径。个体心理因素中的支持态度、带动态度、当地环境关心、获得账户、损失账户、高解释水平、低解释水平、主观认知、客观认知、道德内隐、道德外显、普遍信任及其各维度，均能够显著地直接预测城市居民绿色住宅支付意愿。普遍信任在个体心理因素各个变量和绿色住宅支付意愿间的中介效应路径均显著，情境因素中的主动型信息诉求、被动型信息诉求、政策完善度、政策普及度、政策执行度、成本壁垒、技术壁垒、品牌壁垒、标识壁垒、家庭规范、组织规范、社会规范对普遍信任与绿色住宅支付意愿间关系的调节效应路径显著。此外，绿色住宅支付意愿在社会人口统计学变量中的性别、年龄、受教育水平、行业类型、职位层级、家庭结构、家庭月收入、家庭住宅面积上存在显著的差异性。修正后的理论模型如图5-15所示。

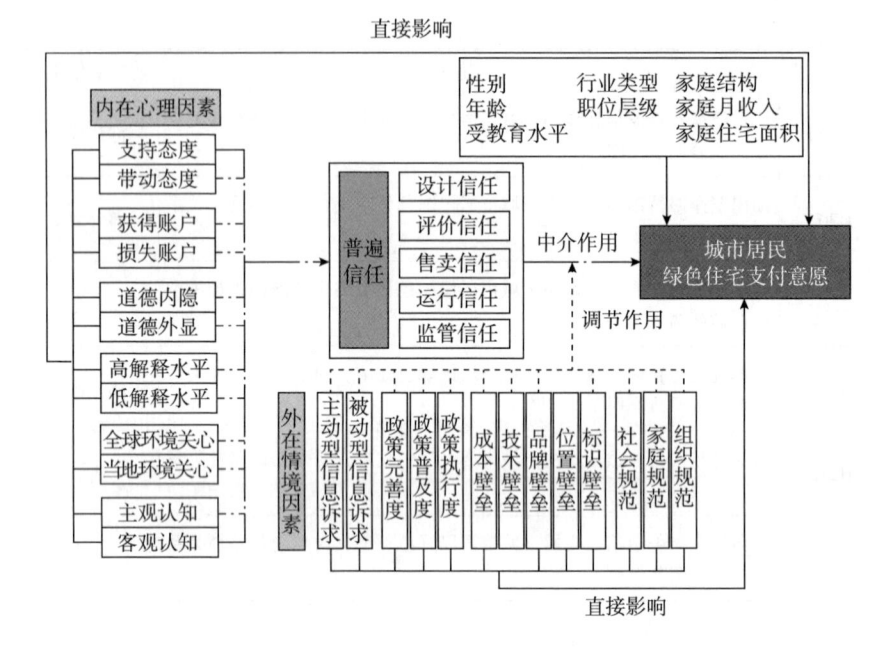

图 5-15　修正后的城市居民绿色住宅支付意愿驱动机理理论模型

在绿色住宅支付意愿具体的五个维度方面，根据数据分析结果，修正后的驱动因素模型如图 5-16 至图 5-20 所示。

就经济实惠型支付意愿而言，个体心理因素中的当地环境关心、高解释水平、道德内隐，情境因素中的社会规范、组织规范、主动型信息诉求、成本壁垒、位置壁垒，均未能够显著地直接预测城市居民经济实惠型支付意愿，故在修正模型过程中删除上述路径。除环境关心外，普遍信任在其他个体心理因素和经济实惠型支付意愿间的中介效应路径均显著，情境因素中的各维度因素均对普遍信任与经济实惠型支付意愿间关系的调节效应路径显著。

就功能偏好型支付意愿而言，个体心理因素中的高解释水平、道德内隐，情境因素中的家庭规范、政策完善度、政策普及度，均未能够显著地直接预测城市居民功能偏好型支付意愿，故在修正模型过程中删除上述路径。除环境关心外，普遍信任在其他个体心理因素和功能偏好型支付意愿间的中介效应路径均显著，情境因素中的各维度因素均对普遍信任与功能偏好型支付意愿间关系的调节效应路径显著。

第五章 城市居民绿色住宅支付意愿响应的实证分析 / 243

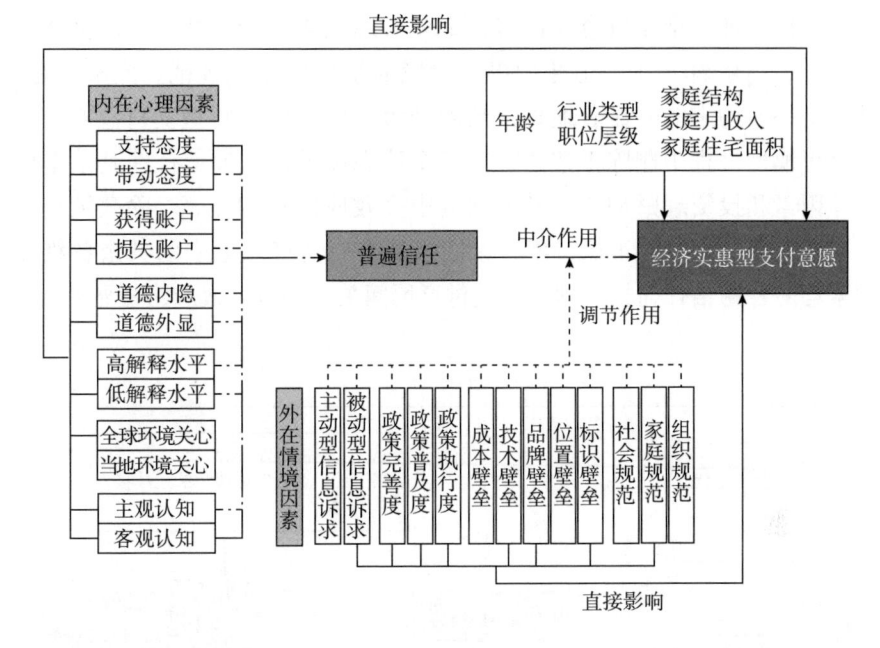

图 5-16 修正后的城市居民经济实惠型支付意愿驱动机理理论模型

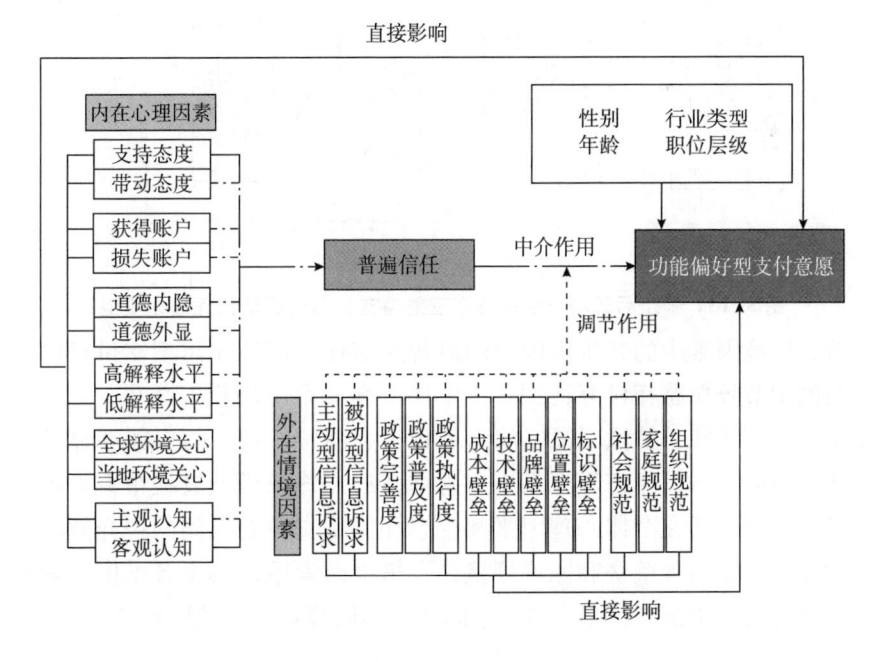

图 5-17 修正后的城市居民功能偏好型支付意愿驱动机理理论模型

就投资理财型支付意愿而言，个体心理因素中的支持态度、全球环境关心、高解释水平、道德内隐，情境因素中的组织规范、成本壁垒、技术壁垒，均未能够显著地直接预测城市居民投资理财型支付意愿，故在修正模型过程中删除上述路径。除个体态度外，普遍信任在其余个体心理因素和投资理财型支付意愿间的中介效应路径均显著。除政策完善度、政策普及度、政策执行度、家庭规范外，情境因素中的其余各维度因素均对普遍信任与投资理财型支付意愿间关系的调节效应路径显著。

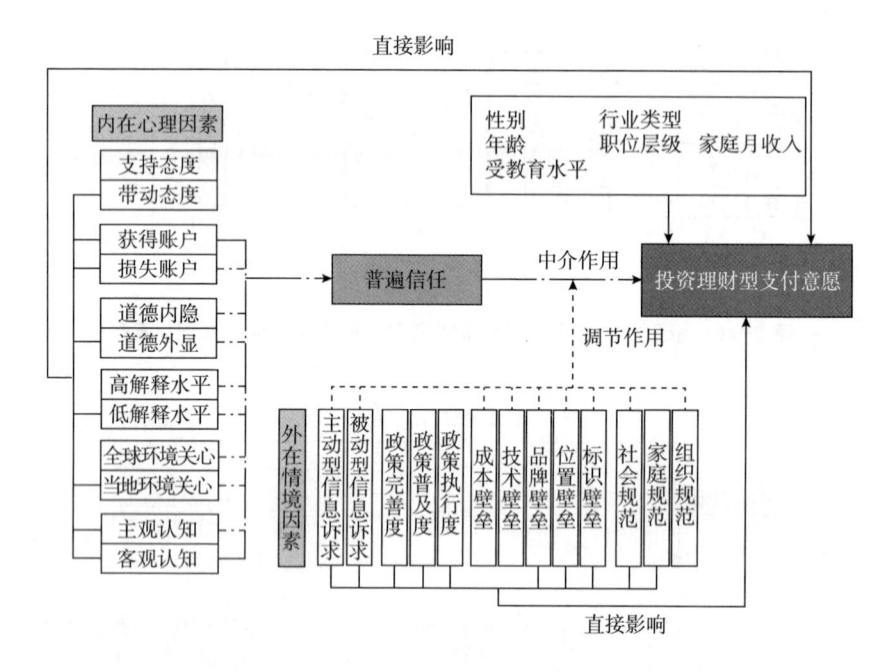

图 5-18　修正后的城市居民投资理财型支付意愿驱动机理理论模型

就生态环保型支付意愿而言，个体心理因素中的损失账户、低解释水平、客观认知，情境因素中的组织规范、品牌壁垒，均未能够显著地直接预测城市居民生态环保型支付意愿，故在修正模型过程中删除上述路径。普遍信任在个体心理因素和生态环保型支付意愿间的中介效应路径均显著。除成本壁垒和家庭规范外，情境因素中的其余各维度因素均对普遍信任与生态环保型支付意愿间关系的调节效应路径显著。

第五章　城市居民绿色住宅支付意愿响应的实证分析 / 245

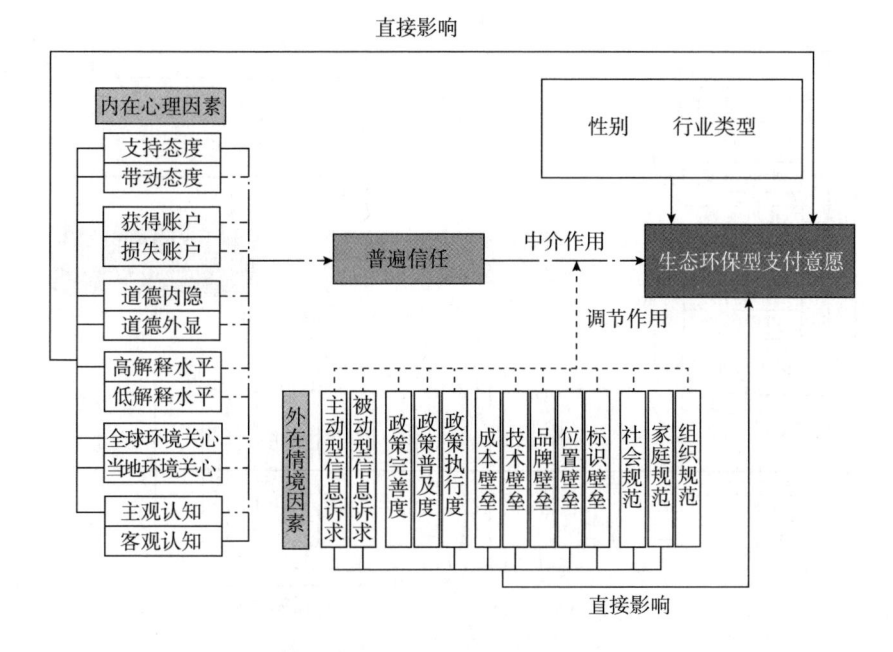

图 5-19　修正后的城市居民生态环保型支付意愿驱动机理理论模型

就自我认同型支付意愿而言，支持态度、带动态度、全球环境关心、当地环境关心、获得账户、高解释水平、主观认知、道德内隐会对自我认同型支付意愿产生显著的正向预测作用；损失账户、低解释水平、客观认知、道德外显会对自我认同型支付意愿产生显著的负向预测作用。但是社会规范、家庭规范、政策普及度、成本壁垒、技术壁垒并不会对自我认同型支付意愿产生显著预测效应。故在修正模型过程中删除上述路径。除低解释水平外，普遍信任在其余个体心理因素和自我认同型支付意愿间的中介效应路径均显著。除品牌壁垒、位置壁垒、标识壁垒外，情境因素中的其余各维度因素均对普遍信任与自我认同型支付意愿间关系的调节效应路径显著。

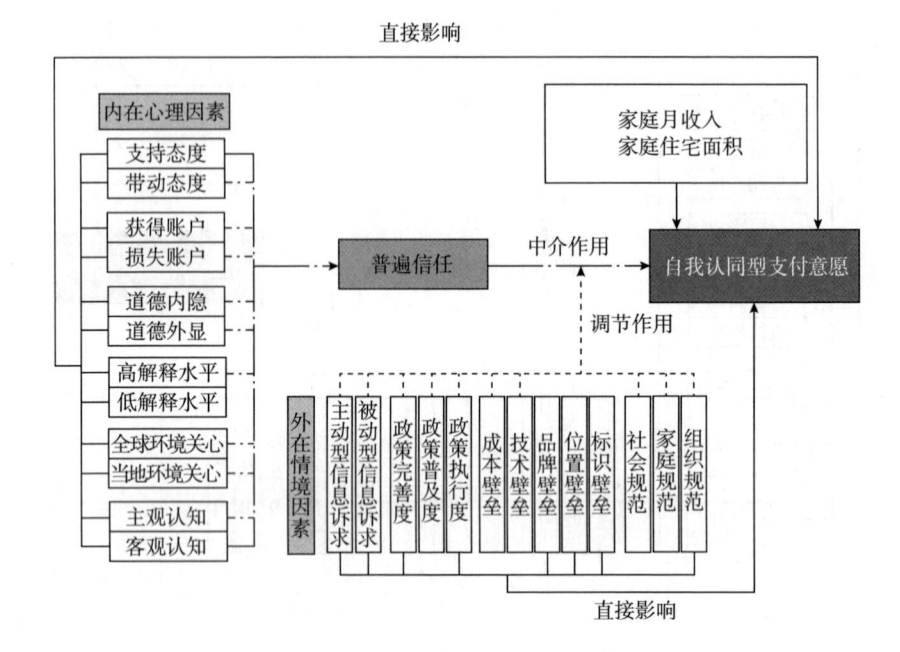

图 5-20　修正后的城市居民自我认同型支付意愿驱动机理理论模型

第六章　城市居民绿色住宅支付意愿响应的溢价测度实验

前述章节探究了我国城市居民绿色住宅支付意愿响应的驱动机理，并进行了大样本实证检验，较为完整地勾勒了居民绿色住宅支付意愿的心理动因、情境动因，归纳出"利益层—经济实惠型支付意愿/功能偏好型支付意愿/投资理财型支付意愿""认同层—自我认同型支付意愿""贡献层—生态环保型支付意愿"共计三层五类别支付意愿，并系统论证了中介变量普遍信任以及调节变量情境因素对五类支付意愿的干预及调节作用。

在探究了哪些驱动因素将显著影响居民绿色住宅支付意愿响应后，接下来需要量化居民愿意为绿色住宅价格溢价支付的具体水平（绝对金额或基准房价百分比）。居民的支付响应与否在于支付意愿及支付行为发生的概率，其前置驱动核心即居民对绿色住宅价格溢价的支付意愿、金额或总价百分比。基于此，本章开展了关键驱动因素（中介变量运行环节信任）的干预实验，以及关键驱动因素（调节变量信息诉求）的情境实验。一方面探究两类关键驱动因素对居民绿色住宅价格溢价水平的影响，另一方面通过支付意愿法和联合选择实验法两种方式测算绿色住宅价格溢价，以及实验组居民（绿色住宅小区的居民）和控制组居民（普通住宅小区的居民）在运行信任、信息诉求干预前后的支付意愿以及溢价支付水平的差异。两类现场实验在理论与方法上互为对比和补充，特别地，其具体量化了不同居民对绿色住宅溢价支付水平的高低，这为政策溢价的制定提供了现实依据。

第一节 基于运行信任的干预实验

前述章节的实证结果表明，我国城市居民对绿色住宅支付意愿响应的关键驱动因素之一为中介变量——普遍信任。在本书中，普遍信任由5个维度构成，分别为设计环节信任、评价环节信任、售卖环节信任、运行环节信任以及监管环节信任，其均值分别为4.113、3.823、3.803、3.332和4.021。其中，运行环节信任水平均值最低，仅为3.332。从均值的变化趋势来看，设计环节信任到监管环节信任呈现"多层缺口"现象，这并不符合理论预期。设计环节信任的均值远高于其他能力环节，这向我们传递了一种充满希望的积极信息，即居民相信绿色住宅初衷设计是值得被信赖的，问题主要出在居民对于运行环节的不信赖。

对于设计环节、评价环节、售卖环节与监管环节，居民可能难以获知最直观的信息与感受，因为居民并未直接参与其中。在前述章节的访谈中，多数访谈对象都表达了"对于绿色住宅，我相信政府的出发点是好的，建设单位编制的绿色住宅施工图设计文件也是很不错的，但是在住宅的实际运行环节，是否能达到其宣称的绿色化、健康化水平，我保持怀疑，且我也没有途径去获知绿色住宅的实际运行数据"。因此，提升居民对运行环节的信任水平迫在眉睫，这也是成本最低、最直接的助推手段。

一 实验设计

（一）样本城市的选取

在调研城市的选取上，本章节以江苏省南京市为样本实验城市。在本书第四章第二小节，详细阐述了现行的绿色建筑相关法律法规，可以看出，南京市不仅出台了绿色建筑发展条例，还出台了相应的管理章程，是我国绿色建筑法规和法律建设上最为完善的代表性城市，其绿色小区在数量与规模上均位于全国领先地位。此外，继要求新建建筑100%绿色建筑后，南京又将绿色建材纳入政府采购，成为全国6个政府采购支持绿色建材促进建筑品质提升试点城市之一，因此选择南京市作为实验城市具有较好的代表性。

在南京市选取两个典型的、不同绿标星级等级的绿色住宅小区

(GB1、GB2)进行调研,分别是高星级绿色住宅、低星级绿色住宅。其中,GB1获得了绿标高星级运行评价(二星级、三星级);GB2获得了绿标低星级运行评价(基本级、一星级)。同时,在绿色小区(GB1、GB2)周边选取类型相同、档次相近的普通小区(RB1、RB2)分别构成对照组,以控制可能与区位相关的遗漏变量影响。

(二)实验流程

实验问卷主要包括三个部分:①当前住宅的基本信息;②对绿色住宅的认知、态度和支付意愿;③居民人口统计特征相关信息。在本实验中,对绿色住宅居民和非绿色住宅居民使用的认知、态度(包含满意度、舒适度)测量量表是基于2019年版《绿色建筑评价标准》而设计开发的。2019年版相对于2014年版有诸多改进(见图6-1)。

在本实验中,对运行信任的实验量化是来自对上述四个小区主要建筑室内环境指标的实地测试后设计的运行信任信息卡(见图6-2),通过实地测量绿色住宅小区与普通住宅小区的实际运行水平,用数据证实绿色住宅确实可以显著降低住宅运行成本,且在室内温度(℃)、室内相对湿度(%)、室内背景噪声(dB)、室内亮度(Lux)和室内二氧化碳浓度(ppm)方面均显著优于普通住宅,且处于最优值区间,即用数据证实绿色住宅所宣称的运行环节最优是值得信赖的。

二 数据收集与检验

本调研在2020年11月开展,在上述四个小区各随机抽取500个住户(每户1人)进行问卷调研,共回收1616份有效问卷,有效回收率为80.8%。其中,绿色小区有效问卷为818份,普通小区有效问卷为798份(见表6-1)。

表6-1　　　　　　　　　实验样本分布情况　　　　　　　　　单位:份

样本构成	可比项目组		总计
	GROUP 1(低星级)	GROUP 2(高星级)	
绿色小区	546	272	818
普通小区	560	238	798
总计	1106	510	1616

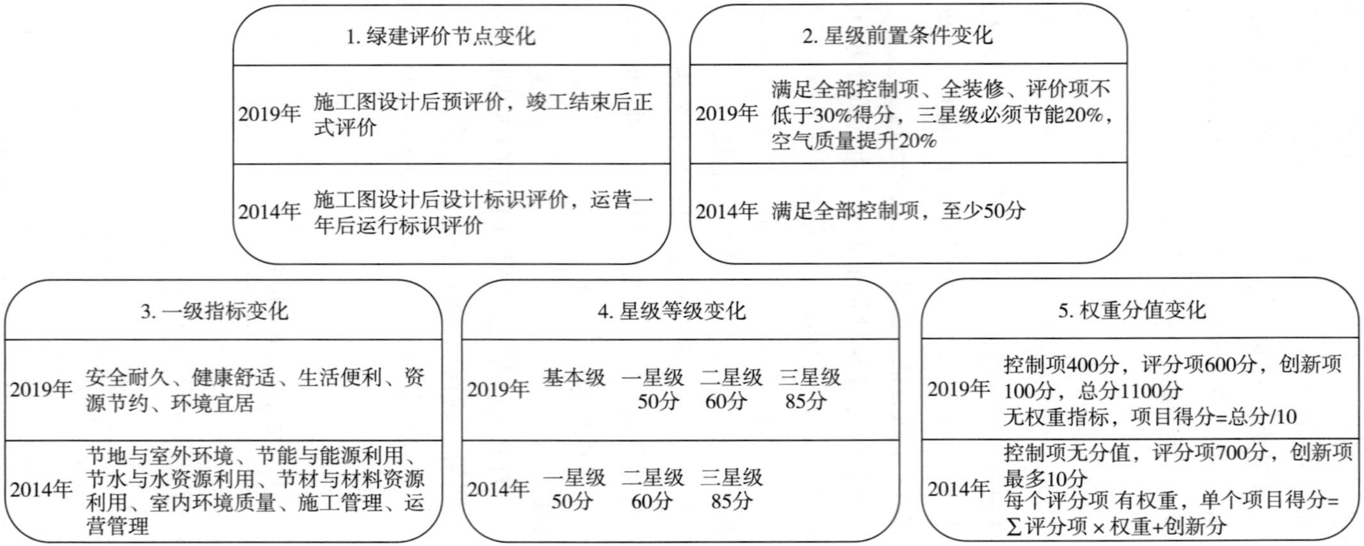

图6-1 《绿色建筑评价标准》2019年版相对于2014年版的改进

1. 绿建评价节点变化
- 2019年：施工图设计后预评价，竣工结束后正式评价
- 2014年：施工图设计后设计标识评价，运营一年后运行标识评价

2. 星级前置条件变化
- 2019年：满足全部控制项，全装修，评价项不低于30%得分，三星级必须节能20%，空气质量提升20%
- 2014年：满足全部控制项，至少50分

3. 一级指标变化
- 2019年：安全耐久、健康舒适、生活便利、资源节约、环境宜居
- 2014年：节地与室外环境、节能与能源利用、节水与水资源利用、节材与材料资源利用、室内环境质量、施工管理、运营管理

4. 星级等级变化
- 2019年：基本级 50分，一星级 60分，二星级 70分，三星级 85分
- 2014年：一星级 50分，二星级 60分，三星级 85分

5. 权重分值变化
- 2019年：控制项400分，评分项600分，创新项100分，总分1100分，项目得分=总分/10
- 2014年：控制项无分值，评分项700分，创新项最多10分，每个评分项有权重，单个项目得分=∑评分项×权重+创新分

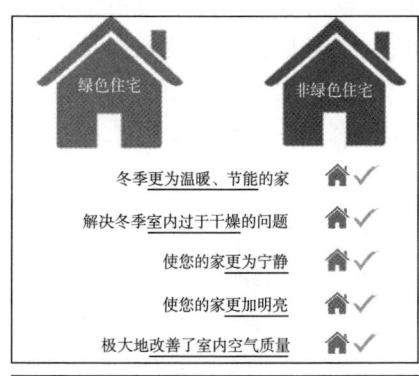

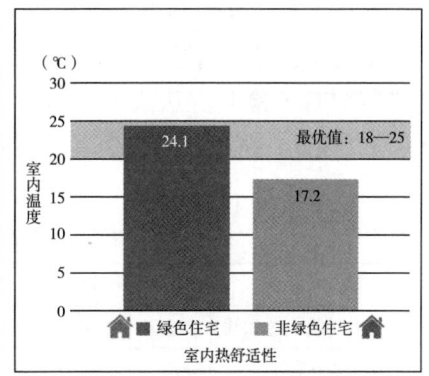

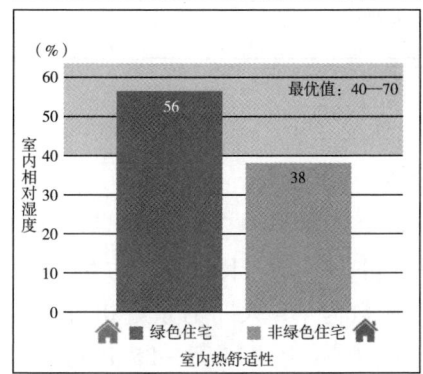

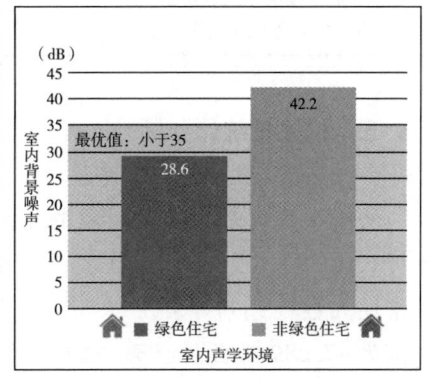

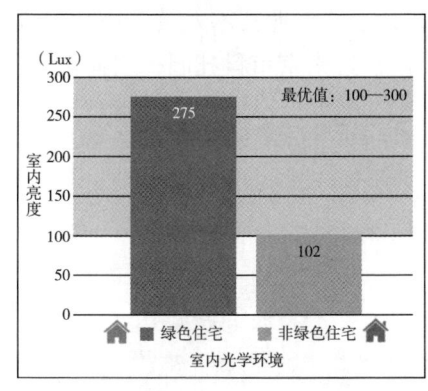

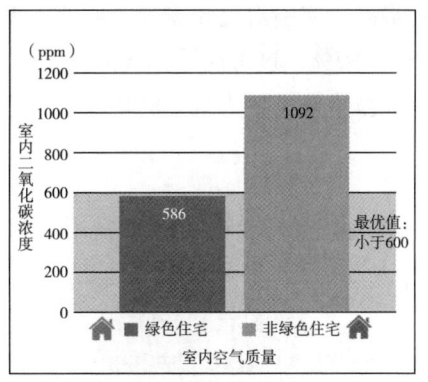

图 6-2　实验所用信息卡

注：数据来源于上述四个小区（高星级绿色住宅、低星级绿色住宅及其邻近的两个普通住宅小区）的实地测量。测量于 2020 年 10 月底开展，每个小区选取 2 户住宅进行室内环境监测。由于样本数量有限，借鉴清华大学张莉（2018）的做法，只对绿色小区和非绿色小区的均值进行对比，不再进行分组比较。

252 / 城市居民绿色住宅支付响应的机理、测度及助推策略

在样本有效性控制上,由于收入问题较为敏感,为了避免受访者的回答不真实,借鉴清华大学张莉(2018)的做法,在问卷中设置检验问题进行配对 t 检验。从表 6-2 可以看出,结果未呈现出差异性($p>0.05$),因此,可以认为受访者对收入的回答较为真实准确。

表 6-2 检验问题的配对 t 检验

	平均值	标准差	平均值差值	t	p
您的家庭年收入总和约为多少元	3.12	1.03	-0.02	-0.911	0.362
您认为居住在本小区的其他家庭的平均年收入约为多少元	3.14	0.99			

三 描述性统计分析

(一)人口统计特征与房屋特征分析

从图 6-3 可知:实验对象的年龄集中在 26—35 岁,占 56.81%;有超过 5 成的样本为"女";学历水平为"本科"的占比最高,为 69.80%;从常住人数(超过半年)来看,常住人数为"3 人"的家庭相对较多,比例为 47.28%;此外,33.54% 的家庭年收入为"15 万—25 万元",占比最高;实验对象涵盖各个职业类型,其中"专业技术人员"占比最高,为 31.93%,这可能是本次部分实验小区靠近南京市科技园,因而出现了专业技术人员较为聚集的现象。

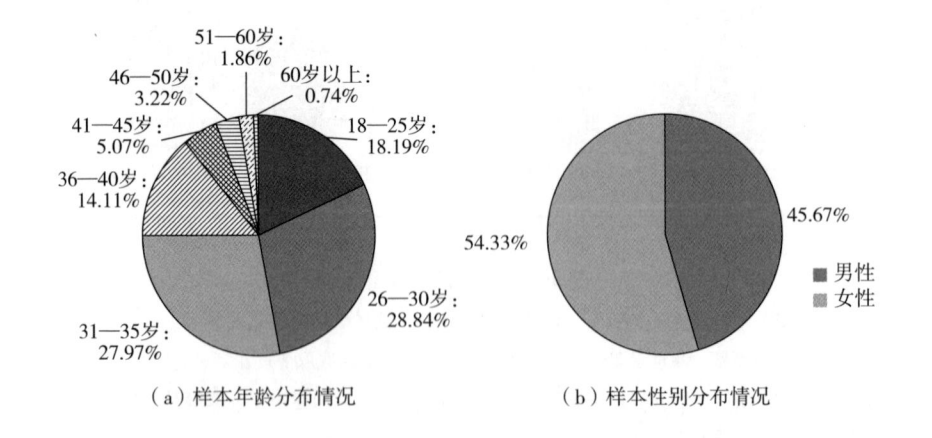

(a)样本年龄分布情况

(b)样本性别分布情况

图 6-3 总样本的人口统计特征分布情况

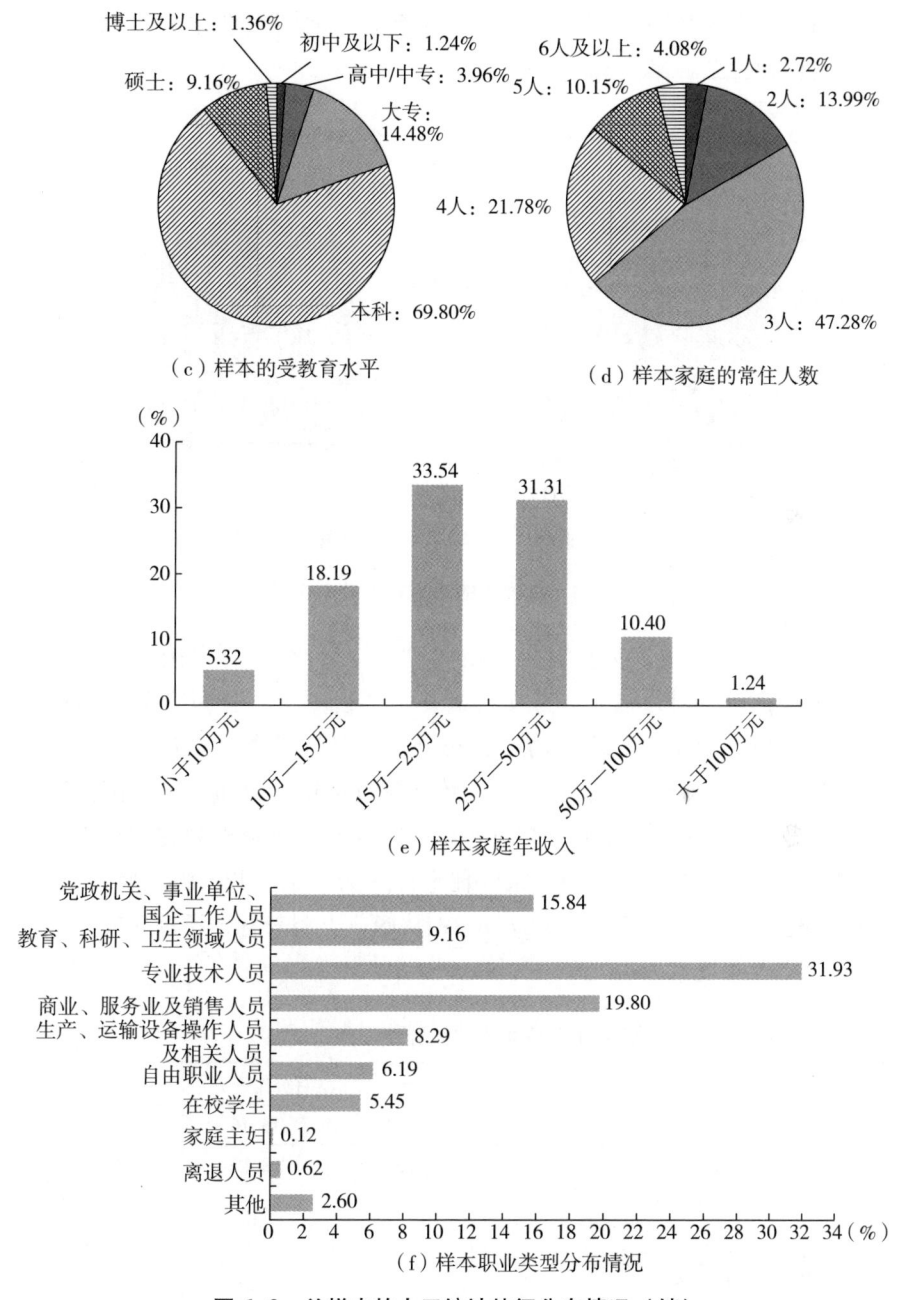

第六章 城市居民绿色住宅支付意愿响应的溢价测度实验 / 253

（c）样本的受教育水平
- 博士及以上：1.36%
- 硕士：9.16%
- 初中及以下：1.24%
- 高中/中专：3.96%
- 大专：14.48%
- 本科：69.80%

（d）样本家庭的常住人数
- 6人及以上：4.08%
- 5人：10.15%
- 1人：2.72%
- 2人：13.99%
- 4人：21.78%
- 3人：47.28%

（e）样本家庭年收入
- 小于10万元：5.32
- 10万—15万元：18.19
- 15万—25万元：33.54
- 25万—50万元：31.31
- 50万—100万元：10.40
- 大于100万元：1.24

（f）样本职业类型分布情况
- 党政机关、事业单位、国企工作人员：15.84
- 教育、科研、卫生领域人员：9.16
- 专业技术人员：31.93
- 商业、服务业及销售人员：19.80
- 生产、运输设备操作人员及相关人员：8.29
- 自由职业人员：6.19
- 在校学生：5.45
- 家庭主妇：0.12
- 离退人员：0.62
- 其他：2.60

图 6-3 总样本的人口统计特征分布情况（续）

进一步地，对总样本的房屋特征分布情况进行描述性统计分析。由图 6-4 可以看出，实验对象普遍在本住宅居住的时间较久，多在 3—5 年

(39.11%)和 5 年以上（36.88%）；其家庭住宅面积多在 81—120 平方米，占比超过了一半（50.12%）。

（a）样本在本住宅的居住时间

小于1年：3.84%
1—2年：20.17%
3—5年：39.11%
大于5年：36.88%

（b）样本家庭的住宅面积

200平方米以上：2.35%
161—200平方米：3.84%
121—160平方米：25.50%
81—120平方米：50.12%
40—80平方米：15.47%
40平方米以下：2.72%

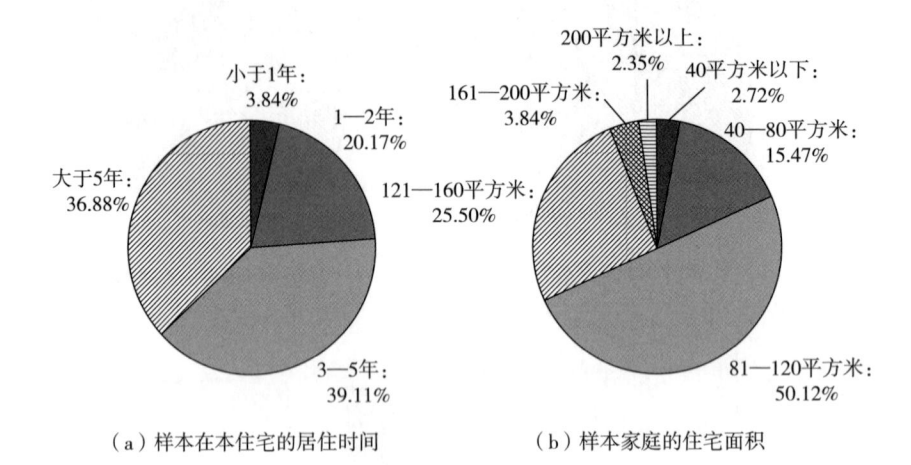

图 6-4 总样本的房屋特征分布情况

从表 6-3 可知，实验对象年龄为"31—35 岁"的比例为 31.05%，占比最高；在性别分布上，男女比例几乎各占一半，分布较为均衡；在受教育水平（包含正在攻读的）分布上，大部分实验对象为"本科"学历水平，占比为 68.22%；在常住人数（超过半年）分布上，大部分家庭常住人数为"3 人"，占比为 47.19%；超过 4 成的实验对象在本住宅已经居住了"3—5 年"；约一半的家庭住宅面积为"81—120 平方米"；超过 3 成家庭年收入达"25 万—50 万元"；从职业类型来看，超过 3 成的实验对象为"专业技术人员"。

表 6-3 绿色小区样本人口统计特征分布情况

名称	选项	频数	百分比（%）	累计百分比（%）
年龄 （AGE）	18—25 岁	124	15.16	15.16
	26—30 岁	236	28.85	44.01
	31—35 岁	254	31.05	75.06
	36—40 岁	122	14.91	89.98
	41—45 岁	52	6.36	96.33
	46—50 岁	22	2.69	99.02
	51—60 岁	4	0.49	99.51
	60 岁以上	4	0.49	100.00

续表

名称	选项	频数	百分比（%）	累计百分比（%）
性别 （GENDER）	男	394	48.17	48.17
	女	424	51.83	100
受教育水平 （包含正在 攻读的） （EDU）	初中及以下	10	1.22	1.22
	高中/中专	36	4.40	5.62
	大专	130	15.89	21.52
	本科	558	68.22	89.73
	硕士	66	8.07	97.80
	博士及以上	18	2.20	100
常住人数 （超过半年） （POPULATION）	1人	12	1.47	1.47
	2人	108	13.20	14.67
	3人	386	47.19	61.86
	4人	182	22.25	84.11
	5人	94	11.49	95.60
	6人及以上	36	4.40	100
居住时间 （TIME）	小于1年	22	2.69	2.69
	1—2年	166	20.29	22.98
	3—5年	390	47.68	70.66
	大于5年	240	29.34	100
住宅面积 （AREA）	40平方米以下	12	1.47	1.47
	40—80平方米	60	7.33	8.80
	81—120平方米	406	49.63	58.44
	121—160平方米	266	32.52	90.95
	161—200平方米	48	5.87	96.82
	200平方米以上	26	3.18	100
家庭年收入 （INCOME）	小于10万元	40	4.89	4.89
	10万—15万元	122	14.91	19.80
	15万—25万元	250	30.56	50.37
	25万—50万元	282	34.47	84.84
	50万—100万元	108	13.20	98.04
	大于100万元	16	1.96	100

续表

名称	选项	频数	百分比（%）	累计百分比（%）
职业类型（OCCUPATION）	党政机关、事业单位、国企工作人员	134	16.38	16.38
	教育、科研、卫生领域人员	86	10.51	26.89
	专业技术人员	276	33.74	60.64
	商业、服务业及销售人员	156	19.07	79.71
	生产、运输设备操作人员及相关人员	74	9.05	88.75
	自由职业人员	54	6.60	95.35
	在校学生	22	2.69	98.04
	家庭主妇	2	0.24	98.29
	其他	14	1.71	100
合计		818	100	100

与绿色小区不同的是，在普通小区的实验对象中，"26—30 岁"的居民占比最高（28.82%），且女性样本的比例略高于男性，为 56.89%；从学历水平来看，有超过 7 成的样本为本科学历；家庭年收入为"15 万—25 万元"的比例最高，为 36.59%；有超过一半的居民（50.63%）家庭的住宅面积为"81—120 平方米"；从居住时长来看，有超过 4 成的实验对象居住时长大于 5 年；从常住人数（超过半年）分布来看，大部分家庭均为"3 人"，占比为 47.37%；与绿色住宅小区相似的是，超过 3 成样本的职业为专业技术人员（见表 6-4）。进一步地，对比绿色小区和普通小区受访居民的年龄、学历、收入，t 检验结果显示绿色小区受访者的年龄更大、收入更高。

表 6-4　　　　　普通小区样本人口统计特征分布情况

	选项	频数	百分比（%）	累计百分比（%）
年龄	18—25 岁	170	21.30	21.30
	26—30 岁	230	28.82	50.13
	31—35 岁	198	24.81	74.94
	36—40 岁	106	13.28	88.22

续表

	选项	频数	百分比（%）	累计百分比（%）
年龄	41—45 岁	30	3.76	91.98
	46—50 岁	30	3.76	95.74
	51—60 岁	26	3.26	99.00
	60 岁以上	8	1.00	100
性别	男	344	43.11	43.11
	女	454	56.89	100
受教育水平（包含正在攻读的）	初中及以下	10	1.25	1.25
	高中/中专	28	3.51	4.76
	大专	104	13.03	17.79
	本科	570	71.43	89.22
	硕士	82	10.28	99.50
	博士及以上	4	0.50	100
家庭年收入	小于 10 万元	46	5.76	5.76
	10 万—15 万元	172	21.55	27.32
	15 万—25 万元	292	36.59	63.91
	25 万—50 万元	224	28.07	91.98
	50 万—100 万元	60	7.52	99.50
	大于 100 万元	4	0.50	100
住宅面积	40 平方米以下	32	4.01	4.01
	40—80 平方米	190	23.81	27.82
	81—120 平方米	404	50.63	78.45
	121—160 平方米	146	18.30	96.74
	161—200 平方米	14	1.75	98.50
	200 平方米以上	12	1.50	100
居住时间	小于 1 年	40	5.01	5.01
	1—2 年	160	20.05	25.06
	3—5 年	242	30.33	55.39
	大于 5 年	356	44.61	100
常住人数（超过半年）	1 人	32	4.01	4.01
	2 人	118	14.79	18.80
	3 人	378	47.37	66.17

续表

	选项	频数	百分比（%）	累计百分比（%）
常住人数（超过半年）	4人	170	21.30	87.47
	5人	70	8.77	96.24
	6人及以上	30	3.76	100
职业类型	党政机关、事业单位、国企工作人员	122	15.29	15.29
	教育、科研、卫生领域人员	62	7.77	23.06
	专业技术人员	240	30.08	53.13
	商业、服务业及销售人员	164	20.55	73.68
	生产、运输设备操作人员及相关人员	60	7.52	81.20
	自由职业人员	46	5.76	86.97
	在校学生	66	8.27	95.24
	离退人员	10	1.25	96.49
	其他	28	3.51	100
合计		798	100	100

（二）居民对绿色住宅的了解度、信任度与满意度分析

1. 了解度

在实验中，首先询问了实验对象对绿色住宅和绿色住宅认证的了解程度，结果如表6-5所示。对于绿色住宅小区，有约60%的实验对象表示比较了解绿标认证；对于普通住宅小区，这一比例却仅为12.53%。总体而言，绿色小区居民对绿标认证的熟悉程度远高于普通小区居民。

表6-5　　　　　居民对绿色住宅评价标识的了解程度

选项	绿色小区		普通小区	
	频数	百分比（%）	频数	百分比（%）
根本不了解	16	1.96	110	13.78
不确定，好像听说过	76	9.29	194	24.31
听说过，但不太了解	240	29.34	394	49.37
比较了解，认识其标识	406	49.63	98	12.28
非常了解，做过专门研究	80	9.78	2	0.25
合计	818	100.00	798	100.00

2. 信任度

在对绿标认证的信任度方面，居住在绿色小区和普通小区的居民均对其有较高的信任，如表6-6所示，特别是在绝对信任层面——"非常相信"，绿色小区的居民占比20.54%，远高于普通小区的居民（占比仅为9.02%）。这与第五章的实证研究结论互为印证，表明对于第三方权威认证的绿色住宅标识，其被信任程度还是处于一个较好的水平。

表6-6　　　　居民对国家绿色住宅星级认证的信任度

选项	绿色小区 频数	绿色小区 百分比（%）	普通小区 频数	普通小区 百分比（%）
根本不相信	6	0.73	2	0.25
不太相信	44	5.38	72	9.02
不确定	96	11.74	144	18.05
比较相信	504	61.61	508	63.66
非常相信	168	20.54	72	9.02
合计	818	100.00	798	100.00

3. 偏好

此外，在实验过程中，还询问了居民"希望以什么样的方式了解绿色住宅"。从图6-5可以看出（由于这是一道多选题，所以各个选项加总起来会大于100%）：居民最喜欢的三种方式分别是"购物中心发放传单宣传/主入口放置宣传画架或绿色住宅环保袋""绿色地产售楼部实地考察""微博、微信、论坛等线上平台沟通交流"。

其中，居住在绿色小区的居民和居住在普通小区的居民在方式选择上存在差异，详见图6-6和图6-7。绿色小区的居民更偏好通过"购物中心发放传单宣传/主入口放置宣传画架或绿色住宅环保袋""微博、微信、论坛等线上平台沟通交流""广告媒体展示（如车身广告、灯箱、网站等）"的方式了解绿色住宅；而普通小区的居民更偏好通过"绿色地产售楼部实地考察""绿色住宅样板间实地感受""微博、微信、论坛等线上平台沟通交流"的方式了解绿色住宅。

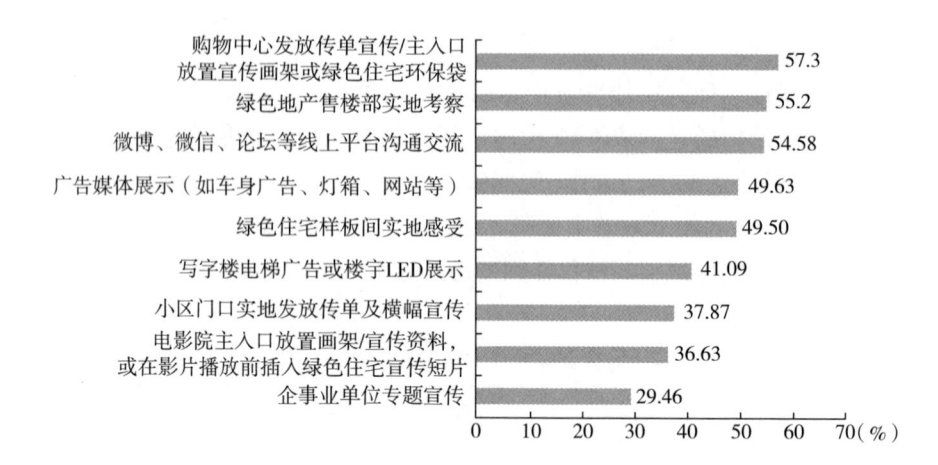

图 6-5 居民对绿色住宅了解方式的偏好

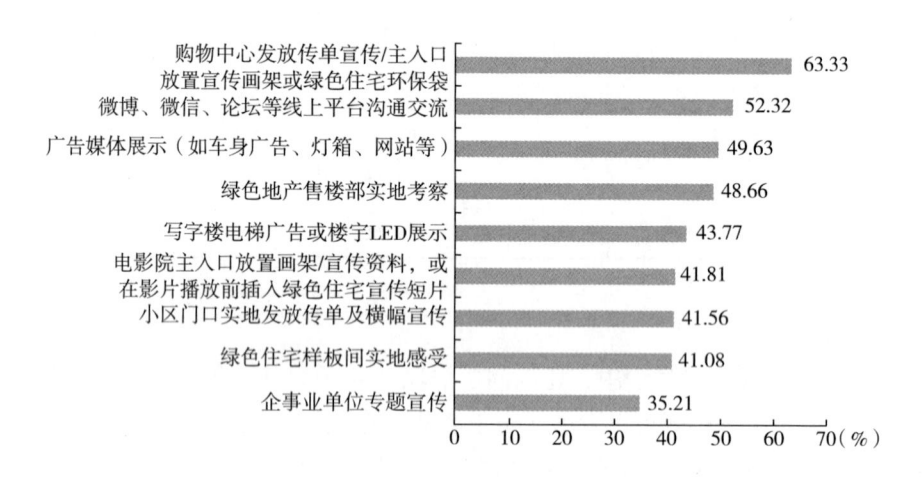

- 购物中心发放传单宣传/主入口放置宣传画架或绿色住宅环保袋　57.3
- 绿色地产售楼部实地考察　55.2
- 微博、微信、论坛等线上平台沟通交流　54.58
- 广告媒体展示（如车身广告、灯箱、网站等）　49.63
- 绿色住宅样板间实地感受　49.50
- 写字楼电梯广告或楼宇LED展示　41.09
- 小区门口实地发放传单及横幅宣传　37.87
- 电影院主入口放置画架/宣传资料，或在影片播放前插入绿色住宅宣传短片　36.63
- 企事业单位专题宣传　29.46

图 6-6 绿色小区居民对绿色住宅了解方式的偏好

- 购物中心发放传单宣传/主入口放置宣传画架或绿色住宅环保袋　63.33
- 微博、微信、论坛等线上平台沟通交流　52.32
- 广告媒体展示（如车身广告、灯箱、网站等）　49.63
- 绿色地产售楼部实地考察　48.66
- 写字楼电梯广告或楼宇LED展示　43.77
- 电影院主入口放置画架/宣传资料，或在影片播放前插入绿色住宅宣传短片　41.81
- 小区门口实地发放传单及横幅宣传　41.56
- 绿色住宅样板间实地感受　41.08
- 企事业单位专题宣传　35.21

出现这种差异的原因可能是因为绿色小区的居民已经购买了绿色住宅，对其有了较为深刻的实际使用感受，所以更偏好简单、明了的方式去进一步了解绿色住宅（到售楼部实地考察需要花费大量时间成本和非时间成本）。与之相反的是，居住在普通小区的未购买绿色住宅的居民更偏好实地的亲身感受，这可能是因为他们在面对新生事物时，更相信"眼见为实"和"切身感受"，并且实地亲身体验可能会使其更直观明了地感受到绿色住宅的优势。

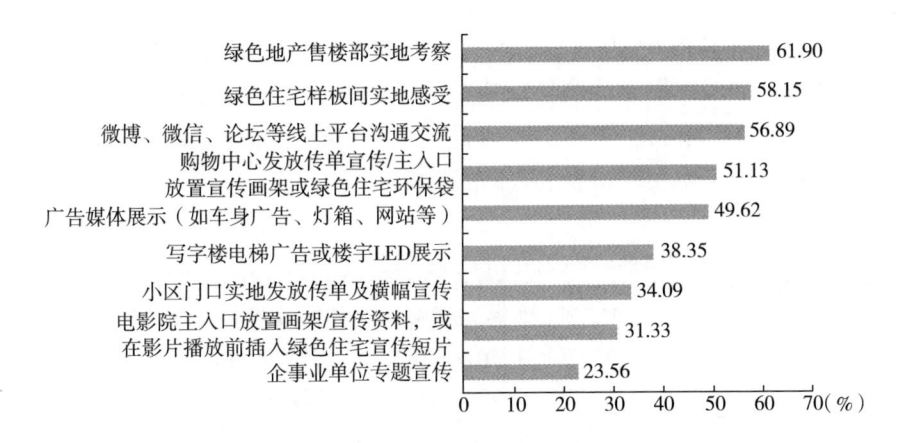

第六章 城市居民绿色住宅支付意愿响应的溢价测度实验 / 261

了解方式	百分比
绿色地产售楼部实地考察	61.90
绿色住宅样板间实地感受	58.15
微博、微信、论坛等线上平台沟通交流	56.89
购物中心发放传单宣传/主入口放置宣传画架或绿色住宅环保袋	51.13
广告媒体展示（如车身广告、灯箱、网站等）	49.62
写字楼电梯广告或楼宇LED展示	38.35
小区门口实地发放传单及横幅宣传	34.09
电影院主入口放置画架/宣传资料，或在影片播放前插入绿色住宅宣传短片	31.33
企事业单位专题宣传	23.56

图 6-7 普通住宅小区居民对绿色住宅了解方式的偏好

在询问居民"愿意为哪些绿色住宅的技术付费"时，从图 6-8 可以看出（由于这是一道多选题，所以各个选项加总起来会大于100%）：居民支付意愿最高的三项绿色技术分别是"绿色屋顶（用环保型材料盖的屋顶，具有隔热降温、截留雨水、景观美化等作用）""室内空气品质监控""隔音降噪"。这反映了居民目前对空气污染、噪声及室内温度控制的不满及改善的渴求。

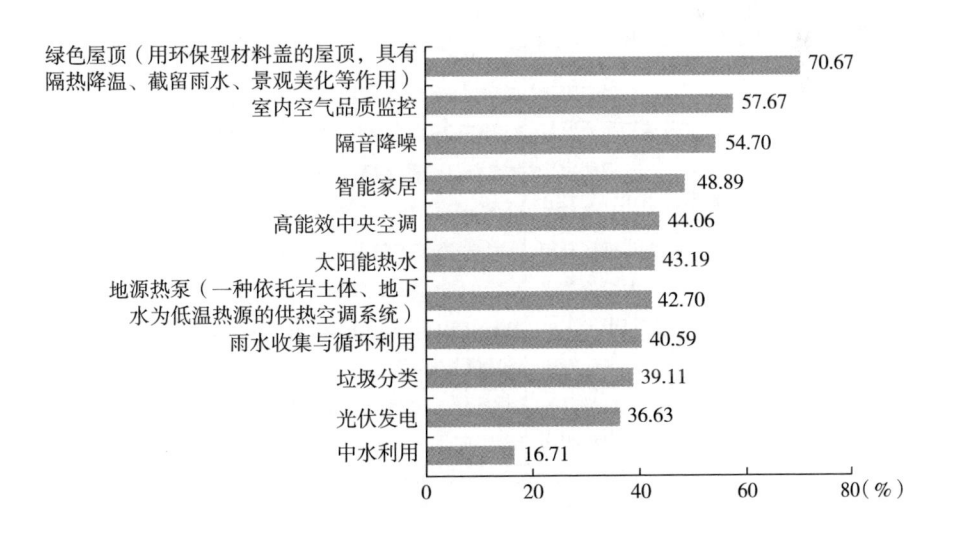

绿色技术	百分比
绿色屋顶（用环保型材料盖的屋顶，具有隔热降温、截留雨水、景观美化等作用）	70.67
室内空气品质监控	57.67
隔音降噪	54.70
智能家居	48.89
高能效中央空调	44.06
太阳能热水	43.19
地源热泵（一种依托岩土体、地下水为低温热源的供热空调系统）	42.70
雨水收集与循环利用	40.59
垃圾分类	39.11
光伏发电	36.63
中水利用	16.71

图 6-8 居民总体对绿色技术的付费偏好

262 / 城市居民绿色住宅支付响应的机理、测度及助推策略

从图 6-9 和图 6-10 可以看出，与普通住宅小区居民选择不同的是，绿色小区的居民更愿意为高能效中央空调付费，"隔音降噪"排在了第 6 位，再次说明绿色住宅在实际运行过程中，隔音降噪方面做得相对更好，再次印证了本实验信息卡数据的真实性。

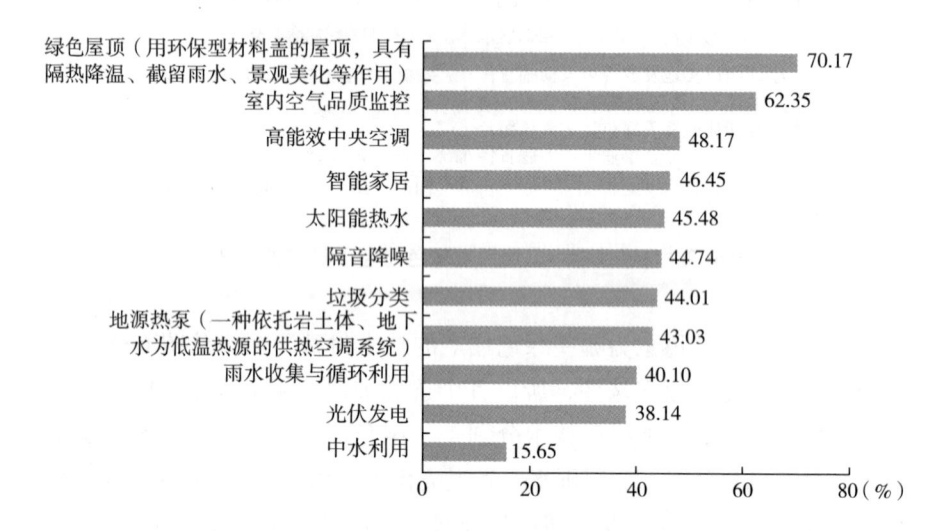

绿色技术	百分比(%)
绿色屋顶（用环保型材料盖的屋顶，具有隔热降温、截留雨水、景观美化等作用）	70.17
室内空气品质监控	62.35
高能效中央空调	48.17
智能家居	46.45
太阳能热水	45.48
隔音降噪	44.74
垃圾分类	44.01
地源热泵（一种依托岩土体、地下水为低温热源的供热空调系统）	43.03
雨水收集与循环利用	40.10
光伏发电	38.14
中水利用	15.65

图 6-9 绿色住宅小区居民对绿色技术的付费偏好

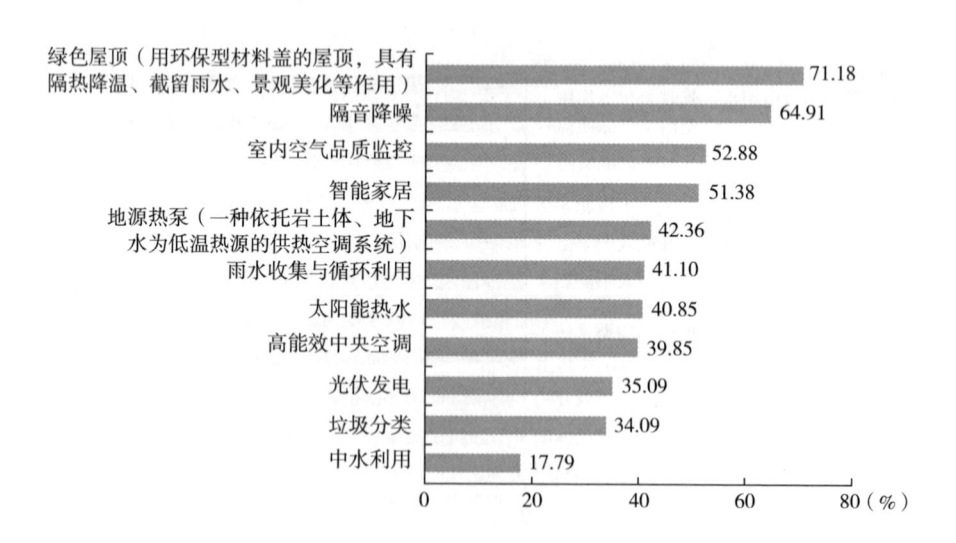

绿色技术	百分比(%)
绿色屋顶（用环保型材料盖的屋顶，具有隔热降温、截留雨水、景观美化等作用）	71.18
隔音降噪	64.91
室内空气品质监控	52.88
智能家居	51.38
地源热泵（一种依托岩土体、地下水为低温热源的供热空调系统）	42.36
雨水收集与循环利用	41.10
太阳能热水	40.85
高能效中央空调	39.85
光伏发电	35.09
垃圾分类	34.09
中水利用	17.79

图 6-10 普通住宅小区对绿色技术的付费偏好

第五章的实证研究结果表明,绿色住宅的支付意愿分为五大维度:经济实惠型支付意愿、功能偏好型支付意愿、投资理财型支付意愿、生态环保型支付意愿以及自我认同型支付意愿。通过图 6-11 可以看出,对于已经购买绿色住宅的居民来说,其购买动机排名为:功能偏好型(5.19)、投资理财型(4.46)、经济实惠型(3.91)、生态环保型(3.68)、自我认同型(1.89)。与第五章基于全国 12 个城市的实证研究的结果基本一致,由此可以看出,居民购买绿色住宅的最大驱动力为"绿色住宅生活便利、绿色健康,可以满足我对住宅较高的舒适健康需求",体现了绿色住宅的基本属性以及随着人们收入水平及生活水平的不断提高,对舒适健康等效益的追求也不断提升。

选项	平均综合得分	比例
绿色住宅生活便利、绿色健康,可以满足我对住宅较高的舒适健康需求	5.19	
绿色住宅是未来的发展趋势,有较大的升值空间	4.46	
绿色住宅的运行成本比传统建筑低50%—60%,长期来看经济实用	3.91	
绿色住宅有益于保护环境与促进资源可持续发展	3.68	
购买绿色住宅可以享受政府的一些优惠政策	3.40	
因为房子的其他特征(区位、户型等)	2.58	
购买绿色住宅可以为我赢得更多社会赞誉,反映我的社会责任感	1.89	

图 6-11 居民选择购买绿色住宅的原因

与之对应,为什么有的居民不愿意购买绿色住宅呢?图 6-12 结果显示(由于这是一道多选题,所以各个选项加总起来会大于 100%):"对绿色建筑不了解,市场信息不透明,怕所谓的'绿色'只是一个噱头"是阻碍居民购买绿色住宅的最大障碍,占 70.68%,其次是"政府支持力度不够,优惠太少甚至没有"以及"我认为绿色住宅的日常维护、保养成本较高"。可以看出，经济原因并不是排名最高的阻碍因素，而是信任及认知层面，究其根本原因，还是居民对绿色住宅的认知及了解不足，从而阻碍了其购买绿色住宅。

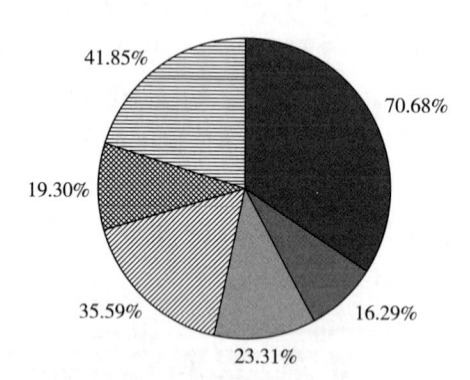

- 对绿色建筑不了解，市场信息不透明，怕所谓的"绿色"只是一个噱头
- 对我来说，绿色住宅会带来经济风险（如投资回收期较长）
- 对我来说，绿色住宅会带来功能风险（如绿色住宅新材料、新技术不够成熟）
- 我认为绿色住宅的日常维护、保养成本较高
- 对我来说，绿色住宅会带来政策风险（如绿色住宅的法律、法规、评价标准不够完善）
- 政府支持力度不够，优惠太少甚至没有

图 6-12　居民未选择支付绿色住宅的原因

通过对图 6-13 和图 6-14 进行对比分析可知，相较于普通小区的居民，绿色小区的居民更青睐"政府相关单位扩大对绿色住宅项目特征和益处的宣传""改进绿色住宅的网站、APP、微信公众号等平台的导览使其更易被阅读"以及"为绿色住宅买家进行税费减免（享契税减免）"这些激励措施，而经济激励这类措施排名较为靠后；与之相反的是，普通住宅小区的居民更青睐"为绿色住宅买家直接提供经济补贴（如依据绿色住宅的不同等级，每平方米补贴相应等级的金额）""为绿色住宅买家进行税费减免（享契税减免）""为绿色住宅买家提供贷款利率优惠"这些激励措施。措施并无优劣之分，从中我们可以看出，直接的经济激励可能会更迅速地激发未购买绿色住宅的居民去购买绿色住宅，但我们也不排除绿色住宅的初始购买成本可能会高于普通住宅，而经济激励则会在一定程度上弥补这一差距。

第六章 城市居民绿色住宅支付意愿响应的溢价测度实验

选项	平均综合得分	比例
政府相关单位扩大对绿色住宅项目特征和益处的宣传	5.18	
改进绿色住宅的网站、APP、微信公众号等平台的导览使其更易被阅读	5.15	
为绿色住宅买家进行税费减免（享契税减免）	4.86	
为绿色住宅买家提供贷款利率优惠	4.72	
为绿色住宅买家直接提供经济补贴（如依据绿色住宅的不同等级，每平方米补贴相应等级的金额）	4.53	
线上网络组织绿色住宅课程和研讨会	4.16	
线下面对面组织绿色住宅课程和研讨会	3.69	
给予绿色住宅买家长期的水电价格折扣	3.18	

图 6-13　绿色住宅小区居民青睐的激励措施

选项	平均综合得分	比例
为绿色住宅买家直接提供经济补贴（如依据绿色住宅的不同等级，每平方米补贴相应等级的金额）	5.96	
为绿色住宅买家进行税费减免（享契税减免）	5.84	
为绿色住宅买家提供贷款利率优惠	5.37	
给予绿色住宅买家长期的水电价格折扣	4.65	
政府相关单位扩大对绿色住宅项目特征和益处的宣传	4.38	
改进绿色住宅的网站、APP、微信公众号等平台的导览使其更易被阅读	3.95	
线上网络组织绿色住宅课程和研过会	2.88	
线下面对面组织绿色住宅课程和研讨会	2.85	

图 6-14　普通住宅小区居民青睐的激励措施

4. 满意度与舒适度

对于居住环境的衡量，根据《绿色建筑评价标准》（GB/T50378-2019）整理得到表6-7中所列出的安全耐久、健康舒适、生活便利、资源节约、环境宜居五大类测量维度及绿色小区和普通小区的居民满意度对比情况。

表6-7　　　　　　　绿色小区和普通小区的居民满意度对比

	总体			绿色小区			普通小区		
	样本量（个）	平均值	标准差	样本量（个）	平均值	标准差	样本量（个）	平均值	标准差
安全耐久	1616	3.92	0.738	818	4.061	0.706	798	3.774	0.743
水质	1616	3.699	0.923	818	3.988	0.835	798	3.404	0.916
出行与无障碍	1616	3.91	0.918	818	4.007	0.847	798	3.81	0.976
服务设施	1616	3.587	0.994	818	3.971	0.806	798	3.193	1.015
智慧运行	1616	3.329	1.087	818	3.846	0.917	798	2.799	0.989
物业管理	1616	3.509	1.062	818	3.885	0.943	798	3.123	1.038
节地与土地利用	1616	3.624	0.986	818	3.963	0.86	798	3.276	0.986
节能与能源利用	1616	3.589	1.011	818	3.963	0.832	798	3.206	1.035
节水与水资源利用	1616	3.61	1.025	818	4.01	0.819	798	3.201	1.053
节材与材料资源利用	1616	3.542	1.051	818	4.017	0.835	798	3.055	1.028
场地生态与景观	1616	3.726	1.021	818	4.01	0.857	798	3.436	1.093
综合满意度	1616	3.757	0.742	818	4.002	0.639	798	3.506	0.756

图6-15解析高星级绿色住宅小区、低星级绿色住宅小区的居民与普通住宅小区的居民在满意度层面的差异。

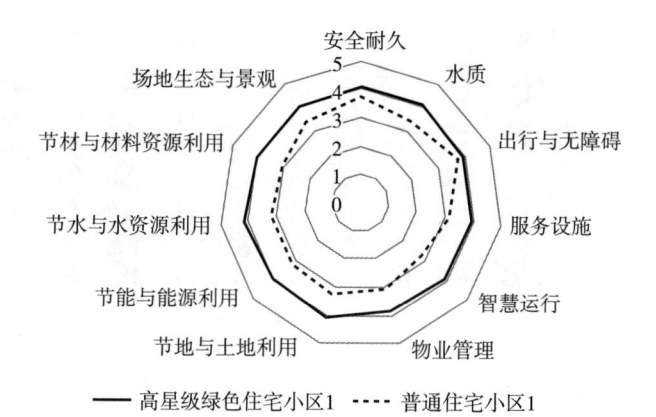

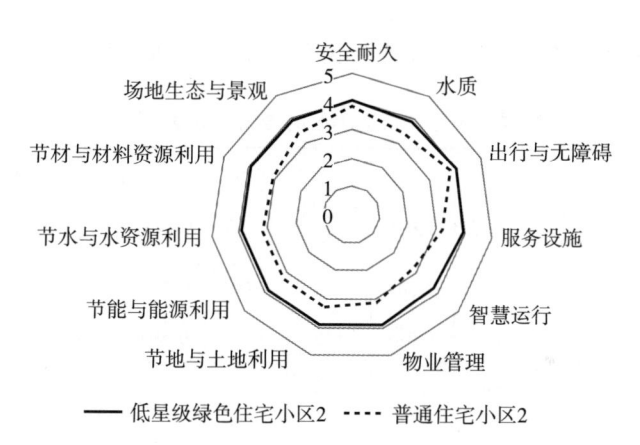

第六章　城市居民绿色住宅支付意愿响应的溢价测度实验 / 267

图 6-15　绿色小区与普通小区的居民在满意度层面的差异

进一步地，本书还对比了不同星级（高星级和低星级）绿色住宅小区居民在安全耐久、水质等 11 大方面的满意度差异。从图 6-16 中可以看出，在 11 个维度中，高星级绿色住宅小区的居民在 9 个维度（安全耐久、水质、服务设施、智慧运行、场地生态与景观等）上的满意度均高于低星级绿色住宅小区的居民，这在一定程度上证实了越高等级的绿色住宅对居民个体、环境保护、资源节约等方面都会做得更好。

同理，在舒适度层面，绿色小区居民在室内湿热环境、夏季室内气温、冬季室内气温、夏季室内空气品质等 8 大方面感受到的舒适度均显著高于普通小区居民（见表 6-8 和图 6-17）。

268 / 城市居民绿色住宅支付响应的机理、测度及助推策略

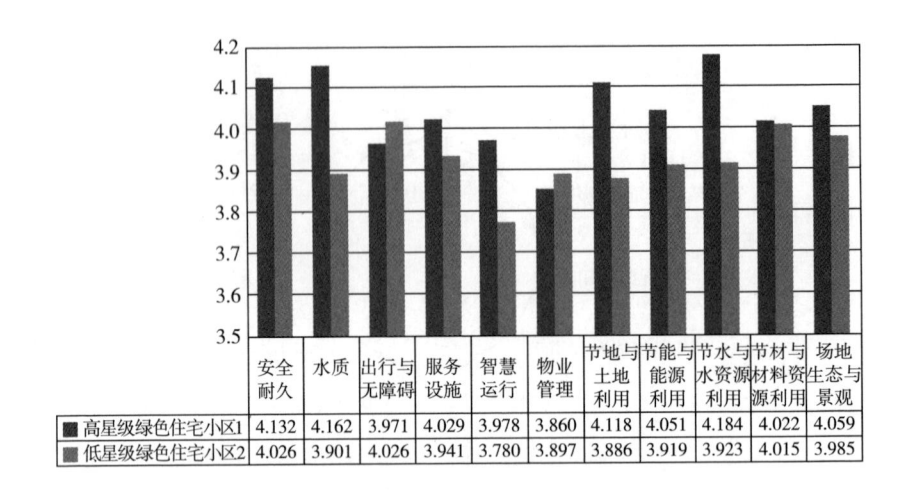

		安全耐久	水质	出行与无障碍	服务设施	智慧运行	物业管理	节地与土地利用	节能与能源利用	节水与水资源利用	节材与材料资源利用	场地生态与景观
■	高星级绿色住宅小区1	4.132	4.162	3.971	4.029	3.978	3.860	4.118	4.051	4.184	4.022	4.059
■	低星级绿色住宅小区2	4.026	3.901	4.026	3.941	3.780	3.897	3.886	3.919	3.923	4.015	3.985

图 6-16 不同星级的绿色小区的居民在满意度层面的差异

表 6-8　　　　　　　绿色小区和普通小区的居民舒适度对比

	总体			绿色小区			普通小区		
	样本量（个）	平均值	标准差	样本量（个）	平均值	标准差	样本量（个）	平均值	标准差
室内湿热环境	1616	3.693	0.897	818	3.995	0.773	798	3.383	0.91
夏季室内气温	1616	3.658	1.026	818	3.99	0.893	798	3.318	1.042
冬季室内气温	1616	3.644	0.971	818	3.932	0.807	798	3.348	1.035
夏季室内空气品质	1616	3.77	0.873	818	4.039	0.794	798	3.494	0.864
冬季室内空气品质	1616	3.771	0.882	818	4.015	0.84	798	3.521	0.855
声环境	1616	3.391	1.189	818	3.858	0.977	798	2.912	1.198
光环境	1616	3.88	0.893	818	4.012	0.82	798	3.744	0.942
室外物理环境	1616	3.845	0.86	818	4.032	0.799	798	3.654	0.88
综合舒适度	1616	3.765	0.736	818	4.017	0.662	798	3.506	0.719

进一步地，本书还对比了不同星级（高星级和低星级）绿色住宅小区居民在室内湿热环境、夏季室内气温、冬季室内气温、夏季室内空气

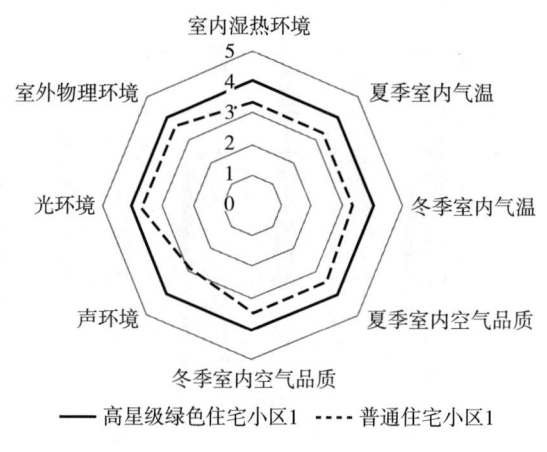

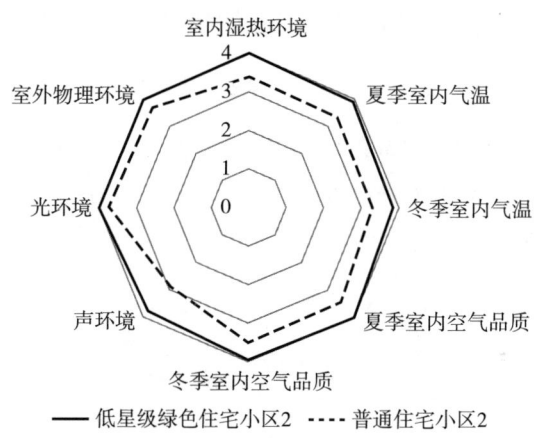

第六章 城市居民绿色住宅支付意愿响应的溢价测度实验 / 269

图 6-17 不同星级绿色住宅小区居民在 8 大方面的满意度差异

品质等 8 大方面的满意度差异。从图 6-18 中可以看出，在 8 个维度中，高星级绿色住宅小区的居民在所有维度上所感知的舒适度均高于低星级绿色住宅小区的居民，这在一定程度上证实了越高等级的绿色住宅在室内声、光、湿热环境方面会做得更舒适。

由于实验对象的个人特征（性别、年龄、受教育程度、收入）可能影响其住宅的运行费用以及他对居住环境的容忍度，进一步地，通过多元线性回归控制居民个人特征、组固定效应对居住环境品质的影响，回归结果参见表 6-9。

270 / 城市居民绿色住宅支付响应的机理、测度及助推策略

	室内湿热环境	夏季室内气温	冬季室内气温	夏季室内空气品质	冬季室内空气品质	声环境	光环境	室外物理环境
高星级绿色住宅小区1	4.059	4.074	4.074	4.125	4.118	3.963	4.051	4.103
低星级绿色住宅小区2	3.963	3.949	3.861	3.996	3.963	3.806	3.993	3.996

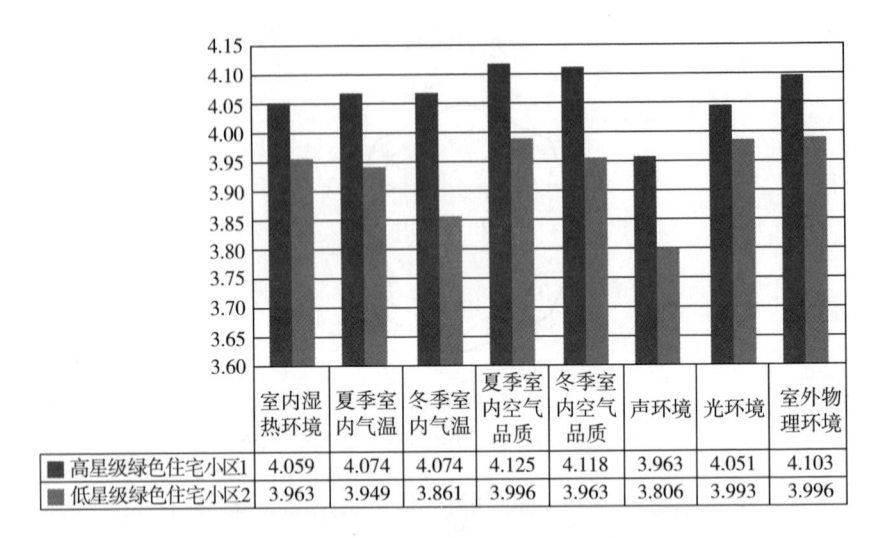

图 6-18　高星级与低星级绿色小区居民满意度差异

表 6-9　　　　绿色住宅和普通住宅的居民满意度差异分析

	绿色住宅满意度 系数	95%CI	VIF	普通住宅满意度 系数	95%CI	VIF
常数	3.427**** (26.469)	3.173—3.681	—	3.341**** (18.957)	2.996—3.687	—
年龄	0.034*** (2.786)	0.010—0.059	1.108	-0.053**** (-3.659)	-0.081—-0.025	1.213
性别	-0.018 (-0.569)	-0.078—0.043	1.012	-0.177**** (-4.127)	-0.260—-0.093	1.043
受教育水平	0.084**** (3.734)	0.040—0.128	1.258	-0.043 (-1.326)	-0.106—0.020	1.192
居住时间	0.013 (0.658)	-0.026—0.053	1.056	0.053** (2.222)	0.006—0.100	1.100
家庭年收入	0.034** (2.228)	0.004—0.064	1.216	0.127**** (5.785)	0.084—0.170	1.189
职业类型	-0.009 (-1.029)	-0.027—0.008	1.066	0.01 (0.945)	-0.010—0.030	1.125
样本量(个)	818			798		
R^2	0.051			0.07		
调整 R^2	0.044			0.063		
F	$F(6, 811) = 7.277, p = 0.000$			$F(6, 791) = 9.973, p = 0.000$		

注：①*表示 p<0.1，**表示 p<0.05，***表示 p<0.01，****表示 p<0.001；②括号里为 t 值。

从表6-9可知，绿色住宅的居民中，年龄的回归系数值为0.034（t=2.786，p=0.005<0.01），受教育水平的回归系数值为0.084（t=3.734，p=0.000<0.001），家庭年收入的回归系数值为0.034（t=2.228，p=0.026<0.05），意味着年龄越大、受教育水平越高、家庭年收入水平越高的居民对居住环境的满意度更高。

表6-10　绿色住宅和普通住宅的居民舒适度差异分析

	绿色住宅舒适度			普通住宅舒适度		
	系数	95%CI	VIF	系数	95%CI	VIF
常数	3.312**** (22.928)	3.029—3.595	—	3.178**** (18.962)	2.850—3.507	—
年龄	0.037*** (2.706)	0.010—0.064	1.108	-0.023* (-1.654)	-0.050—0.004	1.213
性别	-0.015 (-0.426)	-0.082—0.053	1.012	-0.117*** (-2.871)	-0.196—-0.037	1.043
受教育水平	0.090**** (3.605)	0.041—0.139	1.258	-0.028 (-0.897)	-0.088—0.033	1.192
居住时间	0.025 (1.11)	-0.019—0.070	1.056	0.051** (2.26)	0.007—0.096	1.1
家庭年收入	0.040** (2.333)	0.006—0.073	1.216	0.148**** (7.089)	0.107—0.189	1.189
职业类型	-0.002 (-0.222)	-0.022—0.017	1.066	-0.001 (-0.084)	-0.020—0.018	1.125
样本量(个)	818			798		
R^2	0.048			0.081		
调整 R^2	0.041			0.074		
F	$F_{(6, 811)}=6.824$, p=0.000			$F_{(6, 791)}=11.596$, p=0.000		

从表6-10可知，绿色住宅的居民中，年龄的回归系数值为0.037（t=2.706，p=0.007<0.01），受教育水平的回归系数值为0.090（t=3.605，p=0.000<0.01），家庭年收入的回归系数值为0.040（t=2.333，p=0.020<0.05），意味着年龄越大、受教育水平越高、家庭年收入水平越高的居民感受到的居住环境的舒适度更高。

四 干预前支付意愿的溢价测度及差异性分析

实验组和控制组这两组居民支付意愿的差异既包含了选择偏差,即个体偏好差异,也包含了从绿色住宅居住体验所获得信息的影响。这可以视为处理效应问题,处理变量(PURCHASE_GB)指居住在绿色小区(GB)且明确知道当前居所是绿色住宅(SURE),即 PURCHASE_GB = GB×SURE。

可能导致选择偏差的可测变量有居民的个人特征 P(AGE、GENDER、EDU、TIME、INCOME、OCCUPATION)和居民对绿色住宅的一般性知识(K),包括城市居民对国家绿色住宅评价标识的了解程度(GRL_AWARENESS)和城市居民对国家绿色住宅星级认证的信任度(GRL_TRUST)。采用倾向得分匹配法控制可测变量导致的选择偏差,采用 Logit 模型估计居民在当初支付时选择购买绿色住宅(PURCHASE_GB)的倾向。将研究变量"是否选择支付绿色住宅"进行赋值,"0"表示购买了普通住宅,"1"表示购买了绿色住宅。

根据倾向得分选择半径匹配法(0.02),放回抽样的效果一般会好于不放回抽样,因此本章节采用放回抽样。如果找到满足条件的项,那么就说明匹配成功,当然有可能会匹配到很多个成功项,因此需要先筛选出权重(Weight)大于 0 的数据再进行分析。

最终匹配得到实验组和控制组样本量分别为 782 个和 308 个,实验组和控制组各变量标准化偏差在匹配前后的变化如图 6-19 所示,标准化偏差减少幅度用于衡量标准化偏差值的减少幅度情况,该值大于 0,说明匹配效果好于匹配前;该值小于 0,说明匹配效果不如匹配前,该值越大越好。从图中可以看出,此次倾向得分匹配法有着良好的效果,匹配后数据可用于进一步研究使用。

根据实验组计算平均处理效应(其中,$N_1 = \sum_i D_i$ 为实验组个体数,$\widehat{WTP}_{0i}$ 为实验组个体 i 在控制组的相应匹配的均值):

$$A\hat{T}T = \frac{1}{N_1} \sum_{i;\, D_i=1} (WTP_i - \widehat{WTP}_{0i}) = 394 - 262 = 132 \qquad (6-1)$$

类似地,根据控制组计算平均处理效应〔其中,$N_0 = \sum_i (1-D_i)$ 为控制组个体数,$\widehat{WTP}_{1j}$ 为控制组个体 j 在实验组的相应匹配的均值〕:

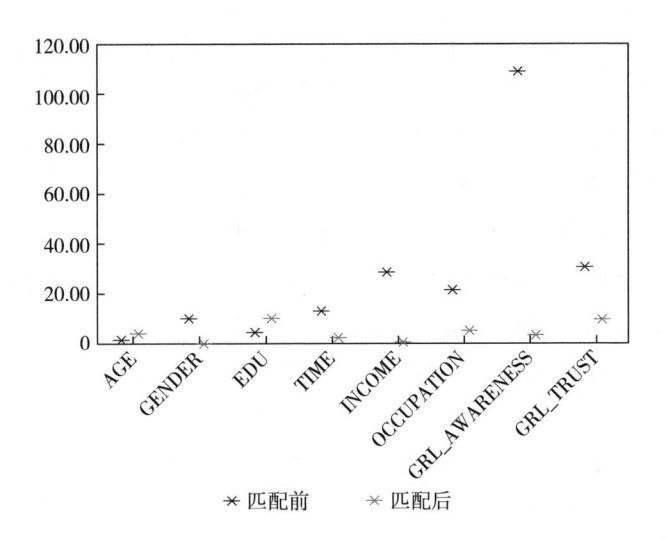

第六章　城市居民绿色住宅支付意愿响应的溢价测度实验 / 273

图 6-19　倾向得分匹配法匹配前后各变量标准化偏差变化

注：左侧为匹配前，右侧为匹配后。

$$A\hat{T}U = \frac{1}{N_0} \sum_{j: D_j = 0} (W\hat{T}P_{1j} - WTP_j) = 347 - 215 = 132 \tag{6-2}$$

整个样本的平均处理效应为：

$$A\hat{T}E = \frac{1}{N} \sum_{i=1}^{N} (W\hat{T}P_{1i} - W\hat{T}P_{0i}) = 132 \tag{6-3}$$

综上所述，实验组与控制组对绿色住宅的支付意愿差异为132元/平方米。由于问卷选项设置居民的绿色住宅支付意愿最低为0元，最高为800元，即低于0元或高于800元的支付意愿被分别归并于0和800，故采用Tobit模型进行回归分析，如式（6-4）和式（6-5）所示。

$$WTP_i = \alpha + \beta_1 GREEN\_Y_i + P_i\beta_2 + K_i\beta_3 + G_i\beta_4 + \varepsilon_i, \quad \varepsilon_i \sim N(0, \sigma^2) \tag{6-4}$$

$$WTP_i = \begin{cases} 0, & \text{若 } WTP_i \leq 0 \\ WTP_i, & \text{若 } 0 < WTP_i < 800 \\ 800, & \text{若 } WTP_i \geq 800 \end{cases} \tag{6-5}$$

其中，P 为居民的个人特征，比估计倾向得分时增加哑元变量 OWN-ER；K 为居民对住宅建筑的认知度；G 为组固定效应；α 为常数项，ε_i 为扰动项，β_1、β_2、β_3、β_4 为系数，估计结果如表 6-11 第（1）列所示。根据 Tobit 模型系数计算平均边际效应，结果表明目前居住在绿色小区的居民对绿色住宅的支付意愿比其他居民高约 129 元/平方米。在控制变量中,受教育年限(EDU)每增加 1 年,WTP 增加约 14 元/平方米。第(2)列进一步表明实验组居民的支付意愿比控制组高约 130 元/平方米,且均在 1% 的显著性水平下显著。

上述 Tobit 模型分析中,将不愿支付绿色住宅的受访者的 WTP 归并于 0,实际上也可能是产生了断尾作用,所以采用 Heckman 模型纠正选择性样本问题,作为稳健性检验。假设回归模型为:

$$WTP_i = x_i\beta + \varepsilon_i = \alpha + \beta_1 GREEN\_Y_i + P_i\beta_2 + K_i\beta_3 + G_i\beta_4 + \varepsilon_i, \quad \varepsilon_i \sim N(0, \sigma^2) \tag{6-6}$$

$$WTP_i = \begin{cases} 可观测, & 若 BUY_i = 1 \\ 不可观测, & 若 BUY_i = 0 \end{cases} \tag{6-7}$$

其中二值选择变量 BUY 采用 Probit 模型进行估计:

$$BUY_i = \begin{cases} 1, & 若 BUY_i^* > 0 \\ 0, & 若 BUY_i^* \leq 0 \end{cases} \tag{6-8}$$

其中,$BUY_i^* = w_i'\gamma + u_i = \theta + \gamma_1 GREEN\_Y_i + P_i'\gamma_2 + K_i'\gamma_3 + G_i'\gamma_4 + u_i$,

$$u_i \sim N(0, \sigma^2) \tag{6-9}$$

$$corr(\varepsilon_i, u_i) = \rho \tag{6-10}$$

采用最大似然估计法对上列各式进行整体估计,估计结果如表 6-11 的第(3)列和第(4)列所示,各变量的显著性与 Tobit 模型的估计结果一致。居住在获得高星级绿标认证的住宅居民的支付意愿比控制组高约 141 元/平方米,居住在获得低星级绿标认证的住宅居民的支付意愿比控制组高约 148 元/平方米。

表 6-11　PSM 匹配后居民对绿色住宅支付意愿的差异性分析

	(1)		(2)		(3)	(3)	(4)	(4)
	WTP	WTP	WTP	WTP	BUY	WTP | BUY=1	BUY	WTP | BUY=1
	Tobit 回归系数	平均边际效应	Tobit 回归系数	平均边际效应	—	—	—	—
PURCHASE_GB1	119.3*** (11.30)	128.9*** (12.41)	—	—	0.0772 (0.54)	141.2*** (8.67)		

第六章　城市居民绿色住宅支付意愿响应的溢价测度实验 / 275

续表

	(1)		(2)		(3)		(4)	
	WTP		WTP		BUY	WTP｜BUY=1	BUY	WTP｜BUY=1
	Tobit 回归系数	平均边际效应	Tobit 回归系数	平均边际效应	—	—	—	—
PURCHASE_GB2	—	—	119.7***(6.71)	129.6***(7.43)	—	—	0.0225(0.15)	147.9***(6.80)
FEMALE	27.81(0.72)	22.31(0.72)	27.92(0.72)	22.75(0.72)	0.571***(3.43)	−19.50(−0.59)	0.495**(2.56)	−15.98(−0.44)
AGE	−1.811(−1.25)	−1.463(−1.26)	−1.875(−1.25)	−1.649(−1.25)	−0.0283*(−1.89)	0.445(0.44)	−0.0245*(−1.89)	0.417(0.40)
EDU	16.82(1.71)	13.89*(1.68)	12.97(1.50)	12.50*(1.65)	0.0011(0.01)	12.48**(2.17)	−0.003(−0.02)	12.52**(2.12)
INCOME	1.785(0.79)	1.513(0.79)	1.844(0.76)	1.610(0.76)	0.0069(0.27)	1.425(1.08)	0.0071(0.28)	1.387(1.01)
准 R^2	0.0313	—	0.0313	—	—	—	—	—
ρ	—	—	—	—	−0.289		−0.265	
σ_ε	—	—	—	—	168.7		168.1	
$\lambda=\rho\sigma_\varepsilon$	—	—	—	—	−51.13		−43.78	
对数最大似然值	−2025.0	—	−2025.0	—	−2101.2		−2101.3	

五　干预后支付意愿的溢价测度及差异性分析

上述以倾向得分匹配估计只控制了可测变量导致的选择偏差，依然存在不可测变量导致的个体偏好差异。借鉴清华大学张莉（2018）的做法，构建面板数据，使用"双重差分倾向得分匹配"测算从绿色住宅居住体验获得的信息对居民再次购房时对绿色住宅支付意愿的影响。传统的双重差分倾向得分匹配只需将实验组在实验前后的变化减去控制组在实验前后的变化，即可得到处理效应。但是在本章节的实验中，在实验开始时点（t），相较于居住在普通小区的居民，居住在绿色住宅小区的居民已经感受到了更加优异的居住环境，无法再追溯回未居住绿色住宅小区的（t'）时点。为了剥离这一组间差异，本实验将出示绿色住宅实际运行信任干预卡进行补充干预。

给实验对象初始运行干预信息卡后，对于目前居住在普通小区中的居民（控制组，PURCHASE_GB=0），被告知信息卡的信息后，支付意愿显著提高，均值增加 68 元/平方米。而运行信任干预对目前居住在绿色小区中的居民（实验组，PURCHASE_GB=1）的影响较小，均值仅增加了 21 元/平方米。其原因在于实验组居民实际上已通过实际居住体验基本了解了实验中运行信任干预卡中的信息。

通过剥离不可测变量导致的组间差异，计算处理效应：

$$A\hat{T}T_t - A\hat{T}T_{t''} = (394-262)-(410-312) = 34 \quad (6-11)$$

$$A\hat{T}U_t - A\hat{T}U_{t''} = (347-215)-(358-267) = 41 \quad (6-12)$$

$$A\hat{T}E_t - A\hat{T}E_{t''} = 132-95 = 37 \quad (6-13)$$

进一步通过多元线性回归控制其他因素对 ΔWTP 的影响，表 6-12 中第（1）列的结果显示，实验组居民（绿色小区居民）受到运行信任干预的影响显著低于控制组居民（普通小区居民），而对绿标认证的了解程度越低的居民受到运行信任干预的影响越大。

表 6-12　　运行信任干预后居民对绿色住宅支付意愿的影响

	（1）	（2）	（3）		（4）	
	ΔWTP	ΔWTP	WTP		WTP	
	OLS 回归系数	OLS 回归系数	TOBIT 回归系数	平均边际效应	TOBIT 回归系数	平均边际效应
PURCHASE_GB1	-50.48*** (-6.17)	—	131.0*** (5.12)	109.1*** (5.18)	—	—
PURCHASE_GB2	—	-48.84*** (-4.23)	—	—	123.3*** (3.28)	107.8*** (3.29)
TRUST	—	—	71.23*** (5.91)	61.67*** (5.94)	71.38*** (6.12)	59.13*** (6.21)
TRUST×PURCHASE_GB1	—	—	-42.12* (-1.95)	-35.37* (-1.95)	—	—
TRUST×PURCHASE_GB2	—	—	—	—	-48.72* (-1.95)	-41.22* (-1.94)
FEMALE	-16.21 (-1.23)	-16.87 (-1.23)	9.192 (0.41)	8.542 (0.41)	9.011 (0.40)	9.103 (0.40)
AGE	0.401 (1.32)	0.392 (1.21)	-1.891 (-1.66)	-1.635 (-1.67)	-1.902 (-1.66)	-1.657 (-1.67)

续表

	(1)	(2)	(3)		(4)	
	ΔWTP	ΔWTP	WTP		WTP	
	OLS 回归系数	OLS 回归系数	TOBIT 回归系数	平均边际效应	TOBIT 回归系数	平均边际效应
EDU	-5.893 (-1.91)	-5.993 (-1.96)	9.672* (1.92)	8.783* (1.92)	9.547* (1.91)	8.752* (1.89)
INCOME	0.815 (0.35)	0.993 (0.39)	2.782 (1.37)	2.561 (1.37)	2.864 (1.38)	2.571 (1.38)
GRL_AWARENESS	47.21 (1.97)	49.77* (2.17)	4.832 (0.18)	3.976 (0.18)	5.782 (0.19)	4.325 (0.19)
R^2/准 R^2	0.065	0.067	0.031	—	0.031	—
对数最大似然值	-2312.9	-2312.6	-4217.8	—	-4217.2	—

进一步地，将 Tobit 模型中引入虚拟变量运行信任 TRUST 及其与 PURCHASE_GB 的交叉项，模型估计结果如表 6-12 中第 (3) 列和第 (4) 列所示。在给实验对象出示信息卡前，居住在绿色小区的居民（实验组）支付意愿比居住在普通住宅的居民（控制组）高约 109 元/平方米；在给受访者出示信息卡后，控制组居民的支付意愿增加约 62 元/平方米，实验组的支付意愿仅增加约 25（62-37）元/平方米。因此，在受访者获知绿色住宅与非绿色住宅在建筑环境品质方面的对比信息后，控制组居民对绿色住宅的支付意愿显著提升，实验组与控制组之间的差距缩小为约 72（109-37）元/平方米。由此可推知，运行信任干预前小区 GB1、GB2 与 RB1、RB2 的居民对绿色住宅支付意愿的差距是居民偏好差异和信息差异共同作用的结果。

进一步地，采用另一种整体匹配法进行检验。核函数 K 取 Stata 默认的二次核（epan kernel），带宽 h 取 Stata 默认值 0.06。进行核匹配后，再次进行平衡性检验，结果表明，各协变量的均值在实验组和控制组之间不存在显著差异。

估计结果如表 6-13 所示。实验组居民（绿色小区居民）在阅读信息卡后，对绿色住宅的支付意愿从约 269 元/平方米增加到约 291 元/平方米，增加 8%；而控制组居民在阅读信息卡后，支付意愿从约 170 元/平方米增加到约 236 元/平方米，增加 39%。

表 6-13　　　　　　　　双重差分倾向得分匹配估计量

	控制组 C	实验组 T	Diff（T-C）	Diff-in-Diff
运行信任干预前	169.78	269.44	102.31*** (4.59)	-34.01* (2.69)
运行信任干预后	236.11	291.15	69.14* (2.42)	

在运行信任干预后，实验组和控制组居民的支付意愿差距从约 99 元/平方米减小到约 55 元/平方米。由此推知，实验组居民从绿色住宅居住体验获得的信息导致的增量支付意愿为约 44 元/平方米，而另外的约 55 元/平方米则应为两组居民本身的偏好差异导致的。

第二节　基于信息诉求的情境实验

本书前述章节也已证实，调节变量信息诉求可以显著提升居民的支付意愿。结合本书实证研究结论，将城市居民绿色住宅支付意愿响应驱动机理模型中的"经济实惠型支付意愿、功能偏好型支付意愿、投资理财型支付意愿、生态环保型支付意愿"量化成相对应的绿色住宅四类效益信息，从而对信息诉求进行具象化分类（自我认同型支付意愿涉及个体自身的内在认同，存在个体间的较大差异，因此并未将其作为普适性的信息诉求干预应用于本实验中）。

另外，在上一小节的运行信任干预实验中，对居民支付意愿的测量采用的是陈述性偏好法。在溢价测度的研究中，除陈述性偏好法外，支付意愿相关研究还采用联合选择实验来进行测度，以避免社会赞许的影响。所以，本节通过另一项情境实验的开展，一方面探究绿色住宅的多种效益信息对居民绿色住宅需求的影响（如前所述，效益信息的种类来源于第五章的实证研究）；另一方面将支付意愿的测度调整为基准房价百分比与联合选择实验，从而与前一实验互为对比和补充。

一　实验设计

（一）信息卡设计

第五章的实证研究结果表明，绿色住宅对居民的直接效益体现在五个方面：经济实惠型、功能偏好型、投资理财型、生态环保型和自我认同型。由于自我认同属于内化效益，难以实验衡量，因此本书只选取其他四类效益作为信息诉求的干预手段。

四类信息诉求以图 6-20 的方式呈现。为了对比不同信息的效果，进一步将信息诉求拆分为只告知单个效益的信息卡，因此，本小节实验共有五种类型的信息诉求干预卡。在调研过程中，调研员强调这些信息是来自国内外的学术研究，表明信息诉求干预卡的可信度与有效性均较高。

来自麦肯锡公司的报告显示，在中国实现能源与环境可持续发展目标的路径中，绿色建筑拥有最好的经济效益，绿色建筑中70%的技术手段收益大于成本

国内外权威研究表明，与普通住宅相比，绿色住宅在使用中可以：
节水22%—39%　　　节能18%-39%

绿色住宅经济实惠

绿色住宅在温度、湿度、采光、通风、隔音等室内环境指标上都有更优的表现，可以使：
工作效率提高3%—23%　　睡眠质量提高6%
认知功能提高26%　　　　病态建筑综合症减少30%

绿色住宅健康舒适

某绿色住宅开盘时价格为2.2万/平方米，比周边同档次的某项目<u>溢价37.5%</u>

某绿色住宅较周边项目<u>溢价率30%</u>，销售速度也比其他项目<u>快了16%</u>

绿色住宅稳步升值

图 6-20　绿色住宅对居民的效益信息卡

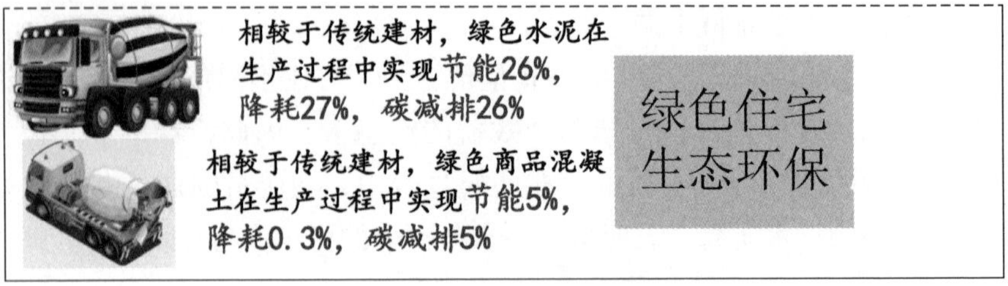

[图片内容：相较于传统建材，绿色水泥在生产过程中实现节能26%，降耗27%，碳减排26%；相较于传统建材，绿色商品混凝土在生产过程中实现节能5%，降耗0.3%，碳减排5%。绿色住宅 生态环保]

图6-20 绿色住宅对居民的效益信息卡（续）

资源来源：张莉：《中国城市绿色住宅发展的动力机制研究》，博士学位论文，清华大学，2018年。

宋小龙、杨建新、刘晶茹：《高炉渣资源化生产绿色建材的环境效益评估——基于生命周期的视角》，《中国人口·资源与环境》2012年第4期。

Jacobs D. E., Ahonen E., Dixon S. L., et al., "Moving into Green Healthy Housing.", *Journal of Public Health Management and Practice*, Vol. 21, No. 4, 2015, pp. 345-354.

Zhang L., Sun C., Liu H., et al., "The Role of Public Information in Increasing Homebuyers' Willingness-to-pay for Green Housing: Evidence from Beijing", *Ecological Economics*, Vol. 129, 2016, pp. 40-49.

World Green Building Council, *The Business Case for Green Building: A Review of the Costs and Benefits for Developers, Investors and Occupants*, 2013.

Kats G., *Greening our Built World: Costs, Benefits, and Strategies*, St. Louis: Island Press, 2013.

Newsham G. R., Mancini S., Birt B. J., "Do LEED-certified Buildings Save Energy? Yes, but...", *Energy and Buildings*, Vol. 41, No. 8, 2009, pp. 897-905.

Kats G., Alevantis L., Berman A, et al., *The Costs and Financial Benefits of Green Buildings: A Report to California's Sustainable Building Task Force*, Sustainable Building Task Force, 2003.

（二）支付意愿问题设计

在本次调研中，采用两种方式询问支付意愿：①直接询问愿意为绿色住宅支付百分之几的溢价（基准为其他特征完全相同的普通住宅）；②采用联合选择实验，模拟购房场景，让实验对象在一个住宅产品集合中基于多种特征的联合效应选择对他而言具有最大效用的住宅产品，从而计算其支付意愿。联合选择实验的具体设计步骤如下：

（1）住宅特征变量的选取。通过文献梳理及实际调研，最终确定住宅选择集中包含的住宅特征有房价、区位、是否精装修、所属学区、是否获得国家绿色建筑评价标识共5个住宅特征变量。

（2）住宅特征变量的赋值。将南京市的区位分成三类：一类地段

(如建邺区、鼓楼区、秦淮区），二类地段（如浦口区、栖霞区），三类地段（如江宁区、雨花台区）。然后，参考已有文献测算的精装修溢价4.3%（Zheng et al., 2012）、重点学区溢价8.1%（胡婉旸等，2014）以及绿色建筑溢价6.9%（张莉，2018），对各区位的房价均值进行上下浮动计算取值范围，详见表6-14。

表6-14　　　　　联合选择实验选择卡的变量设置与取值

变量	取值		
区位	一类地段	二类地段	三类地段
房价（元/平方米）	43000	20000	12000
	52000	25000	15000
	61000	29000	17000
是否精装修	毛坯	毛坯	毛坯
	精装	精装	精装
学区梯队	普通中学	普通中学	普通中学
	重点中学	重点中学	重点中学
是否有国家绿色住宅认证	有	有	有
	无	无	无

（3）生成正交选择集。在每个选择集中设置三个住宅，分别位于一类地段、二类地段和三类地段。用SPSS进行正交设计得到正交选择集。选择集（示例）如图6-21所示，要求实验对象在假设的三个住宅中选择他认为性价比最高的那个。经过两轮预调研，发现每位受访者大约只能有耐心完成4道联合选择问题。因此在问卷中信息卡前后各设置2道联合选择问题，正交试验表格详见表6-15。

表6-15　　　　　　　正交试验表格

试验编号	区位	房价	是否精装修	学区梯队	国家绿建认证
1	1	1	1	1	1
2	1	1	2	2	2
3	1	1	2	2	2
4	1	2	2	1	2

续表

试验编号	区位	房价	是否精装修	学区梯队	国家绿建认证
5	1	3	2	2	2
6	1	3	2	2	1
7	2	1	1	2	2
8	2	1	2	1	2
9	2	2	2	2	2
10	2	2	2	2	1
11	2	3	1	2	2
12	2	3	2	1	1
13	3	1	2	2	1
14	3	1	2	2	2
15	3	2	1	2	1
16	3	2	2	1	2
17	3	3	1	1	2
18	3	3	2	2	2

为了避免受访者在阅读信息卡前后刻意改变选择，每份问卷中信息卡出现前后使用的选择集不同。

	房子A	房子B	房子C
区位：	一类地段 （如建邺、鼓楼、秦淮区）	二类地段 （如浦口、栖霞区）	三类地段 （如江宁、雨花台区）
是否精装修：	毛坯	毛坯	精装
所属学区：	普通中学	重点中学	重点中学
绿色住宅权威认证：	无认证	有认证	有认证
房价：	43000元/平方米	20000元/平方米	12000元/平方米

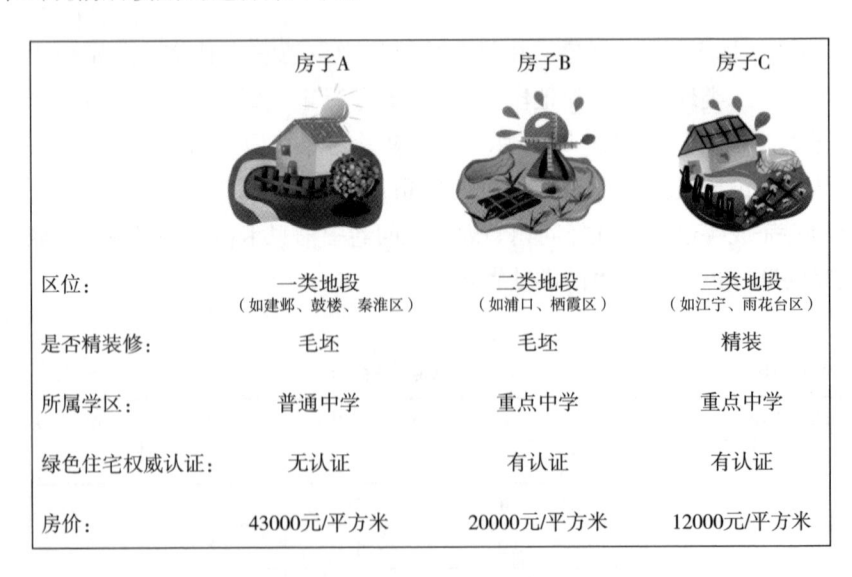

图 6-21　联合选择实验选择集（示例）

综上所述，由于有 5 种信息卡和 6 个选择集组合，共生成 30 种问卷。具体问卷设计示例参见附录 2。30 种问卷之间，除了信息卡和选择集不同外，其他问题均相同。

二　数据收集与检验

本调研在 2020 年 11 月底开展，在上述一类地段（如建邺区、鼓楼区、秦淮区）、二类地段（如浦口区、栖霞区）、三类地段（如江宁区、雨花台区）各选取一个获得绿色建筑评价标识且已经入住的住宅小区作为实验组，并各选取一个相邻的档次相近的普通小区作为对照组。每个小区随机抽取 270 个住户（每户 1 人）进行问卷调研，每个小区发放 9 套实验问卷（30 种问卷，每种 1 份），共回收 1242 份有效问卷，有效回收率为 76.7%。

在样本有效性控制上，在出示信息诉求干预信息卡后，为了检验实验对象是否有效获取了图中信息，本次实验问卷还设置了检验问题，只有实验对象所选答案与信息诉求干预信息卡的内容相符，才被认为有效获取了信息卡所示的信息。在实地实验过程中，基于此检验问题，筛选掉了约 20% 的答卷，侧面证实设置检验问题是十分必要的。

由于收入问题较为敏感，借鉴清华大学张莉（2020）的做法，在问卷中设置检验问题进行配对 t 检验。从表 6-16 可以看出，配对数据没有呈现出差异性（p>0.05），因此，可以认为受访者对收入的回答较为真实准确。

表 6-16　　　　　　　　检验问题的配对 t 检验

	平均值	标准差	平均值差值	t	p
您的家庭年收入总和约为多少元	3.12	1.03	-0.02	-0.911	0.362
您认为居住在本小区的其他家庭的平均年收入约为多少元	3.14	0.99			

实验对象的人口统计学基本特征如表 6-17 所示。可以看出，实验样本的性别配额、年龄配额、受教育水平配额、年收入配额等与总体抽样基本匹配，样本分布特征较为合理。

表 6-17　　　　　　　　实验对象的人口统计学基本特征

变量		样本量（个）	百分比（%）	变量		样本量（个）	百分比（%）
性别	男	600	48.31	房屋类型	短期租住房	251	20.21
	女	642	51.69		长期租住房	216	17.39
受教育水平	初中及以下	11	0.92		自有产权还贷房	331	26.65
	高中/中专	68	5.48		自有产权无贷房	444	35.75
	大专	205	16.51	家庭年收入	小于 10 万元	182	14.65
	本科	877	70.61		10 万—15 万元	467	37.60
	硕士	57	4.59		15 万—25 万元	216	17.39
	博士及以上	24	1.93		25 万—50 万元	342	27.54
家庭成员组成	一人独居	479	38.57		50 万—100 万元	23	1.85
	夫妻二人暂无子女或不与子女父母同住	171	13.77		大于 100 万元	12	0.97
	夫妻二人与父母同住	46	3.70	年龄	18 岁以下	0	0
	夫妻二人与子女同住	307	24.72		18—25 岁	427	34.38
	夫妻二人与父母及子女同住	80	6.44		26—30 岁	308	24.80
	四代同堂	23	1.85		31—35 岁	262	21.10
	其他	136	10.95		36—40 岁	114	9.18
婚姻状况	未婚	661	53.22		41—45 岁	46	3.70
	已婚	570	45.89		46—50 岁	35	2.82
	离异	11	0.89		51—60 岁	26	2.09
	—	—	—		60 岁以上	24	1.93

调研问卷列出 10 个典型的住宅特征,由受访者选取其最为关注的特征并按重要性排序,平均综合得分的计算结果如图 6-22 所示。可以看出,得分最高的前 5 个特征分别为地段(10.67)、交通(9.55)、户型(8.97)、室内环境品质(保温、采光、通风、隔音)(7.74)和学区(7.39)。建材环保无害和采暖制冷能耗受到的重视程度最低,得分仅为

4.69 和 3.90。该结果表明居民进行住房选择时对"绿色"的考量较少，在与绿色住宅相关的特征中相对更受重视的是室内环境品质。但有趣的是，居民认为"室内环境品质（保温、采光、通风、隔音）"的重要性要高于学区，这与以往的研究存在差别，出现这一转变的原因可能是因为随着人们生活水平的提高，将更加重视居住环境的品质；但也有可能是因为实验对象家庭中学龄人口数较少或已过学龄，因此不太关注学区梯队特征。不可否认的是，学区梯队特征仍然排在实验对象最为关注的前五大特征中，仍旧是居民购房意愿的重要影响因素。

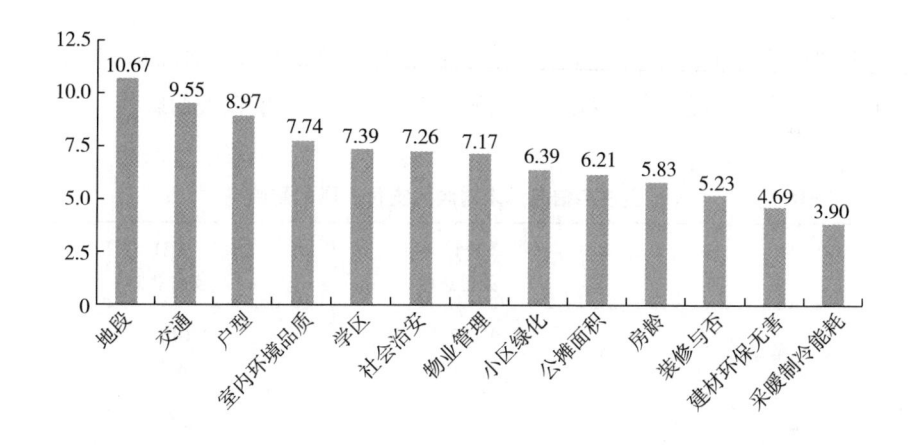

图 6-22 实验对象最为关注的特征

三 信息诉求干预前后对居民支付意愿的影响

本章的信息诉求是指对效益信息的诉求，将绿色住宅的四类效益信息作为干预变量进行研究。信息干预前后居民对绿色住宅的支付意愿的频率分布如图 6-23 所示。

从图 6-23 可以直观地看出，在信息诉求信息卡干预前，居民对绿色住宅支付意愿主要集中在 0—3%；在信息诉求信息卡干预后，支付意愿大于 6% 的显著增加，特别是溢价支付意愿为基准房价的 10%—12% 的人数占比显著增加。进一步通过回归控制个体固定效应，从而比较信息干预前后居民对绿色住宅支付意愿的变化，结果如表 6-18 所示。在信息干预前，受访居民对绿色住宅的平均支付意愿为 4.77%，因设置的基准房价为 3 万元/平方米，所以平均支付意愿约 1431 元/平方米。对比上一节

286 / 城市居民绿色住宅支付响应的机理、测度及助推策略

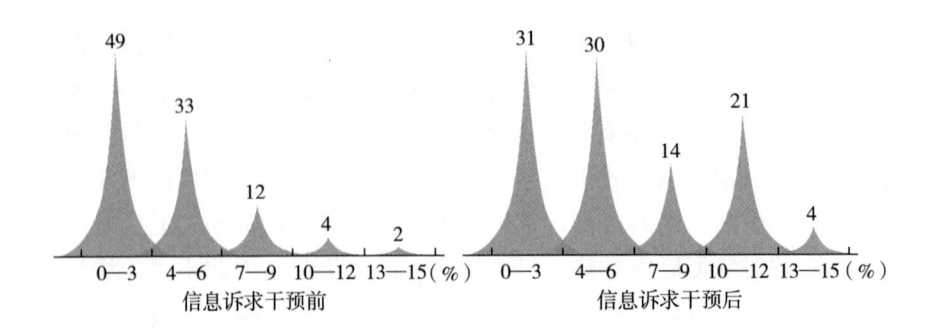

图 6-23 信息诉求干预对居民支付意愿的影响

的调研中直接询问支付意愿绝对水平的结果（平均支付意愿 220 元/平方米），可以看出提问方式对居民的陈述性偏好可能产生较大的影响。

表 6-18　　　　　　绿色住宅信息诉求对居民支付意愿的影响

	（1）支付意愿	（2）支付意愿
信息诉求	0.809*** (8.03)	1.016*** (6.17)
经济类信息诉求	—	-0.521** (-2.21)
功能类信息诉求	—	-0.072 (-0.28)
常数项	2.751** (32.14)	2.751** (32.54)
个体固定效应	是	是
R^2	0.824	0.831

信息诉求分为两大类，即经济类信息诉求和功能类信息诉求。其中，经济类信息诉求包含经济实惠型信息诉求和投资理财型信息诉求，功能类信息诉求包含投资理财型信息诉求和生态环保型信息诉求。获得绿色住宅的信息诉求效益后，居民的支付意愿平均增加 29.4%（0.809/2.751），单独提供经济类信息诉求信息卡所起到的效果仅为 18.0%（0.495/2.751），单独提供功能类信息诉求信息卡与同时提供两类信息诉

求信息卡所起到的干预效果没有显著差异。因此，功能类效益信息对于提升居民对绿色住宅的需求起到了更加显著的促进作用。

为了避免社会赞许性反应偏差，进一步通过联合选择实验来分析信息干预对居民支付意愿的影响。混合 Logit 模型的估计结果如表 6-19 所示。除房价以外，是否重点中学学区梯队、是否获得绿标认证、是否位于二类地段对居民支付意愿（WTP）有显著影响。

表 6-19　　　　　　　基于联合选择实验的支付意愿估计

	M（β）	SD（β）	P（-）	WTP（万元/平方米）
房价	-1.658*** (-5.71)	3.896*** (2.72)	0.00	—
精装	0.168 (1.28)	1.357*** (3.26)	0.47	0.164 (0.724)
学区	1.368*** (6.71)	0.821** (2.15)	0.06	0.998 (1.121)
绿标认证	1.992*** (7.31)	2.046*** (5.71)	0.19	1.007 (1.874)
二类地段	0.135 (0.67)	1.659*** (5.03)	0.52	0.0381 (1.428)
三类地段	-2.127*** (-4.02)	0.262 (0.46)	0.00	-1.286 (1.316)
对数最大似然值			-1757.31	

根据计算得到居民对各种住宅特征的支付意愿 WTP'；居民愿意为重点小学学区支付 0.998 万元/平方米的溢价；愿意为获得绿标认证的住宅支付 1.007 万元/平方米的溢价；与位于二类地区的住宅相比，居民需要获得 1.286 万元/平方米的补偿才愿意选择位于三类地区的住宅。联合选择实验所使用的情境为了更接近现实房价水平，是根据实际住宅项目的具体溢价范围来确定的，这就导致居民对每种住宅特征的支付意愿被放大。虽然该支付意愿的绝对值可能比现实购房场景中偏大，但支付意愿的相对水平依然可以表征居民的相对偏好。

如前所述，信息诉求分为两大类，即经济类信息诉求和功能类信息诉求；其中，经济类信息诉求包含经济实惠型信息诉求和投资理财型信息诉求,功能类信息诉求包含功能偏好型信息诉求和生态环保型信息诉求。获得绿色住宅的信息诉求效益后,居民的支付意愿平均增加27.5%(0.548/1.993)(见表6-20),比直接询问基准房价百分比的方式所观测到的信息干预效果略微下降。另外,单独提供经济类信息诉求信息卡或功能类信息诉求信息卡的效果与同时提供两类信息诉求信息卡所起到的效果没有显著差异。可以认为,联合选择实验的结果在一定程度上避免了社会赞许性反应偏差,更接近现实情况。

表6-20　　　　　　　信息诉求对居民支付意愿的影响

	(1) WTP	(2) WTP
信息诉求	0.548*** (4.07)	0.612*** (2.82)
经济类信息诉求	—	-0.271 (-0.88)
功能类信息诉求	—	0.0901 (0.28)
常数项	1.993*** (20.32)	1.993*** (20.29)

鉴于不同特征的居民对住宅特征的偏好可能存在差异,进一步将居民分别根据是否有小孩、家庭年收入和受教育程度进行分组,比较不同特征居民对各住宅特征的偏好。

由图6-24可以看出,有小孩的家庭对绿色住宅的支付意愿显著高于没有小孩的家庭,但无小孩家庭在被两类效益信息干预后,溢价支付水平从1.98%提升至2.47%,显著提升了24.7%。在获知绿色住宅的经济类效益和功能类效益后,家庭年收入较高的实验对象的溢价支付水平提升得更快一些,但差异不大,这可能是因为对收入较高的家庭而言,更追求绿色住宅所带来的功能类效益,如舒适健康,并不是十分在意绿色住宅所带来的运行费用节约效益(节水、节电、节能等)。对于受教育程度而言,在信息诉求干预前,受教育程度更高的居民的绿色住宅价格溢价支付水平略高于受教育程度较低的居民,但在信息诉求干预后,受教育程度更高的居民对绿色住宅价格溢价支付水平显著提升了25.3%,而受教育程度较低的居民只提升了 3.2%。综上所述，有小孩的居民家庭对绿色住宅价格溢价支付水平较高，信息诉求的正向助推作用在受教育程度更高的居民身上体现得更为明显。

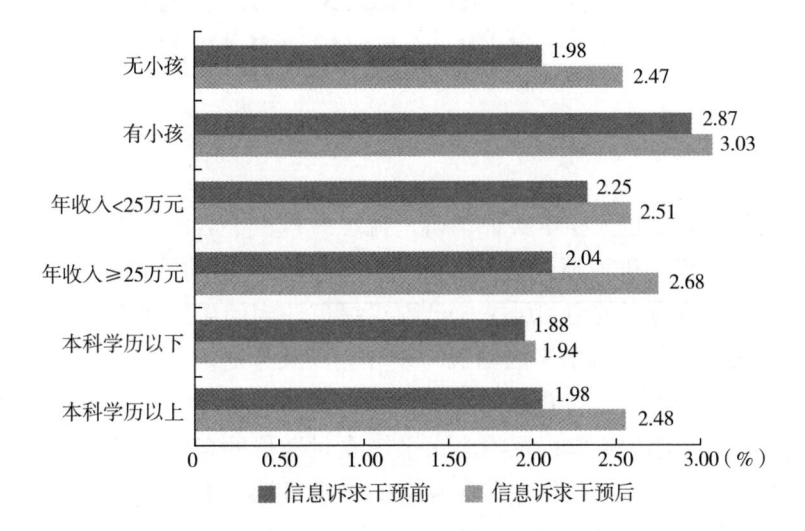

图 6-24　信息诉求对各类居民支付意愿影响的差异分析

第七章　城市居民绿色住宅支付
行为响应的演化仿真

　　前述章节通过大样本实证调研，梳理并检验了居民个体支付意愿响应的驱动机理，进而通过现场实验，证实了关键驱动因素的助推作用，探究了高响应背后的两类居民（已购买绿色住宅的居民和未购买绿色住宅的居民）溢价支付水平的动机与差异，以及分别量化了两类居民在四类支付情境干预下支付意愿的水平及溢价支付的金额。以上的研究为提升个体支付意愿的响应以及响应水平（支付溢价的高低）提供了理论与现实依据。然而，绿色住宅居民响应的终极目标在于实现绿色住宅有效且稳定的推广（实现高意愿—高行为的联结响应）。在现实情境下，其离不开外部环境（政府）的激励与约束，这就涉及微观行动者个体（居民与房地产开发商）与相对宏观的制度设计主体（政策）之间的联结与博弈关系，而组织新制度主义在回答该层面的问题上尤为有效。

　　因此，基于前序章节的研究，在组织新制度主义指导下，本章节的逻辑在于提出并回答以下问题：①行为响应外部激励与约束的现行绿色住宅相关政策有哪些？对于不同主体，其演进趋势与关注重点在哪些方面？②在现行政策环境下，如何提升居民个体的支付行为响应水平？③在现行政策环境下，如何提升居民群体的支付行为响应水平？④在现行政策环境下，如何提升社会整体的支付行为响应水平？

　　首先，基于上述四个问题，本章节系统梳理了国家立法机关等颁布的与绿色住宅相关的法律、法规等文件累计700余份，基于自然语言处理和社会网络分析法，总结出针对居民的政策措施，以及针对房地产开发商的政策措施（行为响应与提升的外部环境）。

　　其次，根据政策文本分析得出的针对居民的政策措施，结合第五章构建的驱动模型，基于神经网络中的神经元和激活函数，采用Matlab 2017b软件探究了在居民内在心理因素及外在情境因素交互驱动下居民个体支付行为的形成、稳定与提升机制（个体支付行为响应与提升）。

再次，根据政策文本分析得出的针对居民的政策措施，结合第五章构建的驱动模型与现场实验数据，基于演化博弈算法，采用 Matlab 2017b 软件分别探究了在无政策激励、有政策激励情境下居民群体"共生"支付行为的演化、稳定与提升机制（群体支付行为响应与提升）。

最后，根据政策文本分析得出的针对房地产开发商的政策措施，在成本—收益帕累托最优框架下，基于演化博弈算法，采用 Matlab 2017b 软件分别探究了在无政策、激励性政策、强制性政策情境下居民—房地产开发商—政府—虚拟政府"共赢"支付行为的演化、稳定与提升机制（社会支付行为响应与提升）。

第一节 支付行为响应的政策激励与约束

在绿色住宅的推广过程中，高响应个体的比例越大，迫使其他个体或组织采纳这一形式的制度环境压力也随之越来越大；与此对应的是，采用这种做法的个体或开发商越多，越说明这一行为是一个"广为接受"的社会事实，这是一个动态博弈的过程。

因此，在本章节中，我们强调大的制度环境的重要性，这个制度环境影响了居民和房地产开发商的行为模式。政策制度通过为参与人提供博弈规则、影响他们的策略集合与收益矩阵来对个体的行为施加影响，我们可以将这种观点视为制度影响的"规则版本"。此外，制度不仅是通过规定什么是应该做的来影响个体行为，更重要的是还提供了行动必不可少的认知模板、范畴和模式，可以将其视为制度影响的"认知版本"。

一 数据来源与研究方法

本小节以北大法宝数据库的法律法规（https：//www.pkulaw.com/）为数据源。北大法宝作为法律信息检索平台，不仅可以将法律案例与法律条款相匹配，还可以链接与某一条相关的所有法律法规等内容。

在政策文本检索过程中以"绿色住宅""生态建筑""可持续建筑""节能建筑"为关键词，检索日期截至 2021 年 3 月，最终，累计查到 702 份现行有效的政策文本，人工手动剔除与绿色住宅关联性较低的政策文本，最终共筛选出 294 份官方文件作为本小节研究的数据基础。本小节对绿色住宅政策文本量化的研究主要运用了自然语言处理中的词频—逆向文件频率算法（TF-IDF）和社会网络分析的方法。

二 政策文本量化分析

（一）政策发文时间分析

本小节研究基于筛选出来的 294 份政策文本，首先对与绿色住宅有关的政策数量、发文机构等内容进行统计分析，从整体上把握绿色住宅的政策现状与发展趋势。图 7-1 为中国绿色住宅政策的发文数量与累计发文量（数据截至 2021 年 3 月）。

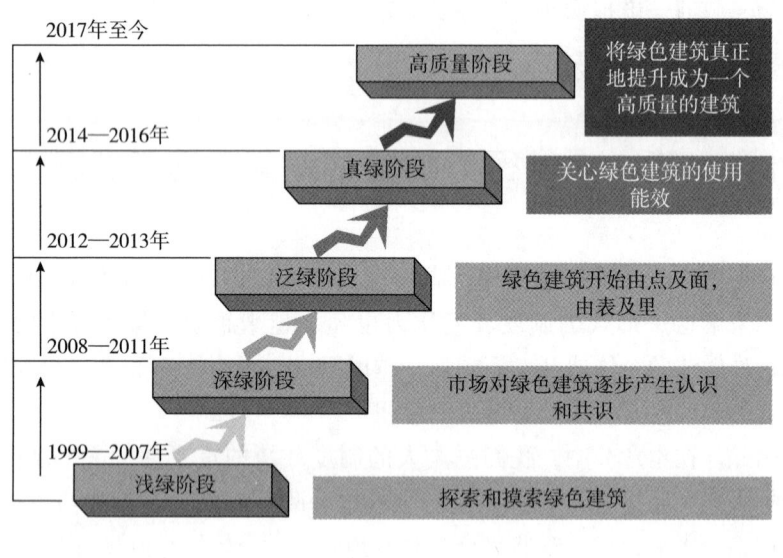

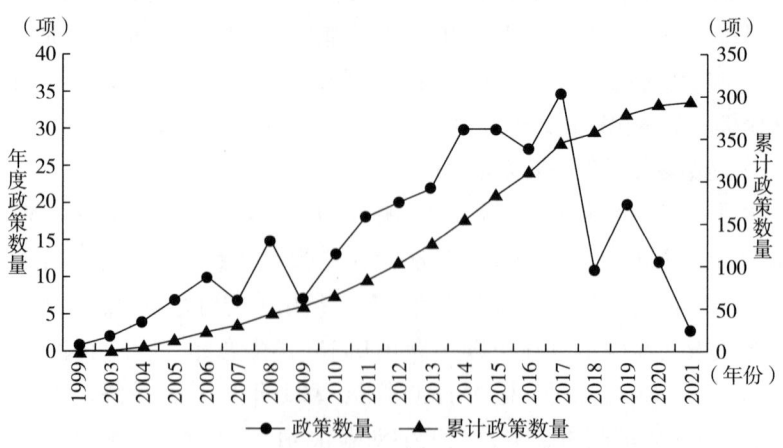

图 7-1 绿色住宅政策的年度演进趋势与阶段划分

整体来看，我国绿色住宅相关政策随时间变化呈整体上升趋势。具体来看，大致经历了1999—2007年的浅绿阶段、2008—2011年的深绿阶段、2012—2013年的泛绿阶段、2014—2016年的真绿阶段以及2017年至今的高质量发展阶段。

1999—2007年是我国开展绿色住宅工作的起步阶段，政府颁布与绿色住宅相关的政策共有40余项。在该阶段，关注点集中于绿色住宅研究、建设节约型社会和促进可持续发展的政策，主要有以下三个特点：①以试点建筑为主进行普及；②出现"西瓜型"绿色住宅；③技术堆砌导致增量成本较高。2005年是我国绿色住宅发展史上的里程碑，这一年我国正式提出发展绿色住宅的建议，推进绿色住宅示范点的建设，大力开展建筑节能的改造，提高绿色住宅关键技术，研究绿色住宅室内环境质量和舒适性评价等技术的要求。

2008—2011年的深绿阶段、2012—2013年的泛绿阶段以及2014—2016年的真绿阶段是我国开展绿色住宅工作的进阶发展阶段，累计颁布政策182项。2014—2016年是我国城乡建设的关键时期，我国政府为缓解能源和材料利用率不高、资源消耗严重的问题，颁布了大量和节约能源、绿色住宅评价标识、民用建筑能效测评、节能减排相关的政策。

2017年至今是我国开展绿色住宅工作的高质量发展阶段，累计颁布政策数量81项，每年关于绿色住宅政策的发文量在10项以上，特别是2019年，发布了《绿色建筑评价标准》（GB/T 50378-2019）。主要有以下三个特点：①开始关注建筑的使用者的感受和体验；②融合安全、健康、智慧提升绿色住宅维度；③绿色生态城成为新区建设的主要方向。各地区将绿色住宅作为绿色"一带一路"基础设施建设的重点之一、将建筑节能与绿色住宅纳入城镇化与城市发展领域优先发展的主题之一，以及部分省市试图建设绿色金融改革创新试验区为绿色住宅等项目提供金融支持。

（二）政策发文主体分析

如表7-1所示，在联合发文中，两部门发文较多（N=39），占联合发文政策数量的52%。由此可见，我国绿色住宅政策大多数为单个部门发布，少数为联合部门发布。

表 7-1　　　　　　　　发文部门数量及相应政策数量

发文部门（个）	1	2	3	4	6	7	9
政策数量（项）	219	39	31	2	1	1	1
占比（%）	74.49	13.27	10.54	0.68	0.34	0.34	0.34

图 7-2 列举了绿色住宅政策发文量前 10 的政府部门，从部门来看，住房和城乡建设部是发布绿色住宅政策数量最多的部门（N=140），也是单独发文最多的部门（N=105），住房和城乡建设部与国家发展和改革委员会同是联合发文量最多的部门（N=35）。

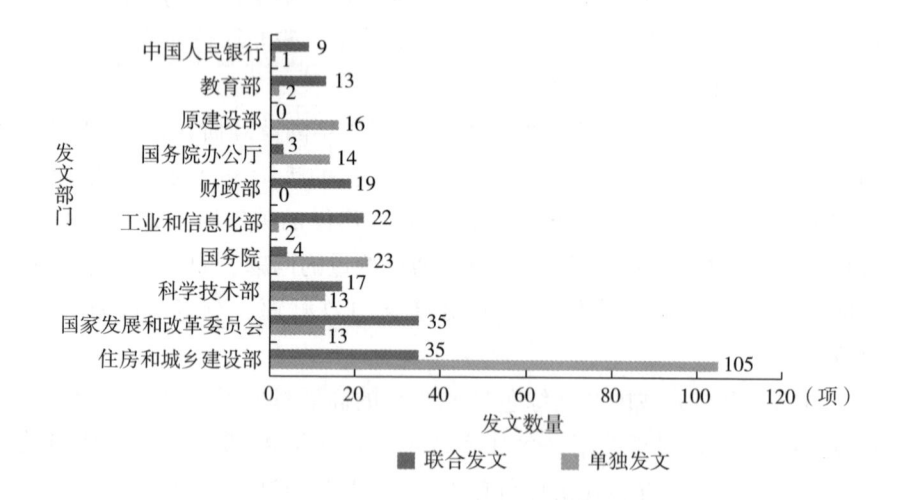

图 7-2　绿色住宅的政策发文部门情况

此外，本小节研究主要采用 Ucinet 软件对发文部门进行合作网络分析。图 7-3 连线的粗细表示合作关系的密切程度，通过观察发现，在实际发文中住房和城乡建设部、国家发展和改革委员会是与其他部门合作较多的主体，它们在网络中处于比较中心的位置，所制定政策的影响力较大。

总体来看，我国各机构绿色住宅政策发文有两个特点。一是制定绿色住宅相关政策的主体具有代表性——住房和城乡建设部，该部门编制了大量关于绿色住宅、建筑节能、可再生能源建筑方面的政策；二是整体规划与部门协作相结合。绿色住宅的成功建设不是单一部门可以完成的

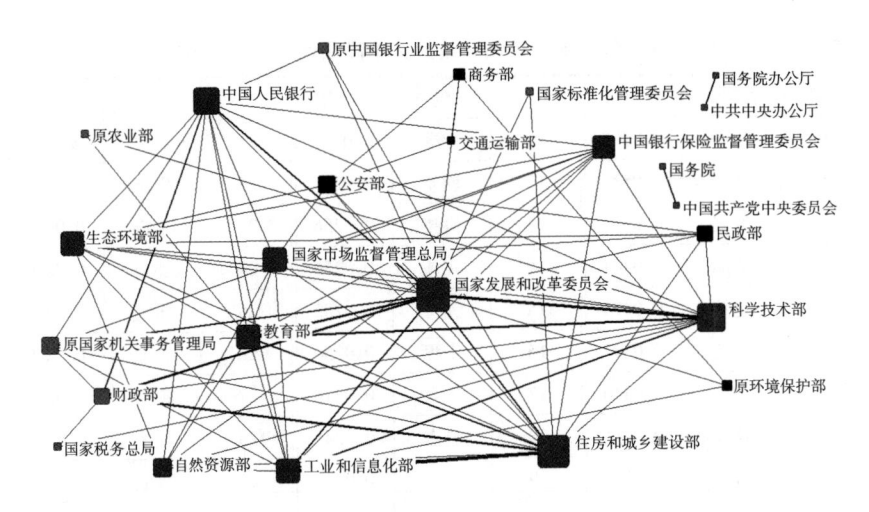

图 7-3　发文部门合作网络

工作，往往与多个政府部门存在合作关系，才能顺利开展绿色住宅相关工作。

由图 7-3 可知，相关部门的政策涉猎范围比较广泛，合作对象多变。它们不仅对其他团体颁布的政策进行补充说明，也针对国家现状提出新的发展方向。绿色技术创新、绿色建材标准和推广、绿色仓储、绿色社区等与绿色住宅有关的绿色项目都是这两个团体的关注点。

三　政策主题分析

（一）总体分析

首先，需要对收集的 294 份政策文本进行处理：由于北大法宝下载的政策文本包含法宝引证码、原文链接等与本书不相关的内容，因此要删除该内容并以 txt 格式储存；然后用 Python 中的 Jieba 库得到中文分词结果，其中以哈工大停用词词库为基础，借以过滤一些没有实际意义的词，并且自定义词典保证绿色住宅、节能建筑、生态建筑、可持续建筑等词不被切分；最后通过计算 TF-IDF 值得到高频词和词云（见表 7-2），并且可视化前十个高频词之间的联系（见图 7-4）。

从统计结果看，1999—2021 年中国绿色住宅政策最具有代表性的词包括"建设""技术""发展""节能""绿色""创新"以及"生态"等。我国虽然在绿色住宅方面起步较晚，但目前已经形成有明确的目标、完善的标准、激励性和强制性政策双管齐下的发展体系。

表 7-2　1999—2021 年中国绿色住宅政策文本高频词汇及 TF-IDF 值

序号	关键词	TF-IDF	序号	关键词	TF-IDF	序号	关键词	TF-IDF
1	建设	0.0596	11	标准	0.0273	21	绿色住宅	0.0222
2	技术	0.0535	12	创新	0.0267	22	生态	0.0221
3	发展	0.0507	13	科技	0.0256	23	工作	0.0218
4	节能	0.0387	14	实施	0.0256	24	加快	0.0216
5	建筑	0.0374	15	完善	0.0252	25	研究	0.0213
6	绿色	0.0343	16	工程	0.0250	26	企业	0.0209
7	推进	0.0340	17	体系	0.0248	27	项目	0.0208
8	建筑节能	0.0311	18	重点	0.0246	28	城乡	0.0208
9	城市	0.0286	19	住房	0.0242	29	规划	0.0195
10	示范	0.0279	20	管理	0.0236	30	设计	0.0192

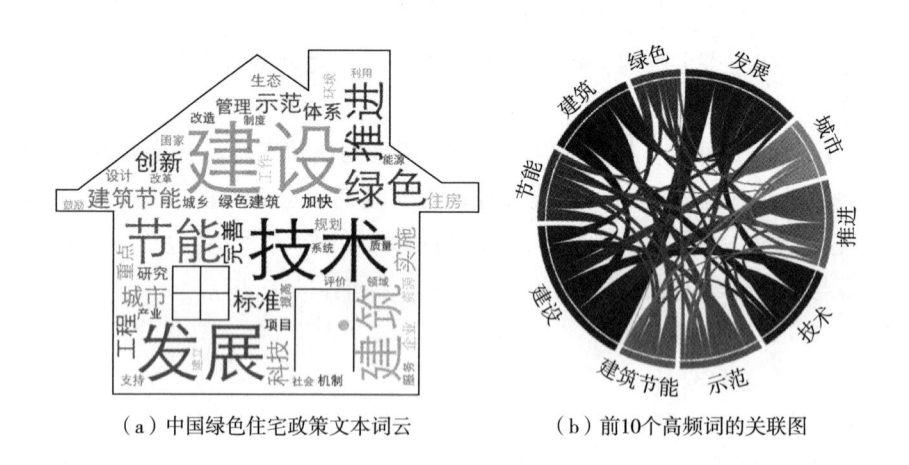

（a）中国绿色住宅政策文本词云　　（b）前10个高频词的关联图

图 7-4　1999—2021 年中国绿色住宅政策文本词云与高频词

词云更直观地展示了绿色住宅的健康发展离不开政府的鼓励、城乡的改革、合理的规划、完善的标准体系、技术或体制的创新等多方面的联合。从图［7-4（b）］两个连线的粗细可以看出，在绿色住宅政策文本中，"发展"与"建设"不仅是在一句话中一起出现的频率较高，而且它们分别与其他词共同出现的概率也比较大；本小节虽然分析的是绿色住宅政策文本，但"绿色"和其他词同时在一句话中的次数不多，这是因为单独研究绿色住宅的政策在与绿色住宅相关的总政策中占比不高，就减少了"绿色"的权重。

（二）发展阶段分析

本书选取绿色住宅各个阶段的政策，分别形成每个阶段排名前 50 的高频词词云以及 TF-IDF 值排名前十位的高频词共现结果（见图 7-5），通过对关键词在政策中出现的频率及高频词共现结果来分析每个阶段绿色住宅政策的主题、作用、发展趋势等。

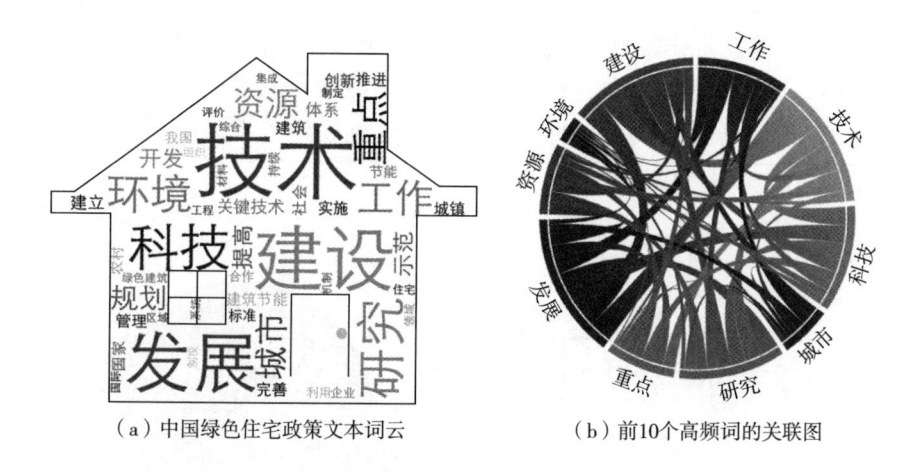

（a）中国绿色住宅政策文本词云　　（b）前10个高频词的关联图

图 7-5　1999—2007 年中国绿色住宅政策文本词云与高频词

1. 起步阶段（1999—2007 年）

第一阶段的绿色住宅政策更多地关注城镇化建设和城市发展，包括可持续发展和节约型社会的建设，而绿色住宅相关体系的建设仍是政府工作的薄弱环节。这一阶段"技术""科技""研究""发展""建设"等是绿色住宅政策的高频词。

"技术"作为这一阶段的高频词，通过深入分析政策内容发现，本阶段对绿色住宅评价标识管理、创新奖管理作了明确规定，且将"绿色住宅关键技术研究"作为"十五"国家科技攻关计划的重要项目。由高频词关联图可知，"发展""研究""技术""建设""科技"与其他词在同一句话的联系较多；虽然"环境"与其他词的联系较少，但保护环境是绿色住宅政策的最终目的。总之，绿色住宅刚刚起步，相关政策体系和规章制度还不完善，技术、发展、科技与建设是本阶段的中心工作。

2. 初步发展阶段（2008—2016年）

这一时期是中国深化经济体制改革的攻坚时期，绿色住宅得到了初步发展，初步构建出完整的绿色住宅政策体系。本阶段，增加了"建筑节能""标准""示范""工程"等词。经过第一阶段的努力，绿色住宅的理念引起社会各界关注。

结合图7-6发现，"节能"是该阶段较为常见的词，且它与"建筑""建设""发展""示范"有着紧密的联系，这证实了它是一个关键的政策目标。"建设"作为另一个高频词，与"推进""节能""发展"的联系较多。该阶段政府采取各种强制性政策确保新建工程项目要达到绿色住宅的标准，制定各类激励性政策调动各方加快绿色发展的积极性与引导消费者购买绿色住宅。

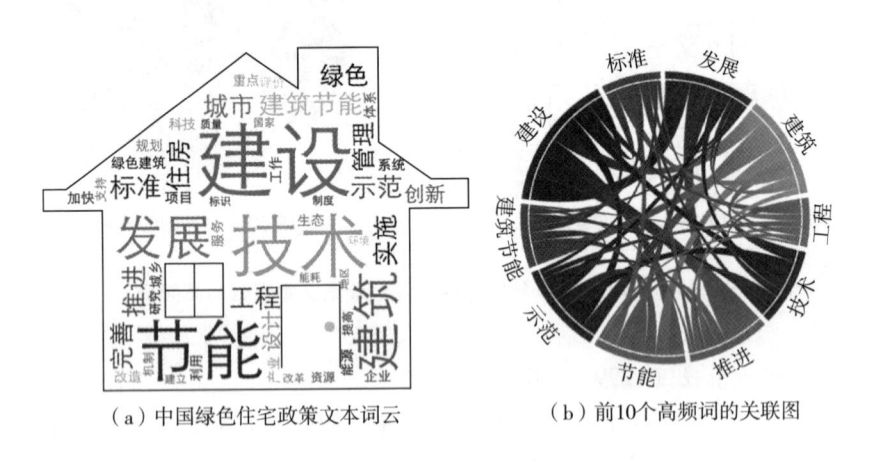

（a）中国绿色住宅政策文本词云　　（b）前10个高频词的关联图

图7-6　2008—2016年中国绿色住宅政策文本词云与高频词

3. 深度发展阶段（2017年至今）

第三阶段，是绿色住宅政策的战略发展阶段。国家出台了《关于促进绿色住宅的指导意见》，意味着绿色住宅愈来愈备受关注。绿色住宅与经济发展之间的矛盾和冲突仍然突出。"建设""技术""发展"仍是这一时期的高频词，新增"装配式""创新"作为高频词（见图7-7）。

本阶段明确钢结构装配式住宅是绿色住宅的发展重点，这正是"技术"和"创新"成为本阶段绿色住宅政策的关键词的原因之一。此外，我国绿色住宅政策演变进程中，存在一定的逻辑，如图7-8所示。

第七章　城市居民绿色住宅支付行为响应的演化仿真 / 299

（a）中国绿色住宅政策文本词云　　　（b）前10个高频词的关联图

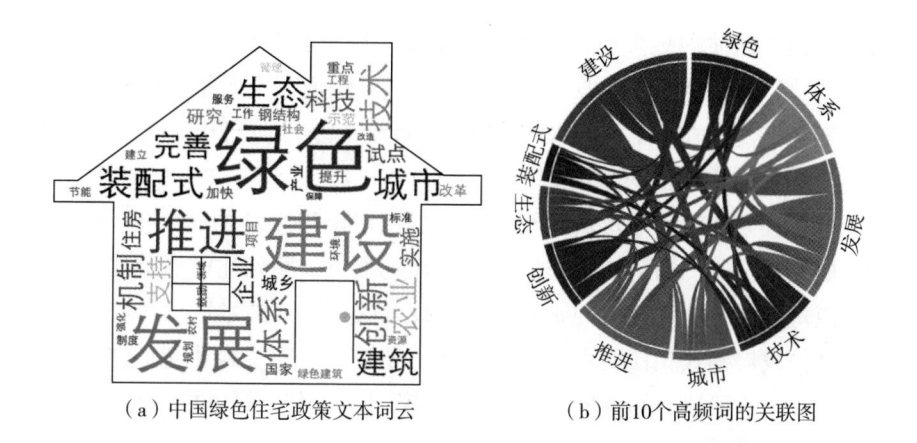

图 7-7　2017 年至今中国绿色住宅政策文本词云与高频词

图 7-8　高频词的演进过程

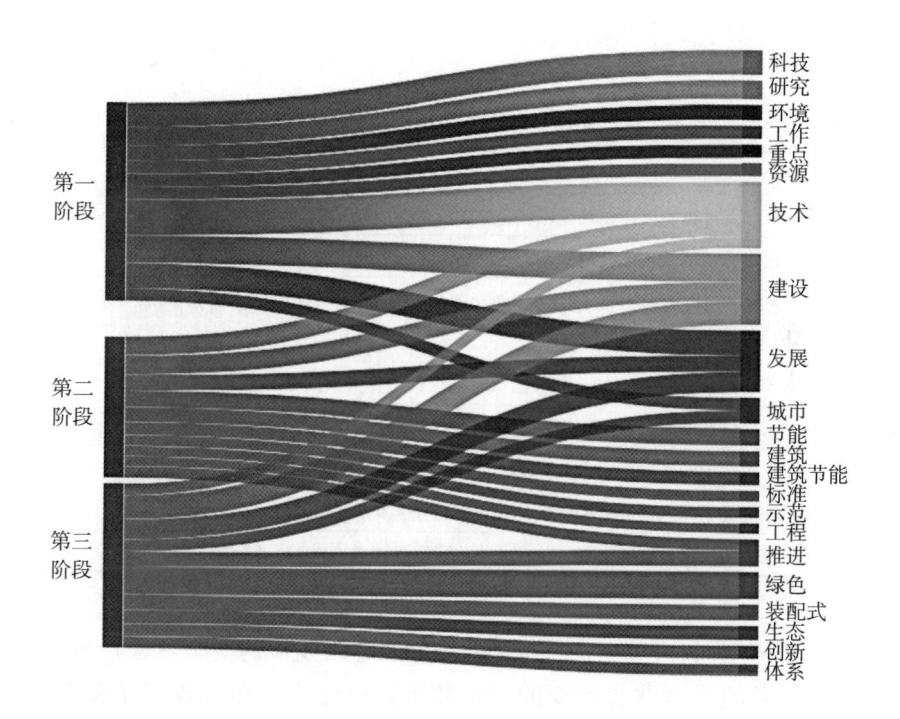

从图 7-8 高频词的演进过程来看，"技术""建设""发展"是三个阶段共有的关键词，说明在绿色住宅政策的发展历程中绕不开这三个词，它们是绿色住宅政策体系的核心思想。"城市"不是第二阶段的高频词，

可能是由于该阶段更多地强调城镇化建设，城市和乡村要实现共同发展。"推进"作为高频词，从第二阶段持续到第三阶段，说明每个阶段不仅要根据国情制定新政策，还要对上个阶段的政策进行补充和完善，才能持续推进绿色住宅的健康发展。

绿色住宅政策体系形成之初，主要强调以可持续发展观，进行科学技术的研究与发展、制定社会发展科技工作的要点、明确建设事业的技术发展要点等与绿色住宅有关的研究。这些政策议题以"技术"为中心，与当前的经济发展模式相伴而生，但它需要长期的研究和实践才能达到政策目标。此外，该阶段开始重视使用强制性监管政策来规范绿色住宅的实施。

四 政策类别分析

通过阅读筛选出 294 份官方文件并进行分析，在国家层面，共有 8 项重点政策，如表 7-3 所示。

表 7-3　　　　　　绿色住宅的全国重点政策一览

序号	名称
1	《关于印发可再生能源建筑应用城市示范实施方案的通知》（财建〔2009〕305 号）
2	《绿色能源示范县建设补助资金管理暂行办法》（财建〔2011〕63 号）
3	《财政部住房城乡建设部关于进一步推进可再生能源建筑应用的通知》（国发〔2012〕26 号）
4	《国务院关于印发"十二五"节能减排综合性工作方案的通知》（财建〔2012〕67 号）
5	《关于加快推动我国绿色建筑发展的实施意见》（财建〔2012〕67 号）
6	《绿色建筑行动方案》（国发〔2013〕1 号）
7	《国务院关于深入推进新型城镇化建设的若干意见》（国发〔2016〕8 号）
8	《建筑节能与绿色建筑发展"十三五"规划》（建科〔2017〕53 号）

在国家层面，《关于加快推动我国绿色建筑发展的实施意见》是推进我国绿色住宅发展非常重要的一个政策，由住建部和财政部联合发布，也是唯一一个国家层面的两部联合发布的文件。该文件首次明确了我国绿色建筑星级补贴的范围：给予二星级绿色建筑项目 45 元/平方米的补贴、三星级绿色建筑项目 80 元/平方米的补贴以及绿色生态城区整个项目 5000 万元的补助基准。该政策确立了我国绿色建筑补贴的范畴，为各省市相应的补贴政策配套提供了参考。

除国家层面的政策引导外，我国一些地方城市或地区根据国家现行的法律法规，陆续出台了相关的强制执行文件与激励性文件（见图 7-9）。对于地方层面的激励性政策，分为 13 个主要类别，如图 7-10 所示。

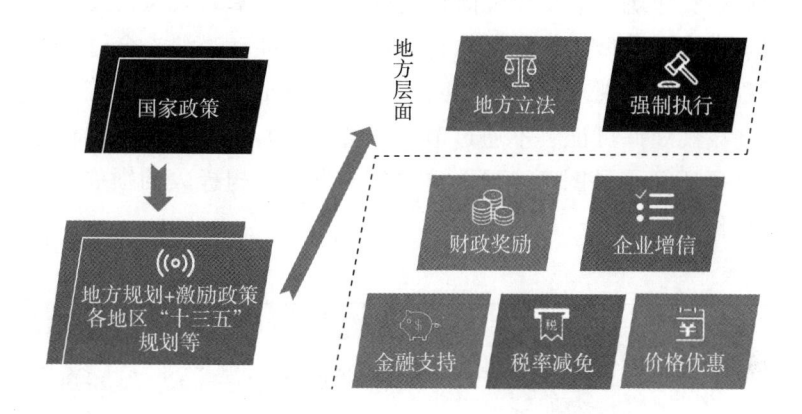

图 7-9　我国国家及地方的政策措施

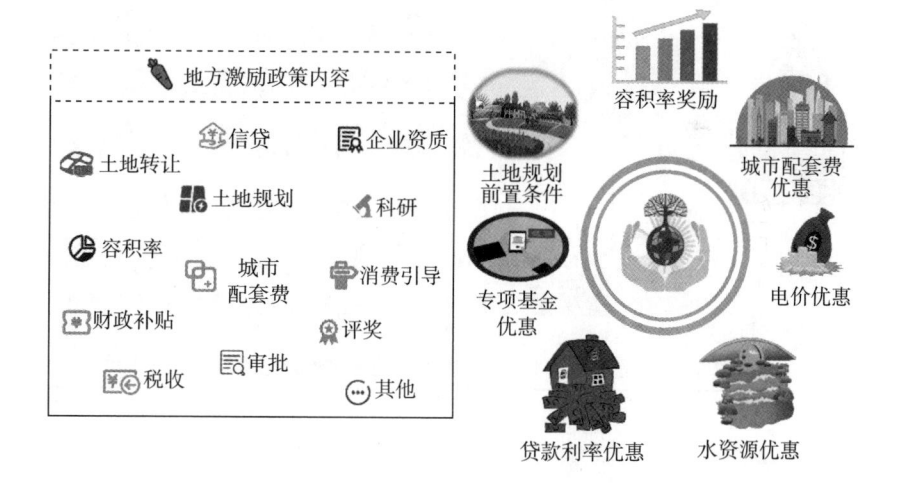

图 7-10　地方激励政策内容

其中，吉林、广西、安徽和贵州的激励政策内容最多，达到 8—9 项；平均每个地方发布的激励内容为 6 项，其中靠近长江中游、东部沿海地区的相关政策内容更加丰富。财政补贴是各省份应用范围最广的政策之一，其次是容积率奖励、土地使用权转让、税收优惠。北京、上海、重庆等9个省份还制定了地方财政奖励政策,包括:①针对设计、运营标识分别奖励;②分别奖励建设单位与购房者。

此外,各地方政策中针对房地产开发商还实施专门的强制性要求。新建政府投资建筑、单体建筑面积超过2万平方米的大型公建以及保障性住房这类特定类型建筑强制执行绿色建筑标准,并纳入全过程的监督管理过程中,如发现未达绿色建筑要求,会做出以下惩罚措施,如不颁发工程建设规划许可证、不通过节能审查、不通过环境影响评价、不颁发施工许可证等(见图7-11),这将使开发商承担极大的损失,起到严厉的约束作用。

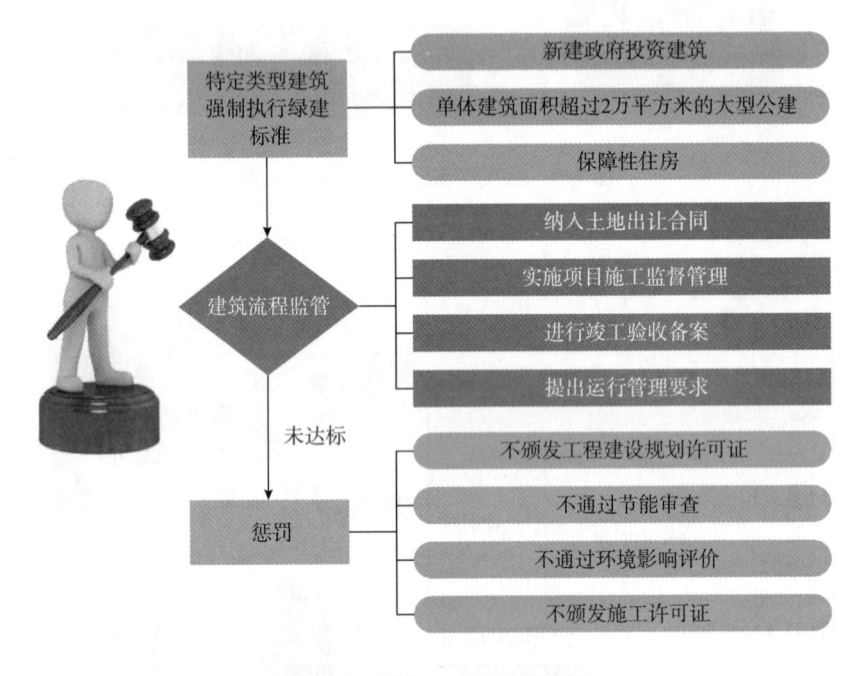

图7-11 绿色建筑的流程监管

综上所述,从中央到地方,绝大多数省市都给予了绿色建筑立法相应的支持。特别是江苏、河北和宁夏三个省区无疑是在法规和法律建设上最为完善的,然而,需注意的是,仍有一些省市至今未出台绿色建筑相关政策措施。

第二节 交互干预机制下的个体支付行为响应的仿真

第五章的实证研究结论指出,个体支付意愿响应的各维度中,功能偏好型支付意愿均值(M=4.177)最高,其次为经济实惠型支付意愿(M=3.968),反映了个体的趋利性可能对其绿色住宅支付意愿具有重要的促进作用。同样地,投资理财型支付意愿的均值为3.546,生态环保型支付意愿的均值仅为3.258。均值最低的为自我认同型支付意愿(M=2.490),整体上处于劣性状态(小于3)。因此,提升城市居民自我认同型支付意愿,是引导居民稳定购买绿色住宅的当务之急。

从个体层面上来看,个体行为是通过学习形成的,行为复现和稳定发生则标志着整个学习过程的完成。自我认同型支付意愿是个体基于自身责任感与认同感的自发型行为,是绿色住宅支付意愿的内化行为,它具有复现、持久、难以改变的特征。相对应地,若个体认同感较低,那么对绿色住宅的购买行为则难以持续发生。

实证分析结果表明,自我认同型支付意愿受组织规范、政策完善度、政策执行度、被动型信息诉求、主动型信息诉求等外界情境因素的影响,这为自我认同型支付意愿的引导政策设计提供了建构基础,同时也为个体自我认同型支付意愿的学习提供了强化条件。然而,学习的强化过程并非简单地给予刺激就能够实现,个体的需求是具有差异性的。通过外界环境的刺激,不一定能够形成个体"想要"的奖励或惩罚。换言之,个体由于自身的心理认知特征的差异,其刺激需求也具有差异性。如支持态度、带动态度、全球环境关心、当地环境关心、获得账户、高解释水平、主观认知、道德内隐、损失账户、低解释水平、客观认知、道德外显等,都会对个体自我认同型支付意愿的学习过程产生影响。

计划行为理论指出,个体对特定行为的行为意向可直接决定由个人意志控制的行为,个体执行该特定行为的意愿越强,特定行为也就相应越易被执行,行为的发生与否直接取决于行为意向。而对于购买绿色住宅这一具有较高购置成本属性的绿色消费行为,目前绿色住宅并未被常态化推广,绿色住宅市场基于现实支付行为的数据难以获取,且本书只是复现自我认同型的学习路径与演化规律，加之经典的计划行为理论指出行为的发生与否直接取决于行为意向，因此本书将基于前述章节关于支付意向（支付意愿）所获取的实证数据来探讨城市居民自我认同型支付行为的学习路径及演化规律。

基于此，本书将通过联结学习理论，在外界环境因素干预的基础上，构建基于个体心理偏好需求与政策情境交互干预下的强化学习模式，即交互干预机制下的学习模式，探讨城市居民自我认同型支付行为的学习路径及演化规律。

本书使用 Matlab R2017b 软件，对所构建的信息干预下城市居民自我认同型支付行为交互学习模型进行系统仿真。考虑干预措施的强度（心理因素和情境因素的干预强度）和响应效度（居民对政策的了解度和认可度，政策是行为响应的外部激励与约束）对城市居民自我认同型支付行为的交互影响是同步产生的，加之响应效度是整个强化学习过程的控制器，为了使自我认同型支付行为的形成及复现机制与规律更易于观察和阐述，本书分两步将上述两类因素的影响进行分析，即首先探讨基于干预强度影响下居民个体自我认同型支付行为的形成与复现，在此基础上再进一步讨论不同响应效度影响下居民个体自我认同型支付行为的形成与复现。

一 基于干预强度影响的仿真分析

首先，基于第五章实证研究的结论，本章探讨了在相同响应效度的情境中，不同个体心理因素（个体态度、环境关心、绿色住宅心理账户、解释水平、绿色住宅认知、道德认同）交互干预机制下，组织规范、政策完善度、政策执行度、被动型信息诉求、主动型信息诉求、品牌壁垒、位置壁垒、标识壁垒等政策情境因素的干预效果。特别地，为了更清晰地展示自我认同型支付行为在不同响应效度与干预强度下的演化情况，本书首先对城市居民自我认同型支付行为的自学习过程进行了描绘（此时未进行任何干预），以作为参考。

（一）个体态度交互干预下的仿真分析

将个体态度作为干预因素，居民个体在学习过程中的心理感知收益与行为发生概率仿真结果如图7-12所示。可以看出，在仿真过程中，行为发生概率随着感知收益同步正向变化，且随着仿真步数逐渐增长，居民个体的学习速率在不断下降，最终趋近于0，且居民个体的自我认同型支付行为发生概率均会收敛至1。

(a) 感知收益

(b) 行为发生概率

—— 自学习　　　　—·-·— 组织规范
---- 政策完善度　　—··—··— 政策执行度
—— 被动型信息诉求　—— 主动型信息诉求
······ 品牌壁垒　　　—— 位置壁垒
—— 标识壁垒

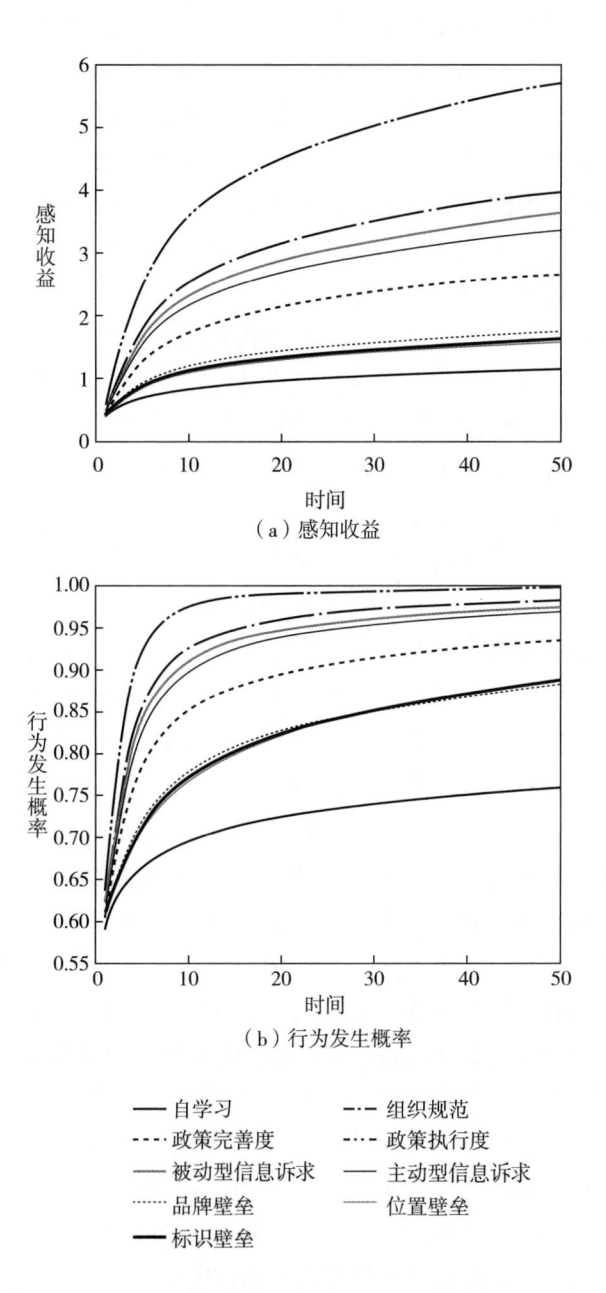

图 7-12　居民个体态度与情境因素交互干预下自我认同型支付行为选择过程

进一步地，仿真结果显示：在居民个体的自学习状态下，居民个体的绿色住宅购买行为的发生概率较低，且行为从未发生到发生需要花费的时间可能更久，说明无干预情境不利于绿色住宅的市场化推广。加入居民个体态度与情境因素进行交互干预后，在仿真初期，受到政策情境因素与居民个体态度交互干预的作用，居民个体自我认同型支付行为的学习速率较高，即使存在绿色住宅自身属性壁垒（标识壁垒、位置壁垒、品牌壁垒）的负向干扰，其行为学习速率仍然远高于未实施任何干预时的学习速率，再次印证了实施交互干预的必要性。

由于初期学习速率的优势，在整个仿真过程中加入政策情境因素与居民个体态度交互干预后，此时居民个体心理感知收益与行为发生概率均高于自学习过程中获得的感知收益与行为发生概率，表明加入政策情境因素与个体态度交互干预的居民个体行为会更快收敛，即自我认同型支付行为将更快形成并复现。

从图7-12（b）中可以发现，加入政策执行度因素与个体态度交互干预的自我认同型支付行为发生概率最快收敛至1，其次由快到慢依次为组织规范、被动型信息诉求、主动型信息诉求、政策完善度、标识壁垒、位置壁垒和品牌壁垒。进一步说明了政策执行度、组织规范、被动型信息诉求是为最关键的三类情境干预因素，干预效果最有效。

（二）环境关心交互干预下的仿真分析

将环境关心作为干预因素，居民个体在学习过程中的心理感知收益与行为发生概率仿真结果如图7-13所示。可以看出，在仿真过程中，行为发生概率随着感知收益同步正向变化，且随着仿真步数逐渐增长，居民个体的学习速率在不断下降，最终趋近于0，且居民个体的自我认同型支付行为发生概率均会收敛至1。

进一步地，仿真结果显示：在居民个体的自学习状态下，居民个体的绿色住宅购买行为的发生概率较低，且行为从未发生到发生需要花费的时间可能更久，说明无干预情境不利于绿色住宅的市场化推广。加入居民环境关心与情境因素进行交互干预后，在仿真初期，受到政策情境因素与居民环境关心交互干预的作用，居民个体自我认同型支付行为的学习速率较高，即使存在绿色住宅自身属性壁垒（标识壁垒、位置壁垒、品牌壁垒）的负向干扰，其行为学习速率仍然远高于未实施任何干预时的学习速率，再次印证了实施交互干预的必要性。

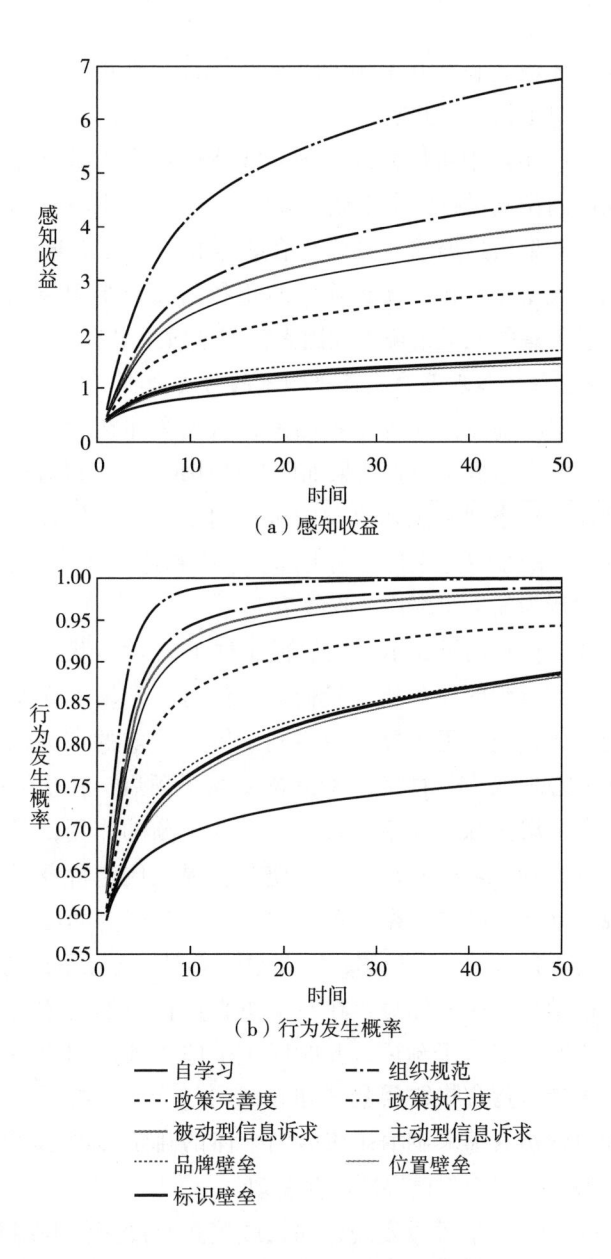

第七章 城市居民绿色住宅支付行为响应的演化仿真 / 307

（a）感知收益

（b）行为发生概率

—— 自学习　　　—·— 组织规范
---- 政策完善度　　—— 政策执行度
—— 被动型信息诉求　—— 主动型信息诉求
······ 品牌壁垒　　—— 位置壁垒
—— 标识壁垒

图 7-13　居民环境关心与情境因素交互干预下自我认同型支付行为选择过程

由于初期学习速率的优势，在整个仿真过程中加入政策情境因素与居民环境关心交互干预后，此时居民个体心理感知收益与行为发生概率均高于自学习过程中获得的感知收益与行为发生概率，表明加入政策情境因素与居民环境关心交互干预的居民个体行为会更快收敛，即自我认同型支付行为将更快形成并复现。

从图7-13（b）中可以发现，加入政策执行度因素与环境关心交互干预的自我认同型支付行为发生概率最快收敛至1，其次由快到慢依次为组织规范、被动型信息诉求、主动型信息诉求、政策完善度、标识壁垒、品牌壁垒和位置壁垒。进一步说明了政策执行度、组织规范、被动型信息诉求是为最关键的三类情境干预因素，干预效果最有效。

（三）绿色住宅心理账户交互干预下的仿真分析

将绿色住宅心理账户作为干预因素，居民个体在学习过程中的心理感知收益与行为发生概率仿真结果如图7-14所示。可以看出，在仿真过程中，行为发生概率随着感知收益同步正向变化，且随着仿真步数逐渐增长，居民个体的学习速率在不断下降，最终趋近于0，且居民个体的自我认同型支付行为发生概率均会收敛至1。

进一步地，仿真结果显示：在居民个体的自学习状态下，居民个体的绿色住宅购买行为的发生概率较低，且行为从未发生到发生需要花费的时间可能更久，说明无干预情境不利于绿色住宅的市场化推广。加入居民绿色住宅心理账户与情境因素进行交互干预后，在仿真初期，受到政策情境因素与居民绿色住宅心理账户交互干预的作用，居民个体自我认同型支付行为的学习速率较高，即使存在绿色住宅自身属性壁垒（标识壁垒、位置壁垒、品牌壁垒）的负向干扰，其行为学习速率仍然远高于未实施任何干预时的学习速率，再次印证了实施交互干预的必要性。

由于初期学习速率的优势，在整个仿真过程中加入政策情境因素与绿色住宅心理账户交互干预后，此时居民个体心理感知收益与行为发生概率均高于自学习过程中获得的感知收益与行为发生概率，表明加入政策情境因素与绿色住宅心理账户交互干预的居民个体行为会更快收敛，即自我认同型支付行为将更快形成并复现。

从图7-14（b）中可以发现，加入政策执行度因素与绿色住宅心理账户交互干预的自我认同型支付行为发生概率最快收敛至1，其次由快到慢依次为组织规范、被动型信息诉求、主动型信息诉求、政策完善度、品牌壁垒、标识壁垒和位置壁垒。进一步说明了政策执行度、组织规范、被动型信息诉求是为最关键的三类情境干预因素，干预效果最有效。

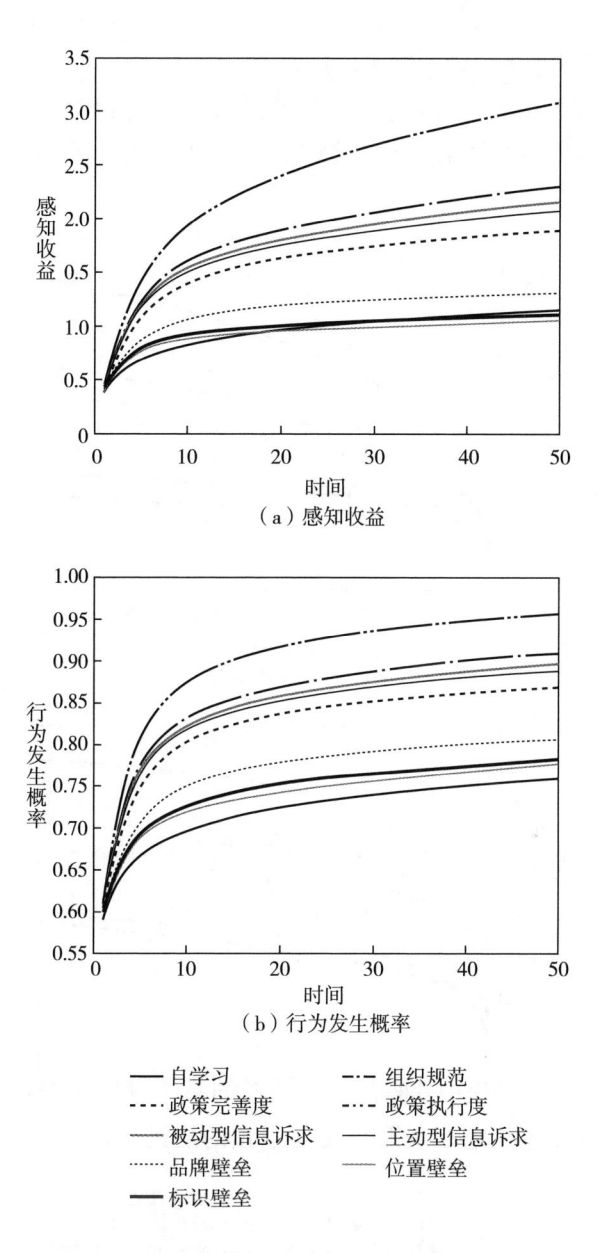

第七章 城市居民绿色住宅支付行为响应的演化仿真 / 309

(a) 感知收益

(b) 行为发生概率

—— 自学习　　　—·—· 组织规范
---- 政策完善度　···· 政策执行度
—— 被动型信息诉求　—— 主动型信息诉求
······ 品牌壁垒　　—— 位置壁垒
—— 标识壁垒

图 7-14　居民绿色住宅心理账户与情境因素交互
干预下自我认同型支付行为选择过程

(四) 解释水平交互干预下的仿真分析

将解释水平作为干预因素，居民个体在学习过程中的心理感知收益与行为发生概率仿真结果如图 7-15 所示。可以看出，在仿真过程中，行

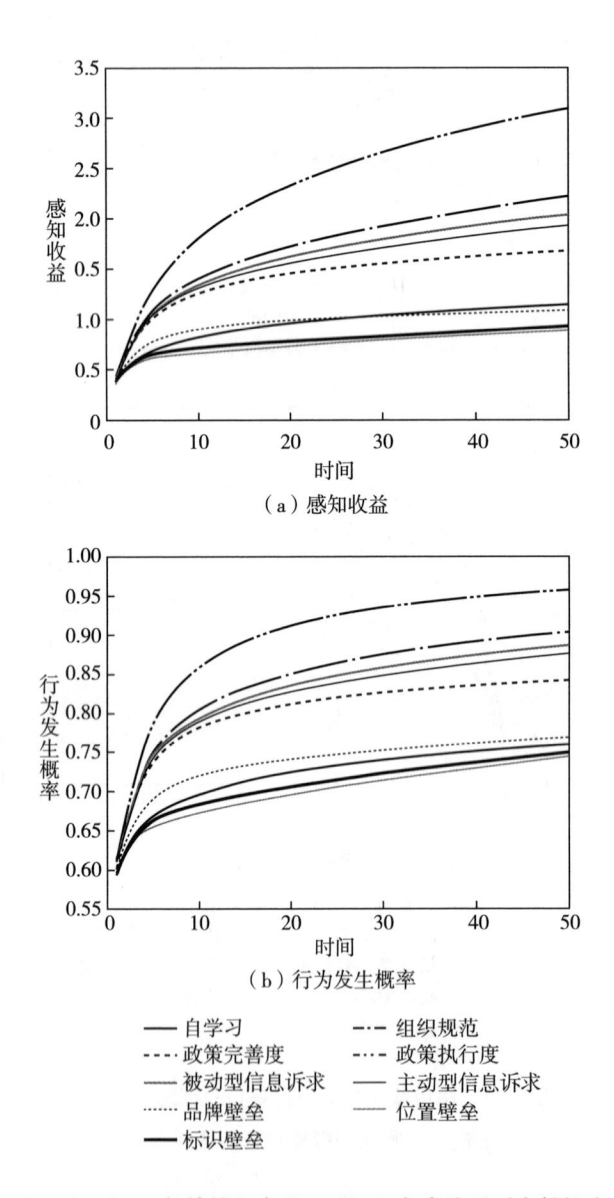

(a) 感知收益

(b) 行为发生概率

—— 自学习　　　—·— 组织规范
---- 政策完善度　—··— 政策执行度
—— 被动型信息诉求　—— 主动型信息诉求
······ 品牌壁垒　　　—— 位置壁垒
—— 标识壁垒

图 7-15　居民解释水平与情境因素交互干预下自我认同型支付行为选择过程

为发生概率随着感知收益同步正向变化,且随着仿真步数逐渐增长,居民个体的学习速率在不断下降,最终趋近于0,且居民个体的自我认同型支付行为发生概率均会收敛至1。

进一步地,仿真结果显示:在居民个体的自学习状态下,居民个体的绿色住宅购买行为的发生概率较低,且行为从未发生到发生需要花费的时间可能更久,说明无干预情境不利于绿色住宅的市场化推广。加入居民解释水平与情境因素进行交互干预后,在仿真初期,受到政策情境因素与居民解释水平交互干预的作用,居民个体自我认同型支付行为的学习速率较高。

由于初期学习速率的优势,在整个仿真过程中加入政策情境因素与居民解释水平交互干预后,此时居民个体心理感知收益与行为发生概率均高于自学习过程中获得的感知收益与行为发生概率,表明加入政策情境因素与解释水平交互干预的居民个体行为会更快收敛,即自我认同型支付行为将更快形成并复现。

从图7-15(b)中可以发现,加入政策执行度因素与解释水平交互干预的自我认同型支付行为发生概率最快收敛至1,其次由快到慢依次为组织规范、被动型信息诉求、主动型信息诉求、政策完善度、品牌壁垒、标识壁垒和位置壁垒。进一步说明了政策执行度、组织规范、被动型信息诉求是最为关键的三类情境干预因素,干预效果最有效。需要说明的是,由于存在绿色住宅自身属性壁垒(标识壁垒、位置壁垒、品牌壁垒)的负向干扰,且其干扰度可能超过了居民自身高解释水平带来的正效益度,因此随着仿真步数逐渐增长,出现了自学习的行为发生概率快于壁垒类因素的交互干预。因此,如何解决绿色住宅所固有的属性壁垒障碍,是绿色住宅市场化、快速化、常态化推广的重要方面。

(五)绿色住宅认知交互干预下的仿真分析

将绿色住宅认知作为干预因素,居民个体在学习过程中的心理感知收益与行为发生概率仿真结果如图7-16所示。可以看出,在仿真过程中,行为发生概率随着感知收益同步正向变化,且随着仿真步数逐渐增长,居民个体的学习速率在不断下降,最终趋近于0,且居民个体的自我认同型支付行为发生概率均会收敛至1。

进一步地,仿真结果显示:在居民个体的自学习状态下,居民个体的绿色住宅购买行为的发生概率较低,且行为从未发生到发生需要花费

312 / 城市居民绿色住宅支付响应的机理、测度及助推策略

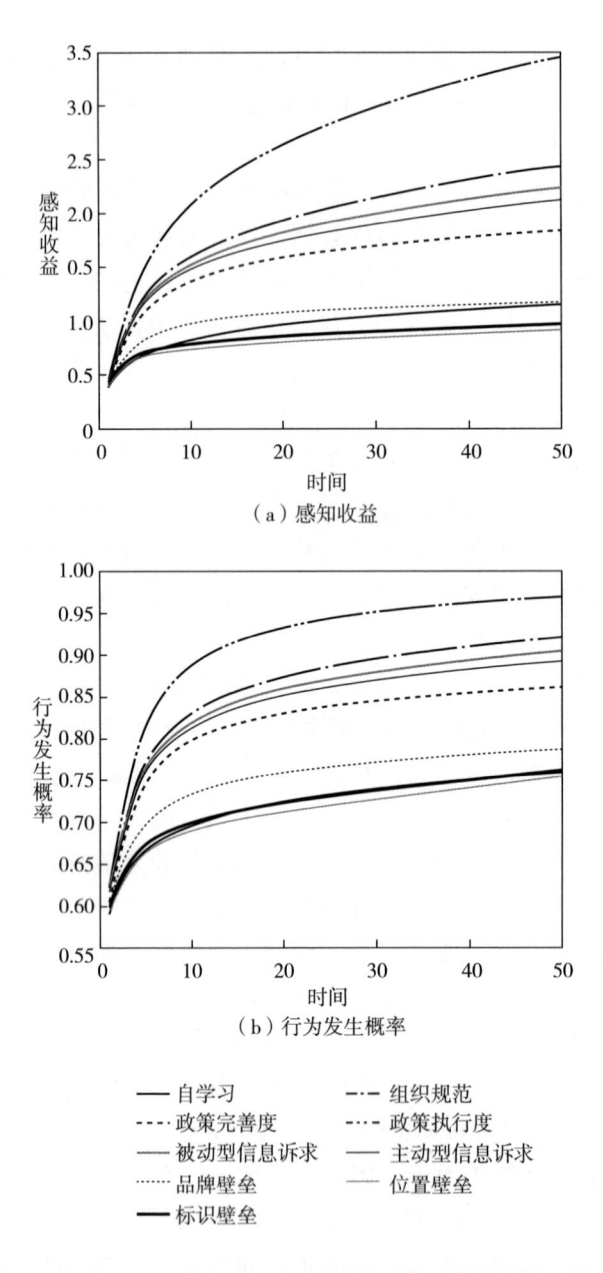

图 7-16 居民绿色住宅认知与情境因素交互干预下自我认同型支付行为选择过程

的时间可能更久，说明无干预情境不利于绿色住宅的市场化推广。加入居民绿色住宅认知与情境因素进行交互干预后，在仿真初期，受到政策

情境因素与居民绿色住宅认知交互干预的作用，居民个体自我认同型支付行为的学习速率较高。

由于初期学习速率的优势，在整个仿真过程中加入政策情境因素与居民绿色住宅认知交互干预后，此时居民个体心理感知收益与行为发生概率均高于自学习过程中获得的感知收益与行为发生概率，表明加入政策情境因素与绿色住宅认知交互干预的居民个体行为会更快收敛，即自我认同型支付行为将更快形成并复现。

从图7-16（b）中可以发现，加入政策执行度因素与绿色住宅认知交互干预的自我认同型支付行为发生概率最快收敛至1，其次由快到慢依次为组织规范、被动型信息诉求、主动型信息诉求、政策完善度、品牌壁垒、标识壁垒和位置壁垒。进一步说明了政策执行度、组织规范、被动型信息诉求是最为关键的三类情境干预因素，干预效果最有效。需要说明的是，由于存在绿色住宅自身属性壁垒（标识壁垒、位置壁垒、品牌壁垒）的负向干扰，且其干扰度可能超过了居民自身绿色住宅认知带来的正效益度，因此随着仿真步数逐渐增长，出现了自学习的行为发生概率快于壁垒类因素的交互干预。因此，如何解决绿色住宅所固有的属性壁垒障碍，是绿色住宅市场化、快速化、常态化推广的重要方面。

（六）道德认同交互干预下的仿真分析

将道德认同作为干预因素，居民个体在学习过程中的心理感知收益与行为发生概率仿真结果如图7-17所示。可以看出，在仿真过程中，行为发生概率随着感知收益同步正向变化，且随着仿真步数逐渐增长，居民个体的学习速率在不断下降，最终趋近于0，且居民个体的自我认同型支付行为发生概率均会收敛至1。

进一步地，仿真结果显示：在居民个体的自学习状态下，居民个体的绿色住宅购买行为的发生概率较低，且行为从未发生到发生需要花费的时间可能更久，说明无干预情境不利于绿色住宅的市场化推广。加入居民道德认同与情境因素进行交互干预后，在仿真初期，受到政策情境因素与居民道德认同交互干预的作用，居民个体自我认同型支付行为的学习速率较高。

由于初期学习速率的优势，在整个仿真过程中加入政策情境因素与居民道德认同交互干预后，此时居民个体心理感知收益与行为发生概率均高于自学习过程中获得的感知收益与行为发生概率，表明加入政策情境

314 / 城市居民绿色住宅支付响应的机理、测度及助推策略

(a) 感知收益

(b) 行为发生概率

—— 自学习　　　　　　—·- 组织规范
---- 政策完善度　　　　—·· 政策执行度
—— 被动型信息诉求　　—— 主动型信息诉求
····· 品牌壁垒　　　　　—— 位置壁垒
—— 标识壁垒

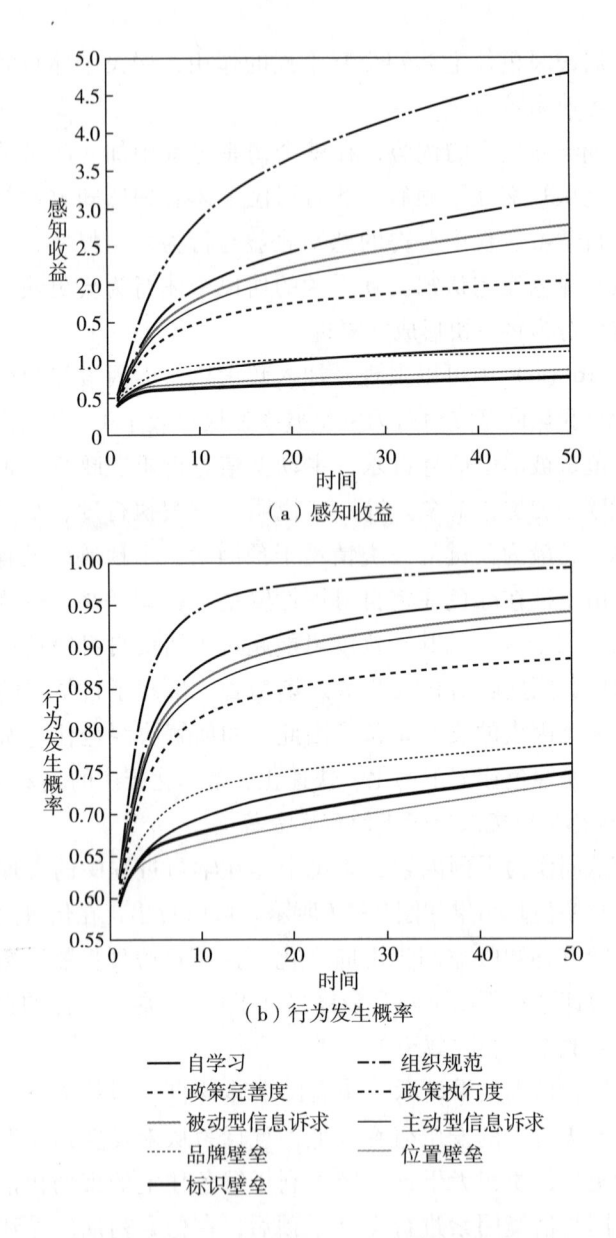

图 7-17　居民道德认同与情境因素交互干预下自我认同型支付行为选择过程

因素与道德认同交互干预的居民个体行为会更快收敛，即自我认同型支付行为将更快形成并复现。

从图 7-17（b）中可以发现，加入政策执行度因素与道德认同交互

干预的自我认同型支付行为发生概率最快收敛至 1，其次由快到慢依次为组织规范、被动型信息诉求、主动型信息诉求、政策完善度、品牌壁垒、标识壁垒和位置壁垒。进一步说明了政策执行度、组织规范、被动型信息诉求是最为关键的三类情境干预因素，干预效果最有效。需要说明的是，由于存在绿色住宅自身属性壁垒（标识壁垒、位置壁垒、品牌壁垒）的负向干扰，且其干扰度可能超过了居民自身道德认同带来的正效益度，因此随着仿真步数逐渐增长，出现了自学习的行为发生概率快于壁垒类因素的交互干预。因此，如何解决绿色住宅所固有的属性壁垒障碍，是绿色住宅市场化、快速化、常态化推广的重要方面。

二 基于响应效度的仿真分析

进一步地，本书将探讨在不同响应效度的情境中，不同个体心理因素（个体态度、环境关心、绿色住宅心理账户、解释水平、绿色住宅认知、道德认同）交互干预机制下，组织规范、政策完善度、政策执行度、被动型信息诉求、主动型信息诉求、品牌壁垒、位置壁垒、标识壁垒等政策情境因素的干预效果。

（一）组织规范交互干预下的仿真分析

鉴于内在心理因素包括个体态度、环境关心、绿色住宅心理账户、解释水平、绿色住宅认知、道德认同六个方面，本书分别将这六类内在心理因素与政策情境因素进行交互干预并仿真分析。组织规范与个体态度交互干预过程中居民个体的心理感知收益与行为发生概率仿真结果如图 7-18 所示。同样可以看出，在仿真过程中，行为发生概率随着感知收益同步发生变化，且随着仿真步数逐渐增长，居民个体的学习速率在不断下降，最终趋近于 0，且居民个体的行为发生概率均会收敛至 1。由于仿真初期组织规范与个体态度交互干预的作用，居民个体自我认同型支付行为的学习速率高于其自学习的速率，并促使整个仿真过程中受到信息交互干预的居民个体心理感知收益与行为发生概率均高于自学习过程中的感知收益与行为发生概率。

在整个仿真过程中，高了解高认可（高响应效度）促使组织规范与个体态度交互干预机制下的城市居民自我认同型支付行为最快形成与复现，收敛速度最快；低了解低认可（低响应效度）导致组织规范与个体态度交互干预机制下的城市居民自我认同型支付行为形成与复现延迟，不考虑自学习的情况下，收敛速度最慢。

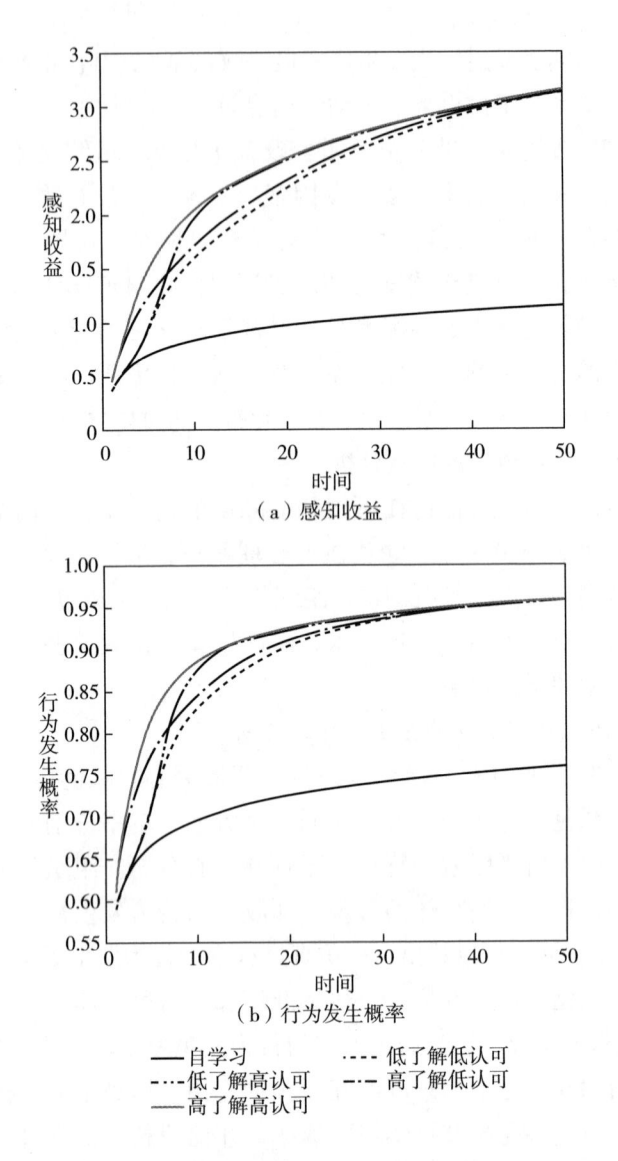

图 7-18　组织规范与个体态度交互干预下自我认同型支付行为学习过程

组织规范与环境关心交互干预过程中居民个体的心理感知收益与行为发生概率仿真结果如图 7-19 所示。同样可以看出，在仿真过程中，行为发生概率随着感知收益同步发生变化，且随着仿真步数逐渐增长，居民个体的学习速率在不断下降，最终趋近于 0，且居民个体的行为发生概率均会收敛至 1。由于仿真初期组织规范与环境关心交互干预的作用，居民个体自我认同型支付行为的学习速率高于其自学习的速率,并促使整个仿真过程中受到信息交互干预的居民个体心理感知收益与行为发生概率均高于自学习过程中的感知收益与行为发生概率。

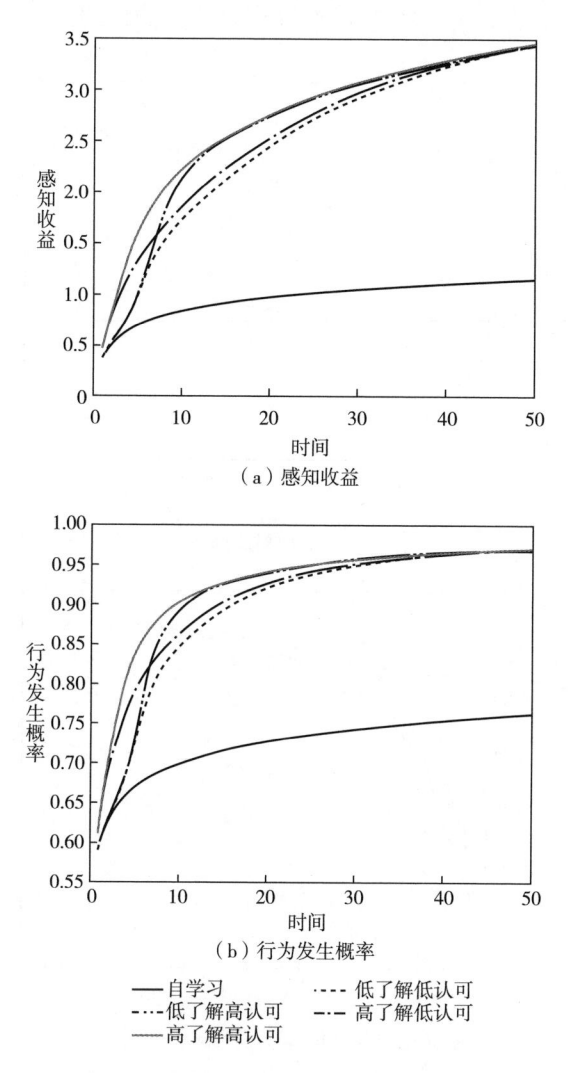

图 7-19　组织规范与环境关心交互干预下自我认同型支付行为学习过程

在整个仿真过程中,高了解高认可(高响应效度)促使组织规范与环境关心交互干预机制下的城市居民自我认同型支付行为最快形成与复现,收敛速度最快;低了解低认可(低响应效度)导致组织规范与环关心交互干预机制下的城市居民自我认同型支付行为形成与复现延迟，不考虑自学习的情况下，收敛速度最慢。

组织规范与绿色住宅心理账户交互干预过程中居民个体的心理感知收益与行为发生概率仿真结果如图 7-20 所示。同样可以看出，在仿真过

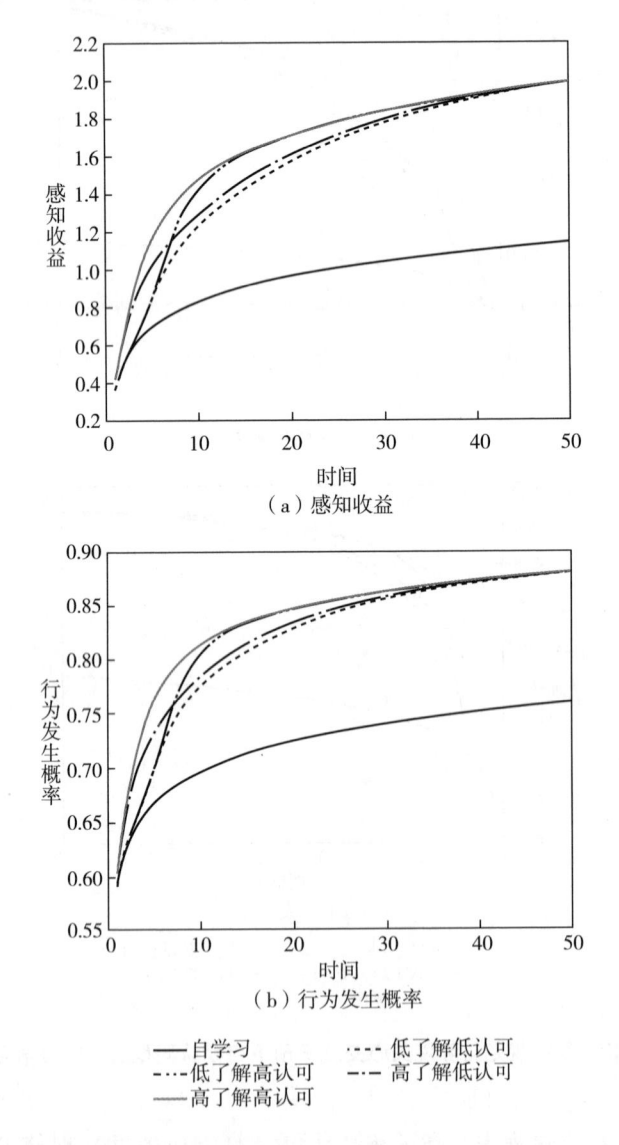

图 7-20　组织规范与绿色住宅心理账户交互干预下自我认同型支付行为学习过程

程中，行为发生概率随着感知收益同步发生变化，且随着仿真步数逐渐增长，居民个体的学习速率在不断下降，最终趋近于0，且居民个体的行为发生概率均会收敛至1。由于仿真初期组织规范与绿色住宅心理账户交互干预的作用，居民个体自我认同型支付行为的学习速率高于其自学习的速率，并促使整个仿真过程中受到信息交互干预的居民个体心理感知收益与行为发生概率均高于自学习过程中的感知收益与行为发生概率。

在整个仿真过程中，高了解高认可（高响应效度）促使组织规范与绿色住宅心理账户交互干预机制下的城市居民自我认同型支付行为最快形成与复现，收敛速度最快；低了解低认可（低响应效度）导致组织规范与绿色住宅心理账户交互干预机制下的城市居民自我认同型支付行为形成与复现延迟，不考虑自学习的情况下，收敛速度最慢。

组织规范与解释水平交互干预过程中居民个体的心理感知收益与行为发生概率仿真结果如图7-21所示。同样可以看出，在仿真过程中，行为发生概率随着感知收益同步发生变化，且随着仿真步数逐渐增长，居民个体的学习速率在不断下降，最终趋近于0，且居民个体的行为发生概率均会收敛至1。由于仿真初期组织规范与解释水平交互干预的作用，居民个体自我认同型支付行为的学习速率高于其自学习的速率，并促使整个仿真过程中受到信息交互干预的居民个体心理感知收益与行为发生概率均高于自学习过程中的感知收益与行为发生概率。

在整个仿真过程中，高了解高认可（高响应效度）促使组织规范与解释水平交互干预机制下的城市居民自我认同型支付行为最快形成与复现，收敛速度最快；低了解低认可（低响应效度）导致组织规范与解释水平交互干预机制下的城市居民自我认同型支付行为形成与复现延迟，不考虑自学习的情况下，收敛速度最慢。

组织规范与绿色住宅认知交互干预过程中居民个体的心理感知收益与行为发生概率仿真结果如图7-22所示。同样可以看出，在仿真过程中，行为发生概率随着感知收益同步发生变化，且随着仿真步数逐渐增长，居民个体的学习速率在不断下降，最终趋近于0，且居民个体的行为发生概率均会收敛至1。由于仿真初期组织规范与绿色住宅认知交互干预的作用，居民个体自我认同型支付行为的学习速率高于其自学习的速率，并促使整个仿真过程中受到信息交互干预的居民个体心理感知收益与行为发生概率均高于自学习过程中的感知收益与行为发生概率。

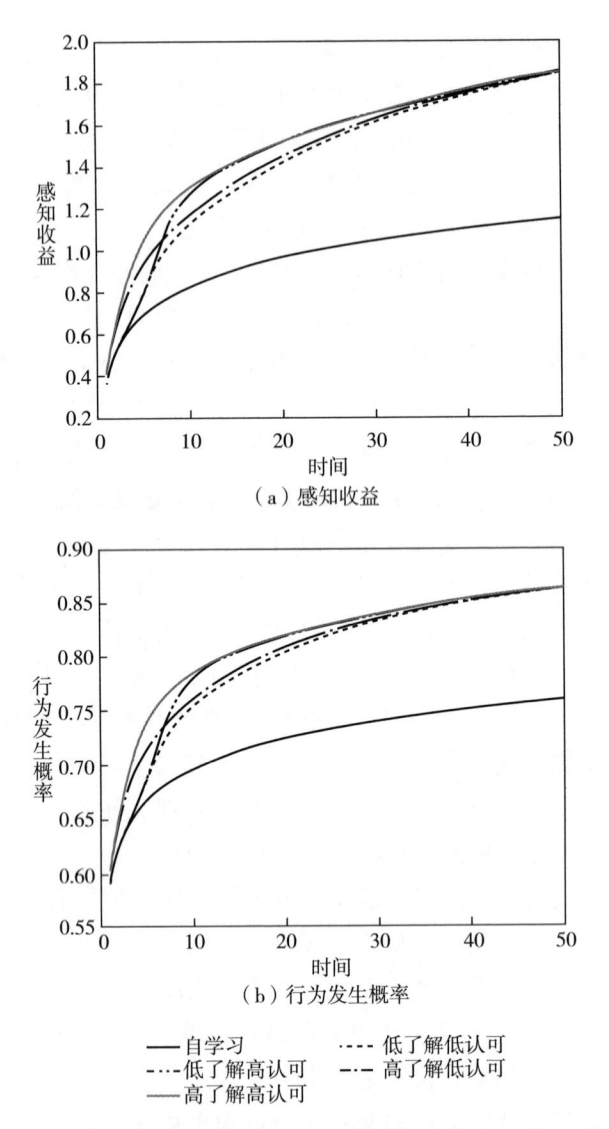

图 7-21　组织规范与解释水平交互干预下自我认同型支付行为学习过程

在整个仿真过程中，高了解高认可（高响应效度）促使组织规范与绿色住宅认知交互干预机制下的城市居民自我认同型支付行为最快形成与复现，收敛速度最快；低了解低认可（低响应效度）导致组织规范与绿色住宅认知交互干预机制下的城市居民自我认同型支付行为形成与复现延迟，不考虑自学习的情况下，收敛速度最慢。

(a)感知收益

(b)行为发生概率

——自学习　　　----低了解低认可
-··-低了解高认可　-··-高了解低认可
——高了解高认可

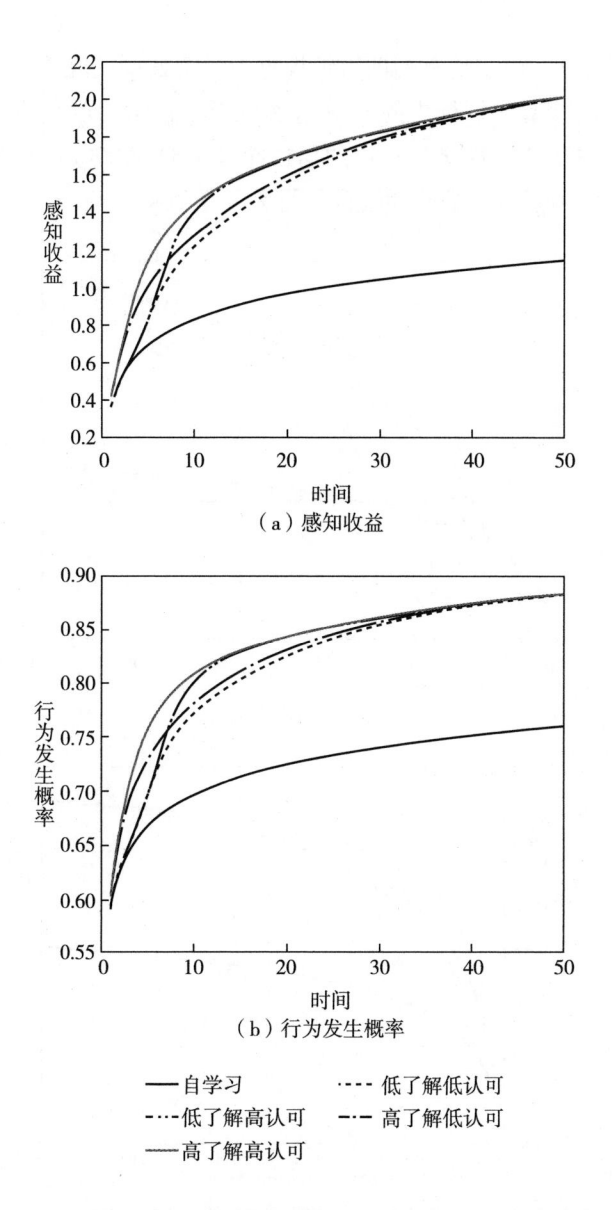

图7-22　组织规范与绿色住宅认知交互干预下自我认同型支付行为学习过程

组织规范与道德认同交互干预过程中居民个体的心理感知收益与行为发生概率仿真结果如图7-23所示。同样可以看出，在仿真过程中，行为发生概率随着感知收益同步发生变化，且随着仿真步数逐渐增长，居民个体的学习速率在不断下降，最终趋近于0，且居民个体的行为发生概率均会收敛至1。由于仿真初期组织规范与道德认同交互干预的作用,居民个体自我认同型支付行为的学习速率高于其自学习的速率,并促使整个仿真过程中受到信息交互干预的居民个体心理感知收益与行为发生概率均高于自学习过程中的感知收益与行为发生概率。

(a)感知收益

(b)行为发生概率

—— 自学习
---- 低了解低认可
-·-· 低了解高认可
—·— 高了解低认可
—— 高了解高认可

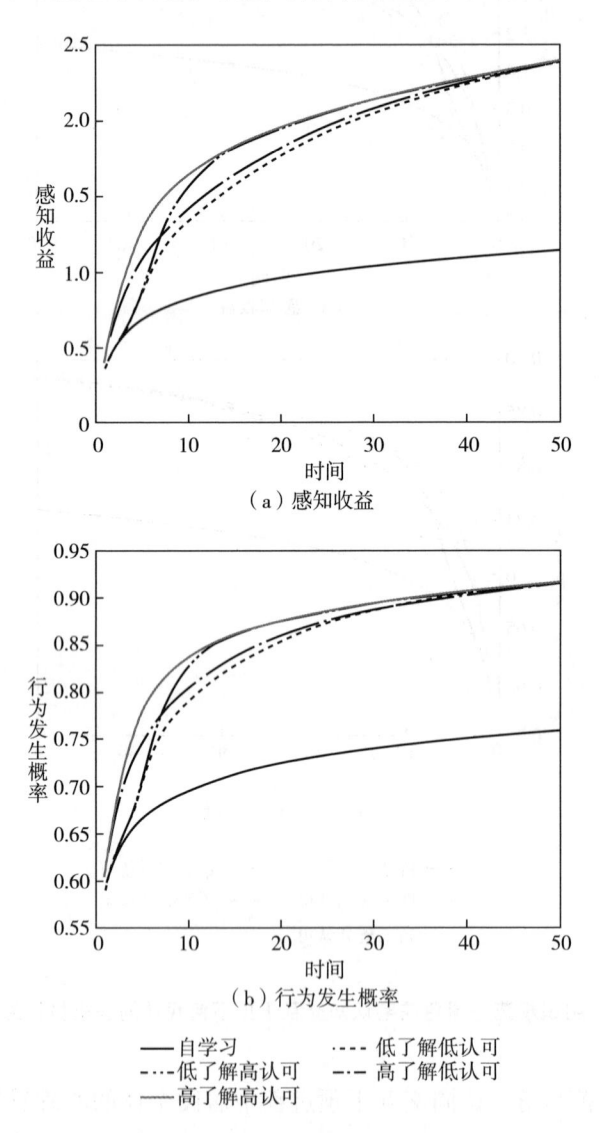

图7-23 组织规范与道德认同交互干预下自我认同型支付行为学习过程

在整个仿真过程中，高了解高认可（高响应效度）促使组织规范与道德认同交互干预机制下的城市居民自我认同型支付行为最快形成与复现，收敛速度最快；低了解低认可（低响应效度）导致组织规范与道德认同交互干预机制下的城市居民自我认同型支付行为形成与复现延迟，不考虑自学习的情况下，收敛速度最慢。

（二）政策完善度交互干预下的仿真分析

政策完善度与个体态度交互干预过程中居民个体的心理感知收益与行为发生概率仿真结果如图 7-24 所示。同样可以看出，在仿真过程中，行为发生概率随着感知收益同步发生变化，且随着仿真步数逐渐增长，

（a）感知收益

（b）行为发生概率

—— 自学习　　　---- 低了解低认可
---- 低了解高认可　-·- 高了解低认可
—— 高了解高认可

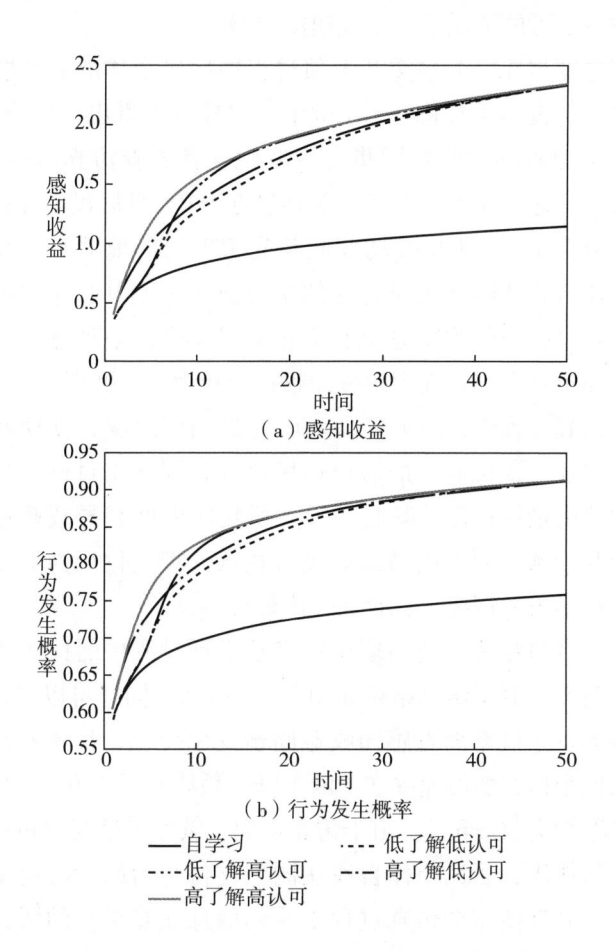

图 7-24　政策完善度与个体态度交互干预下自我认同型支付行为学习过程

居民个体的学习速率在不断下降，最终趋近于0，且居民个体的行为发生概率均会收敛至1。由于仿真初期政策完善度与个体态度交互干预的作用，居民个体自我认同型支付行为的学习速率高于其自学习的速率，并促使整个仿真过程中受到信息交互干预的居民个体心理感知收益与行为发生概率均高于自学习过程中的感知收益与行为发生概率。

在整个仿真过程中，高了解高认可（高响应效度）促使政策完善度与个体态度交互干预机制下的城市居民自我认同型支付行为最快形成与复现，收敛速度最快；低了解低认可（低响应效度）导致政策完善度与个体态度交互干预机制下的城市居民自我认同型支付行为形成与复现延迟，不考虑自学习的情况下，收敛速度最慢。

政策完善度与环境关心交互干预过程中居民个体的心理感知收益与行为发生概率仿真结果如图7-25所示。同样可以看出，在仿真过程中，行为发生概率随着感知收益同步发生变化，且随着仿真步数逐渐增长，居民个体的学习速率在不断下降，最终趋近于0，且居民个体的行为发生概率均会收敛至1。由于仿真初期政策完善度与环境关心交互干预的作用，居民个体自我认同型支付行为的学习速率高于其自学习的速率，并促使整个仿真过程中受到信息交互干预的居民个体心理感知收益与行为发生概率均高于自学习过程中的感知收益与行为发生概率。

在整个仿真过程中，高了解高认可（高响应效度）促使政策完善度与环境关心交互干预机制下的城市居民自我认同型支付行为最快形成与复现，收敛速度最快；低了解低认可（低响应效度）导致政策完善度与环境关心交互干预机制下的城市居民自我认同型支付行为形成与复现延迟，不考虑自学习的情况下，收敛速度最慢。

政策完善度与绿色住宅心理账户交互干预过程中居民个体的心理感知收益与行为发生概率仿真结果如图7-26所示。同样可以看出，在仿真过程中，行为发生概率随着感知收益同步发生变化，且随着仿真步数逐渐增长，居民个体的学习速率在不断下降，最终趋近于0，且居民个体的行为发生概率均会收敛至1。由于仿真初期政策完善度与绿色住宅心理账户交互干预的作用，居民个体自我认同型支付行为的学习速率高于其自学习的速率，并促使整个仿真过程中受到信息交互干预的居民个体心理感知收益与行为发生概率均高于自学习过程中的感知收益与行为发生概率。

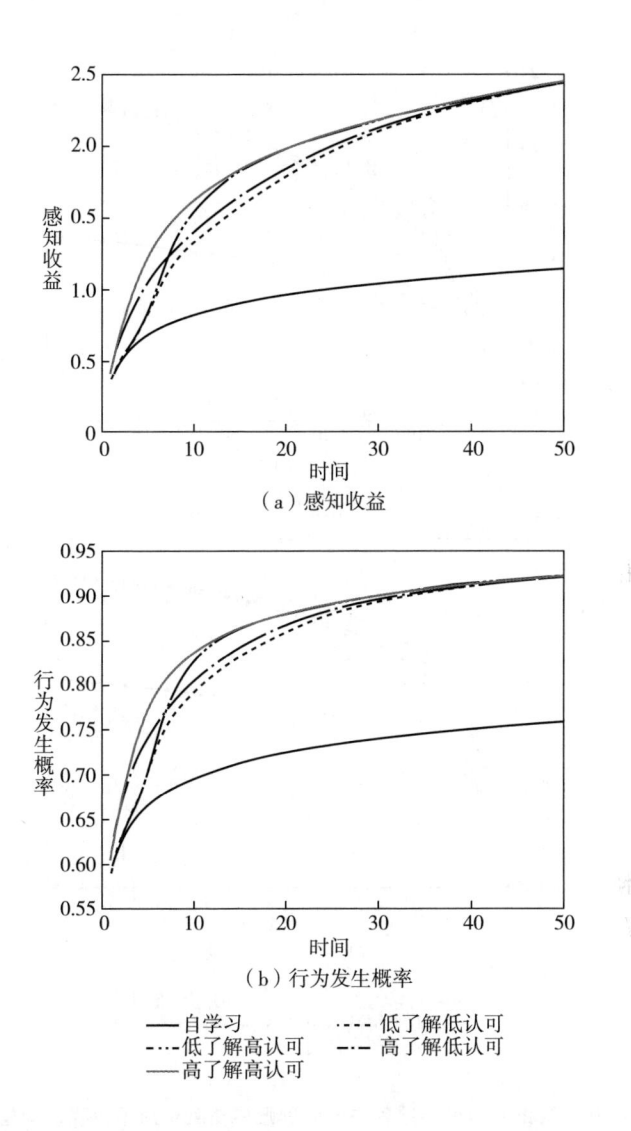

图 7-25　政策完善度与环境关心交互干预下自我认同型支付行为学习过程

在整个仿真过程中，高了解高认可（高响应效度）促使政策完善度与绿色住宅心理账户交互干预机制下的城市居民自我认同型支付行为最快形成与复现，收敛速度最快；低了解低认可（低响应效度）导致政策完善度与绿色住宅心理账户交互干预机制下的城市居民自我认同型支付行为形成与复现延迟，不考虑自学习的情况下，收敛速度最慢。

(a) 感知收益

(b) 行为发生概率

—— 自学习　　　---- 低了解低认可
-·-· 低了解高认可　—·— 高了解低认可
—— 高了解高认可

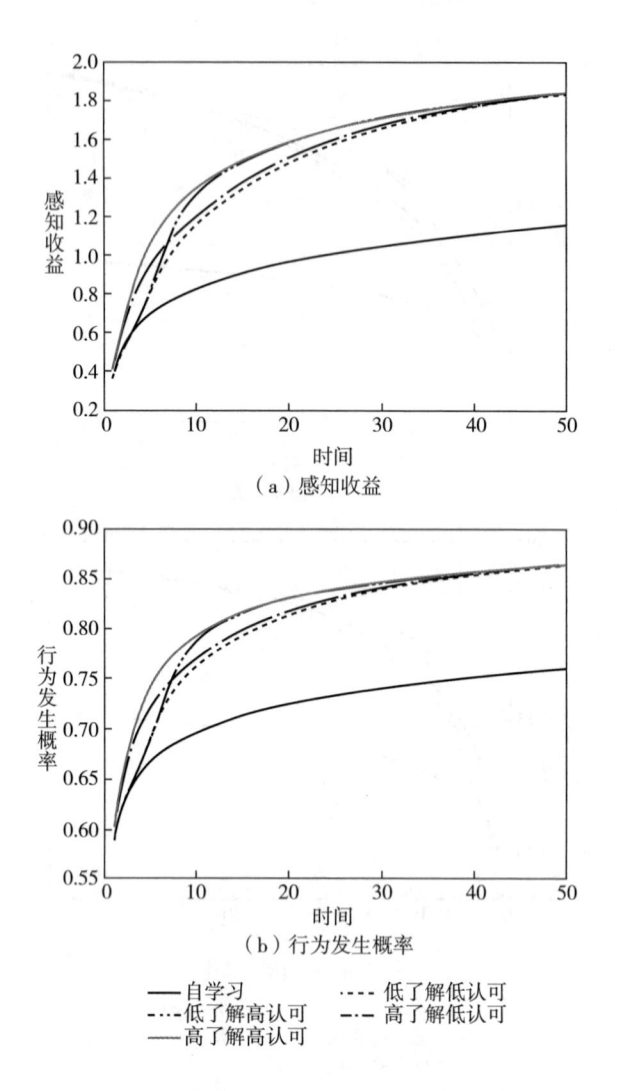

图 7-26　政策完善度与绿色住宅心理账户交互干预下自我认同型支付行为学习过程

政策完善度与解释水平交互干预过程中居民个体的心理感知收益与行为发生概率仿真结果如图 7-27 所示。同样可以看出，在仿真过程中，行为发生概率随着感知收益同步发生变化，且随着仿真步数逐渐增长，居民个体的学习速率在不断下降，最终趋近于 0，且居民个体的行为发生概率均会收敛至 1。由于仿真初期政策完善度与解释水平交互干预的作用，居民个体自我认同型支付行为的学习速率高于其自学习的速率，并

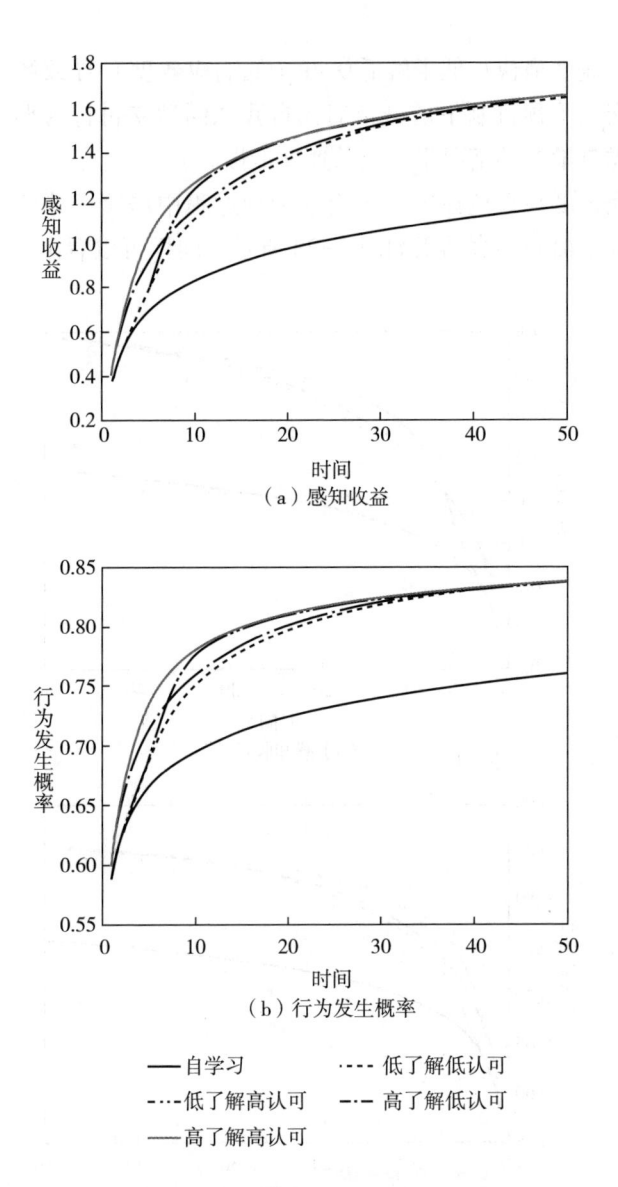

图7-27 政策完善度与解释水平交互干预下自我认同型支付行为学习过程

促使整个仿真过程中受到信息交互干预的居民个体心理感知收益与行为发生概率均高于自学习过程中的感知收益与行为发生概率。

在整个仿真过程中，高了解高认可（高响应效度）促使政策完善度与解释水平交互干预机制下的城市居民自我认同型支付行为最快形成与复现，收敛速度最快；低了解低认可（低响应效度）导致政策完善度与解释水平交互干预机制下的城市居民自我认同型支付行为形成与复现延迟，不考虑自学习的情况下，收敛速度最慢。

政策完善度与绿色住宅认知交互干预过程中居民个体的心理感知收益与行为发生概率仿真结果如图7-28所示。同样可以看出，在仿真过程

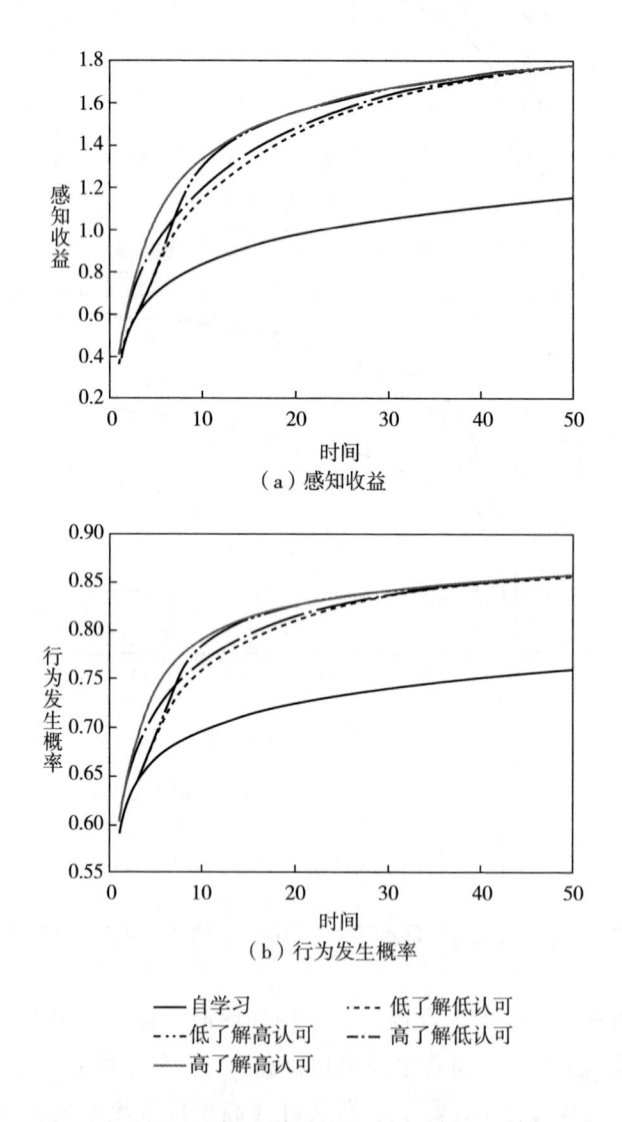

图7-28 政策完善度与绿色住宅认知交互干预下自我认同型支付行为学习过程

中，行为发生概率随着感知收益同步发生变化，且随着仿真步数逐渐增长，居民个体的学习速率在不断下降，最终趋近于0，且居民个体的行为发生概率均会收敛至1。由于仿真初期政策完善度与绿色住宅认知交互干预的作用，居民个体自我认同型支付行为的学习速率高于其自学习的速率，并促使整个仿真过程中受到信息交互干预的居民个体心理感知收益与行为发生概率均高于自学习过程中的感知收益与行为发生概率。

在整个仿真过程中，高了解高支持（高响应效度）促使政策完善度与绿色住宅认知交互干预机制下的城市居民自我认同型支付行为最快形成与复现，收敛速度最快；低了解低支持（低响应效度）导致政策完善度与绿色住宅认知交互干预机制下的城市居民自我认同型支付行为形成与复现延迟，不考虑自学习的情况下，收敛速度最慢。

政策完善度与道德认同交互干预过程中居民个体的心理感知收益与行为发生概率仿真结果如图7-29所示。同样可以看出，在仿真过程中，行为发生概率随着感知收益同步发生变化，且随着仿真步数逐渐增长，居民个体的学习速率在不断下降，最终趋近于0，且居民个体的行为发生概率均会收敛至1。由于仿真初期政策完善度与道德认同交互干预的作用，居民个体自我认同型支付行为的学习速率高于其自学习的速率，并促使整个仿真过程中受到信息交互干预的居民个体心理感知收益与行为发生概率均高于自学习过程中的感知收益与行为发生概率。

在整个仿真过程中，高了解高认可（高响应效度）促使政策完善度与道德认同交互干预机制下的城市居民自我认同型支付行为最快形成与复现，收敛速度最快；低了解低认可（低响应效度）导致政策完善度与道德认同交互干预机制下的城市居民自我认同型支付行为形成与复现延迟，不考虑自学习的情况下，收敛速度最慢。

（三）政策执行度交互干预下的仿真分析

政策执行度与个体态度交互干预过程中居民个体的心理感知收益与行为发生概率仿真结果如图7-30所示。同样可以看出，在仿真过程中，行为发生概率随着感知收益同步发生变化，且随着仿真步数逐渐增长，居民个体的学习速率在不断下降，最终趋近于0，且居民个体的行为发生概率均会收敛至1。由于仿真初期政策执行度与个体态度交互干预的作用，居民个体自我认同型支付行为的学习速率高于其自学习的速率，并促使整个仿真过程中受到信息交互干预的居民个体心理感知收益与行为

330 / 城市居民绿色住宅支付响应的机理、测度及助推策略

(a) 感知收益

(b) 行为发生概率

—— 自学习　　　---- 低了解低认可
---- 低了解高认可　-·- 高了解低认可
—— 高了解高认可

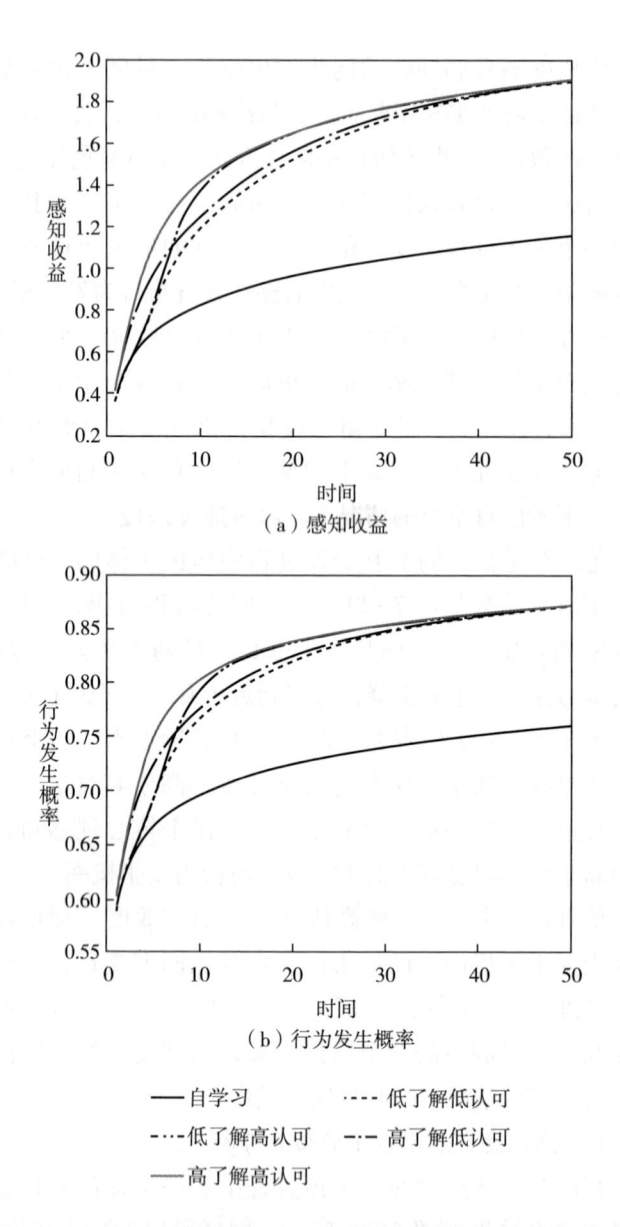

图 7-29　政策完善度与道德认同交互干预下自我认同型支付行为学习过程

发生概率均高于自学习过程中的感知收益与行为发生概率。

在整个仿真过程中，高了解高认可（高响应效度）促使政策执行度与个体态度交互干预机制下的城市居民自我认同型支付行为最快形成与

(a) 感知收益

(b) 行为发生概率

—— 自学习　　　┄┄ 低了解低认可
—·· 低了解高认可　—·— 高了解低认可
—— 高了解高认可

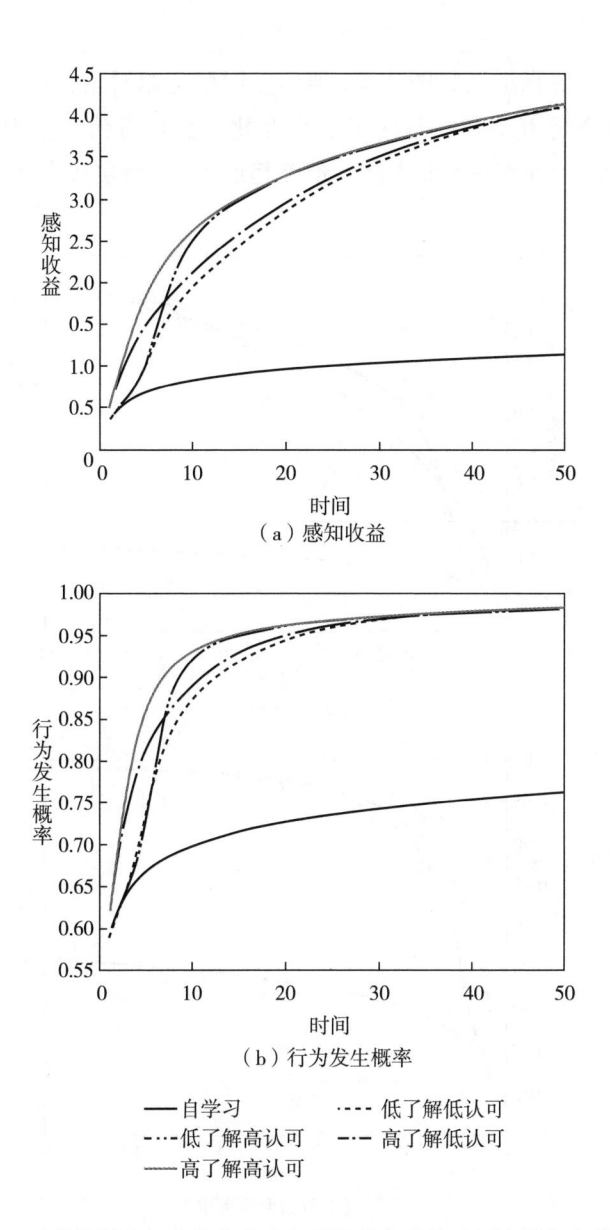

图 7-30　政策执行度与个体态度交互干预下自我认同型支付行为学习过程

复现，收敛速度最快；低了解低认可（低响应效度）导致政策执行度与个体态度交互干预机制下的城市居民自我认同型支付行为形成与复现延迟，不考虑自学习的情况下，收敛速度最慢。

政策执行度与环境关心交互干预过程中居民个体的心理感知收益与

行为发生概率仿真结果如图 7-31 所示。同样可以看出,在仿真过程中,行为发生概率随着感知收益同步发生变化,且随着仿真步数逐渐增长,居民个体的学习速率在不断下降,最终趋近于 0,且居民个体的行为发生

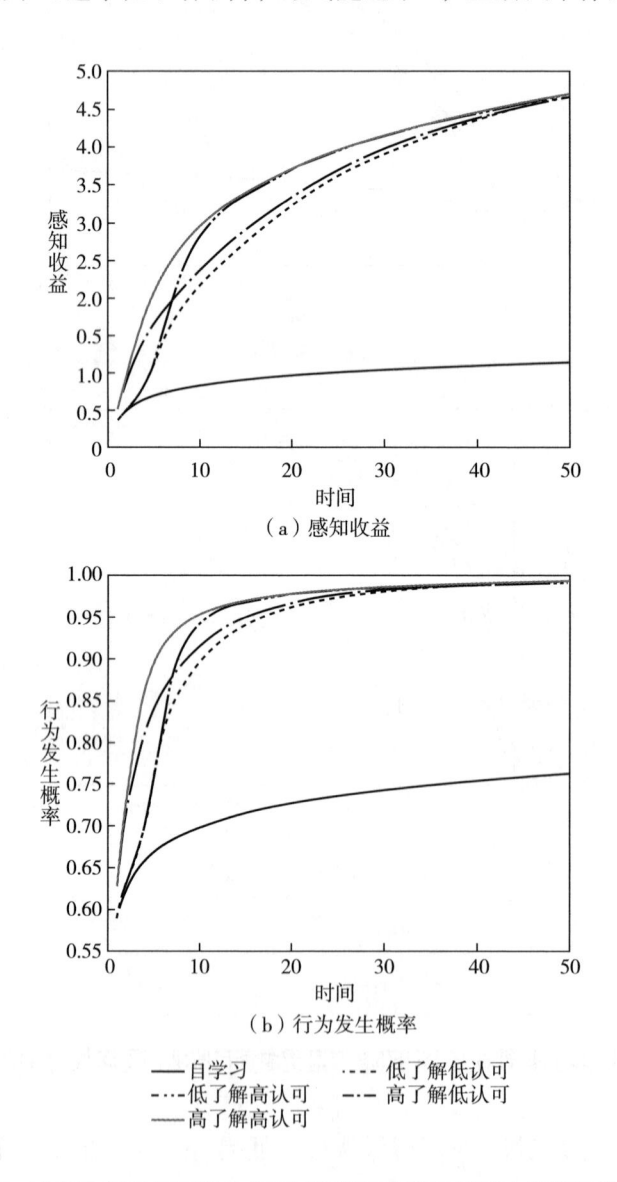

图 7-31 政策执行度与环境关心交互干预下自我认同型支付行为学习过程

概率均会收敛至 1。由于仿真初期政策执行度与环境关心交互干预的作用，居民个体自我认同型支付行为的学习速率高于其自学习的速率，并促使整个仿真过程中受到信息交互干预的居民个体心理感知收益与行为发生概率均高于自学习过程中的感知收益与行为发生概率。

在整个仿真过程中，高了解高认可（高响应效度）促使政策执行度与环境关心交互干预机制下的城市居民自我认同型支付行为最快形成与复现，收敛速度最快；低了解低认可（低响应效度）导致政策执行度与环境关心交互干预机制下的城市居民自我认同型支付行为形成与复现延迟，不考虑自学习的情况下，收敛速度最慢。

政策执行度与绿色住宅心理账户交互干预过程中居民个体的心理感知收益与行为发生概率仿真结果如图 7-32 所示。同样可以看出，在仿真过程中，行为发生概率随着感知收益同步发生变化，且随着仿真步数逐渐增长，居民个体的学习速率在不断下降，最终趋近于 0，且居民个体的行为发生概率均会收敛至 1。由于仿真初期政策执行度与绿色住宅心理账户交互干预的作用，居民个体自我认同型支付行为的学习速率高于其自学习的速率，并促使整个仿真过程中受到信息交互干预的居民个体心理感知收益与行为发生概率均高于自学习过程中的感知收益与行为发生概率。

在整个仿真过程中，高了解高认可（高响应效度）促使政策执行度与绿色住宅心理账户交互干预机制下的城市居民自我认同型支付行为最快形成与复现，收敛速度最快；低了解低认可（低响应效度）导致政策执行度与绿色住宅心理账户交互干预机制下的城市居民自我认同型支付行为形成与复现延迟，不考虑自学习的情况下，收敛速度最慢。

政策执行度与解释水平交互干预过程中居民个体的心理感知收益与行为发生概率仿真结果如图 7-33 所示。同样可以看出，在仿真过程中，行为发生概率随着感知收益同步发生变化，且随着仿真步数逐渐增长，居民个体的学习速率在不断下降，最终趋近于 0，且居民个体的行为发生概率均会收敛至 1。由于仿真初期政策执行度与解释水平交互干预的作用，居民个体自我认同型支付行为的学习速率高于其自学习的速率，并促使整个仿真过程中受到信息交互干预的居民个体心理感知收益与行为发生概率均高于自学习过程中的感知收益与行为发生概率。

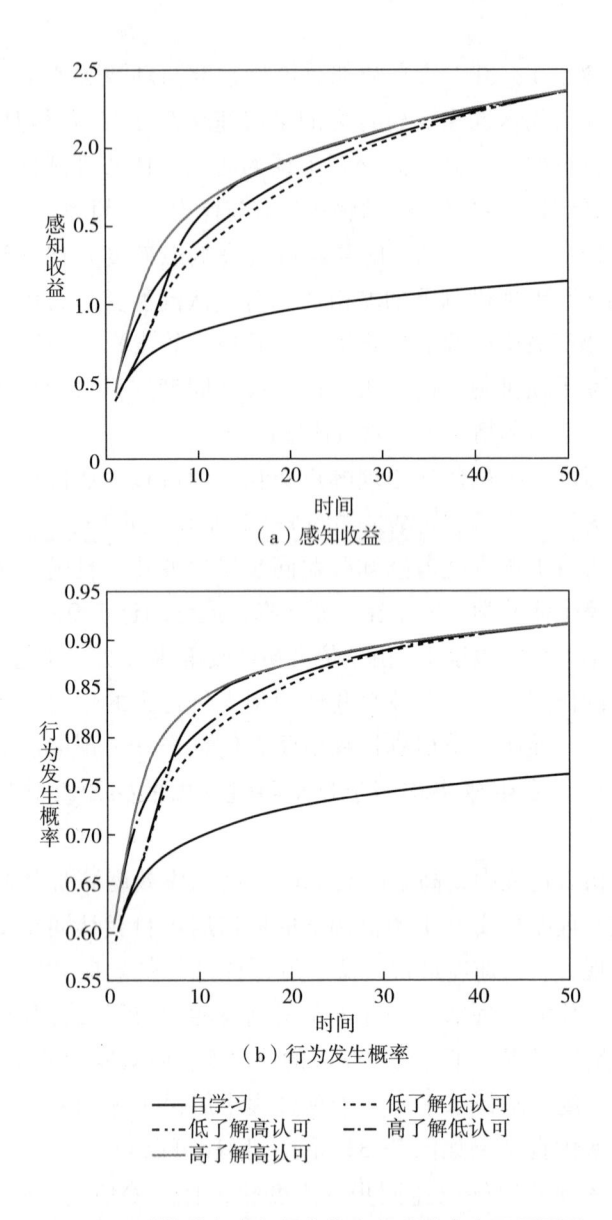

图7-32 政策执行度与绿色住宅心理账户交互干预下
自我认同型支付行为学习过程

在整个仿真过程中，高了解高认可（高响应效度）促使政策执行度与解释水平交互干预机制下的城市居民自我认同型支付行为最快形成与复现，收敛速度最快；低了解低认可（低响应效度）导致政策执行度与

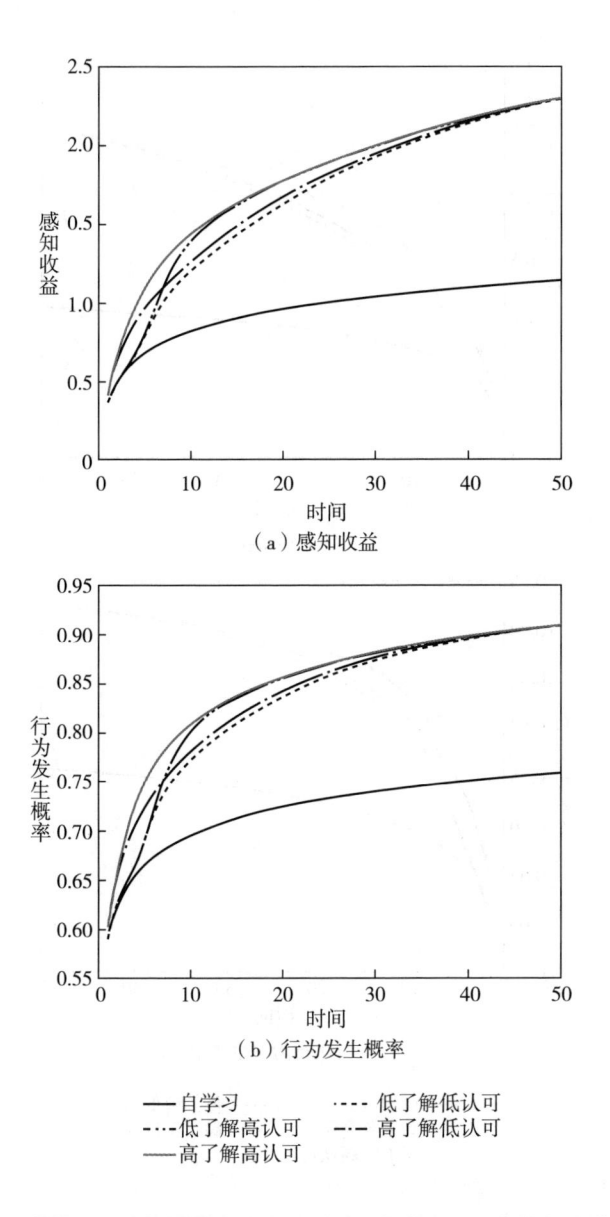

图7-33 政策执行度与解释水平交互干预下自我认同型支付行为学习过程

解释水平交互干预机制下的城市居民自我认同型支付行为形成与复现延迟，不考虑自学习的情况下，收敛速度最慢。

政策执行度与绿色住宅认知交互干预过程中居民个体的心理感知收益与行为发生概率仿真结果如图7-34所示。同样可以看出，在仿真过程

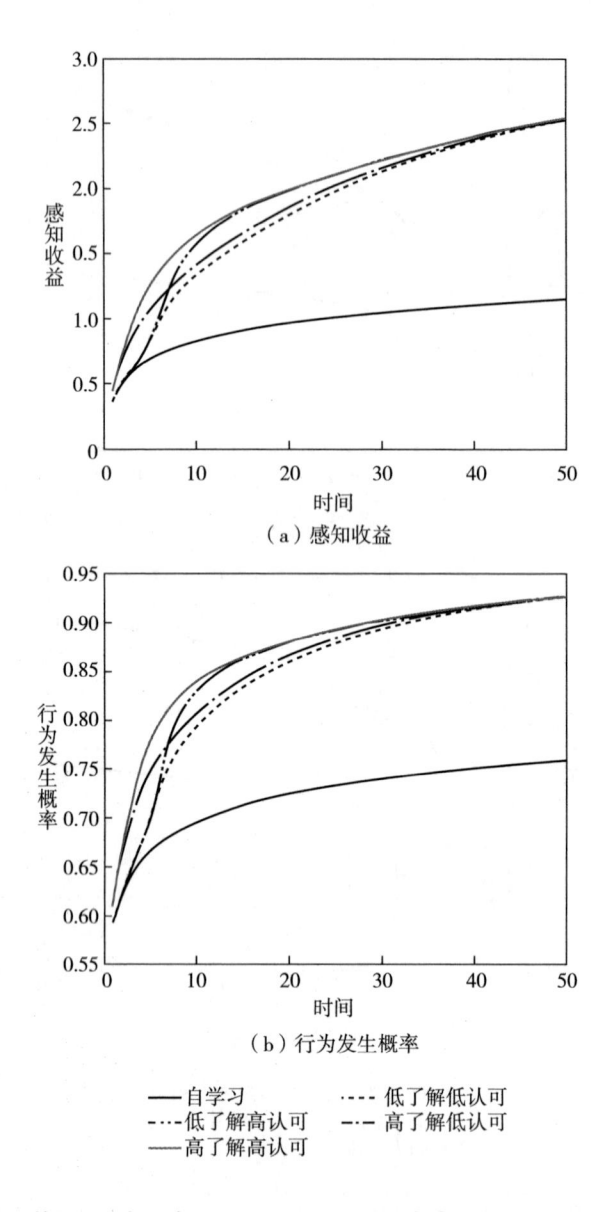

图 7-34　政策执行度与绿色住宅认知交互干预下自我认同型支付行为学习过程

中，行为发生概率随着感知收益同步发生变化，且随着仿真步数逐渐增长，居民个体的学习速率在不断下降，最终趋近于 0，且居民个体的行为发生概率均会收敛至 1。由于仿真初期政策执行度与绿色住宅认知交互干预的作用，居民个体自我认同型支付行为的学习速率高于其自学习的速率,并促使整个仿真过程中受到信息交互干预的居民个体心理感知收益与行为发生概率均高于自学习过程中的感知收益与行为发生概率。

在整个仿真过程中,高了解高认可(高响应效度)促使政策执行度与绿色住宅认知交互干预机制下的城市居民自我认同型支付行为最快形成与复现,收敛速度最快;低了解低认可(低响应效度)导致政策执行度与绿色住宅认知交互干预机制下的城市居民自我认同型支付行为形成与复现延迟,不考虑自学习的情况下,收敛速度最慢。

政策执行度与道德认同交互干预过程中居民个体的心理感知收益与行为发生概率仿真结果如图7-35所示。同样可以看出,在仿真过程中,行为发生概率随着感知收益同步发生变化,且随着仿真步数逐渐增长,居民个体的学习速率在不断下降,最终趋近于0,且居民个体的行为发生概率均会收敛至1。由于仿真初期政策执行度与道德认同交互干预的作用,居民个体自我认同型支付行为的学习速率高于其自学习的速率,并促使整个仿真过程中受到信息交互干预的居民个体心理感知收益与行为发生概率均高于自学习过程中的感知收益与行为发生概率。

在整个仿真过程中,高了解高认可(高响应效度)促使政策执行度与道德认同交互干预机制下的城市居民自我认同型支付行为最快形成与复现,收敛速度最快;低了解低认可(低响应效度)导致政策执行度与道德认同交互干预机制下的城市居民自我认同型支付行为形成与复现延迟,不考虑自学习的情况下,收敛速度最慢。

(四)被动型信息诉求交互干预下的仿真分析

被动型信息诉求与个体态度交互干预过程中居民个体的心理感知收益与行为发生概率仿真结果如图7-36所示。同样可以看出,在仿真过程中,行为发生概率随着感知收益同步发生变化,且随着仿真步数逐渐增长,居民个体的学习速率在不断下降,最终趋近于0,且居民个体的行为发生概率均会收敛至1。由于仿真初期被动型信息诉求与个体态度交互干预的作用,居民个体自我认同型支付行为的学习速率高于其自学习的速率,并促使整个仿真过程中受到信息交互干预的居民个体心理感知收益与行为发生概率均高于自学习过程中的感知收益与行为发生概率。

在整个仿真过程中,高了解高认可(高响应效度)促使被动型信息诉求与个体态度交互干预机制下的城市居民自我认同型支付行为最快形成与复现,收敛速度最快;低了解低认可(低响应效度)导致被动型信

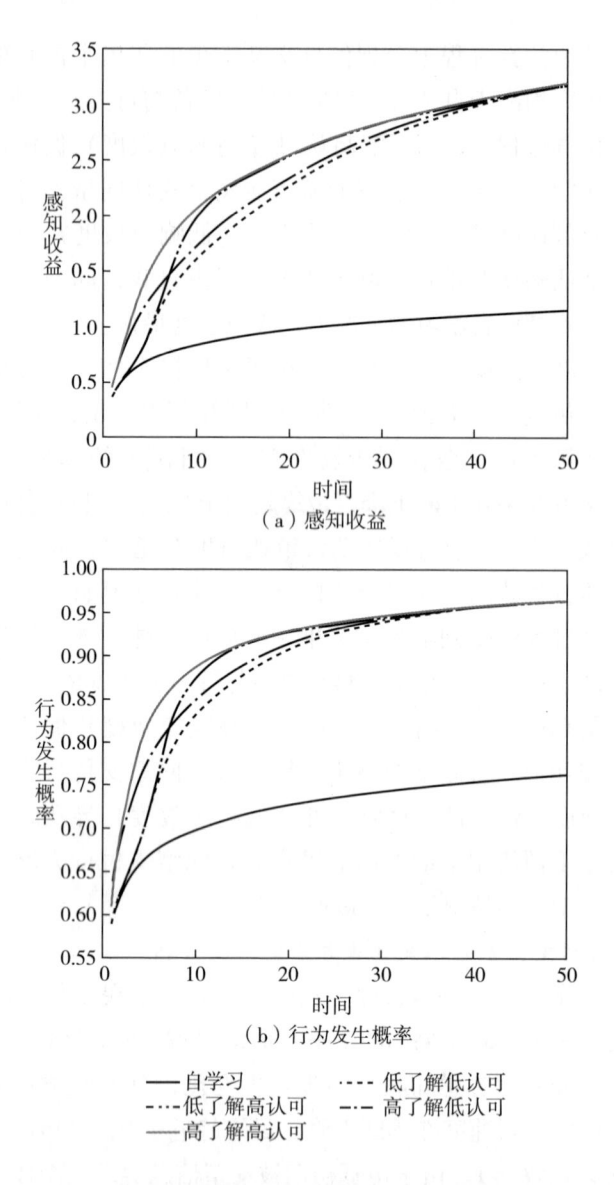

图 7-35 政策执行度与道德认同交互干预下自我认同型支付行为学习过程

息诉求与个体态度交互干预机制下的城市居民自我认同型支付行为形成与复现延迟，不考虑自学习的情况下，收敛速度最慢。

被动型信息诉求与环境关心交互干预过程中居民个体的心理感知收益与行为发生概率仿真结果如图 7-37 所示。同样可以看出，在仿真过程

(a) 感知收益

(b) 行为发生概率

—— 自学习　　---- 低了解低认可
-··- 低了解高认可　-·- 高了解低认可
—— 高了解高认可

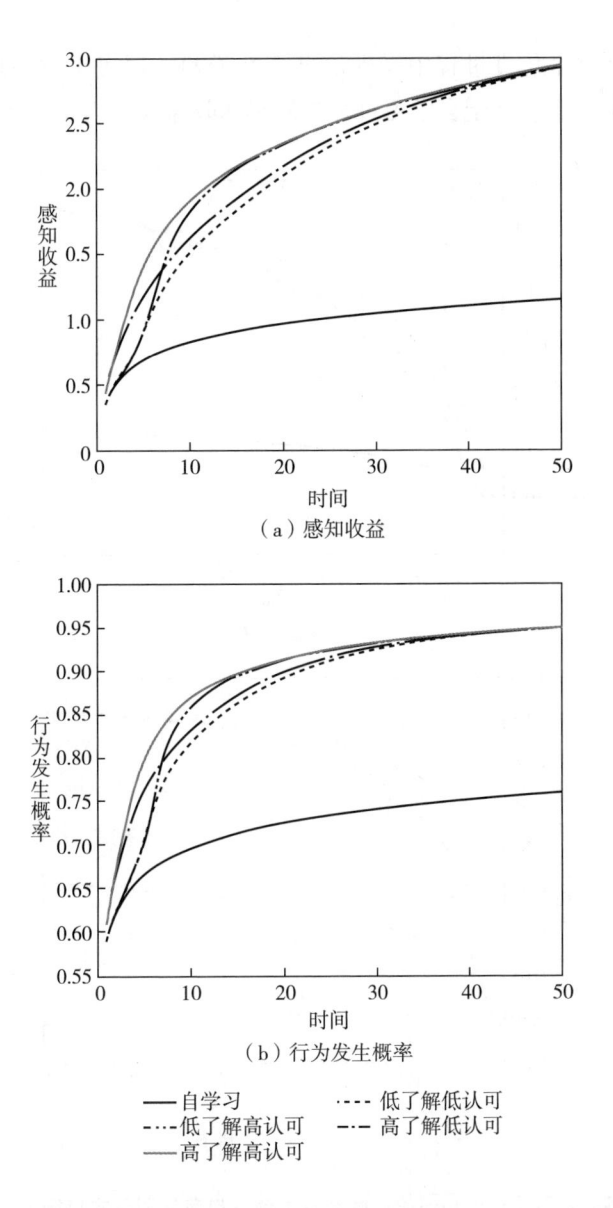

图 7-36　被动型信息诉求与个体态度交互干预下自我认同型支付行为学习过程

中，行为发生概率随着感知收益同步发生变化，且随着仿真步数逐渐增长，居民个体的学习速率在不断下降，最终趋近于 0，且居民个体的行为发生概率均会收敛至 1。由于仿真初期被动型信息诉求与环境关心交互干预的作用，居民个体自我认同型支付行为的学习速率高于其自学习的速率,并促使整个仿真过程中受到信息交互干预的居民个体心理感知收益与行为发生概率均高于自学习过程中的感知收益与行为发生概率。

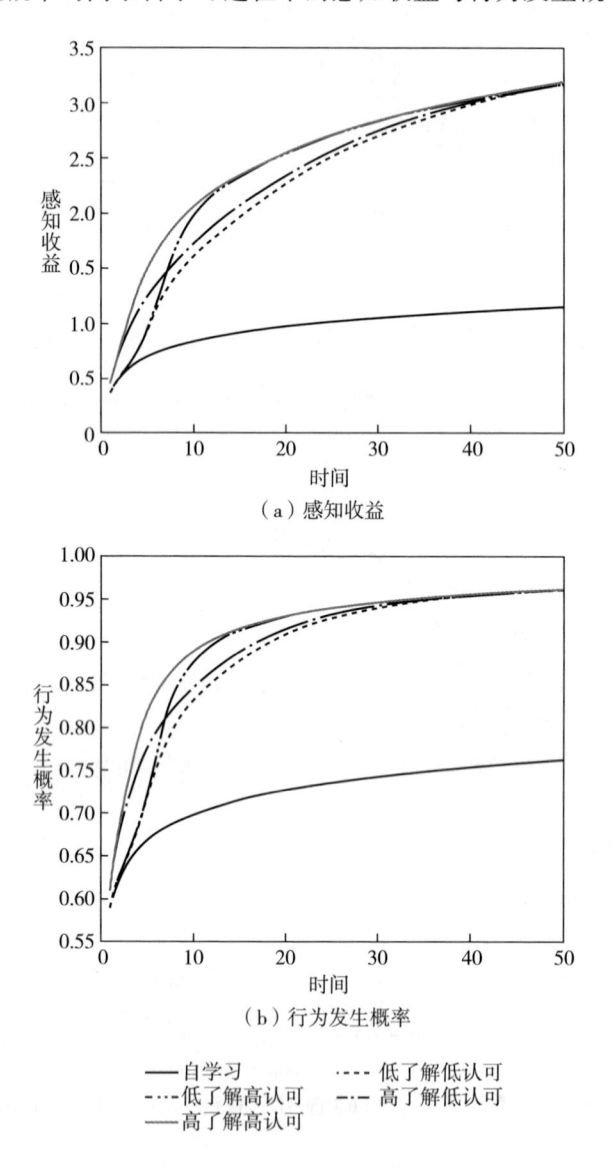

图 7-37　被动型信息诉求与环境关心交互干预下自我认同型支付行为学习过程

在整个仿真过程中,高了解高认可(高响应效度)促使被动型信息诉求与环境关心交互干预机制下的城市居民自我认同型支付行为最快形成与复现，收敛速度最快；低了解低认可（低响应效度）导致被动型信息诉求与环境关心交互干预机制下的城市居民自我认同型支付行为形成与复现延迟，不考虑自学习的情况下，收敛速度最慢。

被动型信息诉求与绿色住宅心理账户交互干预过程中居民个体的心理感知收益与行为发生概率仿真结果如图7-38所示。同样可以看出，在

（a）感知收益

（b）行为发生概率

—— 自学习　　　　　···· 低了解低认可
--·· 低了解高认可　　—·— 高了解低认可
—— 高了解高认可

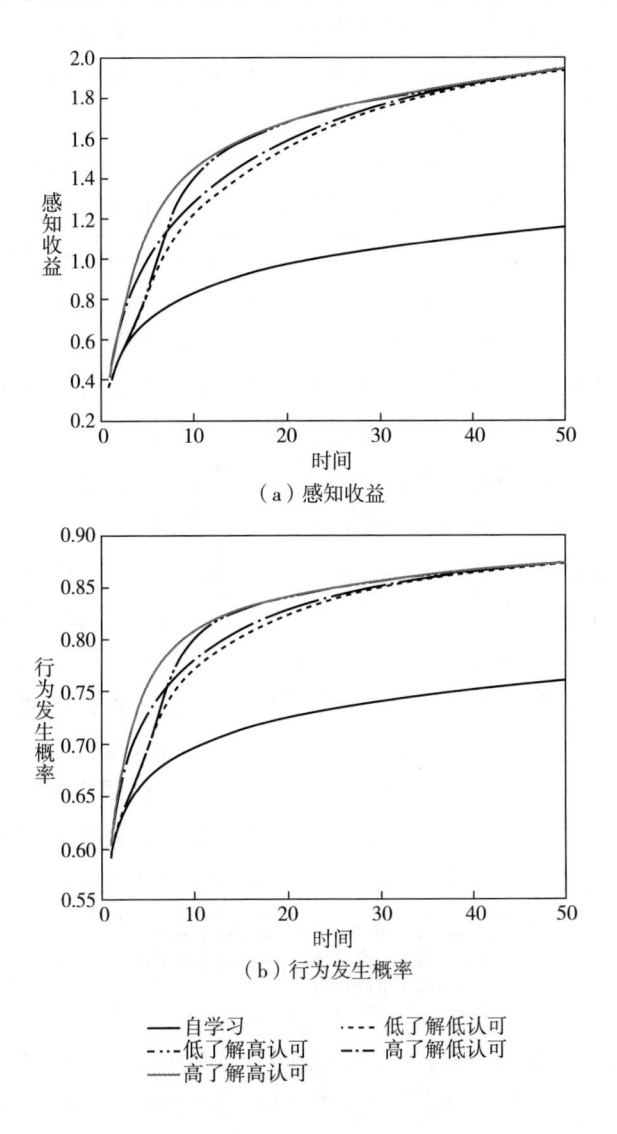

图7-38　被动型信息诉求与绿色住宅心理账户交互
干预下自我认同型支付行为学习过程

仿真过程中，行为发生概率随着感知收益同步发生变化，且随着仿真步数逐渐增长，居民个体的学习速率在不断下降，最终趋近于 0，且居民个体的行为发生概率均会收敛至 1。由于仿真初期被动型信息诉求与绿色住宅心理账户交互干预的作用，居民个体自我认同型支付行为的学习速率高于其自学习的速率，并促使整个仿真过程中受到信息交互干预的居民个体心理感知收益与行为发生概率均高于自学习过程中的感知收益与行为发生概率。

在整个仿真过程中，高了解高认可（高响应效度）促使被动型信息诉求与绿色住宅心理账户交互干预机制下的城市居民自我认同型支付行为最快形成与复现，收敛速度最快；低了解低认可（低响应效度）导致被动型信息诉求与绿色住宅心理账户交互干预机制下的城市居民自我认同型支付行为形成与复现延迟，不考虑自学习的情况下，收敛速度最慢。

被动型信息诉求与解释水平交互干预过程中居民个体的心理感知收益与行为发生概率仿真结果如图 7-39 所示。同样可以看出，在仿真过程中，行为发生概率随着感知收益同步发生变化，且随着仿真步数逐渐增长，居民个体的学习速率在不断下降，最终趋近于 0，且居民个体的行为发生概率均会收敛至 1。由于仿真初期被动型信息诉求与解释水平交互干预的作用，居民个体自我认同型支付行为的学习速率高于其自学习的速率，并促使整个仿真过程中受到信息交互干预的居民个体心理感知收益与行为发生概率均高于自学习过程中的感知收益与行为发生概率。

在整个仿真过程中，高了解高认可（高响应效度）促使被动型信息诉求与解释水平交互干预机制下的城市居民自我认同型支付行为最快形成与复现，收敛速度最快；低了解低认可（低响应效度）导致被动型信息诉求与解释水平交互干预机制下的城市居民自我认同型支付行为形成与复现延迟，不考虑自学习的情况下，收敛速度最慢。

被动型信息诉求与绿色住宅认知交互干预过程中居民个体的心理感知收益与行为发生概率仿真结果如图 7-40 所示。同样可以看出，在仿真过程中，行为发生概率随着感知收益同步发生变化，且随着仿真步数逐渐增长，居民个体的学习速率在不断下降，最终趋近于 0，且居民个体的行为发生概率均会收敛至 1。由于仿真初期被动型信息诉求与绿色住宅认知交互干预的作用，居民个体自我认同型支付行为的学习速率高于其自

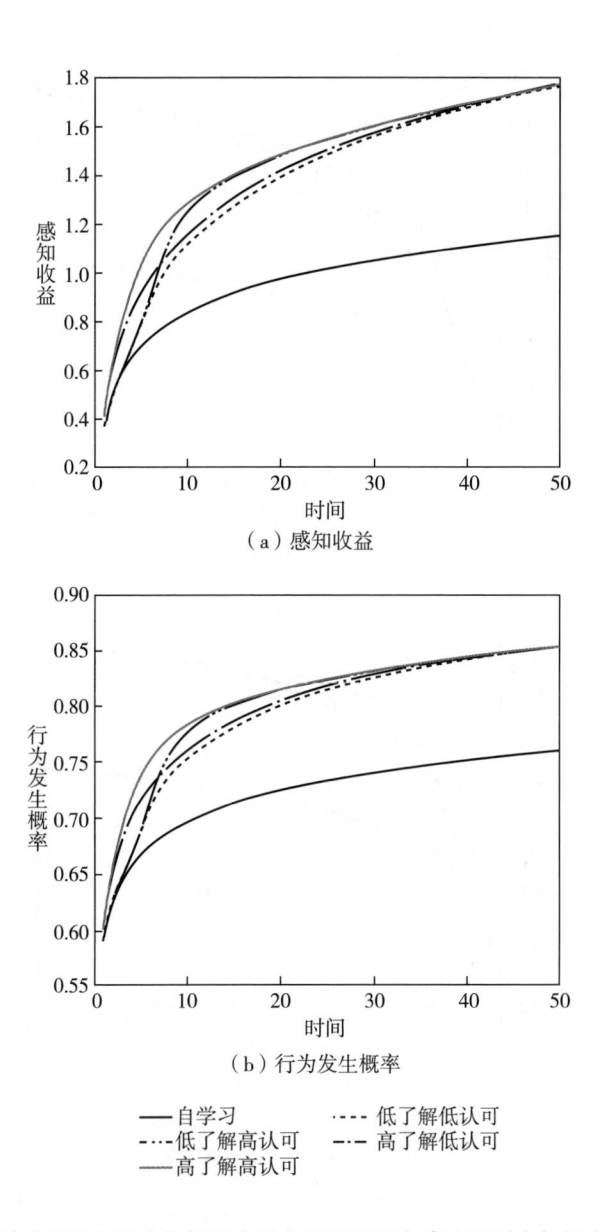

图 7-39 被动型信息诉求与解释水平交互干预下自我认同型支付行为学习过程

学习的速率，并促使整个仿真过程中受到信息交互干预的居民个体心理感知收益与行为发生概率均高于自学习过程中的感知收益与行为发生概率。

344 / 城市居民绿色住宅支付响应的机理、测度及助推策略

(a) 感知收益

(b) 行为发生概率

—— 自学习　　　　　---- 低了解低认可
-·-· 低了解高认可　　-··- 高了解低认可
—— 高了解高认可

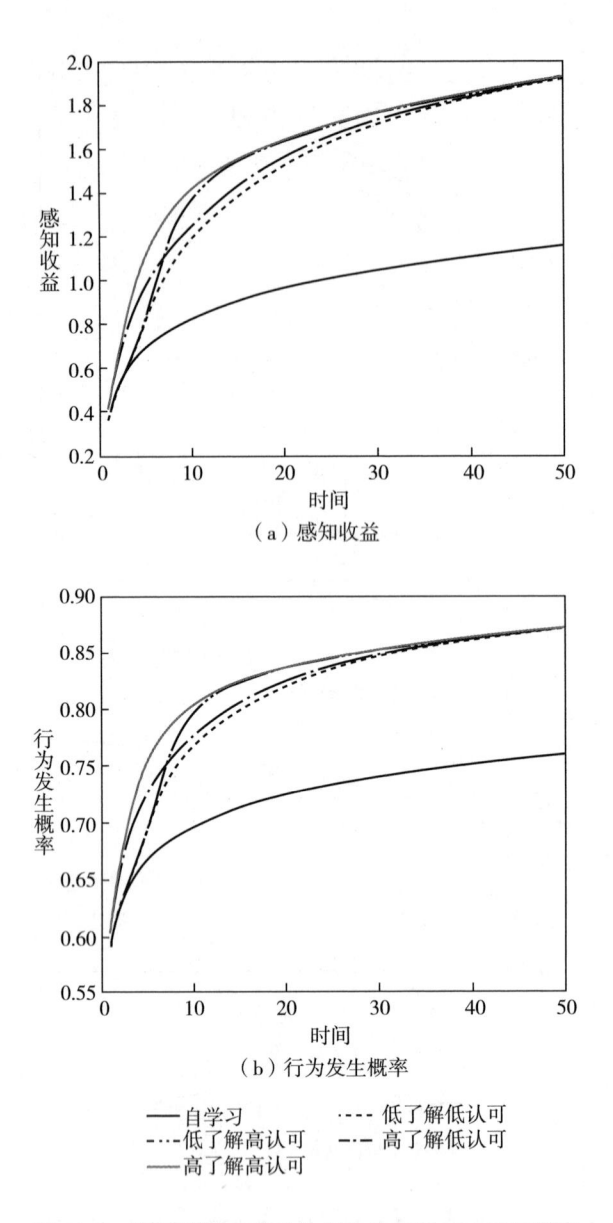

图 7-40　被动型信息诉求与绿色住宅认知交互干预下
自我认同型支付行为学习过程

在整个仿真过程中，高了解高认可（高响应效度）促使被动型信息诉求与绿色住宅认知交互干预机制下的城市居民自我认同型支付行为最快形成与复现，收敛速度最快；低了解低认可（低响应效度）导致被动

型信息诉求与绿色住宅认知交互干预机制下的城市居民自我认同型支付行为形成与复现延迟，不考虑自学习的情况下，收敛速度最慢。

被动型信息诉求与道德认同交互干预过程中居民个体的心理感知收益与行为发生概率仿真结果如图7-41所示。同样可以看出，在仿真过程

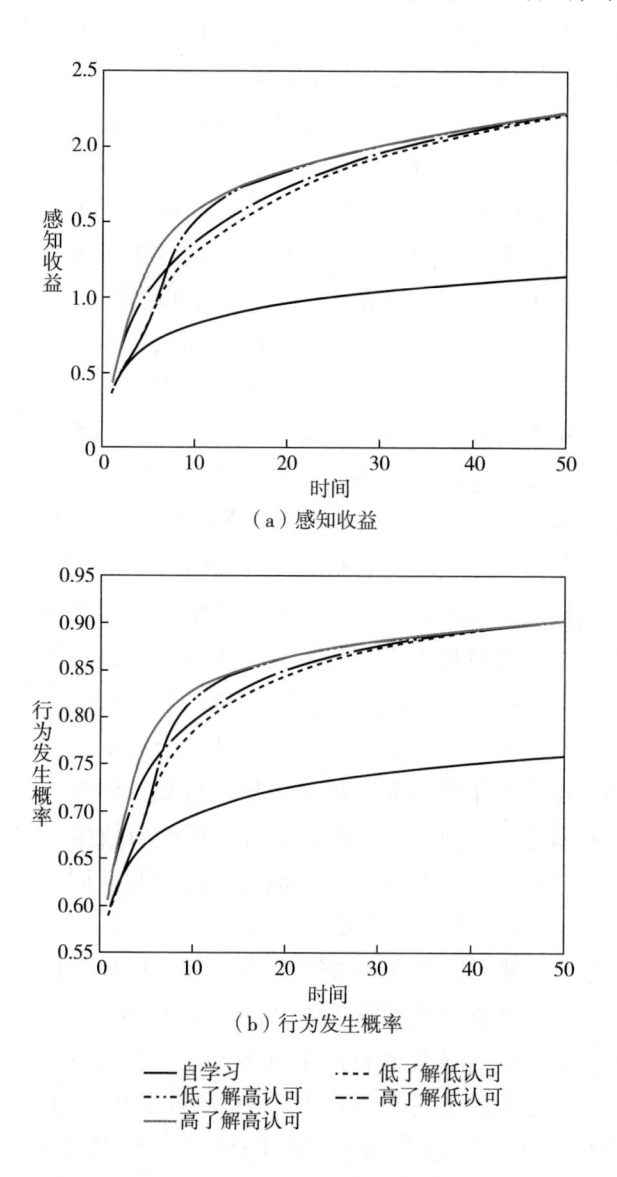

图 7-41 被动型信息诉求与道德认同交互干预下自我认同型支付行为学习过程

中，行为发生概率随着感知收益同步发生变化，且随着仿真步数逐渐增长，居民个体的学习速率在不断下降，最终趋近于0，且居民个体的行为发生概率均会收敛至1。由于仿真初期被动型信息诉求与道德认同交互干预的作用，居民个体自我认同型支付行为的学习速率高于其自学习的速率，并促使整个仿真过程中受到信息交互干预的居民个体心理感知收益与行为发生概率均高于自学习过程中的感知收益与行为发生概率。

在整个仿真过程中，高了解高认可（高响应效度）促使被动型信息诉求与道德认同交互干预机制下的城市居民自我认同型支付行为最快形成与复现，收敛速度最快；低了解低认可（低响应效度）导致被动型信息诉求与道德认同交互干预机制下的城市居民自我认同型支付行为形成与复现延迟，不考虑自学习的情况下，收敛速度最慢。

（五）主动型信息诉求交互干预下的仿真分析

主动型信息诉求与个体态度交互干预过程中居民个体的心理感知收益与行为发生概率仿真结果如图7-42所示。同样可以看出，在仿真过程中，行为发生概率随着感知收益同步发生变化，且随着仿真步数逐渐增长，居民个体的学习速率在不断下降，最终趋近于0，且居民个体的行为发生概率均会收敛至1。由于仿真初期主动型信息诉求与个体态度交互干预的作用，居民个体自我认同型支付行为的学习速率高于其自学习的速率，并促使整个仿真过程中受到信息交互干预的居民个体心理感知收益与行为发生概率均高于自学习过程中的感知收益与行为发生概率。

在整个仿真过程中，高了解高认可（高响应效度）促使主动型信息诉求与个体态度交互干预机制下的城市居民自我认同型支付行为最快形成与复现，收敛速度最快；低了解低认可（低响应效度）导致主动型信息诉求与个体态度交互干预机制下的城市居民自我认同型支付行为形成与复现延迟，不考虑自学习的情况下，收敛速度最慢。

主动型信息诉求与环境关心交互干预过程中居民个体的心理感知收益与行为发生概率仿真结果如图7-43所示。同样可以看出，在仿真过程中，行为发生概率随着感知收益同步发生变化，且随着仿真步数逐渐增长，居民个体的学习速率在不断下降，最终趋近于0，且居民个体的行为发生概率均会收敛至1。由于仿真初期主动型信息诉求与环境关心交互干预的作用，居民个体自我认同型支付行为的学习速率高于其自学习的速率，并促使整个仿真过程中受到信息交互干预的居民个体心理感知收益

(a) 感知收益

(b) 行为发生概率

—— 自学习　　　　---- 低了解低认可
-·-· 低了解高认可　—·— 高了解低认可
—— 高了解高认可

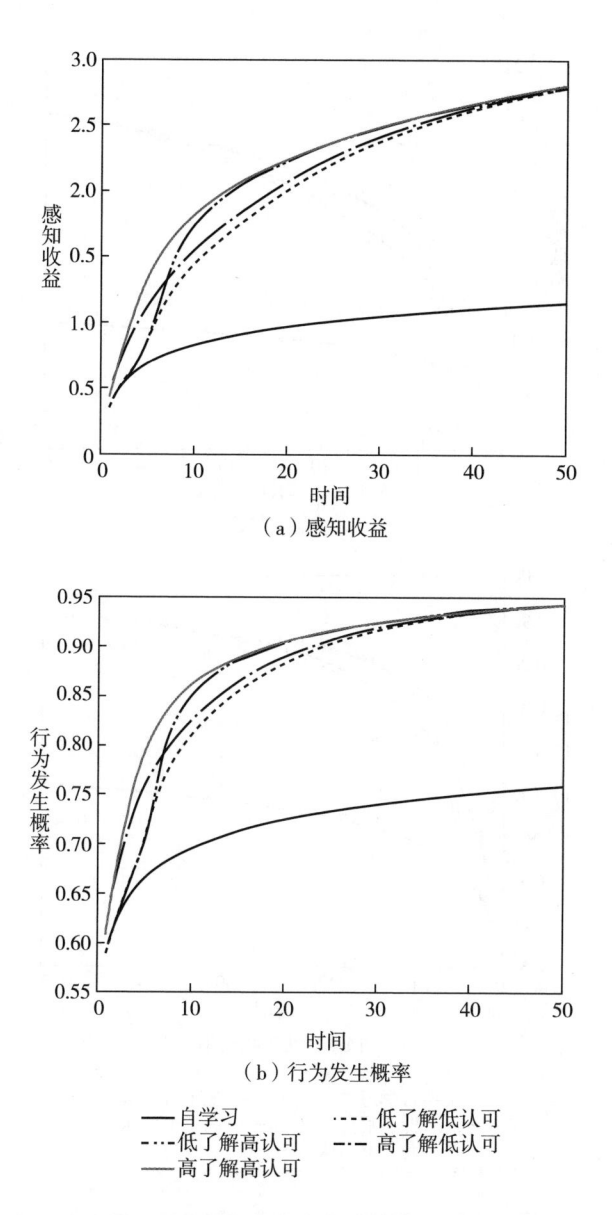

图 7-42　主动型信息诉求与个体态度交互干预下自我认同型支付行为学习过程

与行为发生概率均高于自学习过程中的感知收益与行为发生概率。

在整个仿真过程中，高了解高认可（高响应效度）促使主动型信息诉求与环境关心交互干预机制下的城市居民自我认同型支付行为最快形成与复现，收敛速度最快；低了解低认可（低响应效度）导致主动型信

348 / 城市居民绿色住宅支付响应的机理、测度及助推策略

(a) 感知收益

(b) 行为发生概率

—— 自学习　　　　---- 低了解低认可
-·-· 低了解高认可　　-·- 高了解低认可
—— 高了解高认可

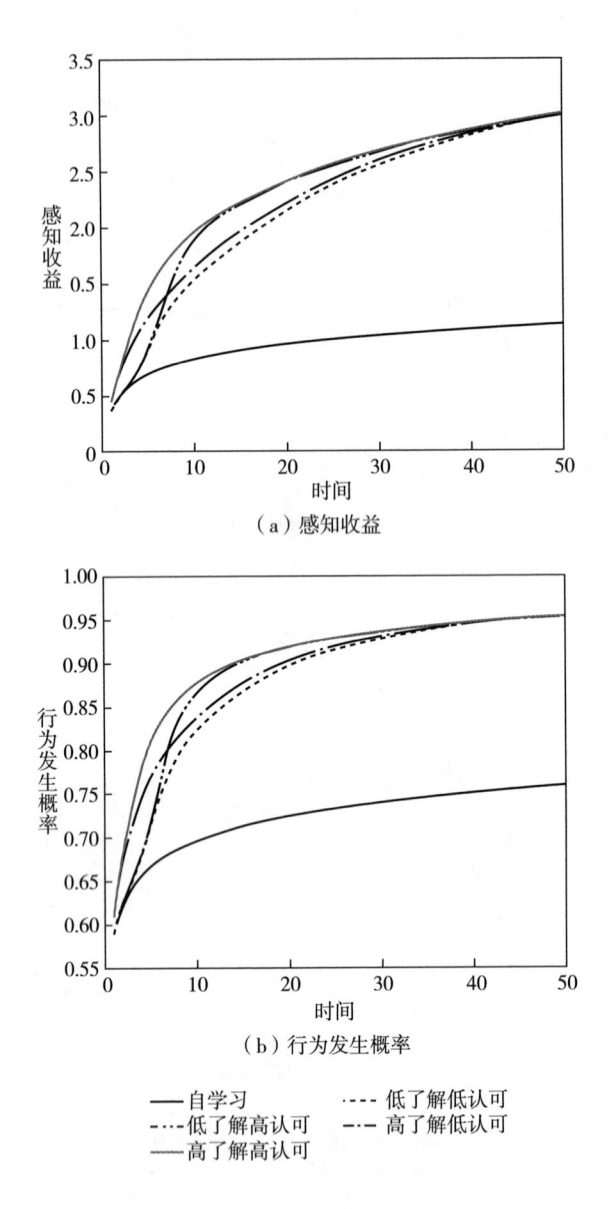

图 7-43　主动型信息诉求与环境关心交互干预下自我认同型支付行为学习过程

息诉求与环境关心交互干预机制下的城市居民自我认同型支付行为形成与复现延迟，不考虑自学习的情况下，收敛速度最慢。

主动型信息诉求与绿色住宅心理账户交互干预过程中居民个体的心理感知收益与行为发生概率仿真结果如图 7-44 所示。同样可以看出，在

(a) 感知收益

(b) 行为发生概率

—— 自学习　　　---- 低了解低认可
-·-· 低了解高认可　-·-· 高了解低认可
—— 高了解高认可

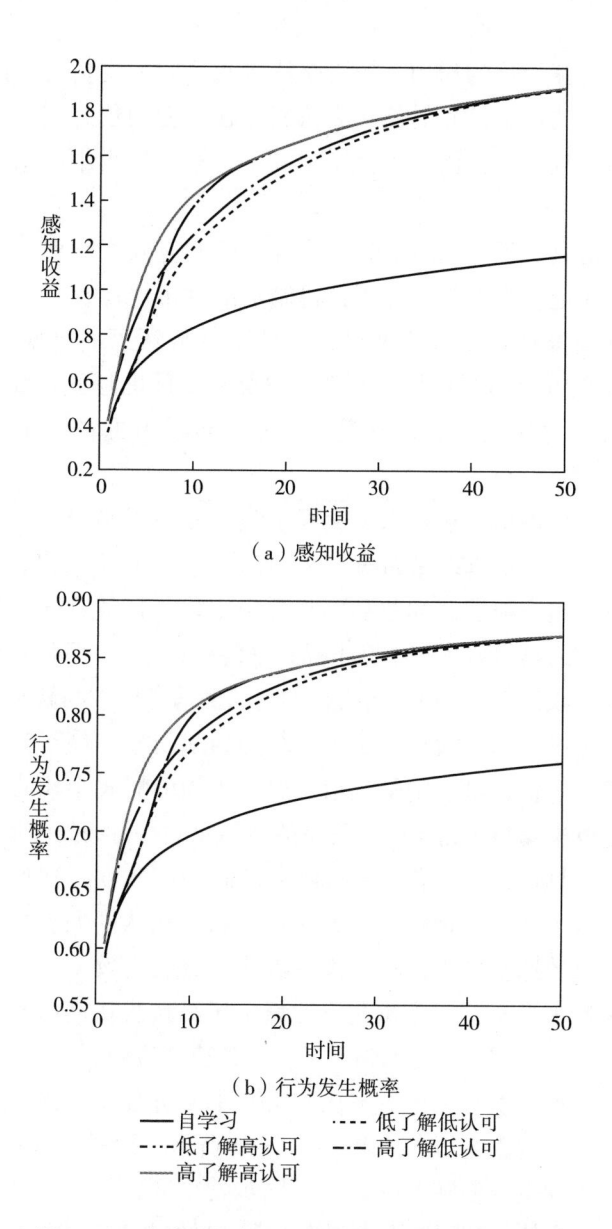

图 7-44　主动型信息诉求与绿色住宅心理账户交互干预下自我认同型支付行为学习过程

仿真过程中，行为发生概率随着感知收益同步发生变化，且随着仿真步数逐渐增长，居民个体的学习速率在不断下降，最终趋近于 0，且居民个体的行为发生概率均会收敛至 1。由于仿真初期主动型信息诉求与绿色住宅心理账户交互干预的作用，居民个体自我认同型支付行为的学习速率高于其自学习的速率，并促使整个仿真过程中受到信息交互干预的居民个体心理感知收益与行为发生概率均高于自学习过程中的感知收益与行为发生概率。

在整个仿真过程中，高了解高认可（高响应效度）促使主动型信息诉求与绿色住宅心理账户交互干预机制下的城市居民自我认同型支付行为最快形成与复现，收敛速度最快；低了解低认可（低响应效度）导致主动型信息诉求与绿色住宅心理账户交互干预机制下的城市居民自我认同型支付行为形成与复现延迟，不考虑自学习的情况下，收敛速度最慢。

主动型信息诉求与解释水平交互干预过程中居民个体的心理感知收益与行为发生概率仿真结果如图7-45所示。同样可以看出，在仿真过程中，行为发生概率随着感知收益同步发生变化，且随着仿真步数逐渐增长，居民个体的学习速率在不断下降，最终趋近于0，且居民个体的行为发生概率均会收敛至1。由于仿真初期主动型信息诉求与解释水平交互干预的作用，居民个体自我认同型支付行为的学习速率高于其自学习的速率，并促使整个仿真过程中受到信息交互干预的居民个体心理感知收益与行为发生概率均高于自学习过程中的感知收益与行为发生概率。

在整个仿真过程中，高了解高认可（高响应效度）促使主动型信息诉求与解释水平交互干预机制下的城市居民自我认同型支付行为最快形成与复现，收敛速度最快；低了解低认可（低响应效度）导致主动型信息诉求与解释水平交互干预机制下的城市居民自我认同型支付行为形成与复现延迟，不考虑自学习的情况下，收敛速度最慢。

主动型信息诉求与绿色住宅认知交互干预过程中居民个体的心理感知收益与行为发生概率仿真结果如图7-46所示。同样可以看出，在仿真过程中，行为发生概率随着感知收益同步发生变化，且随着仿真步数逐渐增长，居民个体的学习速率在不断下降，最终趋近于0，且居民个体的行为发生概率均会收敛至1。由于仿真初期主动型信息诉求与绿色住宅认知交互干预的作用，居民个体自我认同型支付行为的学习速率高于其自学习的速率，并促使整个仿真过程中受到信息交互干预的居民个体心理感知收益与行为发生概率均高于自学习过程中的感知收益与行为发生概率。

（a）感知收益

（b）行为发生概率

—— 自学习　　　---- 低了解低认可
---- 低了解高认可　—·— 高了解低认可
—— 高了解高认可

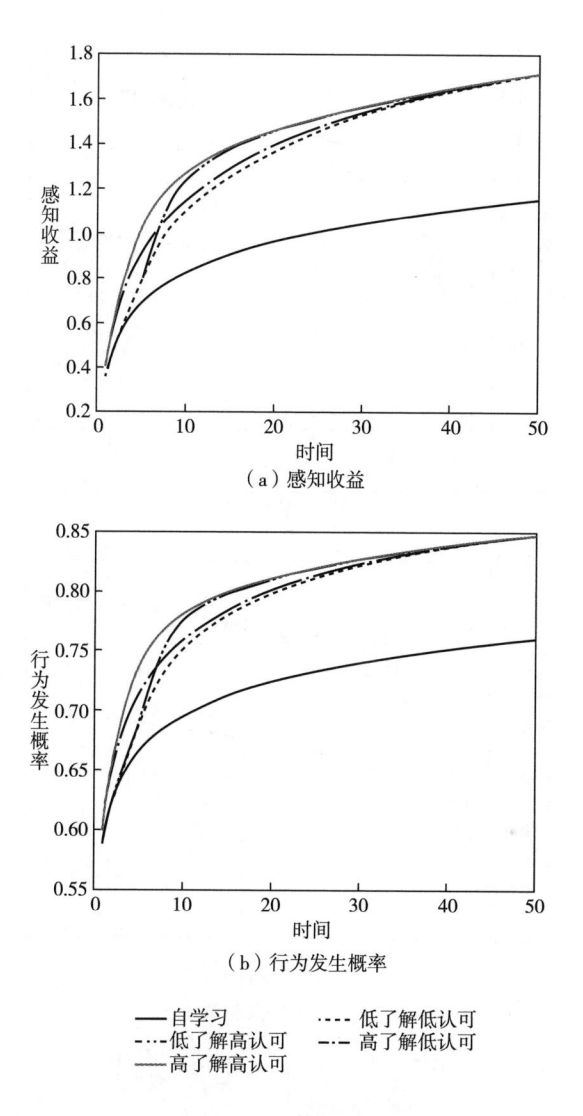

图 7-45　主动型信息诉求与解释水平交互干预下自我认同型支付行为学习过程

在整个仿真过程中，高了解高认可（高响应效度）促使主动型信息诉求与绿色住宅认知交互干预机制下的城市居民自我认同型支付行为最快形成与复现，收敛速度最快；低了解低认可（低响应效度）导致主动型信息诉求与绿色住宅认知交互干预机制下的城市居民自我认同型支付行为形成与复现延迟，不考虑自学习的情况下，收敛速度最慢。

352 / 城市居民绿色住宅支付响应的机理、测度及助推策略

(a)感知收益

(b)行为发生概率

— 自学习　　　---- 低了解低认可
---- 低了解高认可　－·－ 高了解低认可
— 高了解高认可

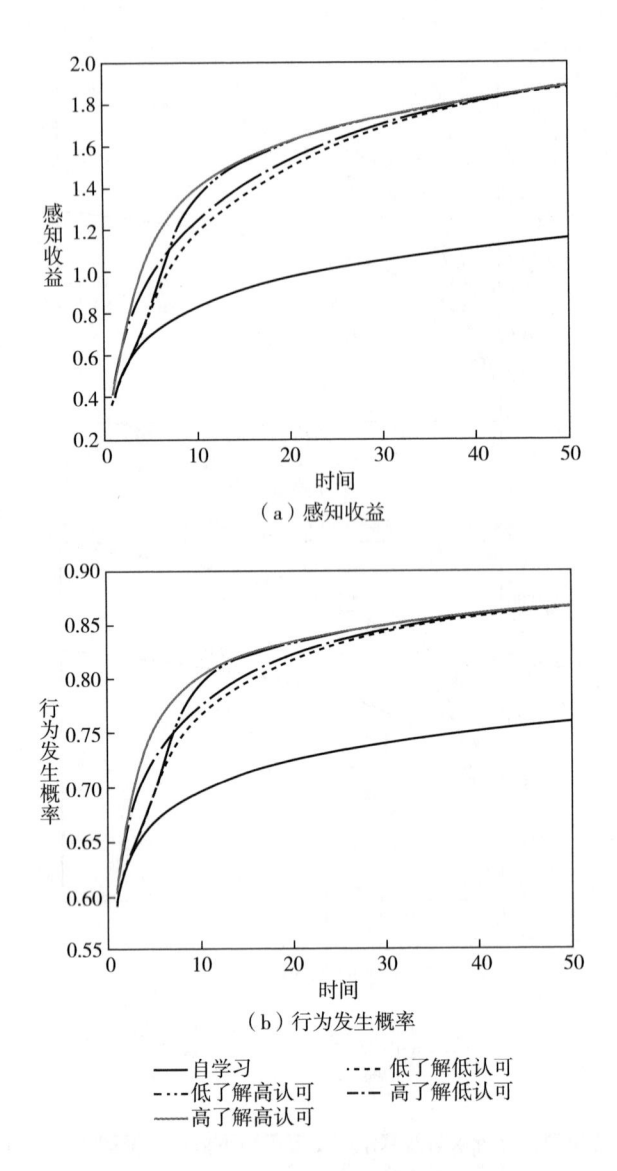

图 7-46　主动型信息诉求与绿色住宅认知交互干预下自我认同型支付行为学习过程

　　主动型信息诉求与道德认同交互干预过程中居民个体的心理感知收益与行为发生概率仿真结果如图 7-47 所示。同样可以看出，在仿真过程中，行为发生概率随着感知收益同步发生变化，且随着仿真步数逐渐增长，居民个体的学习速率在不断下降，最终趋近于 0，且居民个体的行为

发生概率均会收敛至 1。由于仿真初期主动型信息诉求与道德认同交互干预的作用，居民个体自我认同型支付行为的学习速率高于其自学习的速率，并促使整个仿真过程中受到信息交互干预的居民个体心理感知收益与行为发生概率均高于自学习过程中的感知收益与行为发生概率。

（a）感知收益

（b）行为发生概率

—— 自学习　　　---- 低了解低认可
-·-· 低了解高认可　—·— 高了解低认可
—— 高了解高认可

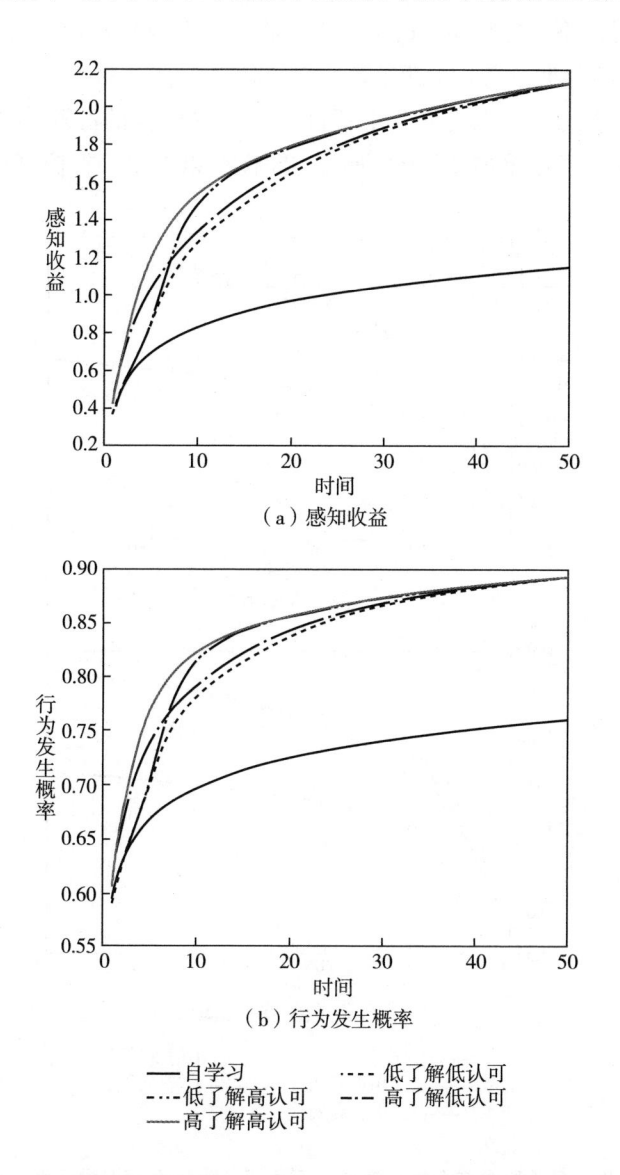

图 7-47　主动型信息诉求与道德认同交互干预下自我认同型支付行为学习过程

在整个仿真过程中，高了解高认可（高响应效度）促使主动型信息诉求与道德认同交互干预机制下的城市居民自我认同型支付行为最快形成与复现，收敛速度最快；低了解低认可（低响应效度）导致主动型信息诉求与道德认同交互干预机制下的城市居民自我认同型支付行为形成与复现延迟，不考虑自学习的情况下，收敛速度最慢。

（六）品牌壁垒交互干预下的仿真分析

品牌壁垒与个体态度交互干预过程中居民个体的心理感知收益与行为发生概率仿真结果如图 7-48 所示。同样可以看出，在仿真过程中，行

（a）感知收益

（b）行为发生概率

—— 自学习　　　---- 低了解低认可
-·-· 低了解高认可　-·- 高了解低认可
—— 高了解高认可

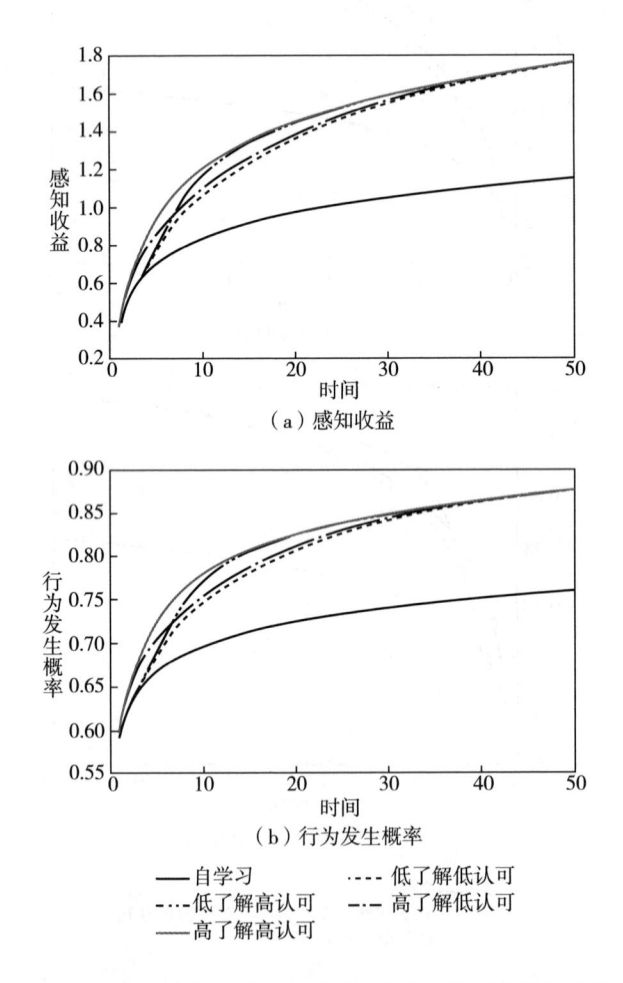

图 7-48　品牌壁垒与个体态度交互干预下自我认同型支付行为学习过程

为发生概率随着感知收益同步发生变化，且随着仿真步数逐渐增长，居民个体的学习速率在不断下降，最终趋近于 0，且居民个体的行为发生概率均会收敛至 1。由于仿真初期品牌壁垒与个体态度交互干预的作用，居民个体自我认同型支付行为的学习速率高于其自学习的速率，并促使整个仿真过程中受到信息交互干预的居民个体心理感知收益与行为发生概率均高于自学习过程中的感知收益与行为发生概率。

在整个仿真过程中，高了解高认可（高响应效度）促使品牌壁垒与个体态度交互干预机制下的城市居民自我认同型支付行为最快形成与复现，收敛速度最快；低了解低认可（低响应效度）导致品牌壁垒与个体态度交互干预机制下的城市居民自我认同型支付行为形成与复现延迟，不考虑自学习的情况下，收敛速度最慢。

品牌壁垒与环境关心交互干预过程中居民个体的心理感知收益与行为发生概率仿真结果如图 7-49 所示。同样可以看出，在仿真过程中，行为发生概率随着感知收益同步发生变化，且随着仿真步数逐渐增长，居民个体的学习速率在不断下降，最终趋近于 0，且居民个体的行为发生概率均会收敛至 1。由于仿真初期品牌壁垒与环境关心交互干预的作用，居民个体自我认同型支付行为的学习速率高于其自学习的速率，并促使整个仿真过程中受到信息交互干预的居民个体心理感知收益与行为发生概率均高于自学习过程中的感知收益与行为发生概率。

在整个仿真过程中，高了解高认可（高响应效度）促使品牌壁垒与环境关心交互干预机制下的城市居民自我认同型支付行为最快形成与复现，收敛速度最快；低了解低认可（低响应效度）导致品牌壁垒与环境关心交互干预机制下的城市居民自我认同型支付行为形成与复现延迟，不考虑自学习的情况下，收敛速度最慢。

品牌壁垒与绿色住宅心理账户交互干预过程中居民个体的心理感知收益与行为发生概率仿真结果如图 7-50 所示。同样可以看出，在仿真过程中，行为发生概率随着感知收益同步发生变化，且随着仿真步数逐渐增长，居民个体的学习速率在不断下降，最终趋近于 0，且居民个体的行为发生概率均会收敛至 1。由于仿真初期品牌壁垒与绿色住宅心理账户交互干预的作用，居民个体自我认同型支付行为的学习速率高于其自学习的速率，并促使整个仿真过程中受到信息交互干预的居民个体心理感知收益与行为发生概率均高于自学习过程中的感知收益与行为发生概率。

(a) 感知收益

(b) 行为发生概率

—— 自学习　　---- 低了解低认可
-·-· 低了解高认可　—·— 高了解低认可
—— 高了解高认可

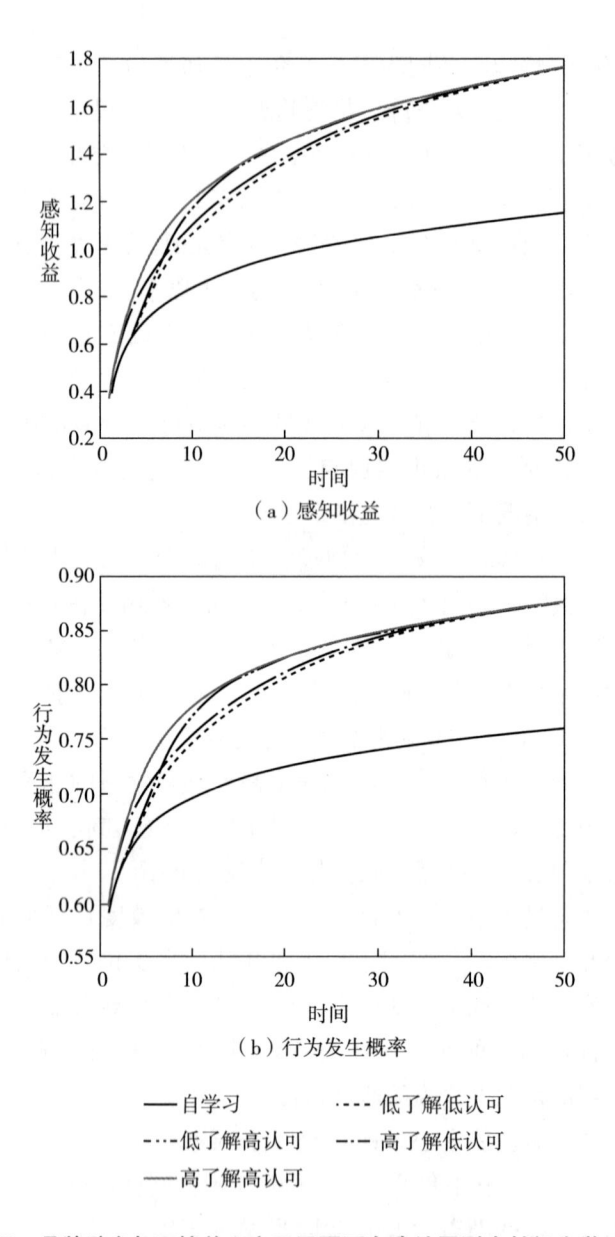

图 7-49　品牌壁垒与环境关心交互干预下自我认同型支付行为学习过程

在整个仿真过程中，高了解高认可（高响应效度）促使品牌壁垒与绿色住宅心理账户交互干预机制下的城市居民自我认同型支付行为最快形成与复现，收敛速度最快；低了解低认可（低响应效度）导致品牌

(a) 感知收益

(b) 行为发生概率

— 自学习　　···· 低了解低认可
—·· 低了解高认可　—·— 高了解低认可
— 高了解高认可

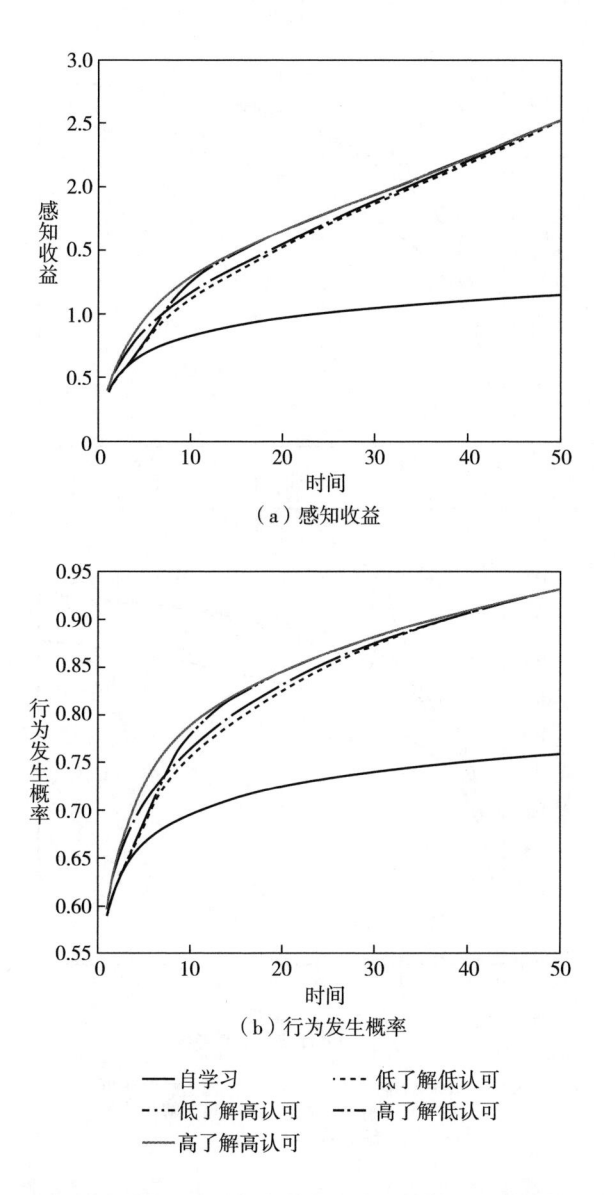

图 7-50　品牌壁垒与绿色住宅心理账户交互干预下自我认同型支付行为学习过程

壁垒与绿色住宅心理账户交互干预机制下的城市居民自我认同型支付行为形成与复现延迟，不考虑自学习的情况下，收敛速度最慢。

品牌壁垒与解释水平交互干预过程中居民个体的心理感知收益与行为发生概率仿真结果如图 7-51 所示。同样可以看出，在仿真过程中，行

(a) 感知收益

(b) 行为发生概率

—— 自学习　　　···· 低了解低认可
-·-· 低了解高认可　—- 高了解低认可
—— 高了解高认可

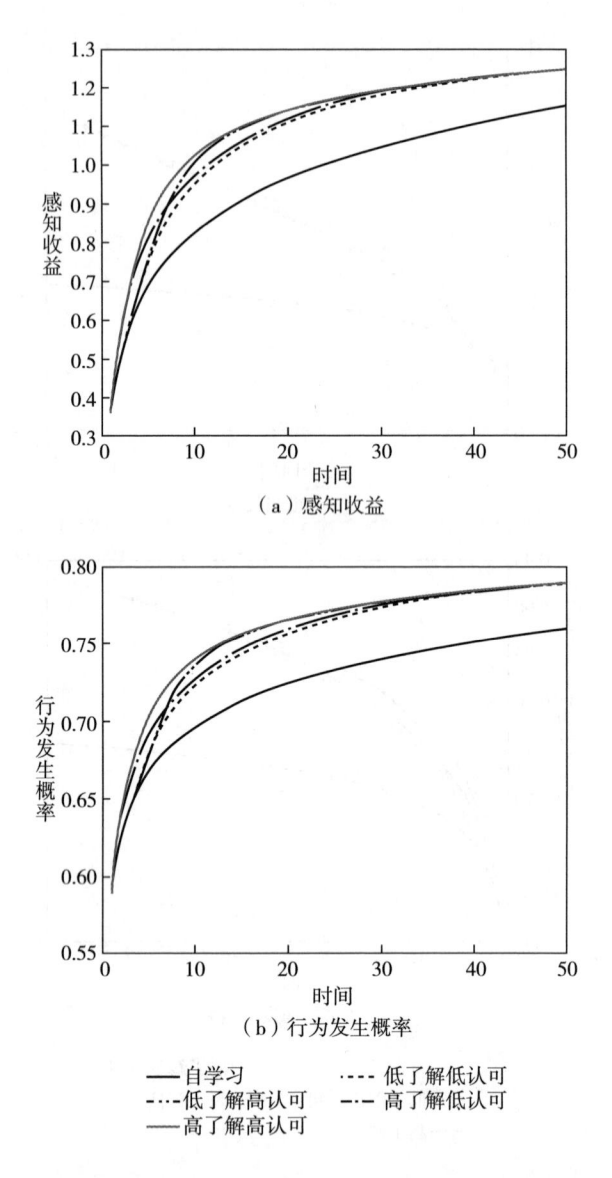

图 7-51　品牌壁垒与解释水平交互干预下自我认同型支付行为学习过程

为发生概率随着感知收益同步发生变化，且随着仿真步数逐渐增长，居民个体的学习速率在不断下降，最终趋近于 0，且居民个体的行为发生概率均会收敛至 1。由于仿真初期品牌壁垒与解释水平交互干预的作用，居民个体自我认同型支付行为的学习速率高于其自学习的速率，并促使整个仿真过程中受到信息交互干预的居民个体心理感知收益与行为发生概率均高于自学习过程中的感知收益与行为发生概率。

在整个仿真过程中，高了解高认可（高响应效度）促使品牌壁垒与解释水平交互干预机制下的城市居民自我认同型支付行为最快形成与复现，收敛速度最快；低了解低认可（低响应效度）导致品牌壁垒与解释水平交互干预机制下的城市居民自我认同型支付行为形成与复现延迟，不考虑自学习的情况下，收敛速度最慢。

品牌壁垒与绿色住宅认知交互干预过程中居民个体的心理感知收益与行为发生概率仿真结果如图 7-52 所示。同样可以看出，在仿真过程中，行为发生概率随着感知收益同步发生变化，且随着仿真步数逐渐增长，居民个体的学习速率在不断下降，最终趋近于 0，且居民个体的行为发生概率均会收敛至 1。由于仿真初期品牌壁垒与绿色住宅认知交互干预的作用，居民个体自我认同型支付行为的学习速率高于其自学习的速率，并促使整个仿真过程中受到信息交互干预的居民个体心理感知收益与行为发生概率均高于自学习过程中的感知收益与行为发生概率。

在整个仿真过程中，高了解高认可（高响应效度）促使品牌壁垒与绿色住宅认知交互干预机制下的城市居民自我认同型支付行为最快形成与复现，收敛速度最快；低了解低认可（低响应效度）导致品牌壁垒与绿色住宅认知交互干预机制下的城市居民自我认同型支付行为形成与复现延迟，不考虑自学习的情况下，收敛速度最慢。

品牌壁垒与道德认同交互干预过程中居民个体的心理感知收益与行为发生概率仿真结果如图 7-53 所示。同样可以看出，在仿真过程中，行为发生概率随着感知收益同步发生变化，且随着仿真步数逐渐增长，居民个体的学习速率在不断下降，最终趋近于 0，且居民个体的行为发生概率均会收敛至 1。由于仿真初期品牌壁垒与道德认同交互干预的作用，居民个体自我认同型支付行为的学习速率高于其自学习的速率，并促使整个仿真过程中受到信息交互干预的居民个体心理感知收益与行为发生概率均高于自学习过程中的感知收益与行为发生概率。

在整个仿真过程中，高了解高认可（高响应效度）促使品牌壁垒与道德认同交互干预机制下的城市居民自我认同型支付行为最快形成与复现，收敛速度最快；低了解低认可（低响应效度）导致品牌壁垒与道德认同交互干预机制下的城市居民自我认同型支付行为形成与复现延迟，

（a）感知收益

（b）行为发生概率

—— 自学习　　　---- 低了解低认可
-·-· 低了解高认可　　—·— 高了解低认可
—— 高了解高认可

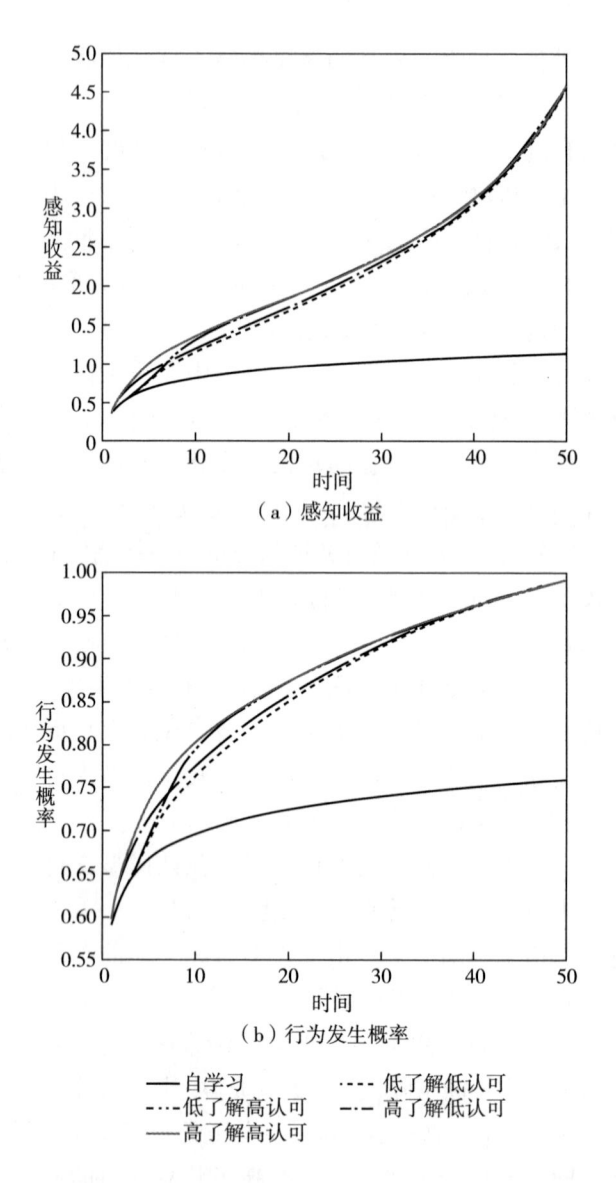

图7-52　品牌壁垒与绿色住宅认知交互干预下自我认同型支付行为学习过程

不考虑自学习的情况下，收敛速度最慢。

（七）位置壁垒交互干预下的仿真分析

位置壁垒与个体态度交互干预过程中居民个体的心理感知收益与行为发生概率仿真结果如图7-54所示。同样可以看出，在仿真过程中，行

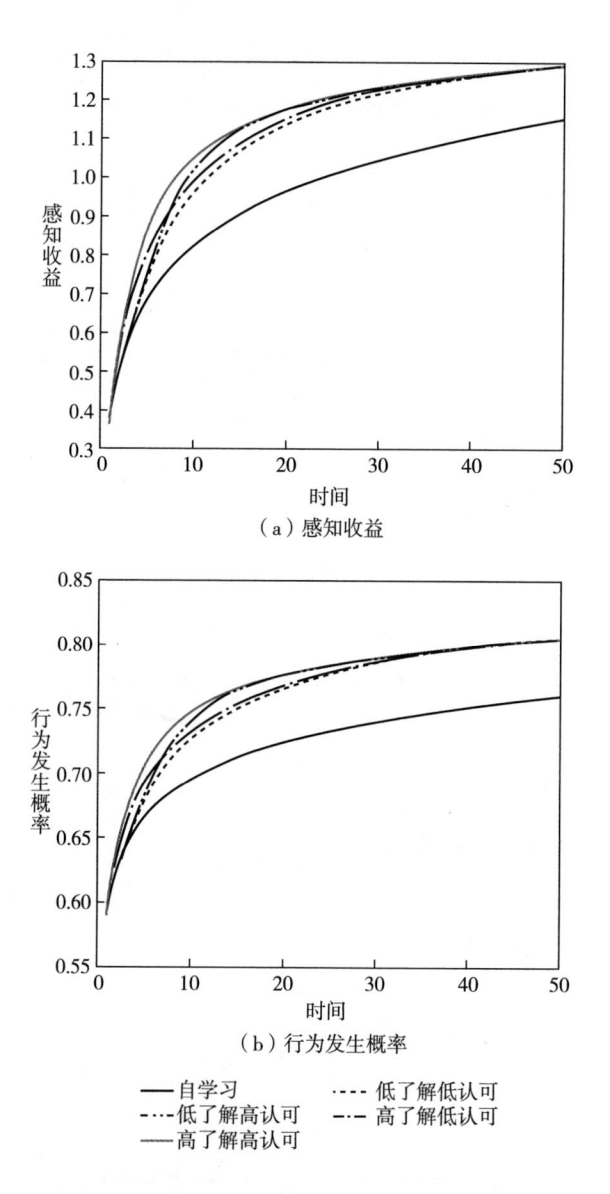

图 7-53　品牌壁垒与道德认同交互干预下自我认同型支付行为学习过程

为发生概率随着感知收益同步发生变化，且随着仿真步数逐渐增长，居民个体的学习速率在不断下降，最终趋近于 0，且居民个体的行为发生概率均会收敛至 1。由于仿真初期位置壁垒与个体态度交互干预的作用，居民个体自我认同型支付行为的学习速率高于其自学习的速率，并促使整个仿真过程中受到信息交互干预的居民个体心理感知收益与行为发生概率均高于自学习过程中的感知收益与行为发生概率。

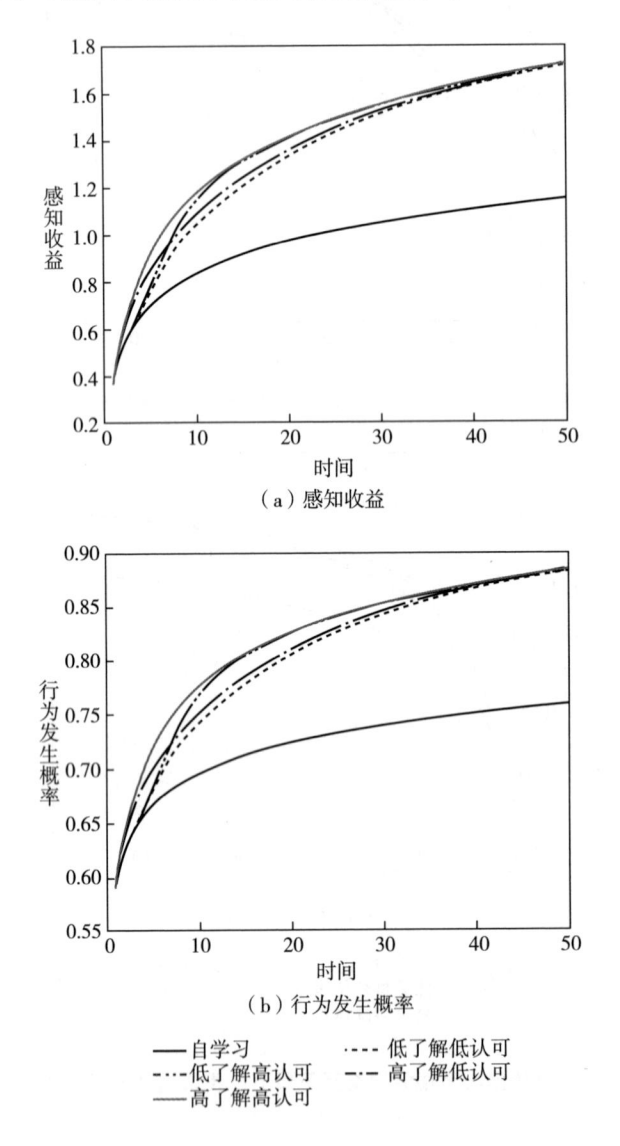

图 7-54　位置壁垒与个体态度交互干预下自我认同型支付行为学习过程

在整个仿真过程中，高了解高认可（高响应效度）促使位置壁垒与个体态度交互干预机制下的城市居民自我认同型支付行为最快形成与复现，收敛速度最快；低了解低认可（低响应效度）导致位置壁垒与个体态度交互干预机制下的城市居民自我认同型支付行为形成与复现延迟，不考虑自学习的情况下，收敛速度最慢。

位置壁垒与环境关心交互干预过程中居民个体的心理感知收益与行为发生概率仿真结果如图7-55所示。同样可以看出，在仿真过程中，行

(a) 感知收益

(b) 行为发生概率

—— 自学习　　---- 低了解低认可
-··- 低了解高认可　-·- 高了解低认可
—— 高了解高认可

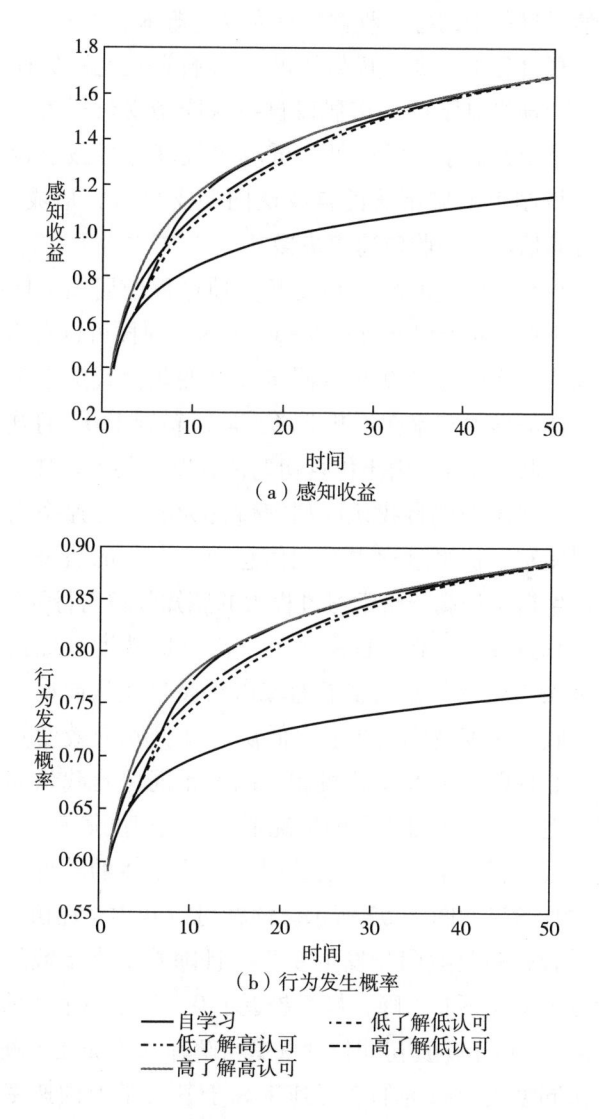

图7-55　位置壁垒与环境关心交互干预下自我认同型支付行为学习过程

为发生概率随着感知收益同步发生变化，且随着仿真步数逐渐增长，居民个体的学习速率在不断下降，最终趋近于0，且居民个体的行为发生概率均会收敛至1。由于仿真初期位置壁垒与环境关心交互干预的作用，居民个体自我认同型支付行为的学习速率高于其自学习的速率，并促使整个仿真过程中受到信息交互干预的居民个体心理感知收益与行为发生概率均高于自学习过程中的感知收益与行为发生概率。

在整个仿真过程中，高了解高认可（高响应效度）促使位置壁垒与环境关心交互干预机制下的城市居民自我认同型支付行为最快形成与复现，收敛速度最快；低了解低认可（低响应效度）导致位置壁垒与环境关心交互干预机制下的城市居民自我认同型支付行为形成与复现延迟，不考虑自学习的情况下，收敛速度最慢。

位置壁垒与绿色住宅心理账户交互干预过程中居民个体的心理感知收益与行为发生概率仿真结果如图7-56所示。同样可以看出，在仿真过程中，行为发生概率随着感知收益同步发生变化，且随着仿真步数逐渐增长，居民个体的学习速率在不断下降，最终趋近于0，且居民个体的行为发生概率均会收敛至1。由于仿真初期位置壁垒与绿色住宅心理账户交互干预的作用，居民个体自我认同型支付行为的学习速率高于其自学习的速率，并促使整个仿真过程中受到信息交互干预的居民个体心理感知收益与行为发生概率均高于自学习过程中的感知收益与行为发生概率。

在整个仿真过程中，高了解高认可（高响应效度）促使位置壁垒与绿色住宅心理账户交互干预机制下的城市居民自我认同型支付行为最快形成与复现，收敛速度最快；低了解低认可（低响应效度）导致位置壁垒与绿色住宅心理账户交互干预机制下的城市居民自我认同型支付行为形成与复现延迟，不考虑自学习的情况下，收敛速度最慢。

位置壁垒与解释水平交互干预过程中居民个体的心理感知收益与行为发生概率仿真结果如图7-57所示。同样可以看出，在仿真过程中，行为发生概率随着感知收益同步发生变化，且随着仿真步数逐渐增长，居民个体的学习速率在不断下降，最终趋近于0，且居民个体的行为发生概率均会收敛至1。由于仿真初期位置壁垒与解释水平交互干预的作用，居民个体自我认同型支付行为的学习速率高于其自学习的速率，并促使整个仿真过程中受到信息交互干预的居民个体心理感知收益与行为发生概率均高于自学习过程中的感知收益与行为发生概率。

(a) 感知收益

(b) 行为发生概率

—— 自学习　　　　　···· 低了解低认可
—··— 低了解高认可　　—·— 高了解低认可
—— 高了解高认可

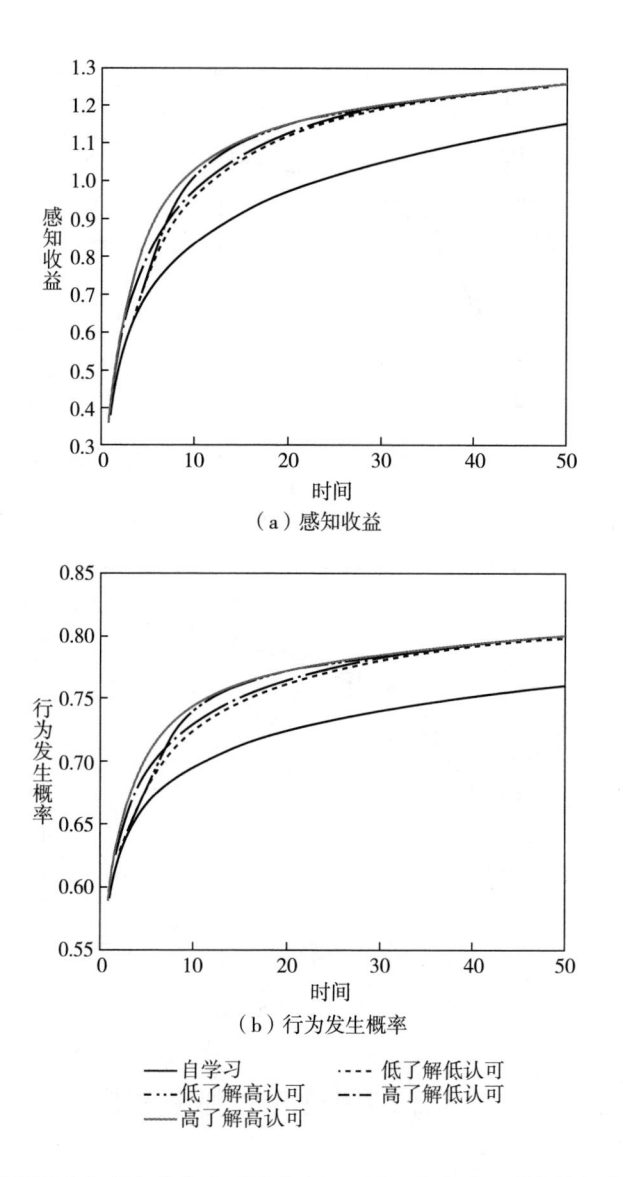

图 7-56　位置壁垒与绿色住宅心理账户交互干预下自我认同型支付行为学习过程

在整个仿真过程中，高了解高认可（高响应效度）促使位置壁垒与解释水平交互干预机制下的城市居民自我认同型支付行为最快形成与复现，收敛速度最快；低了解低认可（低响应效度）导致位置壁垒与解释水平交互干预机制下的城市居民自我认同型支付行为形成与复现延迟，不考虑自学习的情况下，收敛速度最慢。

366 / 城市居民绿色住宅支付响应的机理、测度及助推策略

（a）感知收益

（b）行为发生概率

——自学习　　　　······低了解低认可
—··—低了解高认可　—·—高了解低认可
——高了解高认可

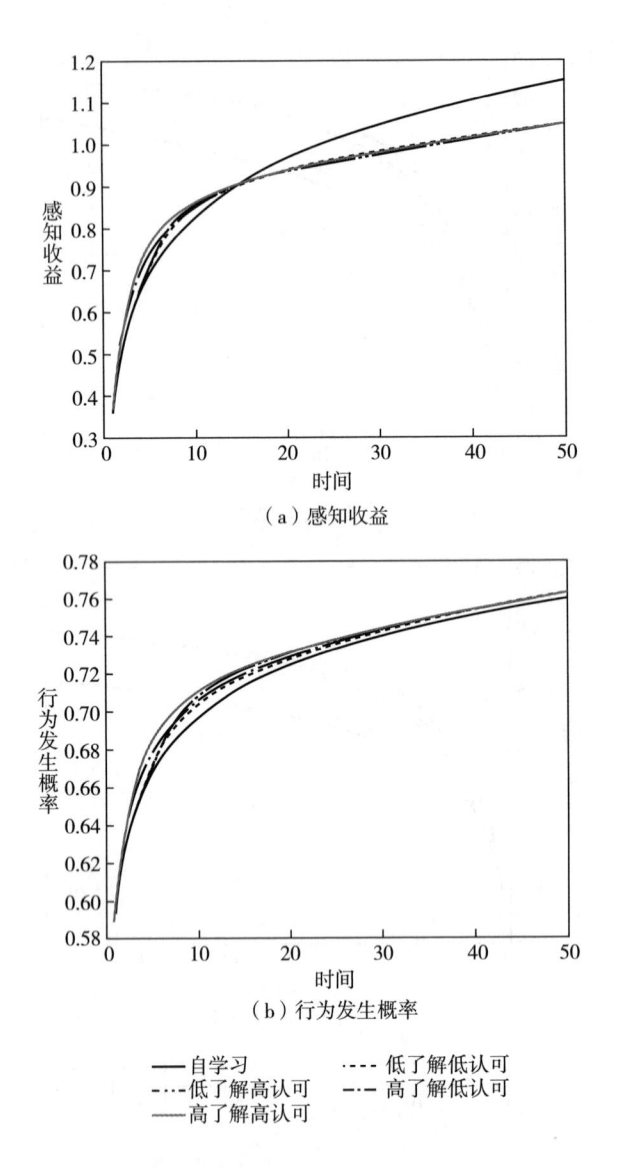

图7-57　位置壁垒与解释水平交互干预下自我认同型支付行为学习过程

位置壁垒与绿色住宅认知交互干预过程中居民个体的心理感知收益与行为发生概率仿真结果如图7-58所示。同样可以看出，在仿真过程中，行为发生概率随着感知收益同步发生变化，且随着仿真步数逐渐增长，居民个体的学习速率在不断下降，最终趋近于0，且居民个体的行为发生概率均会收敛至1。由于仿真初期位置壁垒与绿色住宅认知交互干预

的作用，居民个体自我认同型支付行为的学习速率高于其自学习的速率，并促使整个仿真过程中受到信息交互干预的居民个体心理感知收益与行为发生概率均高于自学习过程中的感知收益与行为发生概率。

（a）感知收益

（b）行为发生概率

——自学习　　　　　····低了解低认可
-··-低了解高认可　　-·-高了解低认可
——高了解高认可

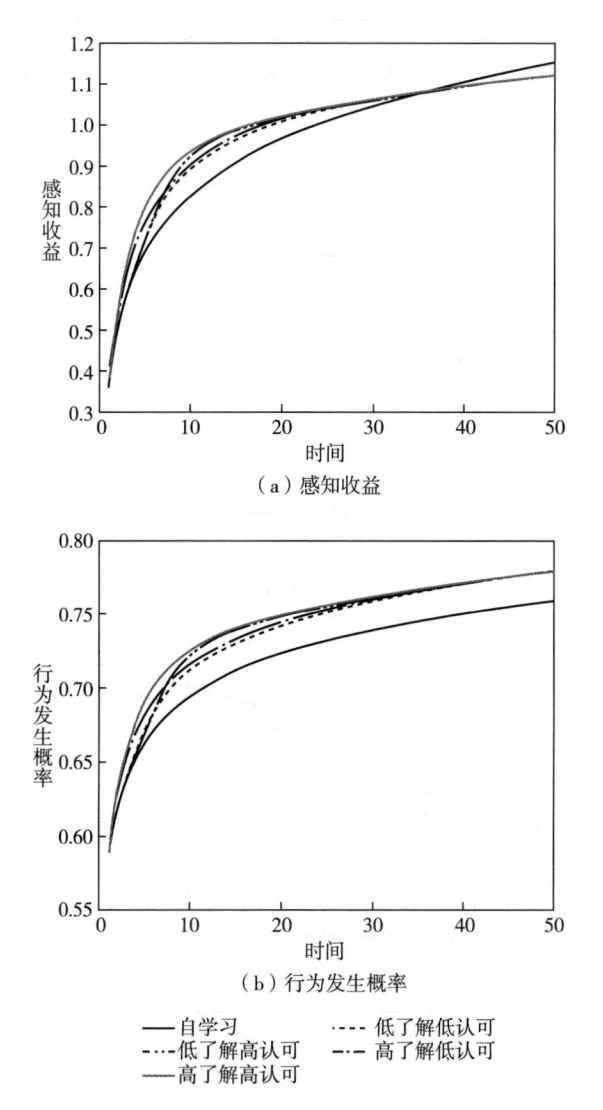

图 7-58　位置壁垒与绿色住宅认知交互干预下自我认同型支付行为学习过程

在整个仿真过程中，高了解高认可（高响应效度）促使位置壁垒与绿色住宅认知交互干预机制下的城市居民自我认同型支付行为最快形成与复现，收敛速度最快；低了解低认可（低响应效度）导致位置壁垒与绿色住宅认知交互干预机制下的城市居民自我认同型支付行为形成与复现延迟，不考虑自学习的情况下，收敛速度最慢。

位置壁垒与道德认同交互干预过程中居民个体的心理感知收益与行为发生概率仿真结果如图 7-59 所示。同样可以看出，在仿真过程中，行

(a) 感知收益

(b) 行为发生概率

—— 自学习　　　　---- 低了解低认可
---- 低了解高认可　—·— 高了解低认可
—— 高了解高认可

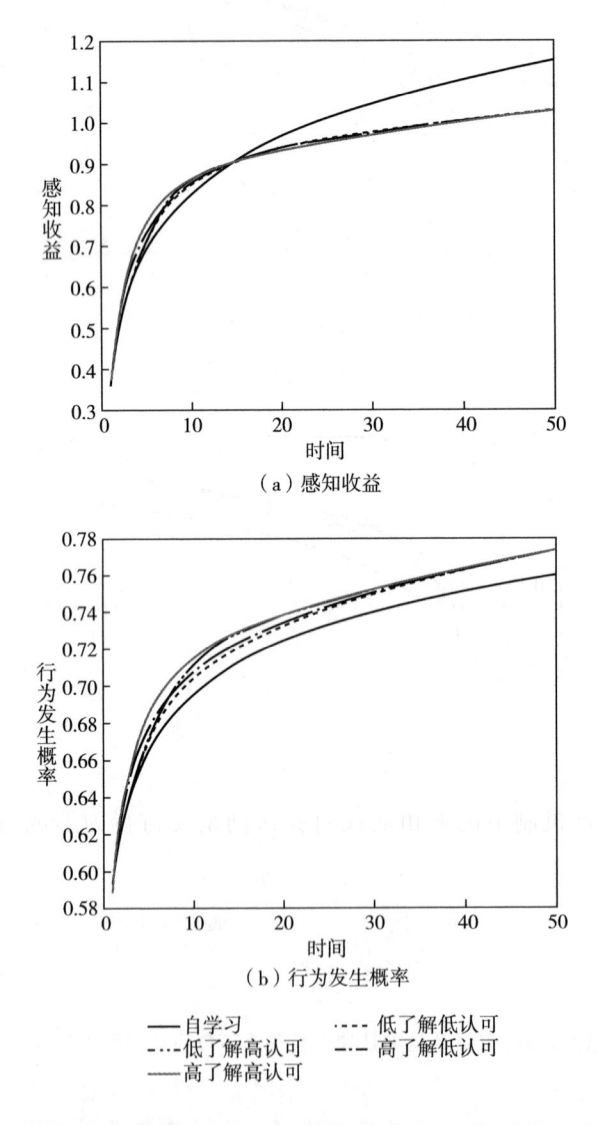

图 7-59　位置壁垒与道德认同交互干预下自我认同型支付行为学习过程

为发生概率随着感知收益同步发生变化，且随着仿真步数逐渐增长，居民个体的学习速率在不断下降，最终趋近于0，且居民个体的行为发生概率均会收敛至1。由于仿真初期位置壁垒与道德认同交互干预的作用，居民个体自我认同型支付行为的学习速率高于其自学习的速率，并促使整个仿真过程中受到信息交互干预的居民个体心理感知收益与行为发生概率均高于自学习过程中的感知收益与行为发生概率。

在整个仿真过程中，高了解高认可（高响应效度）促使位置壁垒与道德认同交互干预机制下的城市居民自我认同型支付行为最快形成与复现，收敛速度最快；低了解低认可（低响应效度）导致位置壁垒与道德认同交互干预机制下的城市居民自我认同型支付行为形成与复现延迟，不考虑自学习的情况下，收敛速度最慢。

（八）标识壁垒交互干预下的仿真分析

标识壁垒与个体态度交互干预过程中居民个体的心理感知收益与行为发生概率仿真结果如图7-60所示。同样可以看出，在仿真过程中，行为发生概率随着感知收益同步发生变化，且随着仿真步数逐渐增长，居民个体的学习速率在不断下降，最终趋近于0，且居民个体的行为发生概率均会收敛至1。由于仿真初期标识壁垒与个体态度交互干预的作用，居民个体自我认同型支付行为的学习速率高于其自学习的速率，并促使整个仿真过程中受到信息交互干预的居民个体心理感知收益与行为发生概率均高于自学习过程中的感知收益与行为发生概率。

在整个仿真过程中，高了解高认可（高响应效度）促使标识壁垒与个体态度交互干预机制下的城市居民自我认同型支付行为最快形成与复现，收敛速度最快；低了解低认可（低响应效度）导致标识壁垒与个体态度交互干预机制下的城市居民自我认同型支付行为形成与复现延迟，不考虑自学习的情况下，收敛速度最慢。

标识壁垒与环境关心交互干预过程中居民个体的心理感知收益与行为发生概率仿真结果如图7-61所示。同样可以看出，在仿真过程中，行为发生概率随着感知收益同步发生变化，且随着仿真步数逐渐增长，居民个体的学习速率在不断下降，最终趋近于0，且居民个体的行为发生概率均会收敛至1。由于仿真初期标识壁垒与环境关心交互干预的作用，居民个体自我认同型支付行为的学习速率高于其自学习的速率，并促使整个仿真过程中受到信息交互干预的居民个体心理感知收益与行为发生概

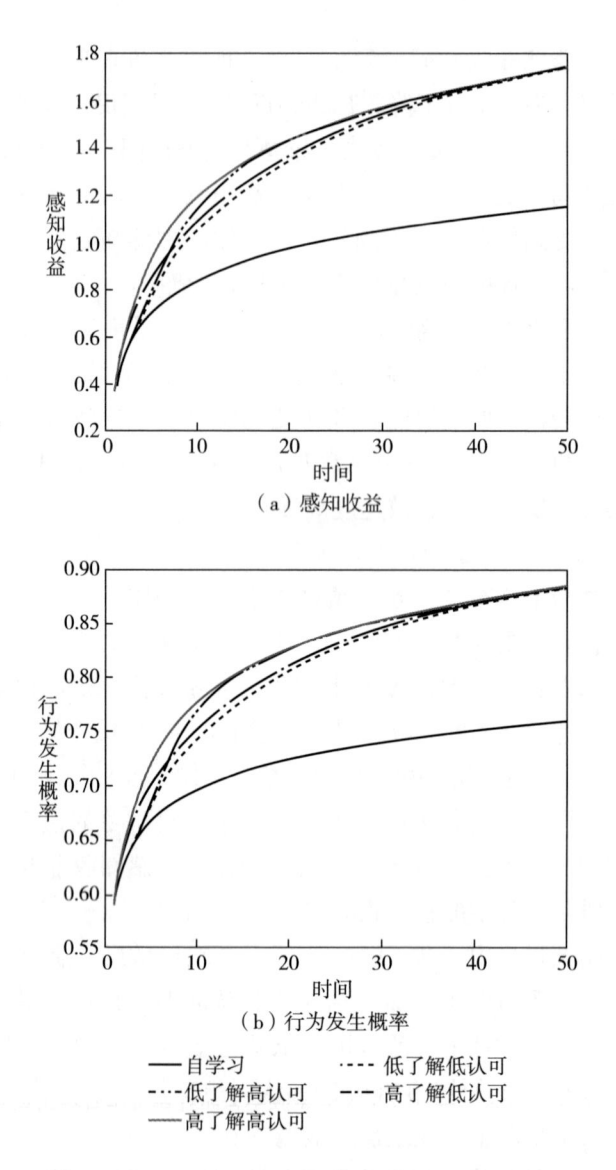

图 7-60　标识壁垒与个体态度交互干预下自我认同型支付行为学习过程

率均高于自学习过程中的感知收益与行为发生概率。

在整个仿真过程中，高了解高认可（高响应效度）促使标识壁垒与环境关心交互干预机制下的城市居民自我认同型支付行为最快形成与复现，收敛速度最快；低了解低认可（低响应效度）导致标识壁垒与环

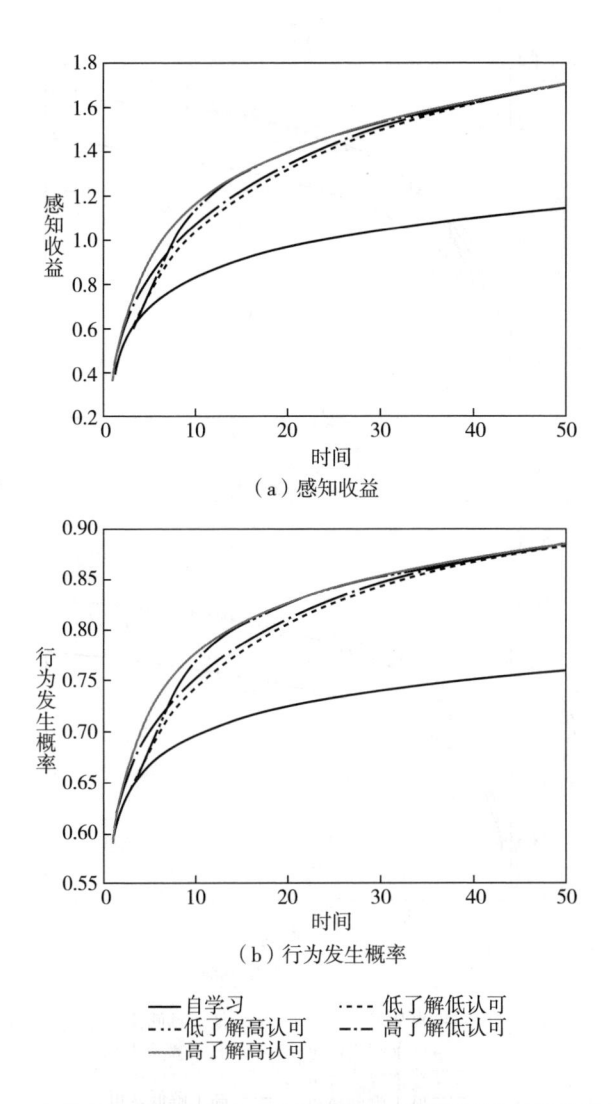

图 7-61　标识壁垒与环境关心交互干预下自我认同型支付行为学习过程

关心交互干预机制下的城市居民自我认同型支付行为形成与复现延迟，不考虑自学习的情况下，收敛速度最慢。

标识壁垒与绿色住宅心理账户交互干预过程中居民个体的心理感知收益与行为发生概率仿真结果如图 7-62 所示。同样可以看出，在仿真过程中，行为发生概率随着感知收益同步发生变化，且随着仿真步数逐渐增长，居民个体的学习速率在不断下降，最终趋近于 0，且居民个体的行

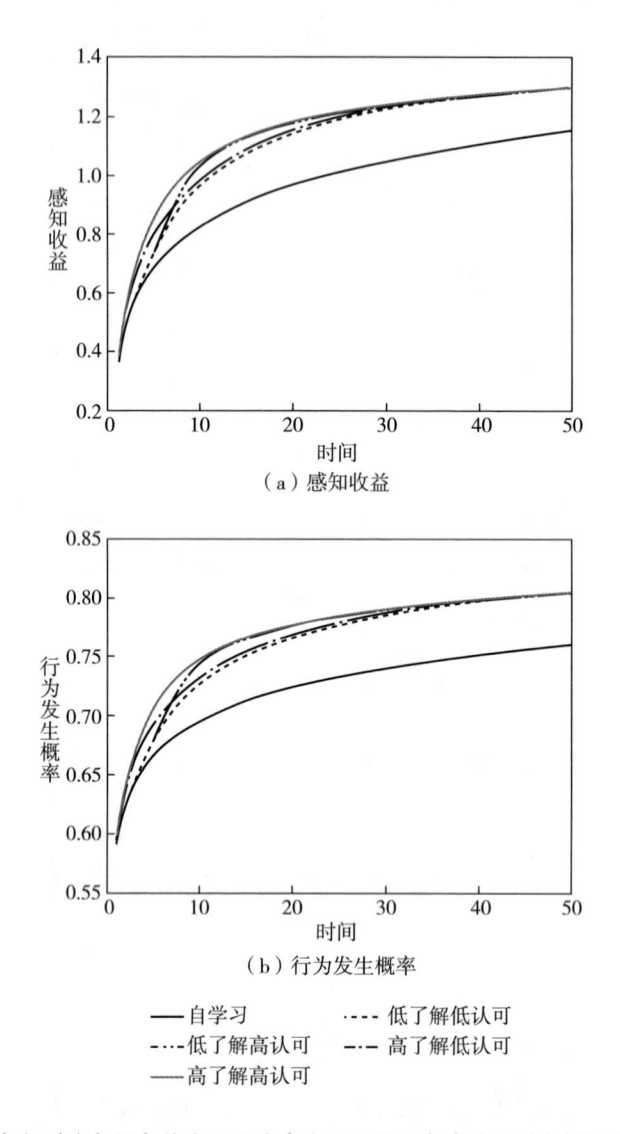

372 / 城市居民绿色住宅支付响应的机理、测度及助推策略

图 7-62 标识壁垒与绿色住宅心理账户交互干预下自我认同型支付行为学习过程

为发生概率均会收敛至 1。由于仿真初期标识壁垒与绿色住宅心理账户交互干预的作用，居民个体自我认同型支付行为的学习速率高于其自学习的速率，并促使整个仿真过程中受到信息交互干预的居民个体心理感知收益与行为发生概率均高于自学习过程中的感知收益与行为发生概率。

在整个仿真过程中，高了解高认可（高响应效度）促使标识壁垒与绿色住宅心理账户交互干预机制下的城市居民自我认同型支付行为最快形成与复现，收敛速度最快；低了解低认可（低响应效度）导致标识壁垒与绿色住宅心理账户交互干预机制下的城市居民自我认同型支付行为形成与复现延迟，不考虑自学习的情况下，收敛速度最慢。

标识壁垒与解释水平交互干预过程中居民个体的心理感知收益与行为发生概率仿真结果如图7-63所示。同样可以看出，在仿真过程中，行

(a) 感知收益

(b) 行为发生概率

—— 自学习　　　　···· 低了解低认可
-··· 低了解高认可　-·- 高了解低认可
—— 高了解高认可

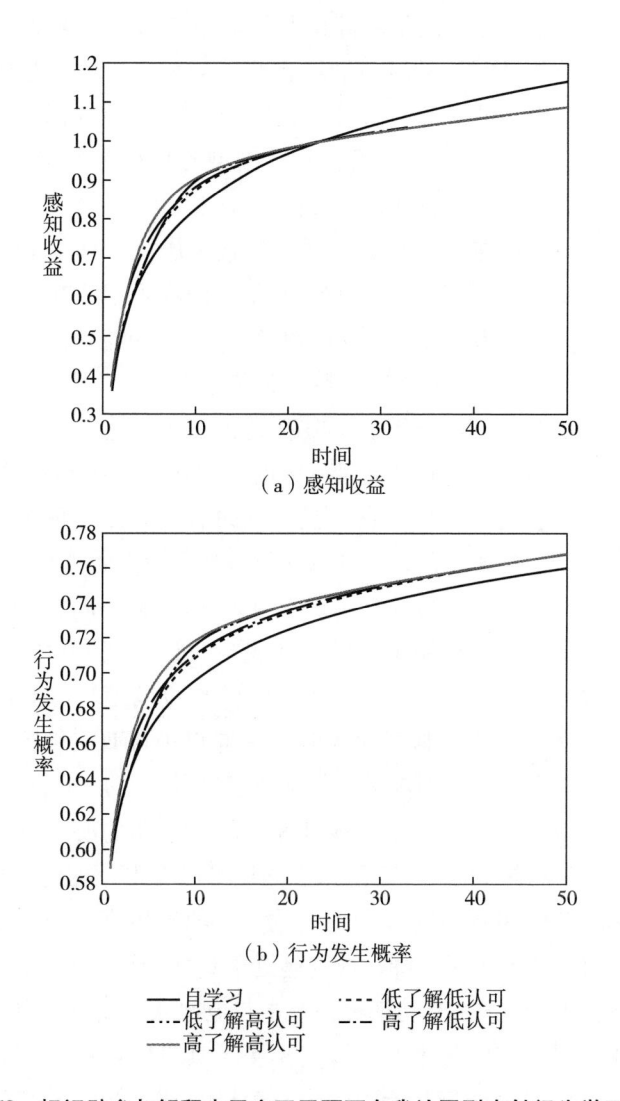

图 7-63　标识壁垒与解释水平交互干预下自我认同型支付行为学习过程

为发生概率随着感知收益同步发生变化，且随着仿真步数逐渐增长，居民个体的学习速率在不断下降，最终趋近于 0，且居民个体的行为发生概率均会收敛至 1。由于仿真初期标识壁垒与解释水平交互干预的作用，居民个体自我认同型支付行为的学习速率高于其自学习的速率，并促使整个仿真过程中受到信息交互干预的居民个体心理感知收益与行为发生概率均高于自学习过程中的感知收益与行为发生概率。

在整个仿真过程中，高了解高认可（高响应效度）促使标识壁垒与解释水平交互干预机制下的城市居民自我认同型支付行为最快形成与复现，收敛速度最快；低了解低认可（低响应效度）导致标识壁垒与解释水平交互干预机制下的城市居民自我认同型支付行为形成与复现延迟，不考虑自学习的情况下，收敛速度最慢。

标识壁垒与绿色住宅认知交互干预过程中居民个体的心理感知收益与行为发生概率仿真结果如图 7-64 所示。同样可以看出，在仿真过程中，行为发生概率随着感知收益同步发生变化，且随着仿真步数逐渐增长，居民个体的学习速率在不断下降，最终趋近于 0，且居民个体的行为发生概率均会收敛至 1。由于仿真初期标识壁垒与绿色住宅认知交互干预的作用，居民个体自我认同型支付行为的学习速率高于其自学习的速率，并促使整个仿真过程中受到信息交互干预的居民个体心理感知收益与行为发生概率均高于自学习过程中的感知收益与行为发生概率。

在整个仿真过程中，高了解高认可（高响应效度）促使标识壁垒与绿色住宅认知交互干预机制下的城市居民自我认同型支付行为最快形成与复现，收敛速度最快；低了解低认可（低响应效度）导致标识壁垒与绿色住宅认知交互干预机制下的城市居民自我认同型支付行为形成与复现延迟，不考虑自学习的情况下，收敛速度最慢。

标识壁垒与道德认同交互干预过程中居民个体的心理感知收益与行为发生概率仿真结果如图 7-65 所示。同样可以看出，在仿真过程中，行为发生概率随着感知收益同步发生变化，且随着仿真步数逐渐增长，居民个体的学习速率在不断下降，最终趋近于 0，且居民个体的行为发生概率均会收敛至 1。由于仿真初期标识壁垒与道德认同交互干预的作用，居民个体自我认同型支付行为的学习速率高于其自学习的速率，并促使整个仿真过程中受到信息交互干预的居民个体心理感知收益与行为发生概率均高于自学习过程中的感知收益与行为发生概率。

(a) 感知收益

(b) 行为发生概率

—— 自学习　　···· 低了解低认可
---· 低了解高认可　–·– 高了解低认可
—— 高了解高认可

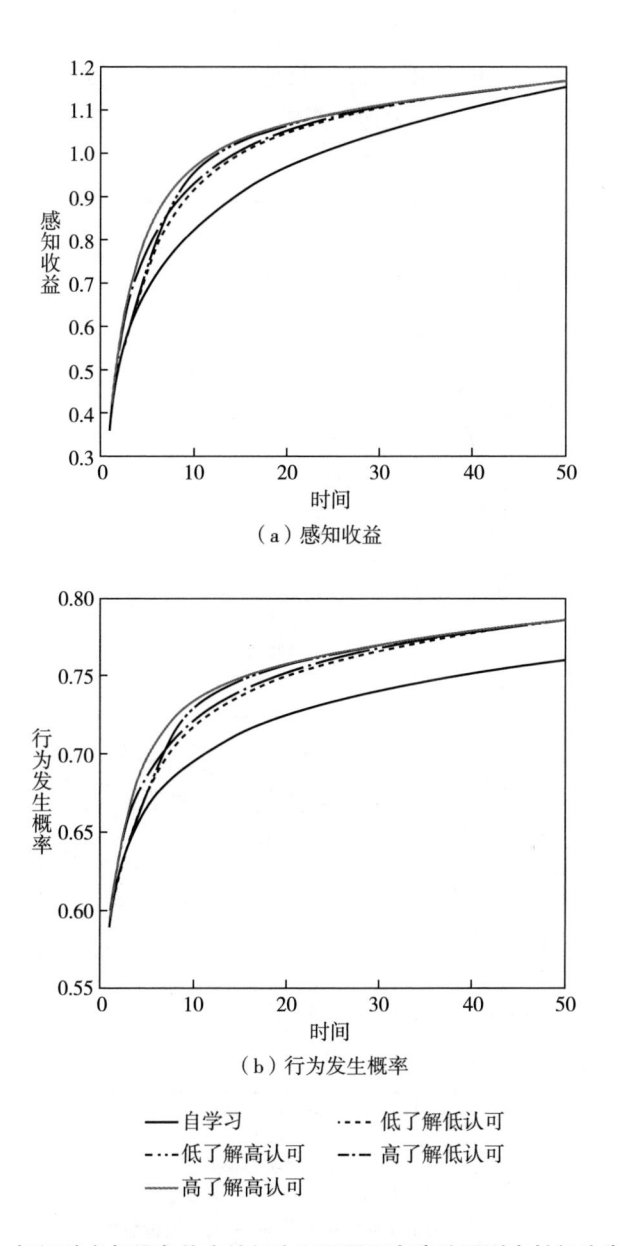

图 7-64　标识壁垒与绿色住宅认知交互干预下自我认同型支付行为学习过程

在整个仿真过程中，高了解高认可（高响应效度）促使标识壁垒与道德认同交互干预机制下的城市居民自我认同型支付行为最快形成与复现，收敛速度最快；低了解低认可（低响应效度）导致标识壁垒与道德认同交互干预机制下的城市居民自我认同型支付行为形成与复现延迟，不考虑自学习的情况下，收敛速度最慢。

（a）感知收益

（b）行为发生概率

—— 自学习　　　　---- 低了解低认可
---- 低了解高认可　-·- 高了解低认可
—— 高了解高认可

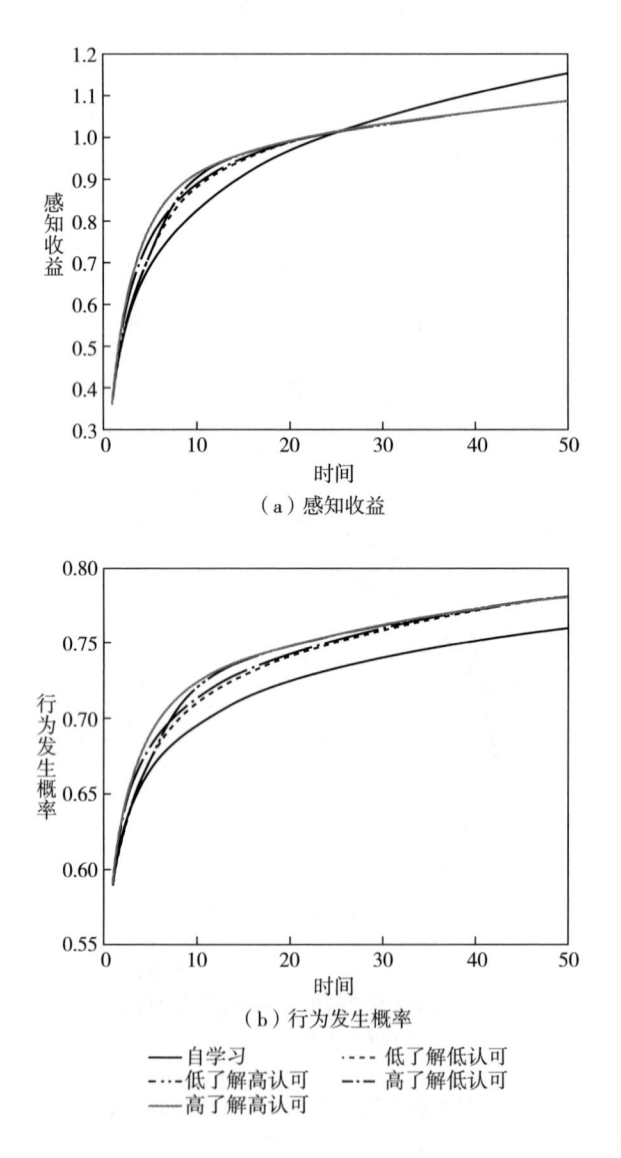

图 7-65　标识壁垒与道德认同交互干预下自我认同型支付行为学习过程

第三节 "共生"视角下群体支付行为响应的仿真

个体的行为决策理论指出，为保证自身利益的最大化，个体往往会在信息缺失的情况下选择和别人相同的行为策略。社会规范的概念也指出，人们为了社会共同生活的需要，在社会互动过程中，会衍生出相习成风、约定俗成的活动准则。根据这些观点，个体是否支付绿色住宅也会受到其他个体的影响。特别是对于房地产市场，常常很容易出现"跟风购买"的热潮。

因此，本书认为绿色住宅支付意愿高或已经支付绿色住宅的个体，在一定的激励条件下，能够带动、影响其他个体的绿色住宅支付意愿及支付行为，进而形成一种良性的"网状化"循环机制，称为"行为共生"。在这一机制中，相互独立的个体由于经济的激励作用，会互相带动并提升群体之间的绿色住宅支付意愿，进而为支付行为的实现打下稳定的基础。要想快速且稳定地实现对绿色住宅的普遍推广，不仅需要居民个体自身支付行为的高响应，也需要高响应居民个体"影响并积极带动"其他个体提升支付行为，我们称为"群体支付行为响应"提升。

根据第七章第一节梳理的现行绿色住宅相关政策，对于居民自发的绿色住宅支付行为，政府在其中起到激励推动的作用，也存在部分省市相关政策措施不完善或无相关政策的情况。在政策的驱动下，每个相关的居民个体间在日常交流或看房过程中都有可能产生联结，从而形成绿色住宅支付意愿及支付行为提升的人际驱动网。

基于此，在居民个体自身显著提升了绿色住宅支付行为响应水平后，本书还将构建一种"行为共生"支付机制，通过提升自身支付行为的"正向影响"与"积极带动"意识，进而能够更为高效地提升居民群体的绿色支付风气（"共生支付"），带动他人共同参与支付、鼓励他人积极支付。协作学习理论也指出，这种多主体相互促进和影响的学习模式，能够促进个体对知识的理解与掌握，进而助推相应积极行为的发生。因此，本小节从演化博弈和学习的视角，探究并仿真在支付行为的过程中居民群体"共生支付"的形成及稳定的规律。

一 共生支付机制构建

"共生"的概念最早是由德国生物学家德贝里于1879年提出的,指的是由于生存的需要,两种或多种生物之间必然按照某种模式互相依存和相互作用地生活在一起,形成共同生存、协同进化的共生关系(王晓雪等,2011)。共生强调了其他个体对自身认知学习的影响,而不仅仅是个体认知的过程。所以协作共生是个体受到其他个体的影响,通过自身之前的认知,形成新的认知和思维模式的过程。

在第五章中,通过对代表性城市居民的大样本调查,证实了群体规范对居民绿色住宅支付意愿同样有正向的影响作用。因此,我们认为居民个体的绿色住宅支付意愿与支付行为也会受到其他个体的影响。根据第七章第一节梳理的现行绿色住宅相关政策,在需求端,绿色住宅支付行为的方式多为政府主导,相关部门宣传并协助干预,以补贴为主要激励手段鼓励居民积极支付并推广的模式。在此过程中,发生直接关系的主体为政府和居民,如图7-66所示,政府通过自上而下"一对多"的方

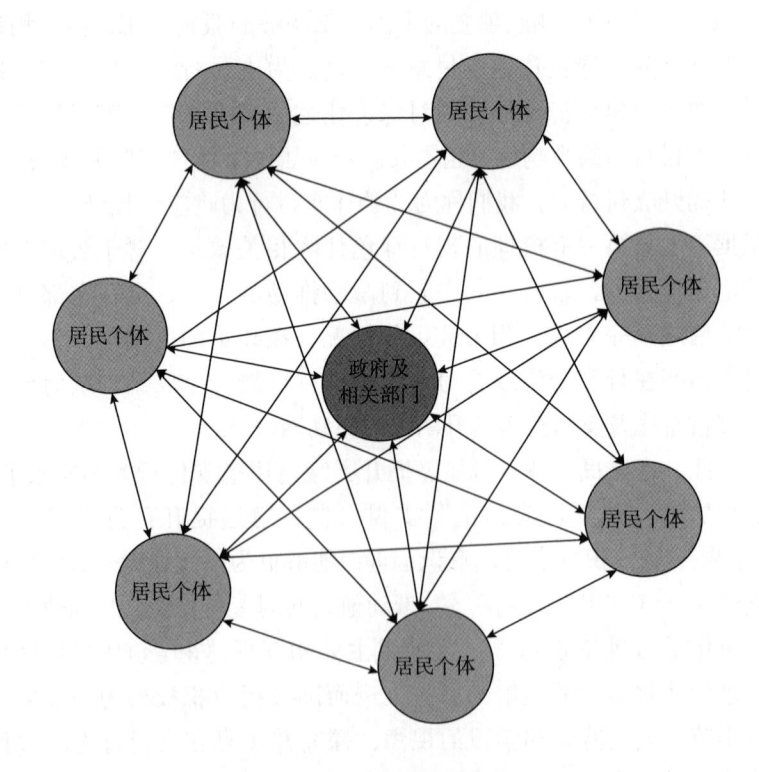

图 7-66 共生支付演化

式进行统一干预，一般来说，居民个体和其他个体之间并无直接联系。可以看出，这种干预方式不仅缺乏针对性，由于过程烦琐，还延长了有关问题的处理时间，新型有效的绿色住宅推广模式亟待开发。

本书拟从演化博弈论的视角，探究在绿色住宅支付的过程中居民个体间共生支付机制形成及稳定的条件。运用演化博弈方法研究群体支付行为响应的主要原因在于，在"共生支付"过程中，个体之间的博弈是一个随机配对、相互学习的重复博弈过程，其策略调整过程可以用复制动态机制来模拟。通过演化博弈分析，可以反映个体在住宅支付过程中的行为演化路径与稳定策略，对于又好又快地实现绿色住宅的需求端推广工作具有一定的参考意义。

综上所述，本书基于对中国个体自我认同型支付行为现实问题的剖析，在共生理论、行为学习理论、社会影响理论、经济人假设理论等的研究基础上，旨在为我国政府构建一个居民个体间绿色住宅"共生支付"的机制，并进一步通过演化博弈分析探讨形成这一机制的稳定与情境条件，以期为建立一个新型、有效的绿色住宅支付干预政策体系，实现绿色住宅稳定化推广提供理论依据。

二 共生支付机制下的研究假设与参数设定

基于博弈论的"局中人"思想，假定"购房的居民个体自身"作为突变小群体，"购房的其他个体"作为大群体，其他人的策略选择由群体中占优的个体百分比来决定。他们的策略选择包括支付绿色住宅和支付普通住宅，策略集为｛支付绿色住宅，支付普通住宅｝。如果突变小群体在混合群体中博弈所得到的收益支付大于原群体中个体所得到的收益支付，那么这个小群体就可以侵入大群体中，并会逐渐影响大群体的策略选择。

当居民个体自身和其他个体均选择支付高能耗高污染普通住宅时，他们都将承担由高能耗高污染普通住宅在建造过程中带来的环境负面总影响。当一方个体选择支付绿色住宅，而另一方选择支付高能耗高污染普通住宅时，支付绿色住宅的一方会获得一定的自身增量居住收益（如节水、节电带来的额外经济收益，健康收益），和产生的所有人可共享的社会公共收益（如环境的改善），并且在有政府激励的情境下获得政府给予支付绿色住宅的个体的补贴；但同时也相应需付出支付绿色住宅的增量成本，因支付绿色住宅而愿意接受短期内绿色住宅功能风险的损值，以及因其他个体选择单独支付普通住宅而产生的所有人须承担的环境负面外部性影响（相对于绿色住宅）；而选择支付普通住宅的居民个体则会受到高能耗普通住宅所带来的健康损失，同时享受到这种通过不协同策略获取环境收益的"搭便车行为"收益。当所有居民个体均选择支付绿色住宅时，他们可以选择"独立支付"或"共生支付"两种方式。其中，当选择独立支付时，他们相应地承担了各自的购置成本（特别是支付绿色住宅的增量成本），也获得各自由绿色住宅带来的经济收益与非经济收益；当居民个体间选择共生支付时，他们除了获得各自的基本经济与非经济收益外，还将获得共同增量居住收益和社会公共收益；在成本方面，居民个体间除需要付出选择支付绿色住宅的成本外，还需付出为达成共生支付所需要的人际交往成本（时间成本、信息成本等）。

以上分析仅是在无外部约束条件下的取决条件，当政府对居民个体及居民群体进行激励时（由第七章第一节对政策的梳理可知，在现行政策中针对居民的只有激励性政策，而无强制性政策），"共生支付"关系的形成与稳定的平衡点是否也将随之改变？基于此，本小节分别讨论在无政府政策情境下的居民个体、居民群体绿色住宅支付策略选择，以及有政府激励政策下居民个体、居民群体的策略选择。综上所述，本演化博弈假设如下：

（1）政府拥有独一无二的规制权，而政府的规制权力则为某些利益团体提高收益提供了可能性；

（2）不同的居民主体在实现自身利益的过程中都是理性的；

（3）居民个体与居民群体选择主动购买绿色住宅对节能减排、资源节约、环境保护是有效的，即支付绿色住宅的净收益值为正；

（4）个体选择支付绿色住宅时对彼此的外部效应影响程度相同；

（5）个体自身和其他个体的"搭便车收益"是相同的。

根据以上个体间共生支付演化博弈的问题描述，将有关参数进行定义，如表7-4所示。

表7-4　　　　　　　　绿色住宅损益变量参数设定

变量	含义
s_1	个体自身选择支付普通住宅所带来的自身基本居住收益
s_2	其他个体选择支付普通住宅所带来的自身基本居住收益

续表

变量	含义
$\Delta s1$	个体自身选择单独支付绿色住宅所带来的自身增量居住收益（如节水、节电带来的额外经济收益）
$\Delta s2$	其他个体选择单独支付绿色住宅所带来的自身增量居住收益（如节水、节电带来的额外经济收益）
$\Delta s0$	个体自身和其他个体选择进行共生支付绿色住宅时，产生的额外增量居住收益（与绿色住宅发展规模成正比，如因购房量的增加而促使绿色建材建造成本降低，居民因此而进一步降低了购置成本，$\Delta s1$、$\Delta s2$、$\Delta s0$ 三者互相独立）
$g1$	个体自身选择单独支付绿色住宅时，产生的所有人可共享的社会公共收益（如环境的改善）
$g2$	其他个体选择单独支付绿色住宅时，产生的所有人可共享的社会公共收益（如环境的改善）
$g0$	个体自身和其他个体选择进行共生支付绿色住宅时，产生的社会公共收益总额（一般认为 $g0>g1+g2$）
d	政府给予支付绿色住宅的个体的补贴
Δe	政府给予积极参与共生支付的个体的额外奖励
$c1$	个体自身选择支付普通住宅的成本（经济成本、时间成本等）
$c2$	其他个体选择支付普通住宅的成本（经济成本、时间成本等）
$\Delta c1$	个体自身选择支付绿色住宅的增量成本
$\Delta c2$	其他个体选择支付绿色住宅的增量成本
a	个体自身和其他个体为达成共生支付所需要的人际交往成本（时间成本、信息成本等）
$f1$	个体自身为支付绿色住宅而愿意接受短期内绿色住宅功能风险的损值
$f2$	其他个体为支付绿色住宅而愿意接受短期内绿色住宅功能风险的损值
$w1$	个体自身选择单独支付普通住宅时，产生的所有人须承担的环境负面影响（相对于绿色住宅）
$w2$	其他个体选择单独支付普通住宅时，产生的所有人须承担的环境负面影响（相对于绿色住宅）
$w0$	个体自身和其他个体均选择支付高能耗高污染普通住宅时，产生的环境负面总影响（一般认为 $w0>w1+w2$）

三 共生支付机制下演化博弈模型分析

在无政府政策情境下，个体自身和其他个体是否采取支付绿色住宅的策略主要取决于增量成本和增量收益。当个体自身和其他个体均选择支付绿色住宅策略时，是否进行"共生支付"取决于达成共生所需要的成本（时间成本、信息成本等）以及因采取共生策略所带来的共同增量居住收益和产生的社会公共收益总额。

有政府激励性政策情境，即政府鼓励个体之间进行绿色住宅相关信息的分享并积极带动其他个体共同支付绿色住宅。对于个体来说，若都采取主动支付绿色住宅的策略，政府将分别对其进行经济补贴并发放因参与共生支付带来的额外奖励；若一方选择支付绿色住宅而另一方选择支付普通住宅，政府将对选择支付绿色住宅的居民个体进行经济补贴。因此，以下将分别讨论在无政府政策情境和有政府激励性政策情境下，个体自身和其他个体进行独立支付和共生支付四种情况。综上所述，个体自身及其他个体演化博弈的支付矩阵如表7-5所示。

表7-5　不同政策情境下个体自身与其他个体演化博弈收益矩阵

情境	个体自身 \ 其他个体	支付绿色住宅 (y)	支付普通住宅 ($1-y$)
情境1：无政策；独立支付	支付绿色住宅 (x)	$s1+\Delta s1+g1+g2-c1-\Delta c1-f1$, $s2+\Delta s2+g1+g2-c2-\Delta c2-f2$	$s1+\Delta s1+g1-c1-\Delta c1-f1-w2$, $s2+g1-c2-w2$
	支付普通住宅 ($1-x$)	$s1+g2-c1-w1$, $s2+\Delta s2+g2-c2-\Delta c2-f2-w1$	$s1-c1-w0$, $s2-c2-w0$
情境2：无政策；共生支付	支付绿色住宅 (x)	$s1+\Delta s1+\Delta s0+g0-c1-\Delta c1-a-f1$, $s2+\Delta s2+\Delta s0+g0-c2-\Delta c2-a-f2$	$s1+\Delta s1+g1-c1-\Delta c1-f1-w2$, $s2+g1-c2-w2$
	支付普通住宅 ($1-x$)	$s1+g2-c1-w1$, $s2+\Delta s2+g2-c2-\Delta c2-f2-w1$	$s1-c1-w0$, $s2-c2-w0$
情境3：激励性政策；独立支付	支付绿色住宅 (x)	$s1+\Delta s1+g1+g2+d-c1-\Delta c1-f1$, $s2+\Delta s2+g1+g2+d-c2-\Delta c2-f2$	$s1+\Delta s1+g1+d-c1-\Delta c1-f1-w2$, $s2+g1-c2-w2$
	支付普通住宅 ($1-x$)	$s1+g2-c1-w1$, $s2+\Delta s2+g2+d-c2-\Delta c2-f2-w1$	$s1-c1-w0$, $s2-c2-w0$

续表

情境	其他个体 / 个体自身	支付绿色住宅 (y)	支付普通住宅 (1-y)
情境4：激励性政策；共生支付	支付绿色住宅 (x)	$s1+\Delta s1+\Delta s0+g0+d+\Delta e-c1-\Delta c1-a-f1$, $s2+\Delta s2+\Delta s0+g0+d+\Delta e-c2-\Delta c2-a-f2$	$s1+\Delta s1+g1+d-c1-\Delta c1-f1-w2$, $s2+g1-c2-w2$
	支付普通住宅 (1-x)	$s1+g2-c1-w1$, $s2+\Delta s2+g2+d-c2-\Delta c2-f2-w1$	$s1-c1-w0$, $s2-c2-w0$

（一）无政策情境下独立支付的演化博弈分析

令个体自身选择支付绿色住宅的概率为 x，则选择支付普通住宅的概率为 $1-x$；其他个体选择支付绿色住宅的概率为 y，则选择支付普通住宅的概率为 $1-y$；且满足约束条件 $0 \leq x, y \leq 1$。

个体自身采取支付绿色住宅策略时的期望收益为：

$$E_D^{G1} = y(s1+\Delta s1+g1+g2-c1-\Delta c1-f1) + (1-y)(s1+\Delta s1+g1-c1-\Delta c1-f1-w2) \tag{7-1}$$

个体自身采取支付普通住宅策略时的期望收益为：

$$E_D^{R1} = y(s1+g2-c1-w1) + (1-y)(s1-c1-w0) \tag{7-2}$$

个体自身以 x 和 $1-x$ 的概率选择支付绿色住宅和支付普通住宅的期望收益为：

$$E(G) = xE_D^{G1} + (1-x)E_D^{R1} \tag{7-3}$$

个体自身的复制动态方程为：

$$F(x) = \frac{dx}{dt} = x[E_D^{G1} - E(G)] = x(1-x)(E_D^{G1} - E_D^{R1})$$
$$= x(1-x)[\Delta s1+g1+w0-\Delta c1-f1-w2+y(w1+w2-w0)] \tag{7-4}$$

其他个体采取支付绿色住宅策略时的期望收益为：

$$E_D^{G2} = x(s2+\Delta s2+g1+g2-c2-\Delta c2-f2) + (1-x)(s2+\Delta s2+g2-c2-\Delta c2-f2-w1) \tag{7-5}$$

其他个体采取支付普通住宅策略时的期望收益为：

$$E_D^{R2} = x(s2+g1-c2-w2) + (1-x)(s2-c2-w0) \tag{7-6}$$

其他个体以 y 和 $1-y$ 的概率选择支付绿色住宅和支付普通住宅的期望

收益为：
$$E(F)=yE_D^{G2}+(1-y)E_D^{R2} \tag{7-7}$$
其他个体的复制动态方程为：
$$F(y)=\frac{dy}{dt}=y[E_D^{G2}-E(F)]=y(1-y)(E_D^{G2}-E_D^{R2})$$
$$=y(1-y)[\Delta s2+g2+w0-\Delta c2-f2-w1+x(w1+w2-w0)] \tag{7-8}$$
综上所述，本系统的复制动态方程为：
$$\begin{cases} \dfrac{dx}{dt}=x[E_D^{G1}-E(G)]=x(1-x)(E_D^{G1}-E_D^{R1}) \\ \quad =x(1-x)[\Delta s1+g1+w0-\Delta c1-f1-w2+y(w1+w2-w0)] \\ \dfrac{dy}{dt}=y[E_D^{G2}-E(F)]=y(1-y)(E_D^{G2}-E_D^{R2}) \\ \quad =y(1-y)[\Delta s2+g2+w0-\Delta c2-f2-w1+x(w1+w2-w0)] \end{cases} \tag{7-9}$$

进一步地，可以得出无政策情境下个体选择独立支付住宅的演化的动态复制相位图，如图 7-67 所示：个体本身和其他个体博弈的五个局部均衡点，分别是 $(0,0)$，$(1,0)$，$(1,1)$，$(0,1)$，(x^*,y^*)。

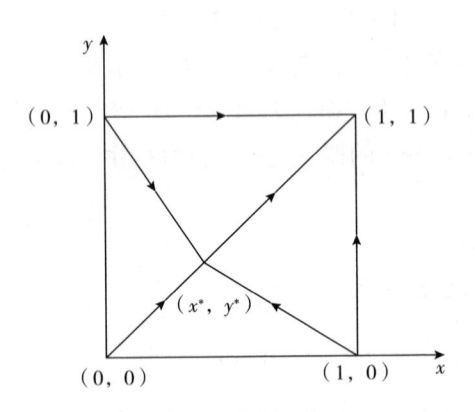

图 7-67 无政策情境下个体选择独立支付住宅的演化博弈相位图

随后，计算相应的雅克比矩阵。当雅克比矩阵的特征值均为负实数时，则其相应的均衡点为稳定点，表 7-6 为该博弈模型的演化稳定性分析结果。

表 7-6　无政策情境下独立支付的演化博弈局部均衡点稳定性分析

均衡点 (x, y)	特征值 1 表达式	符号	特征值 2 表达式	符号	分析结果
(0, 0)	$g1-f1-\Delta c1+\Delta s1+w0-w2$	+	$g2-f2-\Delta c2+\Delta s2+w0-w1$	+	不稳定点
(1, 0)	$g2-f2-\Delta c2+\Delta s2+w2$	+	$\Delta c1+f1+g1-\Delta s1-w0-w2$	-	不稳定点
(0, 1)	$g1-f1-\Delta c1+\Delta s1+w1$	+	$\Delta c2+f2-g2-\Delta s2-w0+w1$	-	不稳定点
(1, 1)	$\Delta c1+f1-g1-\Delta s1-w1$	-	$\Delta c2+f2-g2-\Delta s2-w2$	-	ESS 点

注：ESS（evolutionarily stable strategy）判定规则为当特征值均为负实数时，对应均衡点为 ESS 点。前提条件：$g1+\Delta s1>\Delta c1+f1-w1$；$g2+\Delta s2>\Delta c2+f2-w2$。

根据 Friedman（1998）提出的方法，五个局部均衡点中，当 $g1+\Delta s1>\Delta c1+f1-w1$，$g2+\Delta s2>\Delta c2+f2-w2$ 时，演化稳定策略为（1，1）的演化稳态是目前无政策情境下居民独立支付演化机制下的一种长期稳定状态，即在无政策干预且单独支付情境下，个体自身和其他个体的稳定策略均为选择支付绿色住宅。

（二）无政策情境下共生支付的演化博弈分析

同理，令个体自身选择支付绿色住宅的概率为 x，则选择支付普通住宅的概率为 $1-x$；其他个体选择支付绿色住宅的概率为 y，则选择支付普通住宅的概率为 $1-y$；且满足约束条件 $0\leqslant x, y\leqslant 1$。

个体自身采取支付绿色住宅策略时的期望收益为：

$$E_G^{G1}=y(s1+\Delta s1+\Delta s0+g0-c1-\Delta c1-a-f1)+ \\ (1-y)(s1+\Delta s1+g1-c1-\Delta c1-f1-w2) \quad (7-10)$$

个体自身采取支付普通住宅策略时的期望收益为：

$$E_G^{R1}=y(s1+g2-c1-w1)+(1-y)(s1-c1-w0) \quad (7-11)$$

个体自身以 x 和 $1-x$ 的概率选择支付绿色住宅和支付普通住宅的期望收益为：

$$E(G)=xE_G^{G1}+(1-x)E_G^{R1} \quad (7-12)$$

个体自身的复制动态方程为：

$$F(x) = \frac{dx}{dt} = x[E_G^{G1} - E(G)] = x(1-x)(E_G^{G1} - E_G^{R1})$$
$$= x(1-x)[\Delta s1 + g1 + w0 - \Delta c1 - f1 - w2 +$$
$$y(\Delta s0 + g0 + w1 + w2 - w0 - g1 - g2 - a)] \tag{7-13}$$

其他个体采取支付绿色住宅策略时的期望收益为：
$$E_G^{G2} = x(s2 + \Delta s2 + \Delta s0 + g0 - c2 - \Delta c2 - a - f2) +$$
$$(1-x)(s2 + \Delta s2 + g2 - c2 - \Delta c2 - f2 - w1) \tag{7-14}$$

其他个体采取支付普通住宅策略时的期望收益为：
$$E_G^{R2} = x(s2 + g1 - c2 - w2) + (1-x)(s2 - c2 - w0) \tag{7-15}$$

其他个体以 y 和 $1-y$ 的概率选择支付绿色住宅和支付普通住宅的期望收益为：
$$E(F) = yE_G^{G2} + (1-y)E_G^{R2} \tag{7-16}$$

其他个体的复制动态方程为：
$$F(y) = \frac{dy}{dt} = y[E_G^{G2} - E(F)] = y(1-y)(E_G^{G2} - E_G^{R2})$$
$$= y(1-y)[\Delta s2 + g2 + w0 - \Delta c2 - f2 - w1 +$$
$$x(\Delta s0 + g0 + w1 + w2 - w0 - g2 - g1 - a)] \tag{7-17}$$

综上所述，本系统的复制动态方程为：
$$\begin{cases} \frac{dx}{dt} = x[E_G^{G1} - E(G)] = x(1-x)(E_G^{G1} - E_G^{R1}) \\ \quad = x(1-x)[\Delta s1 + g1 + w0 - \Delta c1 - f1 - w2 + \\ \quad\quad y(\Delta s0 + g0 + w1 + w2 - w0 - g1 - g2 - a)] \\ \frac{dy}{dt} = y[E_G^{G2} - E(F)] = y(1-y)(E_G^{G2} - E_G^{R2}) \\ \quad = y(1-y)[\Delta s2 + g2 + w0 - \Delta c2 - f2 - w1 + \\ \quad\quad x(\Delta s0 + g0 + w1 + w2 - w0 - g2 - g1 - a)] \end{cases} \tag{7-18}$$

进一步地，可以得出无政策情境下个体间选择共生支付住宅的演化的动态复制相位图，如图 7-68 所示：个体本身和其他个体博弈的五个局部均衡点，分别是 $(0,0)$，$(1,0)$，$(1,1)$，$(0,1)$，(x^*, y^*)。

随后，计算相应的雅克比矩阵。当雅克比矩阵的特征值均为负实数时，则其相应的均衡点为稳定点，表 7-7 为该博弈模型的演化稳定性分析结果。

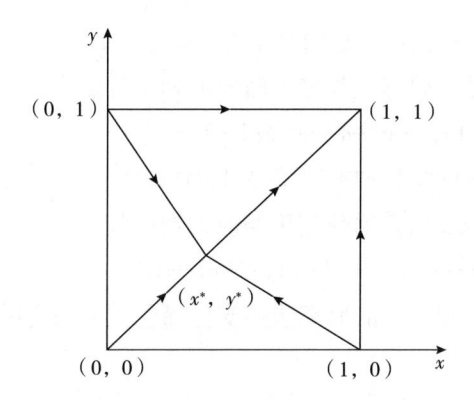

图7-68 无政策情境下个体间选择共生支付的演化博弈相位图

表7-7 无政策情境下共生支付的演化博弈局部均衡点稳定性分析

均衡点 (x, y)	特征值1 表达式	符号	特征值2 表达式	符号	分析结果
(0, 0)	$g_1-f_1-\Delta c_1+\Delta s_1+w_0-w_2$	+	$g_2-f_2-\Delta c_2+\Delta s_2+w_0-w_1$	+	不稳定点
(1, 0)	$g_0-\Delta c_2-f_2-a-g_1+\Delta s_0+\Delta s_2+w_2$	+	$\Delta c_1+f_1-g_1-\Delta s_1-w_0+w_2$	−	不稳定点
(0, 1)	$g_0-\Delta c_1-f_1-a-g_2+\Delta s_0+\Delta s_1+w_1$	+	$\Delta c_2+f_2-g_2-\Delta s_2-w_0+w_1$	−	不稳定点
(1, 1)	$a+\Delta c_1+f_1-g_0+g_2-\Delta s_0-\Delta s_1-w_1$	−	$a+\Delta c_2+f_2-g_0+g_1-\Delta s_0-\Delta s_2-w_2$	−	ESS点

注：ESS（evolutionarily stable strategy）判定规则为当特征值均为负实数时，对应均衡点为ESS点。前提条件：$g_0-g_2+\Delta s_0+\Delta s_1>\Delta c_1+f_1+a-w_1$，$g_0-g_1+\Delta s_0+\Delta s_2>\Delta c_2+f_1+a-w_2$。

根据Friedman（1998）提出的方法，五个局部均衡点中，当$g_0-g_2+\Delta s_0+\Delta s_1>\Delta c_1+f_1+a-w_1$，$g_0-g_1+\Delta s_0+\Delta s_2>\Delta c_2+f_1+a-w_2$时，演化稳定策略为（1，1）的演化稳态是目前无政策情境下居民间共生支付演化机制下的一种长期稳定状态，即在无政策干预情境下，个体自身和其他个体的稳定策略均为选择共生支付绿色住宅。

（三）激励性政策情境下独立支付的演化博弈分析

同理，令个体自身选择支付绿色住宅的概率为x，则选择支付普通住宅的概率为$1-x$；其他个体选择支付绿色住宅的概率为y，则选择支付普

通住宅的概率为 $1-y$；且满足约束条件 $0 \leq x, y \leq 1$。

个体自身采取支付绿色住宅策略时的期望收益为：

$$E_D^{G3} = y(s1+\Delta s1+g1+g2+d-c1-\Delta c1-f1) + (1-y)(s1+\Delta s1+g1+d-c1-\Delta c1-f1-w2) \tag{7-19}$$

个体自身采取支付普通住宅策略时的期望收益为：

$$E_D^{R3} = y(s1+g2-c1-w1)+(1-y)(s1-c1-w0) \tag{7-20}$$

个体自身以 x 和 $1-x$ 的概率选择支付绿色住宅和支付普通住宅的期望收益为：

$$E(G) = xE_D^{G3}+(1-x)E_D^{R3} \tag{7-21}$$

个体自身的复制动态方程为：

$$F(x) = \frac{dx}{dt} = x[E_D^{G3}-E(G)] = x(1-x)(E_D^{G3}-E_D^{R3})$$
$$= x(1-x)[\Delta s1+g1+d+w0-\Delta c1-f1-w2+y(w1+w2-w0)] \tag{7-22}$$

其他个体采取支付绿色住宅策略时的期望收益为：

$$E_D^{G3} = x(s2+\Delta s2+g1+g2+d-c2-\Delta c2-f2) + (1-x)(s2+\Delta s2+g2+d-c2-\Delta c2-f2-w1) \tag{7-23}$$

其他个体采取支付普通住宅策略时的期望收益为：

$$E_D^{R3} = x(s2+g1-c2-w2)+(1-x)(s2-c2-w0) \tag{7-24}$$

其他个体以 y 和 $1-y$ 的概率选择支付绿色住宅和支付普通住宅的期望收益为：

$$E(F) = yE_D^{G3}+(1-y)E_D^{R3} \tag{7-25}$$

其他个体的复制动态方程为：

$$F(y) = \frac{dy}{dt} = y[E_D^{G3}-E(F)] = y(1-y)(E_D^{G3}-E_D^{R3})$$
$$= y(1-y)[\Delta s2+g2+d+w0-\Delta c2-f2-w1+x(w1+w2-w0)] \tag{7-26}$$

综上所述，本系统的复制动态方程为：

$$\begin{cases} \dfrac{dx}{dt} = x[E_D^{G3}-E(G)] = x(1-x)(E_D^{G3}-E_D^{R3}) \\ \qquad = x(1-x)[\Delta s1+g1+d+w0-\Delta c1-f1-w2+y(w1+w2-w0)] \\ \dfrac{dy}{dt} = y[E_D^{G3}-E(F)] = y(1-y)(E_D^{G3}-E_D^{R3}) \\ \qquad = y(1-y)[\Delta s2+g2+d+w0-\Delta c2-f2-w1+x(w1+w2-w0)] \end{cases} \tag{7-27}$$

进一步地，可以得出激励性政策情境下个体选择独立支付住宅的演化的动态复制相位图，如图 7-69 所示：个体本身和其他个体博弈的五个局部均衡点，分别是 (0, 0)，(1, 0)，(1, 1)，(0, 1)，(x^*, y^*)。

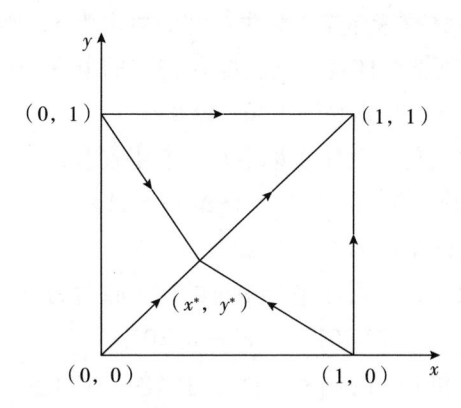

图 7-69　无政策情境下个体间选择共生支付住宅的演化博弈相位图

随后，计算相应的雅克比矩阵。当雅克比矩阵的特征值均为负实数时，则其相应的均衡点为稳定点，表 7-8 为该博弈模型的演化稳定性分析结果。

表 7-8　激励性政策情境下独立支付的演化博弈局部均衡点稳定性分析

均衡点 (x, y)	特征值 1 表达式	符号	特征值 2 表达式	符号	分析结果
(0, 0)	$d-\Delta c1-f1+g1+\Delta s1+w0-w2$	+	$d-\Delta c2-f2+g2+\Delta s2+w0-w1$	+	不稳定点
(1, 0)	$d-\Delta c2-f2+g2+\Delta s2+w2$	+	$\Delta c1-d+f1-g1-\Delta s1-w0+w2$	−	不稳定点
(0, 1)	$d-\Delta c1-f1+g1+\Delta s1+w1$	+	$\Delta c2-d+f2-g2-\Delta s2-w0+w1$	−	不稳定点
(1, 1)	$\Delta c1-d+f1-g1-\Delta s1-w1$	−	$\Delta c2-d+f2-g2-\Delta s2-w2$	−	ESS 点

注：ESS（evolutionarily stable strategy）判定规则为当特征值均为负实数时，对应均衡点为 ESS 点。前提条件：$g1+\Delta s1+d>\Delta c1+f1-w1$，$g2+\Delta s2+d>\Delta c2+f2-w2$。

根据 Friedman（1998）提出的方法，五个局部均衡点中，当 $g1+\Delta s1+d>\Delta c1+f1-w1$，$g2+\Delta s2+d>\Delta c2+f2-w2$ 时，演化稳定策略为 (1, 1) 的演化稳态是目前激励性政策情境下居民个体选择独立支付演化机制下的一种长期稳定状态,即在激励性政策干预情境下,个体自身和其他个体的稳定策略均为选择独立支付绿色住宅。

(四)激励性政策情境下共生支付的演化博弈分析

同理,令个体自身选择支付绿色住宅的概率为 x,则选择支付普通住宅的概率为 $1-x$;其他个体选择支付绿色住宅的概率为 y,则选择支付普通住宅的概率为 $1-y$;且满足约束条件 $0 \leqslant x, y \leqslant 1$。

个体自身采取支付绿色住宅策略时的期望收益为:

$$E_G^{G4}=y(s1+\Delta s1+\Delta s0+g0+d+\Delta e-c1-\Delta c1-a-f1)+ \\ (1-y)(s1+\Delta s1+g1+d-c1-\Delta c1-f1-w2) \tag{7-28}$$

个体自身采取支付普通住宅策略时的期望收益为:

$$E_G^{R4}=y(s1+g2-c1-w1)+(1-y)(s1-c1-w0) \tag{7-29}$$

个体自身以 x 和 $1-x$ 的概率选择支付绿色住宅和支付普通住宅的期望收益为:

$$E(G)=xE_G^{G4}+(1-x)E_G^{R4} \tag{7-30}$$

个体自身的复制动态方程为:

$$F(x)=\frac{dx}{dt}=x[E_G^{G4}-E(G)]=x(1-x)(E_G^{G4}-E_G^{R4}) \\ =x(1-x)[\Delta s1+g1+d+w0-\Delta c1-f1-w2+ \\ y(\Delta s0+g0+\Delta e+w1+w2-w0-a-g1-g2)] \tag{7-31}$$

其他个体采取支付绿色住宅策略时的期望收益为:

$$E_G^{G4}=x(s2+\Delta s2+\Delta s0+g0+d+\Delta e-c2-\Delta c2-a-f2)+ \\ (1-x)(s2+\Delta s2+g2+d-c2-\Delta c2-f2-w1) \tag{7-32}$$

其他个体采取支付普通住宅策略时的期望收益为:

$$E_G^{R4}=x(s2+g1-c2-w2)+(1-x)(s2-c2-w0) \tag{7-33}$$

其他个体以 y 和 $1-y$ 的概率选择支付绿色住宅和支付普通住宅的期望收益为:

$$E(F)=yE_G^{G4}+(1-y)E_G^{R4} \tag{7-34}$$

其他个体的复制动态方程为:

$$F(y)=\frac{dy}{dt}=y[E_G^{G4}-E(F)]=y(1-y)(E_G^{G4}-E_G^{R4}) \\ =y(1-y)[\Delta s2+g2+d+w0-\Delta c2-f2-w1+ \\ x(\Delta s0+g0+\Delta e+w1+w2-w0-a-g2-g1)] \tag{7-35}$$

第七章　城市居民绿色住宅支付行为响应的演化仿真 / 391

综上所述，本系统的复制动态方程为：

$$\begin{cases} \dfrac{dx}{dt}=x[E_G^{G4}-E(G)]=x(1-x)(E_G^{G4}-E_G^{R4}) \\ \qquad =x(1-x)[\Delta s1+g1+d+w0-\Delta c1-f1-w2+ \\ \qquad \qquad y(\Delta s0+g0+\Delta e+w1+w2-w0-a-g1-g2)] \\ \dfrac{dy}{dt}=y[E_G^{G4}-E(F)]=y(1-y)(E_G^{G4}-E_G^{R4}) \\ \qquad =y(1-y)[\Delta s2+g2+d+w0-\Delta c2-f2-w1+ \\ \qquad \qquad x(\Delta s0+g0+\Delta e+w1+w2-w0-a-g2-g1)] \end{cases} \quad (7-36)$$

进一步地，可以得出激励性政策情境下个体间选择共生支付住宅的演化的动态复制相位图，如图7-70所示：个体本身和其他个体博弈的五个局部均衡点，分别是 $(0,0)$，$(1,0)$，$(1,1)$，$(0,1)$，(x^*,y^*)。

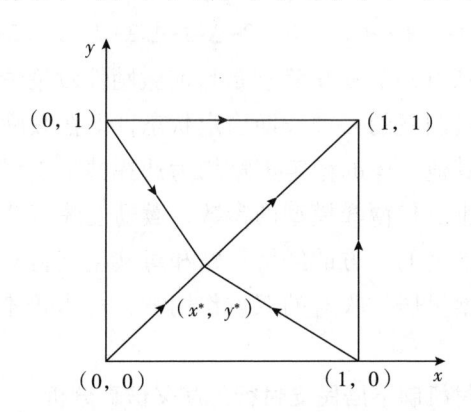

图 7-70　无政策情境下个体间选择共生支付住宅的演化博弈相位图

随后，计算相应的雅克比矩阵。当雅克比矩阵的特征值均为负实数时，则其相应的均衡点为稳定点，表7-9为该博弈模型的演化稳定性分析结果。

表 7-9　激励政策情境下共生支付的演化博弈局部均衡点稳定性分析

均衡点 (x, y)	特征值1 表达式	符号	特征值2 表达式	符号	分析结果
$(0, 0)$	$d-\Delta c1-f1+g1+\Delta s1+w0-w2$	+	$d-\Delta c2-f2+g2+\Delta s2+w0-w1$	+	不稳定点

续表

均衡点 (x, y)	特征值1 表达式	符号	特征值2 表达式	符号	分析结果
(1, 0)	$d-\Delta c2-a+\Delta e-f2+g0-g1+\Delta s0+\Delta s2+w2$	+	$\Delta c1-d+f1-g1-\Delta s1-w0+w2$	−	不稳定点
(0, 1)	$d-\Delta c1-a+\Delta e-f1+g0-g2+\Delta s0+\Delta s1+w1$	+	$\Delta c2-d+f2-g2-\Delta s2-w0+w1$	−	不稳定点
(1, 1)	$a+\Delta c1-d-\Delta e+f1-g0+g2-\Delta s0-\Delta s1-w1$	−	$a+\Delta c2-d-\Delta e+f2-g0+g1-\Delta s0-\Delta s2-w2$	−	ESS 点

注：ESS（evolutionarily stable strategy）判定规则为当特征值均为负实数时，对应均衡点为 ESS 点。前提条件：$g0-g2+\Delta s0+\Delta s1+d+e>\Delta c1+f1+a-w1$，$g0-g2+\Delta s0+\Delta s2+d+e>\Delta c2+f2+a-w2$。

根据 Friedman（1998）提出的方法，五个局部均衡点中，当 $g0-g2+\Delta s0+\Delta s1+d+e>\Delta c1+f1+a-w1$，$g0-g2+\Delta s0+\Delta s2+d+e>\Delta c2+f2+a-w2$ 时，演化稳定策略为（1，1）的演化稳态是目前激励性政策情境下居民个体选择共生支付演化机制下的一种长期稳定状态，即在激励性政策干预情境下，个体自身和其他个体的稳定策略均为选择共生支付绿色住宅。相比无政策情境下共生支付博弈模型的参数，激励性政策情境下新增了政府对积极支付绿色住宅的一方的经济补贴和对共生支付双方的奖励，且在共生支付收益和增量居住收益的双重作用下，个体间才具有意愿达成共生支付模式。

四 共生支付机制下居民支付行为演化仿真分析

为了更为直观地验证不同政策情境下居民行为策略的演化稳定性，本章节采用 Matlab（R2017b）系统仿真工具，对复制动态模型中的基本参数进行赋值，模拟博弈系统从初始状态向演化稳定状态的动态轨迹，直观展现个体自身、其他个体行为策略的动态演化过程及关键参数的影响效果。

在分析一个参数对博弈系统的影响效果时，基于一般性分析，在0—1的取值区间内，0—0.2 属于低水平，0.2—0.4 属于中低水平，0.4—0.6 属于中等水平，0.6—0.8 属于中高水平，0.8—1 属于高水平。因此各博弈主体的初始策略倾向被设置为中等水平（$x=0.5$，$y=0.5$），即各博弈主体在初始状态为策略中性。表7-10 为参数的标准初始值。

表 7-10　　　　　　　参数的标准初始值设定

参数	初始值	参数	初始值
c_1	1	g_2	0.05
c_2	1	g_0	0.2
Δc_1	0.08	d	0.003
Δc_2	0.08	Δe	0.002
s_1	1.5	a	0.004
s_2	1.5	f_1	0.001
Δs_1	0.3	f_2	0.001
Δs_2	0.3	w_1	0.04
Δs_0	0.1	w_2	0.04
g_1	0.05	w_0	0.1

以上参数具有相同的量级，其取值需要满足模型设定和现实真实情境的双重要求。此外，博弈系统的演化时间只是时间的一种表示方式，与现实时间无关。

图 7-71 展示了在无政策情境下居民个体选择独立支付策略时随机生成的五组初始策略组合，证实个体对绿色住宅的主观偏好不影响系统演化，内在原因是客观收益的影响足够大，盖过了主观偏好。

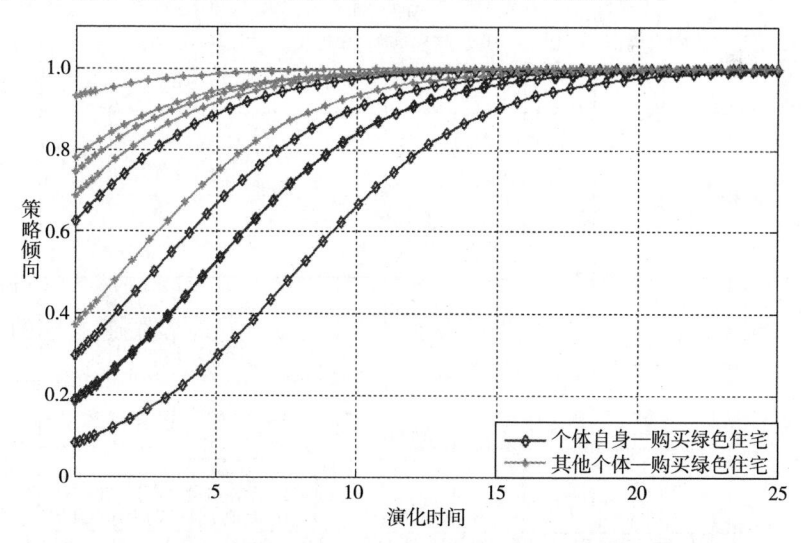

图 7-71　无政策情境下居民个体选择独立支付策略的演化博弈仿真

从图 7-72（a）可以看出，在无政策激励情境下，居民个体间均选择共生支付策略后，系统很快演化到稳定状态。进一步地，对关键参数社交成本（a，包括经济成本及非经济成本）进行敏感度分析，从图 7-72（b）可以看出，a 在 0.002—0.01 区间均匀取值，a 越小，演化轨迹越高，演化速度越快。这表明，居民个体间选择共生支付策略所花费的社交成本越低，其演化到稳定状态的速度也就越快，越有利于共生购买的快速形成。

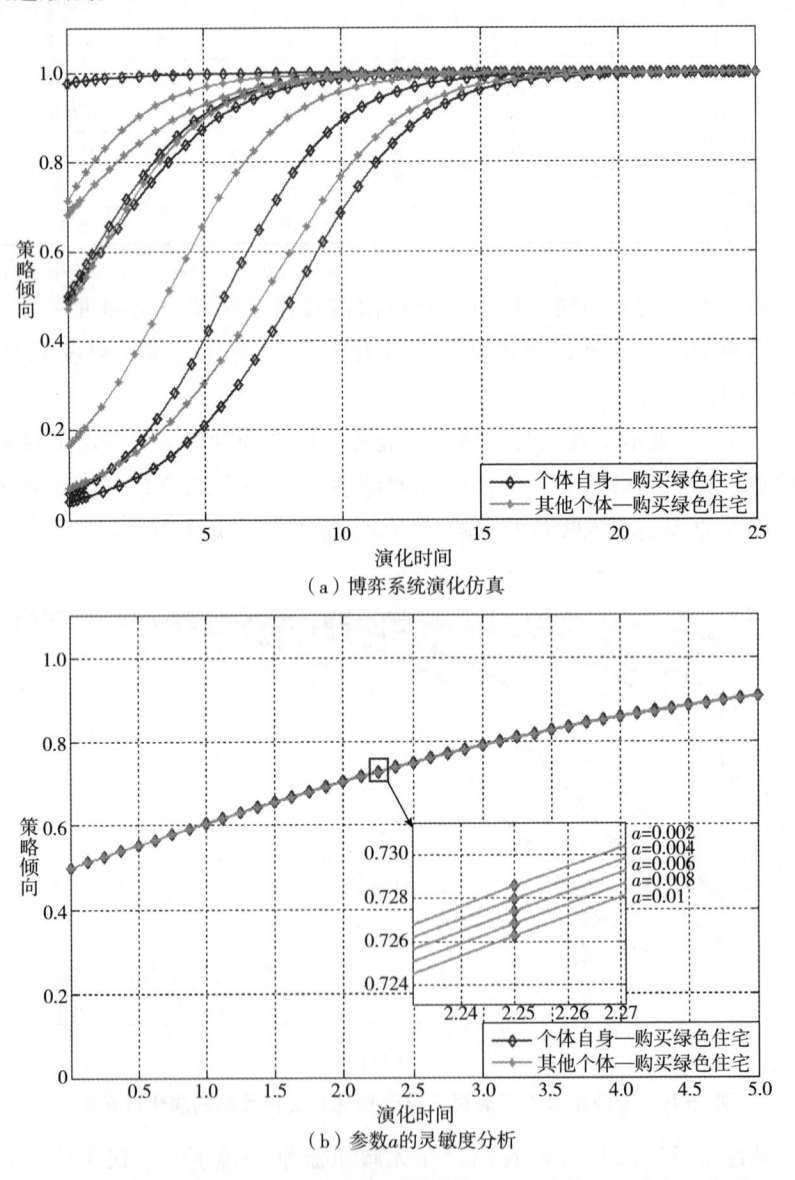

（a）博弈系统演化仿真

（b）参数 a 的灵敏度分析

图 7-72 无政策情境下居民个体间选择共生支付策略的演化博弈仿真

第七章 城市居民绿色住宅支付行为响应的演化仿真 / 395

从图 7-73（a）可以看出，在有政策激励情境下，居民个体间均选择独立支付策略后，系统很快演化到稳定状态，且演化速度要远快于无政策干预情境。进一步地，对关键参数政府给予支付绿色住宅个体的补贴（d）进行敏感度分析，从图 7-73（b）可以看出，d 在 0.001—0.009 区间均匀取值，d 越大，演化轨迹越高，演化速度越快。这表明，政府补贴越高，其演化到稳定状态的速度也就越快。

（a）博弈系统演化仿真图

（b）参数 d 的灵敏度分析

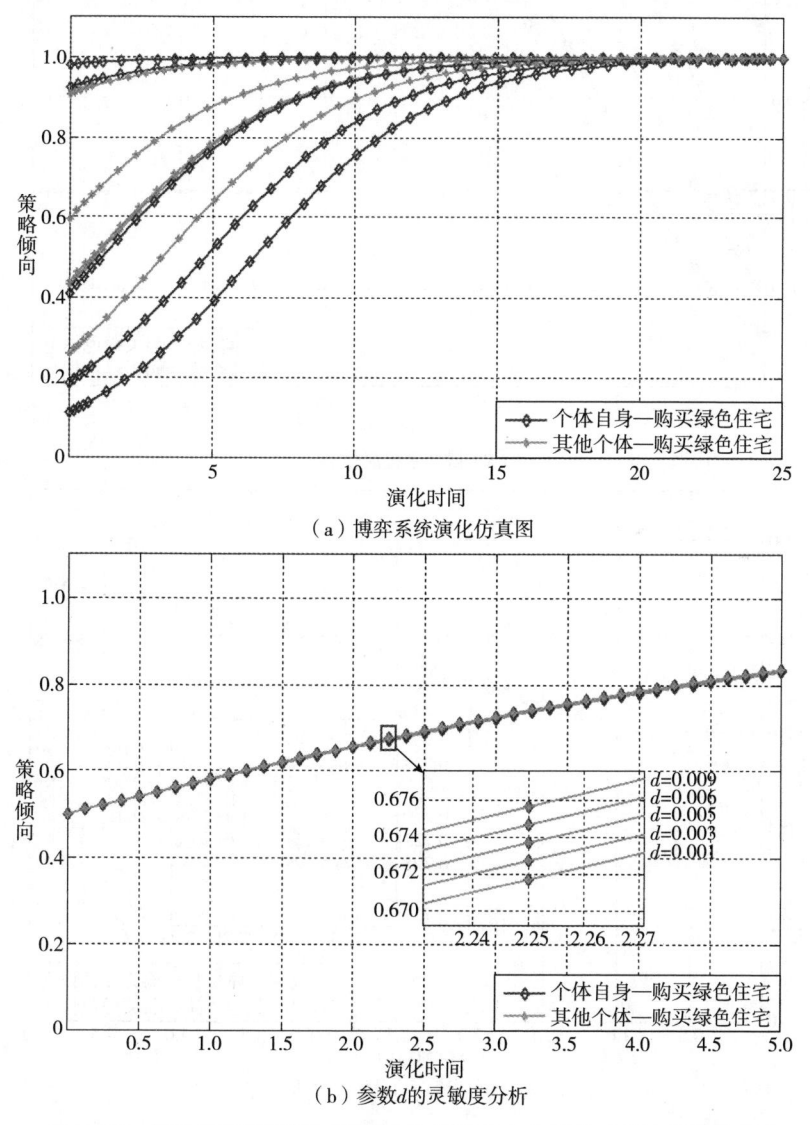

图 7-73　激励性政策情境下居民个体选择独立支付策略的演化博弈仿真

396 / 城市居民绿色住宅支付响应的机理、测度及助推策略

从图 7-74（a）可以看出，在有政策激励情境下，居民个体间均选择共生支付策略后，系统很快演化到稳定状态，且演化速度要远快于无

（a）博弈系统演化仿真

（b）参数 a 的灵敏度分析

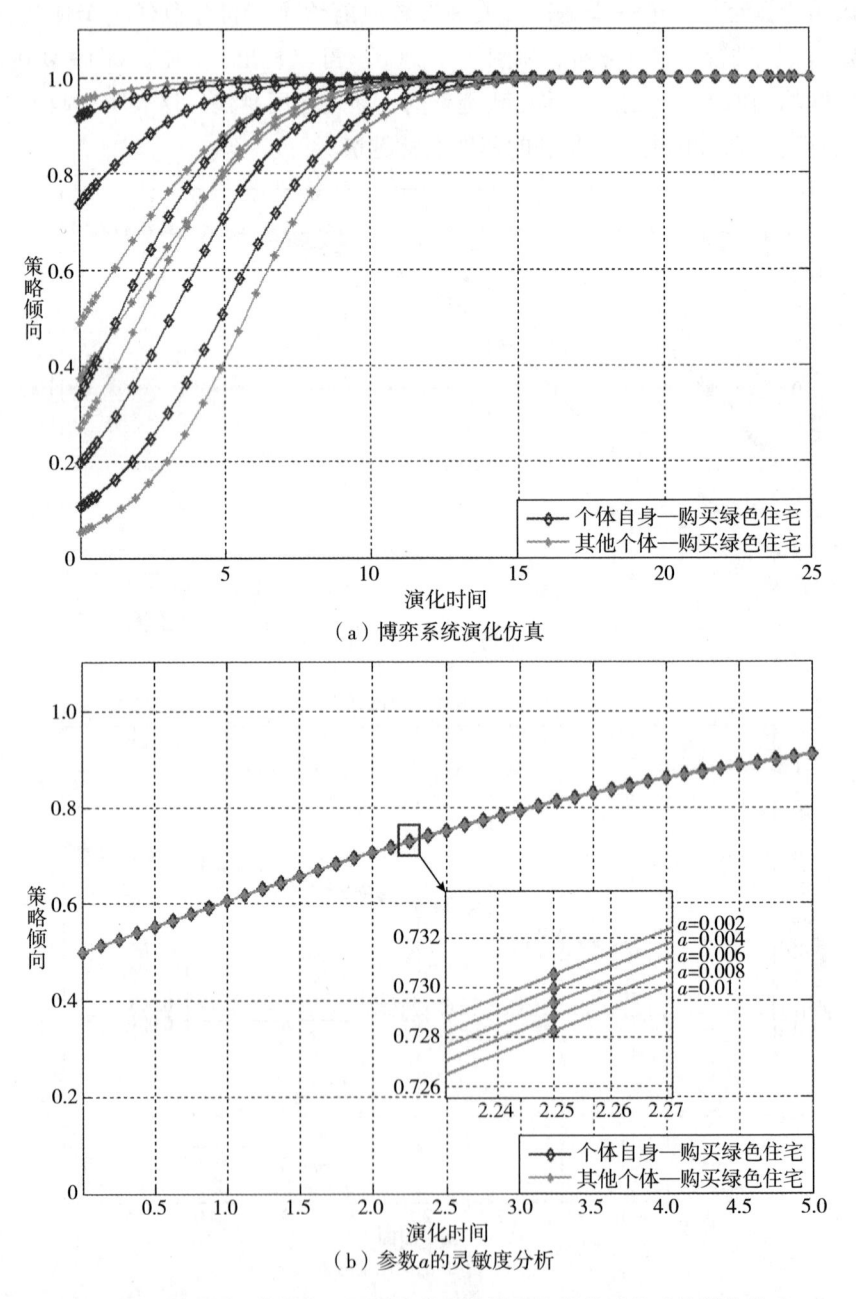

图 7-74　激励性政策情境下居民个体选择共生支付策略的演化博弈仿真

第七章 城市居民绿色住宅支付行为响应的演化仿真 / 397

(c) 参数 d 的灵敏度分析

(d) 参数 Δe 的灵敏度分析

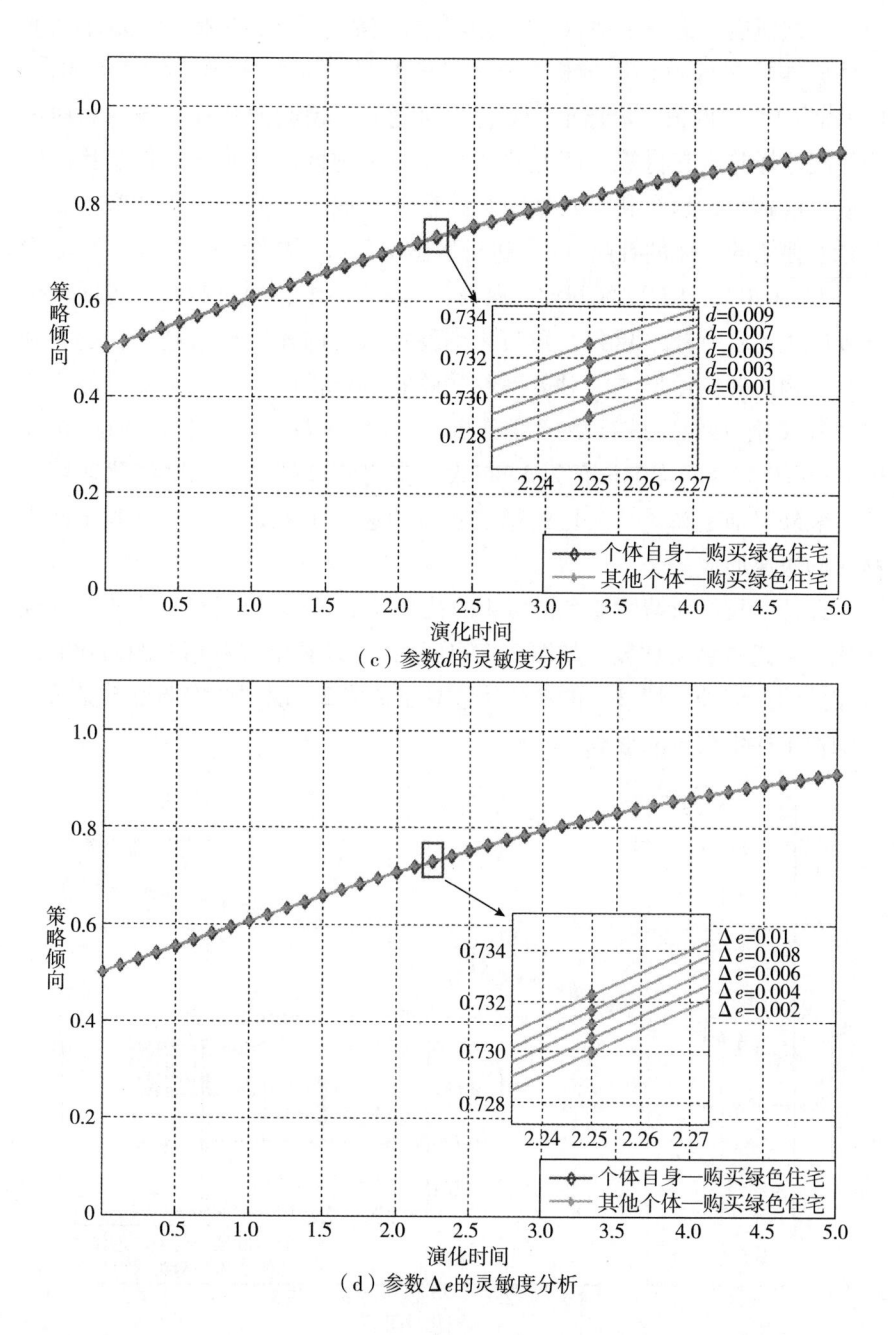

图 7-74 激励性政策情境下居民个体选择共生支付策略的演化博弈仿真（续）

政策干预情境。进一步地,对关键参数社交成本(a,包括经济成本及非经济成本)进行敏感度分析,从图7-74(b)可以看出,a在0.002—0.01区间均匀取值,a越小,演化轨迹越高,说明演化速度越快。居民个体间选择共生支付策略所花费的社交成本越低,其演化到稳定状态的速度也就越快,越有利于共生购买的快速形成。对关键参数政府给予支付绿色住宅的个体的补贴(d)进行敏感度分析,从图7-74(c)可以看出,d在0.001-0.009区间均匀取值,d越大,演化轨迹越高,说明演化速度越快。政府补贴越高,其演化到稳定状态的速度也就越快,越有利于共生购买的快速形成。对关键参数政府给予积极参与共生支付的个体的额外奖励(Δe)进行敏感度分析,从图7-74(d)可以看出,d在0.01—0.002区间均匀取值,Δe越大,演化轨迹越高,说明演化速度越快。额外奖励越高,其演化到稳定状态的速度也就越快,越有利于共生购买的快速形成。

此外,我们对情境2和情境4的社交成本(a,包括经济成本及非经济成本)进行纵向比较,如图7-75所示,可以看出,在相同的演化时间和相同的a值处,情境4的演化轨迹高于情境2,说明政府激励政策进一步加快了共生支付的形成。

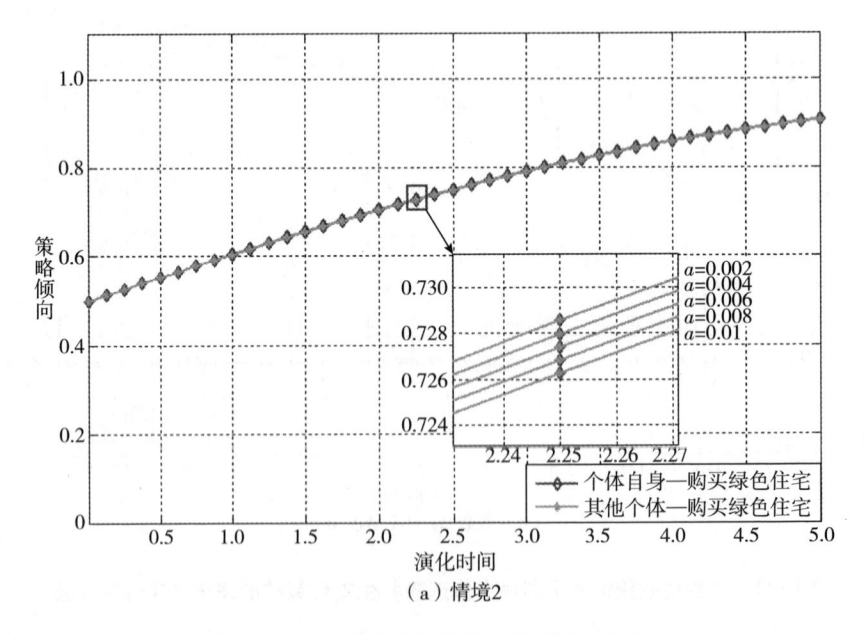

图 7-75 不同情境下参数 a 的灵敏度分析

(b) 情境4

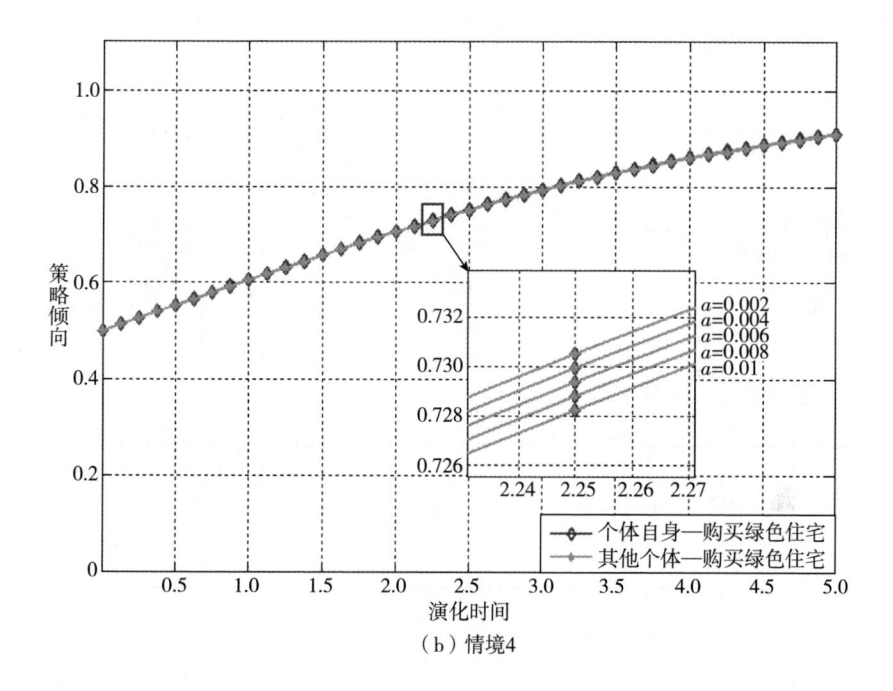

图 7-75 不同情境下参数 a 的灵敏度分析（续）

此外，我们对情境 2 和情境 4 的政府给予支付绿色住宅的个体的补贴（d）进行纵向比较，如图 7-76 所示，结果表明，在相同的演化时间和相同的 d 值处，情境 4 的演化轨迹高于情境 2，说明政府激励政策进一步加快了共生支付的形成。

总体来看，人不是独立的个体，而是在复杂的社会中生活，因此必然少不了受到社会各方面和周围环境的影响（Westaby et al., 2016）。同样地，人还可以主动地去影响他人。但现实情况是，往往主动影响其他人会付出一定的代价，如人际关系的隔阂、无法适应群体规范而遭受排斥等。因此，在绿色住宅共生支付行为机制的实施过程中，干预这些社交成本是非常有必要的。

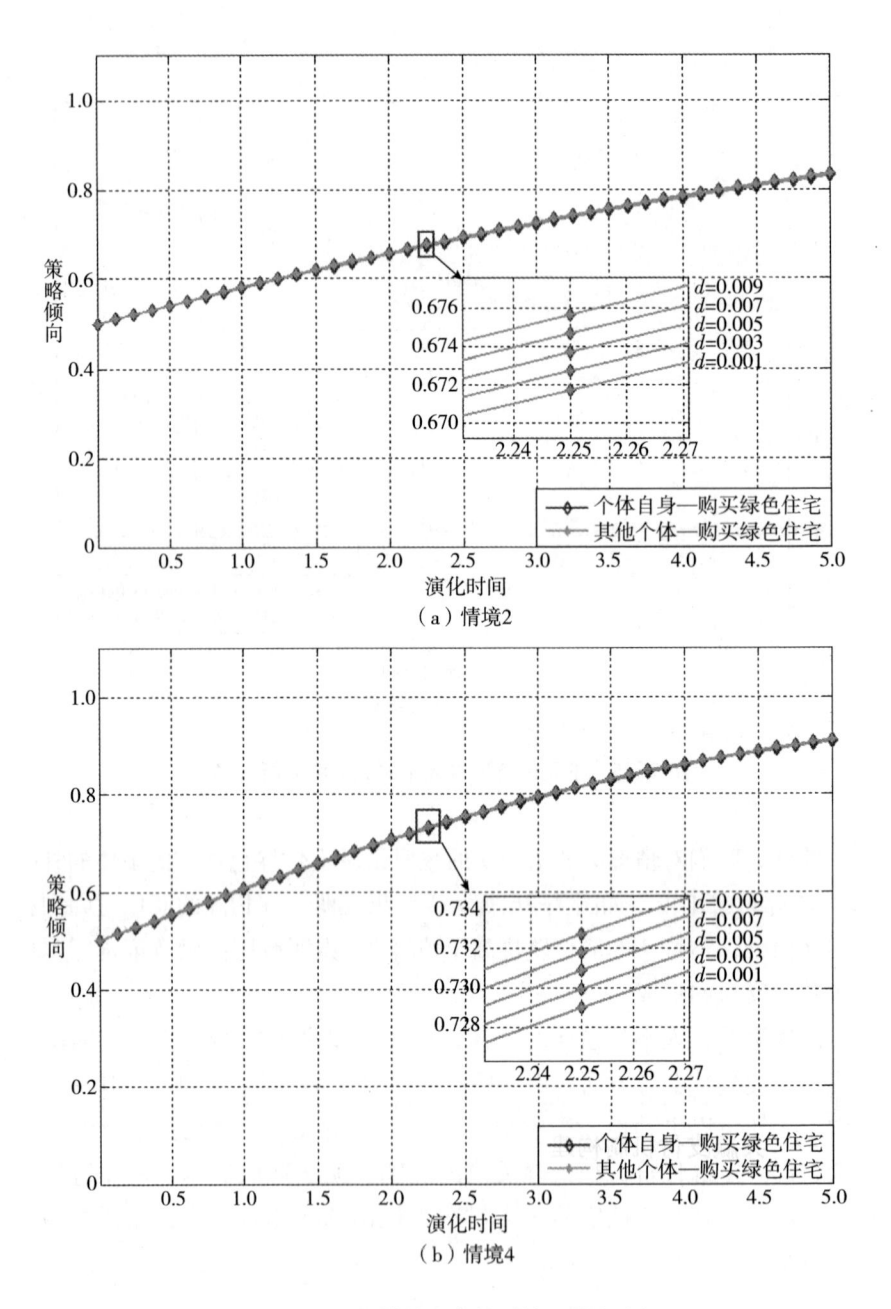

图 7-76　不同情境下参数 d 的灵敏度分析

第四节 "共赢"视角下社会支付行为响应的仿真

政府制度的有效实施需要依托一个落实系统，而非靠一个单元或孤立的组织去执行。政策因素为社会行为提供了稳定和意义。一般来说，政策发挥作用需要以下几个条件：①政策一旦制定出来，须有完整、健全的落实机构。②违反政策者，须付出违规成本。③高效政策往往需要政府在监管方面加大投入。

此外，国内外现有研究均证实"居民—房地产商—政府"是绿色住宅推广过程中的主要利益相关者。居民决定着绿色住宅的支付量，房地产商决定着绿色住宅的供给量，两者相互作用共同影响了绿色住宅市场供需量，而政府需要通过制定相关政策法规将绿色住宅的外部性内部化，继而影响到绿色住宅市场发展水平。因此，居民绿色住宅支付响应（需求端）的提升离不开房地产商（供给端）以及政府（监管端）的共同推动。绿色住宅的良好发展需要监管端、供给端以及需求端的共同助推。

因此，在成本—收益最优框架下，特别是对于绿色住宅存在的"溢价"问题，如何使居民、房地产商以及政府这三大主要利益相关者同时达到帕累托最优成为绿色住宅推广的关键，也是绿色住宅市场健康且稳定常态发展的基础。基于此，本小节构建了四方博弈模型，基于现实情境，深入探究在行为响应的外部激励与约束（政府）框架下，行为响应的内部主体（居民和房地产商）成本—收益演化与稳定，最终达到绿色住宅三大主要利益相关者共赢的终极目标。

一 共赢支付机制构建

常规的演化博弈，通过 N 维数组构建 N 方演化博弈模型，并且其中的 N 维数组类似于二进制算法中对 0 和 1 的排列，如常见的两方博弈模型，会使用 (0, 0)、(0, 1)、(1, 0)、(1, 1) 来表示两个博弈方的策略组合。因此在演化博弈模型中，N 维数组可包含 2^N 个策略组合。

然而，通过前述第七章第一节对绿色住宅市场现行政策进行文本量化与社会网络分析，发现在现实情境下，政府拥有三种候选策略——无政策、激励性政策、强制性政策。

具体来看，虽然目前我国已有 14 个省、自治区、直辖市针对绿色建筑出台了专项法规或管理办法，但部分省份至今仍未出台相应政策法规。对于房地产开发商，中央及地方政府实行约束与激励并行的政策，即除国家层面的政策引导外，我国地方城市或地区根据国家现行的法律法规，陆续出台了相关的强制执行文件及激励性文件。目前，针对房地产商出台的激励性政策主要可以分为 13 个大类，包括土地使用权转让、土地规划前置条件、财政补贴、税收优惠、信贷优惠、容积率奖励、城市配套费优惠、审批、评奖优先、企业资质认定、科研、消费引导等。其中，财政补贴是各省份运用最为广泛的政策之一，吉林、广西、安徽和贵州的激励政策内容最多，达到 8—9 项。此外，针对房地产商还单独出台了强制性政策，要求针对特定类型建筑（如保障性住房）强制执行绿色建筑标准，要求其纳入土地出让合同、实施项目施工监督管理、进行竣工验收备案以及提出运行管理要求，将其纳入整个监管流程。如果未达绿色建筑标准，则对其实行严厉的处罚，如不颁发工程建设规划许可证、不通过节能审查、不通过环境影响评价以及不颁发施工许可证等。针对购房居民，现行政策主要为给购房者直接发放财政补贴、贷款额度上浮，或进行契税减免等激励性政策，对居民这一需求端，并无出台强制性的政策。

因此，基于现实情境，对于本小节的研究对象——绿色住宅的主要利益相关者政府、房地产商以及居民来说，政府有三种候选策略，房地产商和居民有两种候选策略。政府的三种候选策略为 {无政策，激励性政策，强制性政策}，房地产商的两种候选策略为 {开发建造绿色住宅，开发建造普通住宅}，居民的两种候选策略为 {支付绿色住宅，支付普通住宅}，这使得整个博弈包含的策略组合达 12 种，此时传统的三方博弈模型无法容纳如此之多的策略组合信息。基于此现实情境，本章节原创性地提出了"虚拟博弈方"的概念，即构建一个虚拟政府，通过政府和虚拟政府的不同策略组合，分别表达"无政策""激励性政策"和"强制性政策"三种策略，如表 7-11 所示。

通过将原始的三方博弈升级成为四方博弈，此时，该四方博弈模型可以容纳 16 种策略组合，完全可以容纳本博弈模型所需要的 12 种策略组合。基于此，本章节通过更加复杂的博弈推导，研究不同政策情境下绿色住宅市场的发展趋势。

表 7-11　　政府与虚拟博弈方政府的策略组合

虚拟政府	政府	
	施政	怠政
施政	强制性政策	激励性政策
怠政	激励性政策	无政策

二　共赢支付机制下的研究假设与参数设定

基于以上分析，本小节分别讨论在无政府政策情境下政府、房地产商及居民的绿色住宅支付策略选择，激励性政策情境下政府、房地产商及居民的绿色住宅支付策略选择，以及强制性政策情境下政府、房地产商及居民的绿色住宅支付策略选择。综上所述，本四方博弈模型假设如下：

（1）政府拥有独一无二的规制权，而政府的规制权力则为某些利益团体提高收益提供了可能性；

（2）不同的绿色住宅利益相关者在实现自身利益的过程中都是理性的；

（3）政府激励绿色住宅的开发与建造、房地产开发商积极设计建造绿色住宅以及居民主动购买绿色住宅对节能减排、资源节约、环境保护是有效的，即支付绿色住宅的净收益值为正。

根据以上不同的绿色住宅利益相关者四方博弈的问题描述，将有关参数进行定义，如表 7-12 所示。

表 7-12　　绿色住宅主要利益相关者损益变量参数设定

变量	含义
$g1$	居民购买普通住宅给政府带来的基本收益（如税收）
$\alpha g1$	政府采取无政策策略时，居民购买绿色住宅给政府带来的收益总额（$\alpha>1$，α 为政府在无政策支持策略下的增量收益系数，与绿色住宅的发展规模成正比）
$\delta \alpha g1$	政府采取激励性政策策略时，居民购买绿色住宅给政府带来的收益总额（$\delta>1$，δ 为政府在激励策略下的增量收益系数，与绿色住宅的发展规模成正比，$\delta \alpha g1 > \alpha g1$）
$p1$	房地产商选择开发普通住宅给政府带来的基本收益（如税收）
$\beta p1$	政府采取无政策策略时，房地产商选择开发绿色住宅给政府带来的收益总额（$\beta>1$，β 为政府的增量收益系数，与绿色住宅的发展规模成正比）

续表

变量	含义
$\varepsilon\beta p1$	政府采取激励性/强制性政策策略时，房地产商选择开发绿色住宅给政府带来的收益总额（$\varepsilon>1$，ε 为政府在激励策略下的增量收益系数，与绿色住宅的发展规模成正比，$\varepsilon\beta p1>\beta p1$）
f	政府采取强制性政策策略时，因处罚房地产商未能如约开发绿色住宅而获得的收益（也即开发商受到的处罚损失）
$s1$	政府采取激励性政策策略时，付出的市场补贴成本（包括对房地产商和对购房居民个体发放的直接补贴和间接补贴）
$g2$	政府采取强制性政策策略时，付出的市场监管成本
n	政府采取无政策策略时，政府因为无作为而造成的怠政损失
$b1$	政府为绿色住宅社会氛围构建所付出的宣传教育成本（针对居民）
$c1$	政府采取激励性/强制性政策策略时，政府付出的绿色住宅星级评价成本（针对开发商）
$c2$	政府为治理房地产商开发高耗能高污染的普通住宅所付出的建筑环境治理成本（针对开发商）
$p2$	房地产商建造普通住宅的基本收益
$\theta p2$	政府采取无政策支持策略时，房地产商建造绿色住宅的自身收益（$\theta>1$，θ 为开发商的增量收益系数，与绿色住宅的发展规模成正比，包括经济收益和非经济收益）
$\rho\theta p2$	政府采取激励性/强制性政策支持策略时，房地产商建造绿色住宅的自身收益（$\rho>1$，ρ 为开发商在激励策略下的增量收益系数，与绿色住宅的发展规模成正比，包括经济收益和非经济收益）
$\gamma s1$	政府采取激励性/强制性政策策略时，房地产商选择开发绿色住宅获得的政策优惠支持（$0<\gamma<1$，γ 为房地产商因开发绿色住宅而获得政府政策优惠支持的系数，如财政补贴、容积率奖励等）
$m1$	政府采取无政策支持策略时，房地产商绿色住宅的自主研发收益
$m2$	政府采取激励性/强制性政策策略时，房地产商开发绿色住宅的研发收益
$s2$	房地产商建造普通住宅的成本
$\mu s2$	房地产商建造绿色住宅的成本（$\mu>1$，μ 为房地产商的增量成本系数，与绿色住宅的发展规模成正比，包括经济成本和非经济成本）
$p3$	居民购买普通住宅得到的居住效益
$\kappa p3$	政府采取无政策支持策略时，居民购买绿色住宅得到的居住效益（$\kappa>1$，κ 为居民的增量居住效益系数，与绿色住宅的发展规模成正比，包括经济收益和非经济收益）
$\omega\kappa p3$	政府采取激励性政策支持策略时，居民购买绿色住宅得到的居住效益（$\omega>1$，ω 为居民在激励策略下的增量收益系数，与绿色住宅的发展规模成正比，包括经济收益和非经济收益）
$(1-\gamma)s1$	政府采取激励性政策策略时，居民选择购买绿色住宅获得的补贴

续表

变量	含义
λt	政府采取激励性政策策略时，居民购买绿色住宅过程中的产生的信任感知效益（$0<\lambda \leqslant 1$，λ 为感知系数）
$s3$	居民购买普通住宅的成本
$\eta s3$	居民购买绿色住宅的成本（$\eta>1$，η 为居民的增量成本系数，与绿色住宅的发展规模成正比，包括经济成本和非经济成本）
d	居民为购买绿色住宅而愿意接受短期内绿色住宅功能风险的损值

三 共赢支付机制下演化博弈模型分析

政府、虚拟政府、房地产开发商和居民演化博弈的支付矩阵如表 7-13 所示。

表 7-13　不同政策情境下个体自身与其他个体演化博弈收益矩阵

开发商		虚拟政府 / 居民	政府 施政 x 施政 xx	政府 施政 x 怠政 $(1-xx)$	政府 怠政 $(1-x)$ 施政 xx	政府 怠政 $(1-x)$ 怠政 $(1-xx)$
开发绿色住宅 (y)	购买绿色住宅 (z)		$\delta \cdot \alpha \cdot g1+\varepsilon \cdot \beta \cdot p1-s1-g2-\beta1-c1$	$\delta \cdot \alpha \cdot g1+\varepsilon \cdot \beta \cdot p1-s1-\beta1-c1$	$\delta \cdot \alpha \cdot g1+\varepsilon \cdot \beta \cdot p1-s1-\beta1-c1$	$\alpha \cdot g1+\beta \cdot p1-n$
			$\delta \cdot \alpha \cdot g1+\varepsilon \cdot \beta \cdot p1-s1-g2-\beta1-c1$	$\delta \cdot \alpha \cdot g1+\varepsilon \cdot \beta \cdot p1-s1-\beta1-c1$	$\delta \cdot \alpha \cdot g1+\varepsilon \cdot \beta \cdot p1-s1-\beta1-c1$	$\alpha \cdot g1+\beta \cdot p1-n$
			$\rho \cdot \theta \cdot p2+\gamma \cdot s1+m2-\mu \cdot s2$	$\rho \cdot \theta \cdot p2+\gamma \cdot s1+m2-\mu \cdot s2$	$\rho \cdot \theta \cdot p2+\gamma \cdot s1+m2-\mu \cdot s2$	$\theta \cdot p2+m1-\mu \cdot s2$
			$\omega \cdot k \cdot p3+(1-\gamma) \cdot s1+\lambda \cdot t-\eta \cdot s3-d$	$\omega \cdot k \cdot p3+(1-\gamma) \cdot s1+\lambda \cdot t-\eta \cdot s3-d$	$\omega \cdot k \cdot p3+(1-\gamma) \cdot s1+\lambda \cdot t-\eta \cdot s3-d$	$k \cdot p3-\eta \cdot s3-d$
	购买普通住宅 ($1-z$)		$\varepsilon \cdot \beta \cdot p1-s1-g2-\beta1-c1$	$\varepsilon \cdot \beta \cdot p1-s1-\beta1-c1$	$\varepsilon \cdot \beta \cdot p1-s1-\beta1-c1$	$\beta \cdot p1-n$
			$\varepsilon \cdot \beta \cdot p1-s1-g2-\beta1-c1$	$\varepsilon \cdot \beta \cdot p1-s1-\beta1-c1$	$\varepsilon \cdot \beta \cdot p1-s1-\beta1-c1$	$\beta \cdot p1-n$
			$-\mu \cdot s2+\gamma \cdot s1+m2$	$-\mu \cdot s2+\gamma \cdot s1+m2$	$-\mu \cdot s2+\gamma \cdot s1+m2$	$-\mu \cdot s2+m1$
			0	0	0	0

续表

开发商		虚拟政府 居民	政府			
			施政 x		怠政 ($1-x$)	
			施政 xx	怠政 ($1-xx$)	施政 xx	怠政 ($1-xx$)
开发普通住宅 ($1-y$)	购买绿色住宅 (z)		$p1+f-g2-\beta1-c2$	$p1-\beta1-c2$	$p1-\beta1-c2$	$p1-n$
			$p1+f-g2-\beta1-c2$	$p1-\beta1-c2$	$p1-\beta1-c2$	$p1-n$
			$-s2-f$	$-s2$	$-s2$	$-s2$
			0	0	0	0
	购买普通住宅 ($1-z$)		$g1+p1+f-g2-\beta1-c2$	$g1+p1-\beta1-c2$	$g1+p1-\beta1-c2$	$g1+p1-n-c2$
			$g1+p1+f-g2-\beta1-c2$	$g1+p1-\beta1-c2$	$g1+p1-\beta1-c2$	$g1+p1-n-c2$
			$p2-s2-f$	$p2-s2$	$p2-s2$	$p2-s2$
			$p3-s3$	$p3-s3$	$p3-s3$	$p3-s3$

随后,计算相应的雅克比矩阵。当雅克比矩阵的特征值均为负实数时,则其相应的均衡点为稳定点,表7-14为该博弈模型的演化稳定性分析结果。

其中,条件1为 $n>\beta1+c1+s1+\alpha \cdot g1+\beta \cdot p1-\alpha \cdot g1 \cdot \delta-\beta \cdot \varepsilon \cdot p1$; 条件2为 $n<\beta1+c1+s1+\alpha \cdot g1+\beta \cdot p1-\alpha \cdot g1 \cdot \delta-\beta \cdot \varepsilon \cdot p1$; 条件3为 $d<(1-\gamma) \cdot s1+\lambda \cdot t-s3 \cdot \eta+\kappa \cdot p3 \cdot \omega$; 条件4为 $f \geqslant s2 \cdot \mu-m2+p2-s2-\gamma \cdot s1$。

四 共赢支付机制下社会支付行为演化仿真分析

为了更为直观地验证不同政策情境下居民行为策略的演化稳定性,本章节采用 Matlab（R2017b）系统仿真工具,对复制动态模型中的基本参数进行赋值,模拟博弈系统从初始状态向演化稳定状态的动态轨迹,直观展现个体自身、其他个体行为策略的动态演化过程及关键参数的影响效果（见表7-14、表7-15和图7-77）。

在分析一个参数对博弈系统的影响效果时,基于一般性分析,在0—1的取值区间内,0—0.2属于低水平,0.2—0.4属于中低水平,0.4—0.6属于中等水平,0.6—0.8属于中高水平,0.8—1属于高水平。因此各博弈主体的初始策略倾向被设置为中等水平（$x=0.5$,$y=0.5$）,即各博弈主体在初始状态为策略中性。表7-16为参数的标准初始值。

第七章 城市居民绿色住宅支付行为响应的演化仿真 / 407

表7-14 四方演化博弈局部均衡点稳定性分析（第一次判断）

序号	均衡点坐标	特征值1 表达式	符号	特征值2 表达式	符号	特征值3 表达式	符号	特征值4 表达式	符号	稳定性判断
①	(0, 0, 0, 0)	$n-\beta 1$	+	$n-\beta 1$	+	$m1-p2+s2-s2\cdot\mu$	−	$s3-p3$	−	不稳定点
②	(0, 0, 0, 1)	$n-c2-\beta 1$	×	$n-c2-\beta 1$	×	$m1+s2+\theta\cdot p2-s2\cdot\mu$	+	$p3-s3$	+	不稳定点
③	(0, 0, 1, 0)	$n-c1-\beta 1-\beta\cdot p1-\gamma\cdot s1+\beta\cdot\varepsilon\cdot p1$	×	$n-c1-\beta 1-\beta\cdot p1-\gamma\cdot s1+\beta\cdot\varepsilon\cdot p1$	×	$p2-m1-s2+s2\cdot\mu$	+	$\kappa\cdot p3-d-s3\cdot\eta$	×	不稳定点
④	(0, 0, 1, 1)	$n-c1-\beta 1-s1-\alpha\cdot g1-\beta\cdot p1+\alpha\cdot\delta+\beta\cdot\varepsilon\cdot p1$	×	$n-c1-\beta 1-s1-\alpha\cdot g1-\beta\cdot p1+\alpha\cdot\delta+\beta\cdot\varepsilon\cdot p1$	×	$s2\cdot\mu-s2-\theta\cdot p2-m1$	−	$d-\kappa\cdot p3+s3\cdot\eta$	×	无法判断
⑤	(1, 0, 0, 0)	$f-g2$	+	$\beta 1-n$	−	$m2-p2+s2+\gamma\cdot s1-s2\cdot\mu$	+	$s3-p3$	−	不稳定点
⑥	(1, 0, 0, 1)	$f-g2$	+	$\beta 1+c2-n$	×	$m2+s2+\gamma\cdot s1-s2\cdot\mu+\theta\cdot p2\cdot\rho$	+	$p3-s3$	+	不稳定点
⑦	(1, 0, 1, 0)	$-g2$	−	$\beta 1+c1-n+\beta\cdot p1+\gamma\cdot s1-\beta\cdot\varepsilon\cdot p1$	×	$p2-m2-s2-\gamma\cdot s1+s2\cdot\mu$	+	$s1-d+\lambda\cdot t-\gamma\cdot s1-s3\cdot\eta+\kappa\cdot p3\cdot\omega$	×	不稳定点
⑧	(1, 0, 1, 1)	$-g2$	−	$\beta 1+c1-n+s1+\alpha\cdot g1+\beta\cdot p1-\alpha\cdot g1-\delta-\beta\cdot\varepsilon\cdot p1$	×	$s2\cdot\mu-s2-\gamma\cdot s1-m2-\theta\cdot p2\cdot\rho$	−	$d-s1-\lambda\cdot t+\gamma\cdot s1+s3\cdot\eta-\kappa\cdot p3\cdot\omega$	×	无法判断
⑨	(0, 1, 0, 0)	$\beta 1-n$	−	$f-g2$	+	$m2-p2+s2+\gamma\cdot s1-s2\cdot\mu$	−	$s3-p3$	−	不稳定点

续表

序号	均衡点坐标	特征值1 表达式	符号	特征值2 表达式	符号	特征值3 表达式	符号	特征值4 表达式	符号	稳定性判断
⑩	(0, 1, 0, 1)	$\beta1+c2-n$	×	$f-g2$	+	$m2+s2+\gamma \cdot s1-s2 \cdot \mu+\theta \cdot p2 \cdot \rho$	+	$p3-s3$	+	不稳定点
⑪	(0, 1, 1, 0)	$\beta1+c1-n+\beta \cdot p1+\gamma \cdot s1-\beta \cdot \varepsilon \cdot p1$	×	$-g2$	−	$p2-m2-s2-\gamma \cdot s1+s2 \cdot \mu$	+	$s1-d+\lambda \cdot t-\gamma \cdot s1-s3 \cdot \eta+\kappa \cdot p3 \cdot \omega$	+	不稳定点
⑫	(0, 1, 1, 1)	$\beta1+c1-n+s1+\alpha \cdot g1+\beta \cdot p1-\alpha \cdot g1 \cdot \delta-\beta \cdot \varepsilon \cdot p1$	×	$-g2$	−	$s2 \cdot \mu-s2-\gamma \cdot s1-m2-\theta \cdot p2 \cdot \rho$	−	$d-s1-\lambda \cdot t+\gamma \cdot s1+s3 \cdot \eta-\kappa \cdot p3 \cdot \omega$	×	无法判断
⑬	(1, 1, 0, 0)	$g2-f$	−	$g2-f$	−	$f+m2-p2+s2+\gamma \cdot s1-s2 \cdot \mu$	×	$s3-p3$	−	无法判断
⑭	(1, 1, 0, 1)	$g2-f$	−	$g2-f$	−	$f+m2+s2+\gamma \cdot s1-s2 \cdot \mu+\theta \cdot p2 \cdot \rho$	+	$p3-s3$	+	不稳定点
⑮	(1, 1, 1, 0)	$g2$	+	$g2$	+	$p2-m2-f-s2-\gamma \cdot s1+s2 \cdot \mu$	×	$s1-d+\lambda \cdot t-\gamma \cdot s1-s3 \cdot \eta+\kappa \cdot p3 \cdot \omega$	+	不稳定点
⑯	(1, 1, 1, 1)	$g2$	+	$g2$	+	$s2 \cdot \mu-m2-s2-\gamma \cdot s1-f-\theta \cdot p2 \cdot \rho$	−	$d-s1-\lambda \cdot t+\gamma \cdot s1+s3 \cdot \eta-\kappa \cdot p3 \cdot \omega$	−	不稳定点

表 7-15　四方演化博弈局部均衡点稳定性分析（第二次判断）

序号	均衡点 坐标	特征值 1 表达式	符号	特征值 2 表达式	符号	特征值 3 表达式	符号	特征值 4 表达式	符号	稳定性 判断
④	$(0, 0, 1, 1)$	$n-c1-s1-\alpha \cdot g1-\beta \cdot p1+\alpha \cdot g1 \cdot \delta+\beta \cdot \varepsilon \cdot p1$	×	$n-c1-\beta1-s1-\alpha \cdot g1-\beta \cdot p1+\alpha \cdot g1 \cdot \delta+\beta \cdot \varepsilon \cdot p1$	×	$s2 \cdot \mu-s2-\theta \cdot p2-m1$	−	$d-\kappa \cdot p3+s3 \cdot \eta$	×	满足条件 2 和 3 时是 ESS 点，否则是不稳定点
⑧	$(1, 0, 1, 1)$	$-g2$	−	$\beta1+c1-n+s1+\alpha \cdot g1+\beta \cdot p1-\alpha \cdot g1 \cdot \delta-\beta \cdot \varepsilon \cdot p1$	×	$s2 \cdot \mu-s2-\gamma \cdot s1-m2-\theta \cdot p2 \cdot \rho$	−	$d-s1-\lambda \cdot t+\gamma \cdot s1+s3 \cdot \eta-\kappa \cdot p3+\omega$	×	满足条件 1 和 3 时是 ESS 点，否则是不稳定点
⑫	$(0, 1, 1, 1)$	$\beta1+c1-n+s1+\alpha \cdot g1+\beta \cdot p1-\alpha \cdot g1 \cdot \delta-\beta \cdot \varepsilon \cdot p1$	×	$-g2$	−	$s2 \cdot \mu-s2-\gamma \cdot s1-m2-\theta \cdot p2 \cdot \rho$	−	$d-s1-\lambda \cdot t+\gamma \cdot s1+s3 \cdot \eta-\kappa \cdot p3+\omega$	×	满足条件 1 和 3 时是 ESS 点，否则是不稳定点
⑬	$(1, 1, 0, 0)$	$g2-f$	−	$g2-f$	−	$f+m2-p2+s2+\gamma \cdot s1-s2 \cdot \mu$	×	$s3-p3$	−	满足条件 4 时是不稳定点，否则是 ESS 点

注：符号列中"×"表示符号正，负不确定。

表 7-16 参数的标准初始值设定

参数	初始值	参数	初始值
α	1.2	ρ	1.08
β	1.2	ω	1.125
γ	0.6	g	3.8
δ	1.1	p	35
ε	1.1	f	80
η	1.15	s	10
κ	1.2	g	5
θ	1.16	n	62.5
λ	0.65	b	1
μ	1.125	c	2
$c2$	14	$p3$	100
$p2$	65	$s3$	85
$m1$	12	t	18.5
$m2$	20	d	5
$s2$	40	—	—

以上参数具有相同的量级，其取值需要满足模型设定和现实真实情境的双重要求。此外，博弈系统的演化时间只是时间的一种表示方式，与现实时间无关。

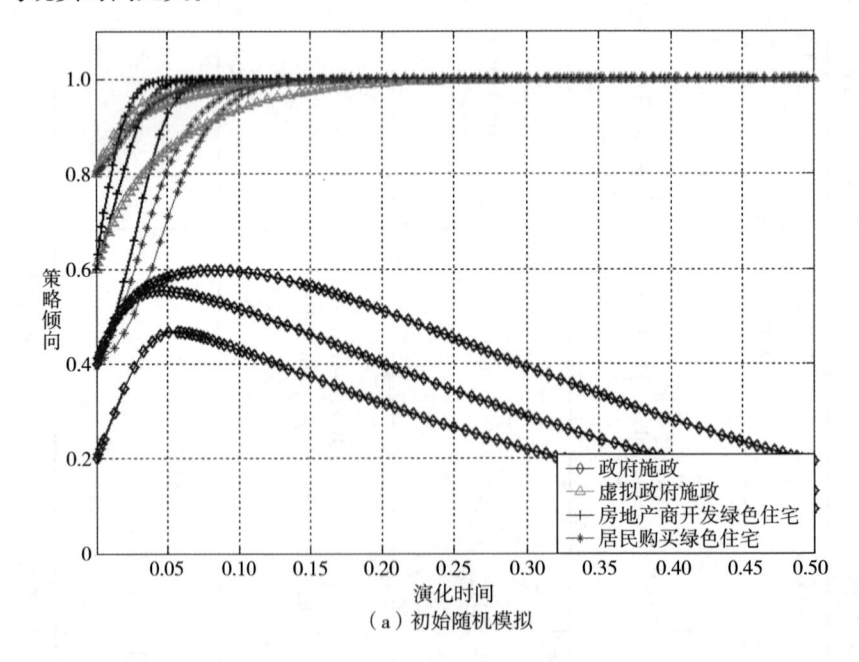

(a) 初始随机模拟

图 7-77 系统演化仿真

(b)第一次随机模拟

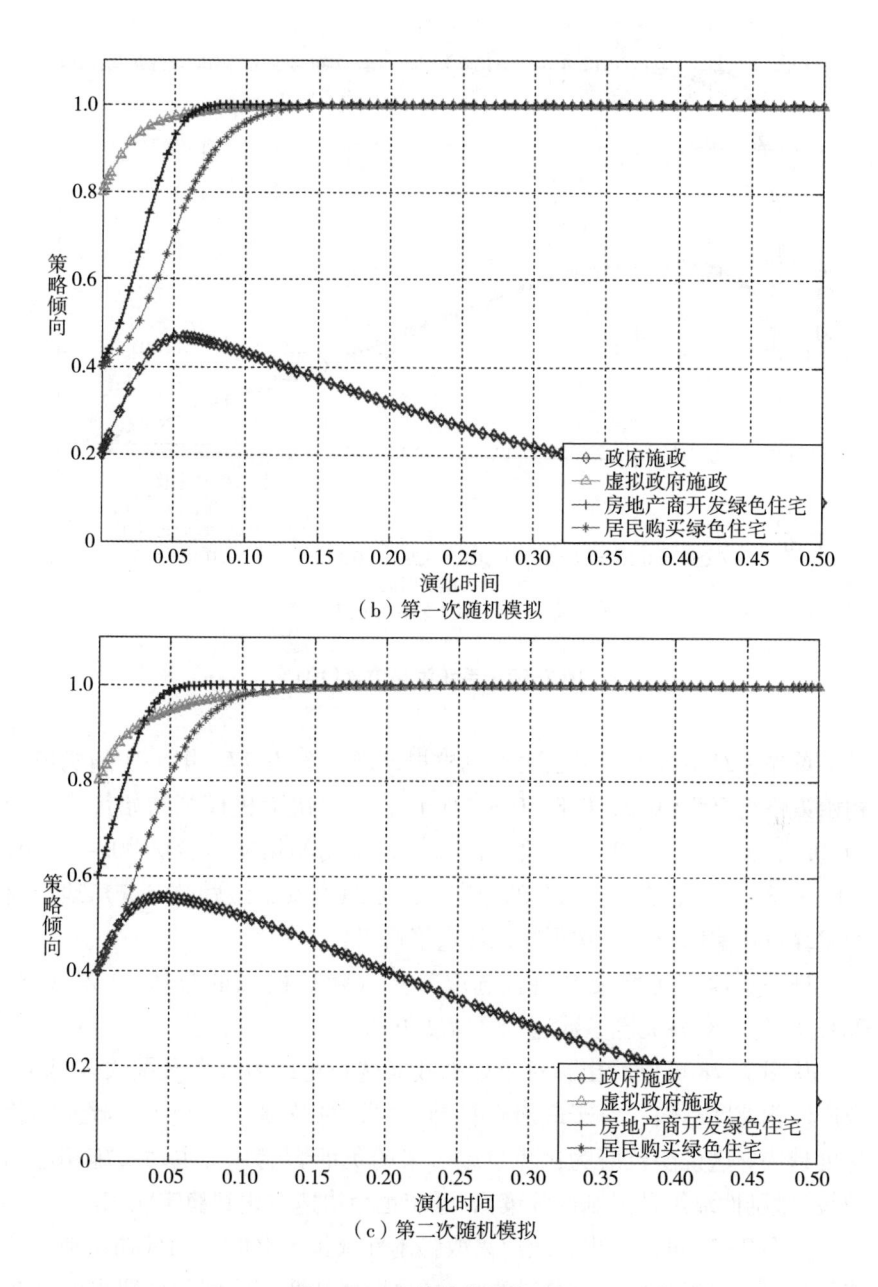

(c)第二次随机模拟

图 7-77 系统演化仿真(续)

412 / 城市居民绿色住宅支付响应的机理、测度及助推策略

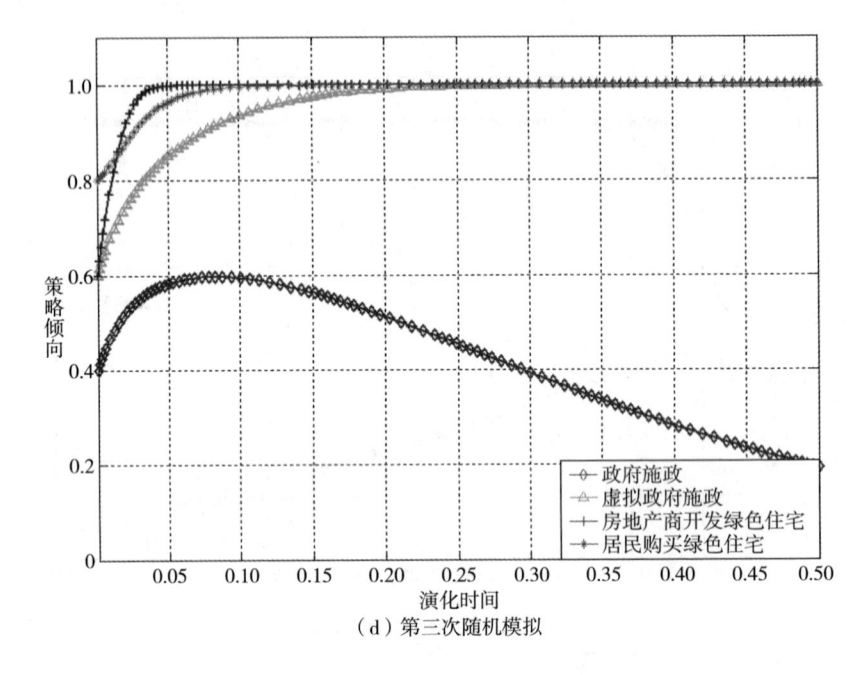

图 7-77 系统演化仿真（续）

首先，对系统进行了三次随机模拟，详见图 7-77。第一次随机模拟初始策略组合为[0.2，0.8，0.4，0.4]，第二次随机模拟初始策略组合为[0.4，0.8，0.6，0.4]，第三次随机模拟初始策略组合为[0.4，0.6，0.6，0.8]，结果表明，系统的稳定状态是政府实施激励政策、房地产商开发绿色住宅以及居民购买绿色住宅策略组合。

进一步地，初始策略组合选取第一次随机模拟的数值[0.2，0.8，0.4，0.4]，对各关键参数进行灵敏度仿真。

从图 7-78 可以看出，对于虚拟政府选择施政时，怠政损失 n 越大，政府演化速度越快；对于政府选择施政时，怠政损失 n 越大，政府演化速度越快。这说明政府为避免怠政带来的负面影响，会主动实施相应的政策（激励性政策及强制性政策），系统也会快速演化到稳定状态。

从图 7-79 可以看出，政府采取强制性政策策略时，因处罚房地产商未能如约开发绿色住宅而获得的收益（也即房地产商受到的处罚损失）f 越大，房地产商演化速度越快，最终趋向于主动开发绿色住宅；随着房地产商趋近于开发绿色住宅，进而推动了政府和居民演化速度的提升。

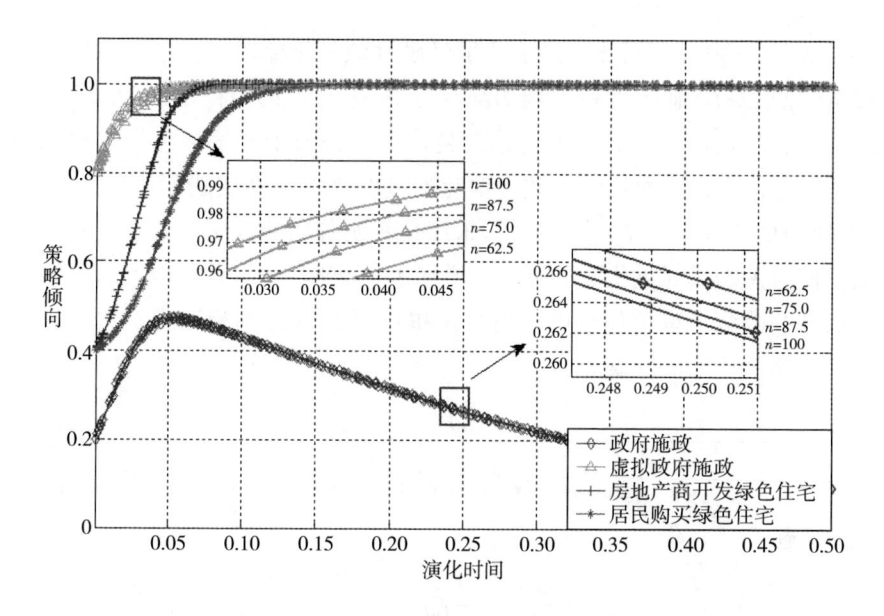

图 7-78 怠政损失的灵敏度仿真分析

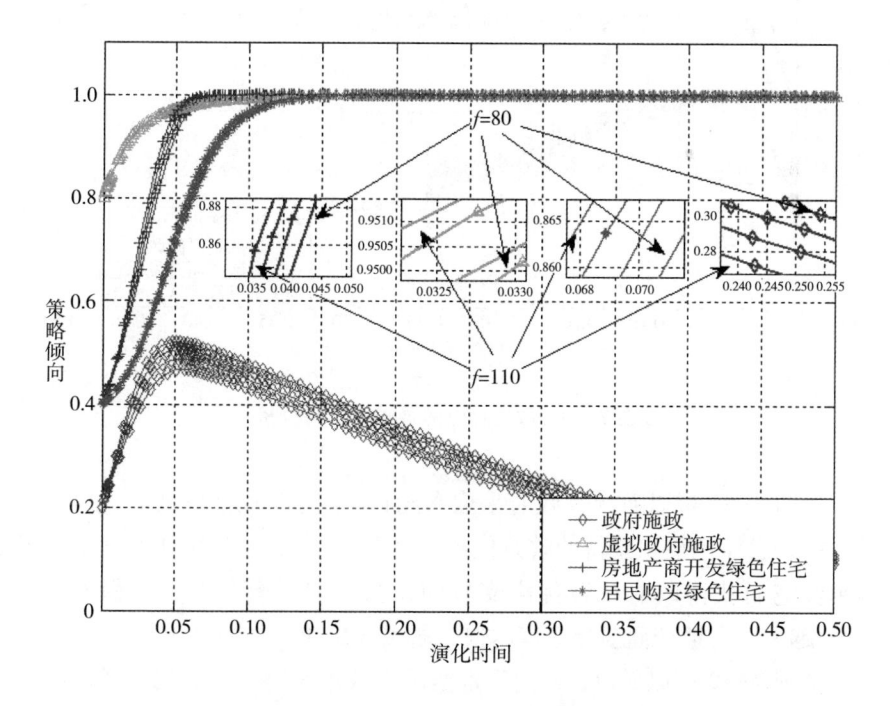

图 7-79 政府惩罚的灵敏度仿真分析

从图 7-80 可以看出，政府采取激励性政策策略时，付出的市场补贴成本（包括对房地产商和对购房居民个体发放的直接补贴和间接补贴）s1 越大，房地产商和居民演化速度越快，均趋向于开发绿色住宅和选择购买绿色住宅，进而推动了政府演化速度的提升。在实践测算中，Zhang（2018a）的研究证实了这一点，即采用具有明确实施规则的需求方补贴政策，使居民购买绿色住宅的可能性增加了 109%。政府对房地产商及购房者的补贴政策为绿色住宅的供需平衡提供了有保证的推动力，这将进一步推动绿色住宅的发展。

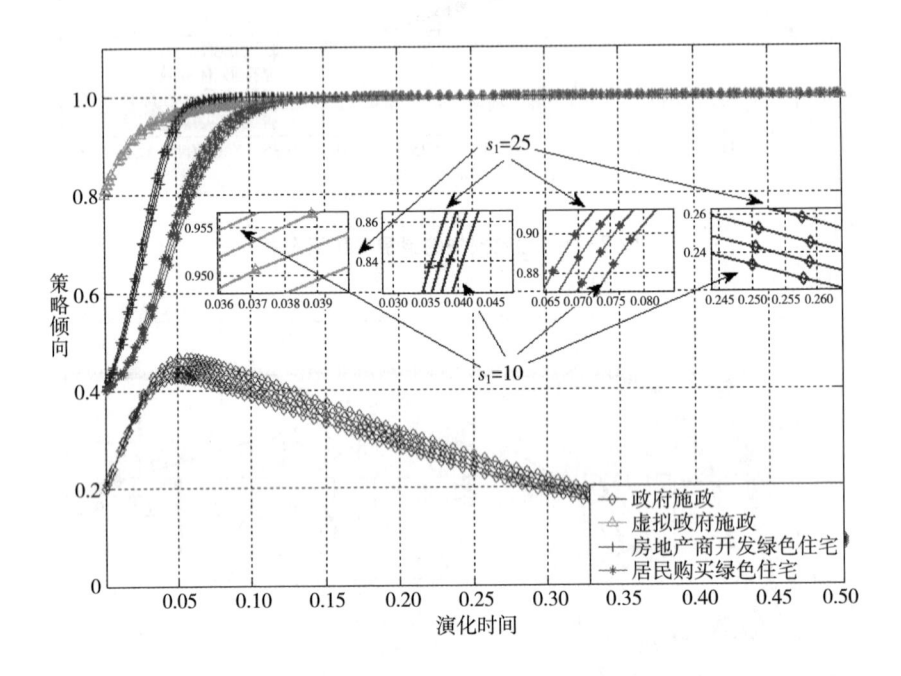

图 7-80 政府补贴的灵敏度仿真分析

从图 7-81 可以看出，政府采取激励性/强制性政策策略时，房地产商选择开发绿色住宅获得的政策优惠支持（$0<\gamma<1$，γ 为房地产商因开发绿色住宅而获得政府政策优惠支持的系数，如财政补贴、容积率奖励等）γ 越大，房地产商演化速度越快，居民演化速度越慢。

从图 7-82 可以看出，政府采取激励性政策策略时，居民购买绿色住宅过程中的产生的信任感知效益（$0<\lambda\leq1$，λ 为感知系数）λ 越大，居民演化速度越快，进而推动了政府和房地产商演化速度的提升。

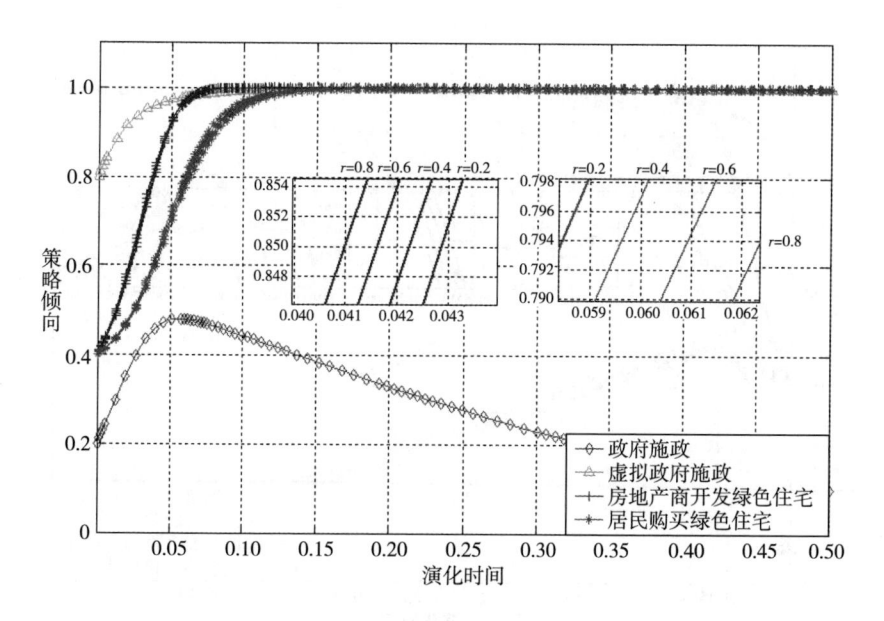

图 7-81 房地产商补贴系数的灵敏度仿真分析

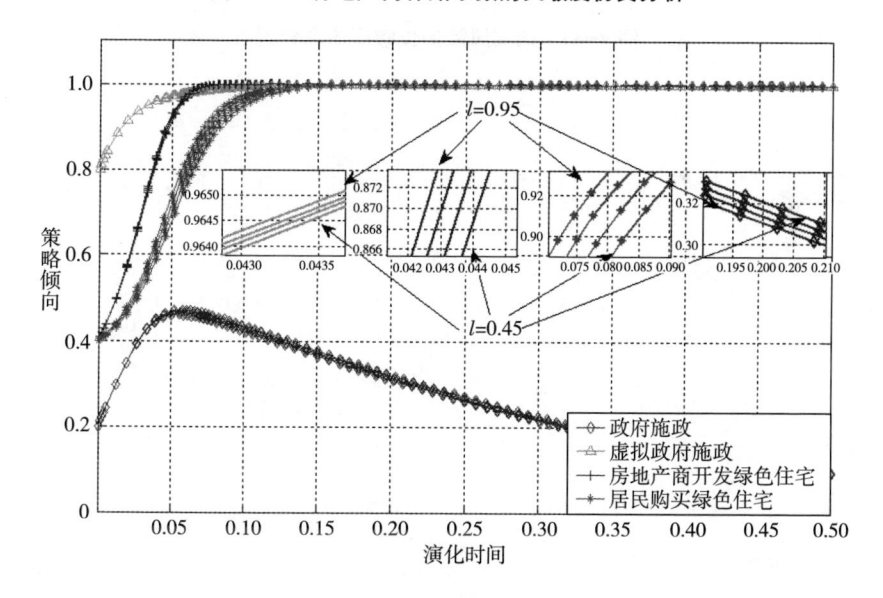

图 7-82 信任系数的灵敏度仿真分析

从图 7-83 可以看出，居民为购买绿色住宅而愿意接受短期内绿色住宅功能风险的损值 d 越小，居民演化速度越快，进而推动了政府和房地产商演化速度的提升。

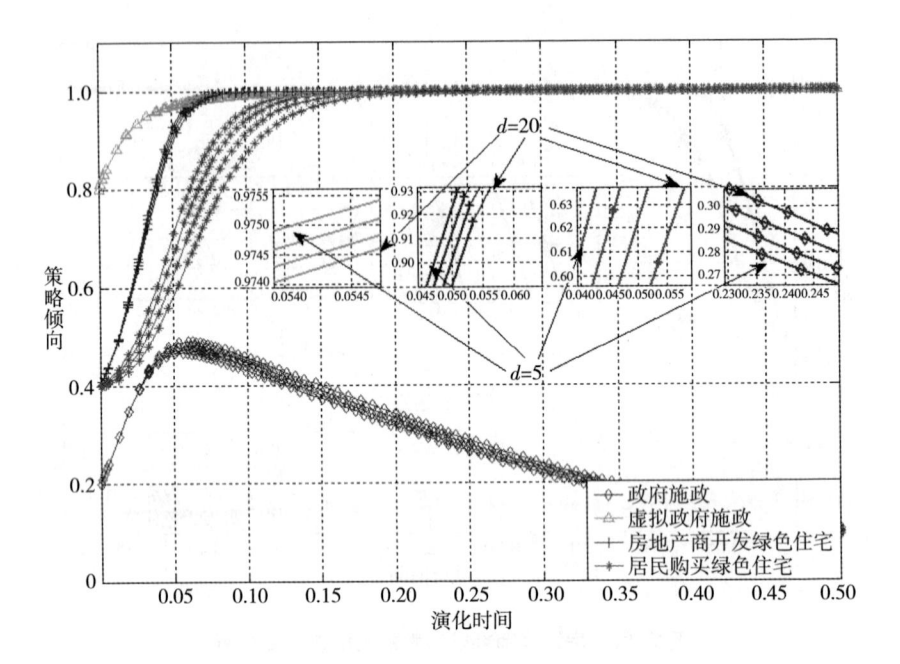

图 7-83 购买风险的灵敏度仿真分析

第八章　助推城市居民绿色住宅支付响应提升的政策建议

鉴于购买绿色住宅的重要性与必要性，加之中国城市居民支付意愿与支付行为响应的不同动机与特征，有必要以系统的观点建立起一套系统策略模型，注重管理策略和激励方法之间的有机结合和协同作用，形成一个综合的城市居民绿色住宅支付响应引导体系。该体系主要是从绿色住宅支付意愿驱动、溢价支付的水平推动、现实干预机制下绿色住宅支付行为"共生—共赢"提升三个方面出发，构建了城市居民绿色住宅支付响应的综合引导体系。

第一节　优化城市居民绿色住宅支付意愿响应的枢纽型建议

基于绿色住宅支付意愿驱动机理理论模型及其实证研究结果，本书从五个方面提出了城市居民绿色住宅支付意愿的引导策略（见图8-1），分别为基于个体心理建设的引导策略、基于情境供给的引导策略、以普遍信任为导向的促进策略、基于人口统计特征的定制化信息靶向引导策略和多元动机支付意愿自身促进策略。

一　基于个体心理建设的引导策略

道德内隐和高解释水平的形成是一个复杂的过程，往往具有长期性和内生性。与此相一致的是博大精深的中华文化长期并深深影响着中国人的价值观与行为方式。因此，政府要强化个体道德内隐思维的养成，同时要着重普及绿色住宅知识，从而使其内隐为居民的绿色意识与环境关心。特别是对绿色住宅的常见认知误区进行宣传，提高公众对绿色建筑的认知度。

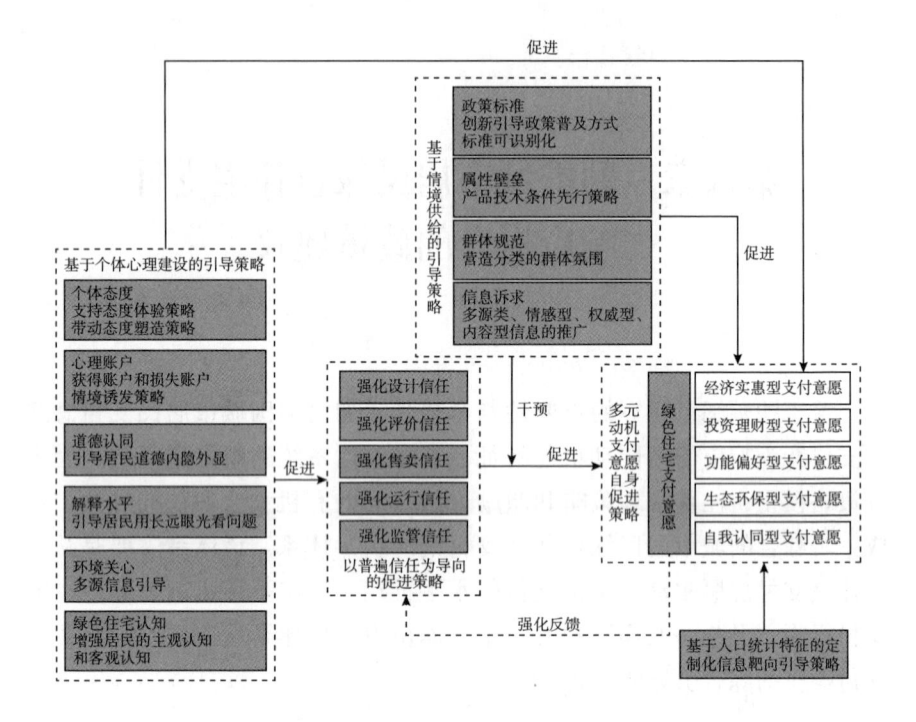

图 8-1　绿色住宅支付意愿响应驱动建议框架

政府和其他利益相关者（如专家、房地产商和投资者）可能错误地认为，绿色住宅的高质量和效益足以说服公众接受和采用绿色住宅，因此，他们很少实施具体措施来提高居民对绿色住宅的接受和支付意愿。但现实是，居民可能对绿色住宅抱有冷漠的态度。因此，应该在面向居民的助推策略上投入更多的实际努力，以提高居民对绿色住宅的接受度并激发他们的购买意愿。

知识在促进采用绿色产品和亲环境行为方面起着重要作用，对居民进行有关绿色住宅的知识教育被认为是提高居民对绿色住宅接受程度的间接但有效的手段。除此以外，提高居民对节能和绿色发展问题的知识和关注程度也很重要。当居民对绿色住宅的品质、功能等不了解的时候，容易受到损失规避心理的干扰，居民自然不愿意为此支付额外的费用。因此，政府应将绿色住宅行动作为全国科技活动周、世界环境日等活动的重要宣传内容，以此提高公众对绿色住宅的认知度，营造良好的绿色社会氛围。

感知的自我认同是识别绿色住宅建筑购买意向的另一个必要的变量。在实际的营销氛围下，采用与自我认同有关的促销概念是可取的，这些活动可以满足居民通过拥有绿色住宅来展示自己身份的需求，并形成对绿色住宅的正面态度。获得账户对绿色住宅的支付意愿有显著影响，因此，应重视对经验丰富的房地产销售人员进行教育，其可以在营销环境中作为居民与房地产商之间的信息渠道，从而提高居民的绿色感知价值，进而提高其绿色住宅的购买意愿。

二 基于情境供给的引导策略

政府需要颁布强有力的法律法规，将法规与激励措施相结合，以刺激建筑业的可持续发展，从而刺激市场对绿色住宅更大的需求。本书研究结果表明，需求方政策对促进绿色住宅的出现和后续发展至关重要，到目前为止，只有少数省份对购房者采取了激励措施。考虑到财政限制，除补贴外，政府可以探索其他方式来提高居民的意识和参与程度，从而增加对绿色住宅的需求。例如，关于绿色住宅标识和相关知识的宣传活动可能是一个相对低成本的措施，以促使居民形成购买绿色住宅的风气。对于已购买绿色住宅的居民，鼓励其定期参与对绿色住宅的使用后评估，并及时收集其对绿色住宅的反馈，其结果将有利于不断改进绿色住宅的设计、管理和运营经验。

为了提高居民对绿色住宅的了解和认识，并最终使他们愿意为绿色住宅买单，应该为居民设立关于绿色住宅的国家或地方教育和交流活动。例如，政府可以发布一些报告和声明，介绍绿色住宅的概念和社会效益，如经济实惠、舒适健康、生态环保等。相关部门可以通过各种信息来源（如平面媒体、广播节目和电视节目）推广绿色住宅的社会效益信息，并建立专门的网站，提供绿色住宅具体和有形的信息。在政府的支持下，建筑行业协会和公司可以组织绿色住宅参观和研讨会，以培养公众对绿色住宅的认识和兴趣。同样，高等教育单位可以通过修改他们的课程，加入与绿色住宅和可持续发展相关的选修课程，以提高学生的绿色住宅意识和知识，因为他们是未来可能购买绿色住宅的人。

在设计政策的过程中可以考虑引入某种形式或结构，通过识别建筑利益相关者的动机水平来激励采用绿色建筑，同时，寻求鼓励建筑利益相关者的动机的更多自我决定水平的解决方案。由于动机水平存在差异，助推政策的设计应独立于建筑利益相关者的每个动机水平以确保更有效。

例如，在政策设计过程中，作为第一步，政策制定者可以通过访谈和/或调查来确定作为政策干预目标的建筑利益相关者的动机水平，以揭示他们的主导动机水平。

信息诉求可以显著调节普遍信任与绿色住宅支付意愿之间的关系，且相较于内容诉求，来源可靠性诉求的调节作用更加显著，这表明开发商在宣传绿色住宅的过程中，宣传信息的可靠程度是居民着重关心的方面。因此，对于居民对来源可靠性的诉求，开发商应积极关注绿色住宅的发展，特别是关注权威性的绿色住宅标识的发布与认证流程，及时对所开发的绿色住宅进行权威认证；同时，开发商所选择的广告宣传媒体应是消费者易接触的、可信度较高的媒体。此外，有形的激励或奖励（经济的和非经济的）可能会有效地提高购房者的支付意愿或较高的绿色住宅溢价支付水平。特别是，考虑到居民对潜在的绿色住宅维护费用的高度重视，甚至远远超出了理性的经济考虑，因此，应该着重宣传绿色住宅可以有效减少未来的维护费用。

有趣的是，强调利他诉求的绿色住宅广告信息无法显著改善环境关心水平较低的居民的支付意愿，不过本书研究显示，强调利己诉求的绿色住宅广告信息既可以显著提升环境关心水平较高的居民的支付意愿，也可以激励环境关心水平较低的人去购买绿色住宅，这在一定程度上证实了以往研究。值得注意的是，本书研究发现当绿色住宅广告的内容诉求是利己诉求，但绿色住宅的环保声明可靠性较低时（来源诉求不可靠），即使居民具有较高的环境关心，其绿色住宅支付意愿也会显著降低。这可能是因为即使企业过分强调绿色住宅的利己属性（如可显著降低住宅的运营成本），但由于居民未能感知到广告的可靠性，因而更加怀疑该绿色住宅的利己属性（Varshneya et al., 2017）。因此，开发商在推广绿色住宅时，要注意将绿色房屋标识认证与利己广告诉求相结合，才能最大限度地提升居民的支付意愿。

经济因素仍是阻碍居民支付意愿的一个显著因素。相关政府部门要研究、制定和执行税费减免、融资优惠等政策。结果表明，为了克服缺乏激励/支持负向影响绿色住宅的推广这一障碍，需要两种主要的激励措施（外部和内部激励）。政府主要负责管理外部激励（包括经济激励和非经济激励），而内部激励则需要利益相关者的自愿购买。为了推动和激励居民购买绿色住宅，政府可以考虑对满足一些绿色要求的房地产商和业主，或者如果他们的建筑被证明是绿色的（通过绿色住宅认证），给予税收优惠、直接奖励或退税等，这将有助于减少"高成本障碍"的影响。政府还可以采取非经济激励措施，如建筑面积奖励和提供技术援助以鼓励购买绿色住宅。

此外，应加大对绿色建筑研究行业的资金投入，鼓励可靠的绿色建筑研究，如绿色建材、绿色技术等。针对房地产商，政府应设立专业的绿色建筑推广计划，向房地产商介绍绿色建筑项目的竞争优势与市场效益。政府可由原来的基于绿色建筑认证面积进行补贴转变为从企业层面支持其对绿色建筑的研发工作或培养更加专业的绿色建筑售前咨询人才，也可以通过建筑面积奖励（增加建筑面积）和提供技术援助的方法鼓励企业开发绿色建筑。对于居民，除简单的购房补贴外，政府可进一步探索其他可以提高绿色建筑购买率的方法，如加大对绿色建筑的宣传，形成良好的社会风气等都是持久且可行的方案。

房地产商在宣传与推广绿色住宅时，可以着重将利己诉求信息突出显示，如突出显示"绿色住宅的运营成本较低，长远来看经济实惠，同时可以带来高舒适度和健康改善（特别是改善室内空气质量）"等信息。同时，本书研究显示，在不考虑支付能力的情况下，居民对绿色住宅的支付意愿显著提升。因此房地产商除广泛宣传绿色住宅的利己效用外，也可用在楼盘预售过程中推行各种促销手段，如选择适当让利的方式来增加绿色住宅的销售量，形成一定的规模经济效益。

三 以普遍信任为导向的促进策略

虽然建立普遍信任是一项挑战，但有些方法值得借鉴。研究表明，在个体重述过去的信任经历之后，对陌生人的信任会立即提高；即使仅仅看到一些与信任相关的词语也可以增强普遍信任并增加与信任相关的行为。因此，政府在推广绿色住宅的过程中应该考虑如何将这些助推普遍信任的信息纳入宣传广告中去就变得十分重要。Aitken 等（2011）认为，直接提供有关其他人对环境贡献的信息也应该是一种有效的提升普遍信任的策略。

此外，宣传信息的可靠程度是居民着重关心的方面。因此，对于居民对来源可靠性的诉求，房地产商应积极关注绿色住宅的发展，特别是关注权威性的绿色住宅标识的发布与认证流程，及时对所开发的绿色住宅进行权威认证；同时，房地产商所选择的广告宣传媒体应是消费者易接触的、可信度较高的媒体。

如果没有积极的信息共享和披露，居民似乎很难对绿色住宅产生高度的信任。因此，应保持绿色住宅评价标识规则制定和审查过程的透明度，如通过监督机制或居民的参与，提升其信誉和可信度，从而积极地影响公众对绿色住宅的态度。同时，给予绿色住宅购置补贴或减免税收不失为一种显著提升居民支付意愿的策略，也是使用最广的策略，但在使用经济杠杆的同时，政府要提高绿色住宅相关建造信息与节能信息的公开度和透明度，从而提高居民的信任度来降低感知风险对支付意愿的负向影响。

四　基于人口统计特征的定制化信息靶向引导策略

人口特征很可能与绿色住宅市场有关，因为通常情况下，人口越多，反映出对住宅的需求越大，从而导致潜在的绿色住宅市场更大。实证研究发现，城市居民绿色住宅支付意愿受到性别、年龄、学历水平、收入、家庭成员组成和家庭住宅面积的影响。性别为女性、年龄在30—35岁、学历水平为初中及以下、家庭月收入为4000元以下、家庭成员数为1—2人的居民的绿色住宅支付意愿水平较低。因此，需要针对上述居民群体进行靶向引导。首先，通过问卷调查、实地访谈等方式了解上述居民购买绿色住宅的障碍点，分析其障碍产生的原因；其次，通过专业人士对其开展靶向型教育和培训，设置定制化信息对行为进行靶向干预；最后，对上述人群进行建档，责成专门部门和人员对其开展长期追踪。

第二节　提升城市居民溢价支付水平的内促型建议

本书两类实验结果均表明，为了确保绿色住宅在市场上的成功和广泛的接受，需要提前解决"信息障碍"。首先，政府应该组织发布一些最新的报告、声明和信息，支持绿色住宅所带来的社会、经济和环境效益。这些信息可以通过印刷媒体、广播节目和电视节目等方式向社会发布；建立一个专门的网站，作为有信誉的、最新的、标准化的国标数据库也可能是有用的。这些信息传播工作可以帮助提高利益相关者对国标的了解和认识。此外，在与行业协会的合作中，政府可以通过午餐沟通活动和组织建筑商研讨会，让承包商和开发商了解采用绿色住宅国标认证可以为他们带来的竞争优势和市场利益。当承包商和开发商意识到采用绿色住宅所带来的市场优势和绿色品牌声誉时，他们的热情自然会提高。加强教育和培训已经成为绿色住宅发展的重要推动力，通过更好的信息和交流进行教育，对客户和公众的知识和意识水平有重大影响。研究人员强调了在改变建筑利益相关者对绿色住宅的态度和行为的过程中，增加知识、意识和信息的相关性。

第三节 助推绿色住宅支付行为"共生—共赢"的滋养型建议

一 交互干预机制下绿色住宅支付行为提升建议

根据交互机制下居民自我认同型支付行为学习的分析结果发现，在政策情境刺激、心理特征刺激与响应效度控制学习下的交互学习系统中，居民的绿色住宅支付行为的学习速率高于其自学习的学习速率。基于此，结合相关分析结论，本书构建交互机制中自我认同型支付行为的提升策略框架（见图 8-2）。

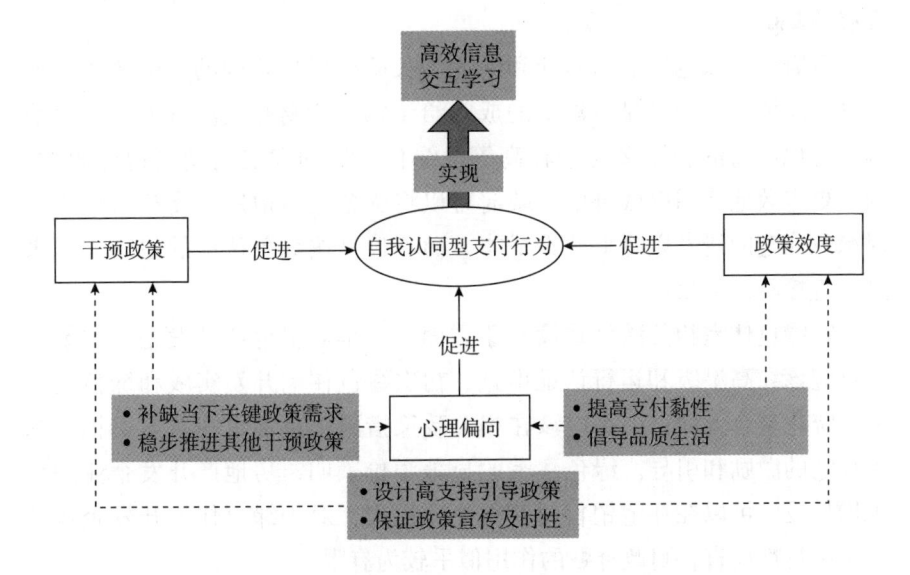

图 8-2 信息交互机制中自我认同型支付行为的提升策略框架

（1）补缺当下关键政策需求，稳步推进其他干预政策。

（2）倡导品质生活。仿真结果发现，初次购买绿色住宅后会形成高品质生活趋势的倡导，满足居民的品质偏好需求，从正向和负向共同促进绿色住宅购买行为的形成与复现。

（3）设计高支持引导政策，保证政策宣传及时性。无论是源于何种政策干预，高响应效度促使信息交互干预机制下的城市居民自我认同型支付行为最快形成与复现，收敛速度最快，而低响应效度收敛速度最慢。因此，政策制定者不仅需要设计高支持引导政策，还应保证政策宣传及时性。具体地，一方面可在政策实施之前，通过访谈、问卷等调研方式，获取执行侧的心理需求，基于此权衡利弊，最优化制定与实施政策后牵扯到的公众利益，确保居民对政策产生积极情感；另一方面，通过政策的试行及大力推广，同步增加居民对政策的了解。在政策制定与实施后，仍需要同时对居民进行政策的宣传和教育，提升居民的了解度和支持意愿，进而更能发挥政策的效力性。

二 "共生—共赢"视角下绿色住宅支付行为提升建议

在成本—收益最优框架下，特别是对于绿色住宅存在的"溢价"问题，如何使居民、房地产商以及政府这三大主要利益相关者同时达到帕累托最优成为绿色住宅推广的关键，也是绿色住宅市场健康且稳定常态发展的基础。

政府应在绿色住宅的初期和快速增长阶段增加合理的投资激励，如补贴、减税、对开发绿色建筑的成本给予额外的财政奖励等方式。目前针对房地产商的补贴多对于较高等级绿色住房的发展呈现出边际收益。为了更有效地使用财政补贴，政府可以将资金更多地用于支持房地产商对绿色住宅的研发以降低建造成本，而不仅是按绿色认证的建筑面积来进行直接经济补贴。

在绿色住宅相关激励政策对象方面，一是对房地产开发企业的激励重点应该在高星级和运行认证申报、初次绿色住宅开发实践和绿色技术的系统化整合方面；二是应该在相关政策措施中更加重视对居民租购绿色住宅的激励和引导。绿色住宅的显著溢价表明，房地产开发企业的绿色增量投资可以在住宅销售时获得充分回报，对于绿色住宅开发企业的经济可行性而言，财政补贴的作用似乎较为有限。

最后，绿色住宅作为一种商品，在建筑市场的背景下需要不同群体的相互支持。目前，受建筑（由房地产商开发）和现有政策措施（由政府发布）的影响，消费者逐渐变成了复杂产业链中的接受者。在地方实施过程中，如何使绿色住宅被自愿而非强制地长期接受是值得探究的重要课题。此外，强制披露绿色住宅的全部绿色信息可以促进消费者对（未来）住宅能源效率的了解，从而减少信息不对称。当然，绿色住宅认证标识可以作为环境意识形态的信号措施，被认证的绿色住宅的转售也将提供一个进一步研究绿色住宅的价值持久性的机会。

第九章 研究结论与展望

第一节 研究结论

一 驱动机理主要结论

（一）绿色住宅支付意愿现状

城市居民绿色住宅支付意愿总体均值为3.49，处于一般的水平。在绿色住宅支付意愿各个维度方面，功能偏好型支付意愿均值（M=4.177）最高，其次为经济实惠型支付意愿（M=3.968），反映了个体的趋利性可能对其绿色住宅支付意愿具有重要的促进作用。均值最低的为自我认同型支付意愿（M=2.490），整体上处于劣性状态。

对于已经购买绿色住宅的居民来说，其当时的购买动机排序为：功能偏好型支付意愿>经济实惠型支付意愿>投资理财型支付意愿>生态环保型支付意愿>自我认同型支付意愿。

对于未购买绿色住宅的居民来说，其支付意愿排序为：功能偏好型支付意愿>经济实惠型支付意愿>投资理财型支付意愿>生态环保型支付意愿>自我认同型支付意愿。

（二）支付意愿的个体间差异

1. 性别

性别在功能偏好型支付意愿上的差异性最大，差异性较小的是生态环保型支付意愿。对于生态环保型/投资理财型/功能偏好型支付意愿，男性的平均值均低于女性的平均值。

对于已购买绿色住宅的居民来说，在经济实惠型、功能偏好型、生态环保型以及自我认同型支付意愿维度上，女性居民的得分均高于男性。对于未购买绿色住宅的居民来说，在功能偏好型支付意愿维度、生态环保型支付意愿维度上，女性居民的得分均高于男性。

2. 年龄

随着年龄的增加，经济实惠型支付意愿维度上的得分波动上升，在该维度上，41—45岁年龄阶段的居民得分最高，说明中年人更在意绿色住宅所带来的经济实惠效益。对于功能偏好型支付意愿维度，得分基本呈现"U形"分布，在18—35岁以及46—60岁的年龄阶段上得分最高，说明青年群体和偏老年群体更在意居住的舒适性与健康性。对于投资理财型支付意愿，各个年龄阶段差异性不算太高，得分较高的群体主要集中于36—40岁以及60岁以上的居民，这部分的居民已经积累了一定的物质财富，并热衷于寻求更加增值保值的理财手段。

3. 受教育水平

受教育水平（包含正在攻读的）样本对于投资理财型支付意愿呈现出显著性差异。均值最高的是本科和硕士学历的居民。

4. 行业类型

不同工作单位所属行业样本对于经济实惠型、功能偏好型、投资理财型及生态环保型支付意愿有着差异性。工作单位所属行业在经济实惠型和生态环保型支付意愿上的差异性最大，其次是功能偏好型支付意愿，差异性较小的是投资理财型支付意愿。

在经济实惠型支付意愿维度上，得分最高的是采矿业，其次是建筑业；在功能偏好型支付意愿维度上，得分最高的是房地产业，其次是农林牧渔业；在投资理财型支付意愿维度上，得分最高的是文化体育和娱乐业，其次是交通运输、仓储和邮政业；在生态环保型支付意愿维度上，得分最高的是农林牧渔业，其次是文化体育和娱乐业。

5. 职位层级

职位层级样本对于经济实惠型支付意愿、功能偏好型支付意愿、投资理财型支付意愿共3项呈现出显著性差异。职位层级在功能偏好型支付意愿上的差异性最大，其次是投资理财型支付意愿，差异性较小的是经济实惠型支付意愿。在功能偏好型支付意愿维度上，得分最高的是其他人员，其次是基层管理人员；在投资理财型支付意愿维度上，得分最高的是中层管理人员，其次是基层管理人员；在经济实惠型支付意愿维度上，得分最高的是基层员工，其次是高层管理人员。

6. 家庭结构

家庭成员构成对于经济实惠型支付意愿呈现出显著性差异，其中，支付意愿均值最高的是四代同堂家庭。

7. 家庭月收入

家庭月收入水平样本对于经济实惠型支付意愿、投资理财型支付意愿、自我认同型支付意愿呈现出显著性差异。家庭月收入在经济实惠型支付意愿上的差异性最大，其次是投资理财型支付意愿和自我认同型支付意愿。

在经济实惠型支付意愿维度上，得分最高的是月收入6000—8000元的居民家庭，其次是月收入5万—10万元的居民家庭；在投资理财型支付意愿维度上，得分最高的是月收入3万—5万元的居民家庭，其次是月收入8000—10000元的居民家庭；在自我认同型支付意愿维度上，得分最高的是月收入3万—5万元的居民家庭，其次是月收入1万—3万元的居民家庭。

8. 家庭住宅类型

家庭住宅类型对于各类支付意愿均未呈现出显著性差异。但是就均值来看，短期租住房的居民更看重绿色住宅的舒适、健康、方便的效益。

9. 家庭住宅面积

家庭住宅面积样本对于经济实惠型支付意愿、自我认同型支付意愿呈现出显著性差异。在经济实惠型支付意愿维度上，均值最高的是40平方米以下的居民家庭，其次是40—80平方米和161—200平方米的居民家庭；在自我认同型支付意愿维度上，均值最高的是40—80平方米的居民家庭，其次是81—120平方米的居民家庭。

（三）支付意愿响应的直接驱动效应结论

1. 个体心理因素对绿色住宅支付意愿的预测效应分析

个体心理因素中，支持态度、带动态度、当地环境关心、获得账户、高解释水平、低解释水平、主观认知、客观认知、道德内隐、道德外显会对绿色住宅支付意愿产生显著的正向预测作用；损失账户会对绿色住宅支付意愿产生显著的负向预测作用；全球环境关心并不会对绿色住宅支付意愿产生显著的预测作用。

此外，绿色住宅支付意愿分为五个维度，分别为经济实惠型支付意愿、功能偏好型支付意愿、投资理财型支付意愿、生态环保型支付意愿和自我认同型支付意愿。个体心理因素对不同维度的支付意愿具有相似但不完全一致的预测效应，具体结论如下：

（1）支持态度、带动态度、获得账户、低解释水平、主观认知、客观认知、全球环境关心、道德外显会对经济实惠型支付意愿产生显著的正向预测作用；损失账户会对经济实惠型支付意愿产生显著的负向预测作用；但是当地环境关心、高解释水平、道德内隐并不会对经济实惠型支付意愿产生显著的预测作用。

（2）支持态度、带动态度、全球环境关心、当地环境关心、获得账户、低解释水平、主观认知、客观认知、道德外显会对功能偏好型支付意愿产生显著的正向预测作用；损失账户会对功能偏好型支付意愿显著的负向预测作用；但是高解释水平、道德内隐并不会对功能偏好型支付意愿产生显著的预测作用。

（3）带动态度、当地环境关心、获得账户、低解释水平、主观认知、客观认知、道德外显会对投资理财型支付意愿产生显著的正向预测作用；损失账户会对投资理财型支付意愿产生显著的负向预测作用；但是支持态度、全球环境关心、高解释水平、道德内隐并不会对投资理财型支付意愿产生显著的预测作用。

（4）支持态度、带动态度、全球环境关心、当地环境关心、获得账户、高解释水平、主观认知、道德内隐、道德外显会对生态环保型支付意愿产生显著的正向预测作用。但是损失账户、低解释水平、客观认知并不会对生态环保型支付意愿产生显著的预测作用。

（5）支持态度、带动态度、全球环境关心、当地环境关心、获得账户、高解释水平、主观认知、道德内隐会对自我认同型支付意愿产生显著的正向预测作用；损失账户、低解释水平、客观认知、道德外显会对自我认同型支付意愿产生显著的负向预测作用。

2. 情境因素对绿色住宅支付意愿的预测效应分析

社会规范、家庭规范、组织规范、政策完善度、政策普及度、政策执行度、被动型信息诉求、主动型信息诉求对绿色住宅支付意愿产生显著的正向预测作用，成本壁垒、品牌壁垒、位置壁垒、标识壁垒对绿色住宅支付意愿产生显著的负向预测作用，但是技术壁垒并不会对绿色住宅支付意愿产生显著的预测作用。

同理，情境因素对不同维度的支付意愿具有相似但不完全一致的预测效应，具体结论如下：

（1）家庭规范、政策完善度、政策普及度、政策执行度、被动型信息诉求会对经济实惠型支付意愿产生显著的正向预测作用，品牌壁垒、标识壁垒、技术壁垒会对经济实惠型支付意愿产生显著的负向预测作用，但是社会规范、组织规范、主动型信息诉求、成本壁垒、位置壁垒并不会对经济实惠型支付意愿产生显著的预测作用。

（2）社会规范、组织规范、政策执行度、被动型信息诉求、主动型信息诉求会对功能偏好型支付意愿产生显著的正向预测效应，成本壁垒、技术壁垒、品牌壁垒、位置壁垒、标识壁垒会对功能偏好型支付意愿产生显著的负向预测效应，但是家庭规范、政策完善度、政策普及度并不会对功能偏好型支付意愿产生显著的预测效应。

（3）社会规范、家庭规范、政策完善度、政策普及度、政策执行度、被动型信息诉求、主动型信息诉求会对投资理财型支付意愿产生显著的正向预测效应，品牌壁垒、位置壁垒、标识壁垒会对投资理财型支付意愿产生显著的负向预测效应，但是组织规范、成本壁垒、技术壁垒并不会对投资理财型支付意愿产生显著的预测效应。

（4）社会规范、家庭规范、政策完善度、政策普及度、政策执行度、被动型信息诉求、主动型信息诉求会对生态环保型支付意愿产生显著的正向预测效应，成本壁垒、位置壁垒、标识壁垒、技术壁垒会对生态环保型支付意愿产生显著的负向预测效应，但是组织规范、品牌壁垒并不会对生态环保型支付意愿产生显著的预测效应。

（5）组织规范、政策完善度、政策执行度、被动型信息诉求、主动型信息诉求会对自我认同型支付意愿产生显著的正向预测效应，品牌壁垒、位置壁垒、标识壁垒会对自我认同型支付意愿产生显著的负向预测效应，但是社会规范、家庭规范、政策普及度、成本壁垒、技术壁垒并不会对自我认同型支付意愿产生显著的预测效应。

3. 普遍信任对绿色住宅支付意愿的预测效应分析

设计信任、评价信任、售卖信任、运行信任、监管信任均会对支付意愿总均值产生显著的正向预测效应。

同理，普遍信任对不同维度的支付意愿具有相似但不完全一致的预测效应，具体结论如下：

设计信任、评价信任、售卖信任、运行信任、监管信任会对经济实惠型/功能偏好型/投资理财型/生态环保型支付意愿产生显著的正向预测效应。

评价信任、售卖信任、运行信任、监管信任会对自我认同型支付意愿产生显著的正向预测效应，但是设计信任并不会对自我认同型支付意愿产生显著的预测效应。

（四）城市居民普遍信任的中介效应分析

环境关心、获得账户、高解释水平和道德内隐完全通过普遍信任作用于绿色住宅支付意愿（完全中介），而个体态度、损失账户、低解释水平、主观认知、客观认知和道德外显则不完全通过普遍信任作用于绿色住宅支付意愿（部分中介）。

对于绿色住宅支付意愿的不同维度：

（1）获得账户、高解释水平、道德外显完全通过普遍信任作用于经济实惠型支付意愿（完全中介），而个体态度、环境关心、损失账户、低解释水平、主观认知、客观认知和道德内隐则不完全通过普遍信任作用于经济实惠型支付意愿（部分中介）。其中，环境关心存在遮掩效应。

（2）个体态度、获得账户、高解释水平和道德内隐完全通过普遍信任作用于功能偏好型支付意愿（完全中介），而环境关心、损失账户、低解释水平、主观认知、客观认知和道德外显则不完全通过普遍信任作用于功能偏好型支付意愿（部分中介）。其中，环境关心存在遮掩效应。

（3）环境关心、获得账户、高解释水平、低解释水平、道德内隐和道德外显完全通过普遍信任作用于投资理财型支付意愿（完全中介），而个体态度、损失账户、主观认知、客观认知则不完全通过普遍信任作用于投资理财型支付意愿（部分中介）。其中，个体态度存在遮掩效应。

（4）环境关心、高解释水平和道德内隐完全通过普遍信任作用于生态环保型支付意愿（完全中介），而个体态度、获得账户、损失账户、低解释水平、主观认知、客观认知和道德外显则不完全通过普遍信任作用于生态环保型支付意愿（部分中介）。

（5）损失账户、客观认知完全通过普遍信任作用于自我认同型支付意愿（完全中介），而个体态度、环境关心、获得账户、高解释水平、低解释水平、主观认知、道德内隐和道德外显则不完全通过普遍信任作用于自我认同型支付意愿（部分中介）。其中，低解释水平存在遮掩效应。

（五）情境因素的调节效应分析

1. 信息诉求的调节效应检验

主动型信息诉求对普遍信任作用于绿色住宅支付意愿及其五个维度路径均具有正向的调节效应。

被动型信息诉求对普遍信任作用于绿色住宅支付意愿及其五个维度路径均具有正向的调节效应。

2. 政策标准的调节效应检验

政策完善度，除对于投资理财型支付意愿不具有调节效应外，对普遍信任作用于绿色住宅支付意愿/经济实惠型/功能偏好型/生态环保型/自我认同型支付意愿路径均具有正向的调节效应。

政策普及度，除对于投资理财型支付意愿不具有调节效应外，对普遍信任作用于绿色住宅支付意愿/经济实惠型/功能偏好型/生态环保型/自我认同型支付意愿路径均具有正向的调节效应。

政策执行度，除对于投资理财型支付意愿不具有调节效应外，对普遍信任作用于绿色住宅支付意愿/经济实惠型/功能偏好型/生态环保型/自我认同型支付意愿路径均具有正向的调节效应。

3. 属性壁垒的调节效应检验

（1）成本壁垒，除对于生态环保型支付意愿不具有调节效应外，对普遍信任作用于绿色住宅支付意愿及其余四个维度支付意愿路径均具有负向的调节效应。

（2）技术壁垒对普遍信任作用于绿色住宅支付意愿及其五个维度支付意愿路径均具有负向的调节效应。

（3）品牌壁垒，除对于自我认同型支付意愿不具有调节效应外，对普遍信任作用于绿色住宅支付意愿及其余四个维度支付意愿路径均具有负向的调节效应。

（4）位置壁垒，除对于绿色住宅支付意愿以及自我认同型支付意愿不具有调节效应外，对普遍信任作用于其余四个维度支付意愿路径具有负向的调节效应。

（5）标识壁垒，除对于自我认同型支付意愿不具有调节效应外，对普遍信任作用于绿色住宅支付意愿及其余四个维度支付意愿路径均具有负向的调节效应。

4. 群体规范的调节效应检验

（1）家庭规范，除对于投资理财型支付意愿、生态环保型支付意愿不具有调节效应外，对普遍信任作用于绿色住宅支付意愿及其余三个维度路径均具有正向的调节效应。

（2）组织规范对普遍信任作用于绿色住宅支付意愿及其五维度路径均具有正向的调节效应。

（3）社会规范对普遍信任作用于绿色住宅支付意愿及其五维度路径均具有正向的调节效应。

二 溢价测度主要结论

（1）在绿色住宅的了解方式偏好层面，相较于普通小区的居民，绿色小区的居民更青睐"政府相关单位扩大对绿色住宅项目特征和益处的宣传""改进绿色住宅的网站、APP、微信公众号等平台的导览使其更易被阅读""为绿色住宅买家进行税费减免（享契税减免）"这类激励措施，而经济激励这类措施排名较为靠后。

与之相反的是，普通住宅小区的居民更青睐"为绿色住宅买家直接提供经济补贴（如依据绿色住宅的不同等级，每平方米补贴相应等级的金额）""为绿色住宅买家进行税费减免（享契税减免）""为绿色住宅买家提供贷款利率优惠"这类措施。

绿色小区的居民更偏好通过"购物中心发放传单宣传/主入口放置宣传画架或绿色住宅环保袋""微博、微信、论坛等线上平台沟通交流""广告媒体展示（如车身广告、灯箱、网站等）"的方式了解绿色住宅；而普通住宅小区的居民更偏好通过"绿色地产售楼部实地考察""绿色住宅样板间实地感受""微博、微信、论坛等线上平台沟通交流"的方式了解绿色住宅。

居民支付意愿最高的三项绿色技术分别是"绿色屋顶（用环保型材料盖的屋顶，具有隔热降温、截留雨水、景观美化等作用）""室内空气品质监控""隔音降噪"。

在购买动机层面，对于已经购买绿色住宅的居民来说，其购买动机排名为：功能偏好型（5.19）、投资理财型（4.46）、经济实惠型（3.91）、生态环保型（3.68）、自我认同型（1.89）。

在购买绿色住宅的障碍层面，"对绿色建筑不了解，市场信息不透明，怕所谓的'绿色'只是一个噱头"是阻碍居民购买绿色住宅的最大障碍，占70.68%。其次是"政府支持力度不够，优惠太少甚至没有"以及"我认为绿色住宅的日常维护、保养成本较高"。

绿色住宅小区的居民对居住环境的满意度、舒适度与认可度均显著高于普通住宅小区的居民。在满意度层面，绿色住宅小区居民在安全耐久、水质、出行与无障碍、服务设施、智慧运行、物业管理、节地与土地利用、节能与能源利用、节水与水资源利用、节材与材料资源利用、场地生态与景观这11大方面的满意度均显著高于普通小区居民的满意度。在11个维度中，高星级绿色住宅小区的居民在9个维度（安全耐久、水质、服务设施、智慧运行、节地与土地利用、节能与能源利用、节水与水资源利用、节材与材料资源利用、场地生态与景观）上的满意度均高于低星级绿色住宅小区的居民。

在舒适度层面，绿色住宅小区居民在室内湿热环境、夏季室内气温、冬季室内气温、夏季室内空气品质、冬季室内空气品质、声环境、光环境、室外物理环境这8大方面所感受到的舒适度均显著高于普通小区居民。在8个维度中，高星级绿色住宅小区的居民在所有维度上所感知的舒适度均高于低星级绿色住宅小区的居民。

（2）在进行运行信任干预实验后，实验组居民（绿色住宅小区居民）对绿色住宅的支付意愿从269元/平方米增加到291元/平方米，增加8%；而控制组居民（普通小区居民）的支付意愿从170元/平方米增加到236元/平方米，增加39%。在运行信任干预后，实验组和控制组居民的支付意愿差距从99元/平方米减小到55元/平方米，差距显著缩小。由此推知，实验组居民从绿色住宅居住体验获得的运行效用感知导致的增量支付意愿为44元/平方米，而另外的55元/平方米则应为两组居民本身的偏好差异导致的。

（3）绿色住宅的功能类信息诉求（功能偏好型和生态环保型）对居民支付意愿的提升效果更加显著。联合选择实验法显示信息干预后居民支付意愿提升27.5%，比直接询问支付意愿得到的居民支付意愿提升（29.4%）更小，联合选择实验法在一定程度上缓解了居民回答绿色支付意愿时可能存在的社会赞许性反应偏差。

三　演化仿真主要结论

（1）对于个体支付行为响应层面，在交互干预机制下，固定响应效度情景中，政策情境因素与内化心理因素的交互干预促使个体自我认同型支付行为的学习速率高于其自学习的速率，其中最关键的三类政策情境干预因素依次为政策执行度、组织规范、被动型信息诉求。整个仿真过程中，高响应效度促使交互干预机制下的自我认同型支付行为最快形成与复现；低响应效度下行为收敛速度最慢。

（2）对于群体支付行为响应层面，比较有政策激励和无政策激励情境下个体独立购买和共生购买四种演化博弈，证实居民最优收益均是居民个体与居民群体都选择购买绿色住宅，通过对比四项收益，表明无论在有政策激励还是无政策激励情境下，共生购买产生的个体收益（经济收益以及非经济收益）都优于独立购买。进一步地，通过Matlab算法，对各参数进行演化博弈数值模拟分析，证实人际交往成本越小，越有利于共生购买的快速形成，且激励政策进一步加快了共生购买的形成。

（3）对于社会支付行为响应层面，四方演化博弈结果表明，在引入"虚拟博弈方"（虚拟政府）后，社会层面对绿色住宅的支付响应为政府实施激励政策、房地产商开发绿色住宅以及居民购买绿色住宅。Matlab仿真结果表明，怠政损失越大，政府演化速度越快；政府惩罚越大，房地产商演化速度越快，进而推动了政府和居民演化速度的提升；政府补贴越大，房地产商和居民演化速度越快，进而推动了政府演化速度的提升；房地产商补贴系数越大，房地产商演化速度越快，居民演化速度越慢；信任系数越大，居民演化速度越快，进而推动了政府和房地产商演化速度的提升；支付风险越小，居民演化速度越快，进而推动了政府和房地产商演化速度的提升。

第二节　研究局限与展望

一　研究的局限性

本书力求科学严谨，基于质性分析、实证研究、干预实验、情境实验、演化仿真等研究方法层层推进，完成了我国城市居民绿色住宅支付响应的驱动机理、溢价测度及演化仿真研究，从"质"与"量"上实现了对居民支付响应驱动机理的剖析与绿色住宅价格溢价支付水平的测度。但因现实种种因素的限制，仍存在以下不足：

（1）驱动因素探索及其量表开发的局限性。本书是在相关文献基础上，综合运用定性和定量的方法进行驱动因素的探索，并在此基础上开发符合中国国情的调研量表，虽然经过预试调研和正式调研检验了量表的有效性，但研究难以排除主观性，亦不能完全保证涵盖了所有的驱动因素，在后续的研究中可以考虑通过行为实验法等方法进行深入探究。

（2）调研样本的局限性。由于调查条件和调研时间的限制，在驱动机理研究中，通过现场发放和网络发放的形式回收了4682份有效问卷；在溢价测度实验研究中，通过现场发放的形式回收了2858份有效问卷。虽然能够较好地代表城市的居民样本情况，同时满足所用统计研究方法对于样本的基本要求，但是调研样本在地区分布上还存在一定的不足，后续研究时可以进一步拓展调研样本。

二　未来研究展望

针对本书研究的不足之处，结合研究实施过程中产生的一些思考和想法，本书对未来研究内容提出如下展望：

（1）扩大和均衡调研样本分布范围。完善调查数据，将调研范围从绿色建筑代表性城市扩展至大、中、小各类城市，以进一步丰富研究数据，提高研究结论的普适性，为区域性绿色住宅支付意愿提升政策制定提供理论依据。

（2）修正完善调研量表，科学设计实验场景并进行试验模拟和数据仿真模拟，不断完善调查分析量表，并进行分时间、分地域多次验证和修订。

（3）建立基于主体仿真模型，深入探究绿色住宅发展的动态机制。建立基于主体仿真模型，实现对绿色住宅发展的全景式分析，以探究各类政策如何通过影响居民和房地产开发企业等市场主体行为促进绿色住宅发展，并将其作为检验绿色住宅相关政策效果的"实验室"。

附 录 1

调查问卷（示例）

尊敬的先生/女士：

您好，这是一项关于绿色住宅居民支付意愿的民意调查。本次调查得到国家社会科学基金重大项目的支持，问卷题项简单易懂，您的客观反馈将对促进和提升我国绿色住宅产品推广工作做出贡献，感谢您在百忙之中帮助我们完成此次问卷调查！

我们在此承诺，对您填写的一切内容将严格保密，并仅供学术研究使用，没有任何商业目的。本问卷不记名、不留联系方式，在任何情况下都不可能根据某个答案辨别回答人身份。再次对您的支持和配合予以诚挚的谢意！

绿色住宅简介：

绿色住宅将绿化设施、天然通风、自然采光、节能维护结构、可再生能源的利用、节水措施的采用、绿色材料和智能化体系等手段集成为一体。在不降低居住的舒适性、健康性的情况下，尽可能地降低在建造及运行阶段的污染物排放，提高能源利用效率，实现与自然和谐共生。在绿色住宅中，居民最直观的感受就是空气清新、室内湿热合适、降噪明显、在居住舒适的同时降低了耗电量和耗水量。

事实上，越来越多的房地产企业承诺新开发项目100%按照绿色建筑标准实施（但不一定申报绿色建筑标识），基本都为一星级绿色住宅，如我们熟知的碧桂园、朗诗地产、保利、万科集团、万达集团、中国金茂、远洋集团、葛洲坝地产、美的置业、华润置地、荣盛、绿地控股等，也许您的房子就在其中，绿色住宅离我们生活并不遥远。

1. 对下面的有关陈述，请判断与您自身情况或想法相符合的程度，并进行选择。[矩阵单选题]

	非常不同意	不太同意	不确定	比较同意	非常同意
购买绿色住宅是一件很正确的事情	○	○	○	○	○
购买绿色住宅是一件很有必要的事情	○	○	○	○	○
绿色住宅和普通传统住宅相比，各方面都会更好更完善	○	○	○	○	○
我能意识到全球能源危机	○	○	○	○	○
我认为人类应当针对环境污染问题立即采取行动	○	○	○	○	○
我能意识到当地环境污染	○	○	○	○	○
我认为自己有责任为减少当地环境污染做出贡献	○	○	○	○	○
在做决定的时候，我会更多地考虑可能会失去什么，而不是可能会得到什么	○	○	○	○	○
损失一笔钱与挣到一笔同等数量的钱相比，损失钱更让我痛苦	○	○	○	○	○
一次重大损失与一次重大收获相比，损失的经历会在我心中停留的时间更长	○	○	○	○	○
我觉得相比于普通住宅，绿色住宅更加安全耐久（如建筑外墙等围护结构安全耐久）	○	○	○	○	○
我觉得如果购买绿色住宅，会使我精神愉悦，生活更加舒适健康（如室内声环境与光环境更好）	○	○	○	○	○
我觉得如果购买绿色住宅，会显著降低日常能耗支出且未来房产增值更快	○	○	○	○	○
对我来说，绿色住宅会带来经济风险（如投资回收期较长）	○	○	○	○	○
对我来说，绿色住宅会带来功能风险（如绿色住宅新材料、新技术不够成熟）	○	○	○	○	○
对我来说，绿色住宅会带来政策风险（如绿色住宅的法律、法规、评价标准不够完善）	○	○	○	○	○
我是一个追求整体效用与长远效用最大化的人	○	○	○	○	○
我经常用更广泛的视角及更长远的视角来进行消费决策	○	○	○	○	○
我只追求当前效用最大化，不考虑长远	○	○	○	○	○
我在进行消费决策时，对当前效用的关注远大于对长远效用的关注	○	○	○	○	○
我比较关绿色住宅方面的新闻报道（如是否有绿色住宅相关政策或标准的出台、修订）	○	○	○	○	○

续表

	非常不同意	不太同意	不确定	比较同意	非常同意
我对本地开发绿色住宅的楼盘十分了解	○	○	○	○	○
我比较关注会不会有新的绿色住宅技术出现	○	○	○	○	○

2. 您知道下面语句所描述的相关知识吗？请根据您的实际情况选择最符合的选项。[矩阵单选题]

	根本不了解	不太了解	不确定	比较了解	非常了解
我国建筑能耗约占全社会总能耗的四成以上	○	○	○	○	○
绿色住宅的初期成本比传统建筑高5%—10%，但长期运行成本比传统建筑低50%—60%	○	○	○	○	○
绿色住宅其实不是高科技技术和产品的简单堆砌，而是智慧技术、住宅、生态的完美融合	○	○	○	○	○

3. 下面列举了九个用来描述个人特征的词语，请判断这些词语与您自身情况或想法相符合的程度（亲环境的、关爱的、有同情心的、公正的、友好的、慷慨的、助人的、诚实的、善良的）。[矩阵单选题]

	十分不相符	不相符	不确定	相符	十分相符
做一个有如上品质的人会让我感觉很好	○	○	○	○	○
成为拥有这些特征的人对我来说很重要	○	○	○	○	○
我想默默拥有这些品质	○	○	○	○	○
我的着装打扮使我看上去是这样的人	○	○	○	○	○
在我的工作学习环境中，别人知道我拥有这些特征	○	○	○	○	○
我会积极参加一些能轻而易举体现这些品质的活动	○	○	○	○	○

4. 对下面的有关陈述，请判断与您自身情况或想法相符合的程度并进行选择。[矩阵单选题]

	十分不相符	不相符	不确定	相符	十分相符
我认为主管部门和规划国土部门制定的绿色住宅设计方案审查要点，值得信赖	○	○	○	○	○
我认为建设单位编制的绿色住宅施工图设计文件符合要求，值得信赖	○	○	○	○	○
我认为建设单位会按照绿色施工方案和施工图设计文件进行建设	○	○	○	○	○
我认为相关部门对绿色住宅开展的预评价（在施工图设计完成后进行）值得信赖	○	○	○	○	○
我认为相关部门对绿色住宅开展的竣工评价（在建筑通过竣工验收后进行）值得信赖	○	○	○	○	○
我认为相关部门对绿色住宅开展的运行评价（在建筑通过竣工验收并投入使用一年后进行）值得信赖	○	○	○	○	○
只要开发商对外宣称该住宅是绿色住宅，我便相信其是绿色住宅	○	○	○	○	○
只有被相关权威的第三方机构认证的绿色住宅，我才相信其是绿色住宅	○	○	○	○	○
我觉得绿色住宅售楼处展示的项目拟采用的绿色技术值得信赖	○	○	○	○	○
我相信绿色住宅可以降低住宅的日常运行开支（如节水、节电等）	○	○	○	○	○
我相信绿色住宅项目拥有更好的室外环境	○	○	○	○	○
我相信绿色住宅项目拥有更舒适的室内环境（如室内温度、湿度、降噪、照度等）	○	○	○	○	○
我相信发改委和建管委会对绿色建筑星级、指标进行严格审核	○	○	○	○	○
我相信发改委和建管委会对绿色建筑方案设计及施工图进行严格审核	○	○	○	○	○
我相信建管委和规土局会对绿色建筑项目进行严格的审核、巡查和抽查	○	○	○	○	○

5. 对下面的有关陈述，请判断与您自身情况或想法相符合的程度并进行选择。[矩阵单选题]

	十分不相符	不相符	不确定	相符	十分相符
我所在地区的人认为购买绿色住宅是值得称赞的	○	○	○	○	○
购买绿色住宅会让周围人觉得难以理解	○	○	○	○	○
在选择购买绿色住宅或者普通住宅时，我的家人认为我应该购买绿色住宅	○	○	○	○	○
在选择购买绿色住宅或者普通住宅时，我的工作朋友或同事认为我应该购买绿色住宅	○	○	○	○	○

6. 对以下关于政策方面的陈述，请判断与实际情况相符合的程度并进行选择。[矩阵单选题]

	十分不相符	不相符	不确定	相符	十分相符
我觉得国家层面的绿色住宅法律、法规较为完善	○	○	○	○	○
我觉得国家及地方层面的绿色住宅强制性政策较为完善	○	○	○	○	○
我觉得国家及地方层面的绿色住宅激励性政策较为完善	○	○	○	○	○
我们国家绿色住宅的设计标识/运行标识（评价标识）易于辨认	○	○	○	○	○
我们地区关于绿色住宅的相关政策宣传很到位	○	○	○	○	○
我在政府、开发商宣传中了解到了很多关于绿色住宅补贴优惠的政策	○	○	○	○	○
我觉得监管机构会严格按照法律法规对绿色住宅施工过程进行监管	○	○	○	○	○
我觉得相关政府机构之间协作能力较强	○	○	○	○	○
我了解《绿色建筑评价标准》（GB/T 50378-2019）的具体内容	○	○	○	○	○
我支持《绿色建筑评价标准》（GB/T 50378-2019）	○	○	○	○	○
我愿意购买被《绿色建筑评价标准》（GB/T 50378-2019）认证的绿色住宅	○	○	○	○	○

续表

	十分不相符	不相符	不确定	相符	十分相符
我会向其他人宣传并且带动更多的人购买被《绿色建筑评价标准》（GB/T 50378-2019）认证的绿色住宅	○	○	○	○	○
我觉得我国中央及地方政府出台的绿色住宅相关政策、法规十分必要	○	○	○	○	○
我觉得我国中央及地方政府出台的绿色住宅相关政策、法规十分重要	○	○	○	○	○

7. 对以下关于绿色住宅自身属性方面的陈述，请判断与实际情况相符合的程度并进行选择。[矩阵单选题]

	十分不相符	不相符	不确定	相符	十分相符
我认为绿色住宅的初始购置成本较高	○	○	○	○	○
我认为绿色住宅的日常维护、保养成本较高	○	○	○	○	○
我认为绿色住宅的投资回收期较长	○	○	○	○	○
我认为绿色住宅的设计水平仍需改进	○	○	○	○	○
考虑到气候、居民习惯、成本效益和其他因素，当前的技术并非像宣传的那样100%可行	○	○	○	○	○
我十分看重绿色建筑开发商自身的知名程度及竞争力	○	○	○	○	○
我十分看重绿色建筑建材供应商自身的知名程度及竞争力	○	○	○	○	○
我希望绿色住宅能建造在交通便利的地方，如靠近地铁站、公交站	○	○	○	○	○
我希望绿色住宅能建造在生活便利的地方，如靠近超市	○	○	○	○	○
我希望绿色住宅能建造在教育便利的地方，如靠近学校	○	○	○	○	○
我需要依赖绿色住宅的官方标识来确定该住宅是否绿色	○	○	○	○	○
我十分看重绿色建筑标识等级是否划分科学	○	○	○	○	○
我十分看重绿色建筑标识等级是否划分严谨	○	○	○	○	○

8. 对以下关于绿色住宅信息获取的内容及形式方面的陈述，请判断与实际情况相符合的程度并进行选择。[矩阵单选题]

	十分不相符	不相符	不确定	相符	十分相符
我认为绿色住宅的宣传广告应重点强调绿色住宅能够给居住者带来减少污染、经济节省、健康改善和精神满足等价值	○	○	○	○	○
我认为绿色住宅的宣传广告让我产生情感共鸣	○	○	○	○	○
我认为应在权威性较高或普适性较强的媒体上（如CCTV）发布绿色住宅相关广告	○	○	○	○	○
我及我周围的人会因绿色住宅优势众多而倾向于购买或向他人分享推荐绿色住宅	○	○	○	○	○
相对于线上，我更偏好线下面对面交流的方式来了解绿色住宅	○	○	○	○	○
拥有较好口碑的绿色住宅可以提升我对其品牌认知和购买意愿	○	○	○	○	○

9. 您购买过绿色住宅吗？[单选题]

○购买过　　　　　　　　○没有购买过

10. 请您按照自身实际购买原因，为以下选项进行排序（您认为最重要的排第一，次重要的排第二，以此类推）。[排序题，请在中括号内依次填入数字]

[　] 绿色住宅的运行成本比传统建筑低50%—60%，长期来看经济实用，因此我购买了绿色住宅

[　] 绿色住宅生活便利、绿色健康，可以满足我对住宅较高的舒适健康需求，因此我购买了绿色住宅

[　] 绿色住宅是未来的发展趋势，有较大的升值空间，因此我购买了绿色住宅

[　] 绿色住宅有益于保护环境与促进资源可持续发展，因此我购买了绿色住宅

[　] 绿色住宅可以为我赢得更多社会赞誉，反映我的社会责任感，因此我购买了绿色住宅

11. 请您按照自身实际意愿，为以下选项进行排序（您认为最重要的排第一，次重要的排第二，以此类推）。[排序题，请在中括号内依次填入数字]

［　］绿色住宅的运行成本比传统建筑低 50%—60%，长期来看经济实用，因此在未来我愿意购买绿色住宅

［　］绿色住宅生活便利、绿色健康，可以满足我对住宅较高的舒适健康需求，因此在未来我愿意购买绿色住宅

［　］绿色住宅是未来的发展趋势，有较大的升值空间，因此在未来我愿意购买绿色住宅

［　］绿色住宅有益于保护环境与促进资源可持续发展，因此在未来我愿意购买绿色住宅

［　］绿色住宅可以为我赢得更多社会赞誉，反映我的社会责任感，因此在未来我愿意购买绿色住宅

12. 您的性别。［单选题］
○男　　　　　　　　○女

13. 您的年龄：［单选题］
○18 岁以下　　　○18—25 岁　　　○26—30 岁
○31—35 岁　　　○36—40 岁　　　○41—45 岁
○46—50 岁　　　○51—60 岁　　　○60 岁以上

14. 您的受教育水平为（包含正在攻读的）：［单选题］
○初中及以下　　　○高中/中专　　　○大专
○本科　　　　　　○硕士　　　　　　○博士及以上

15. 您的职业类型：［单选题］
○党政机关、事业单位、国企工作人员
○教育、科研、卫生领域人员
○专业技术人员
○商业、服务业及销售人员
○生产、运输设备操作人员及相关人员
○自由职业人员
○在校学生
○家庭主妇
○离退人员
○其他

16. 您的工作单位所属行业：［单选题］
○农林牧渔业　　　　　　　　　○公共管理、社会保障

○采矿业　　　　　　　　　　　　○制造业

○建筑业　　　　　　　　　　　　○批发与零售业

○交通运输、仓储和邮政业　　　　○住宿和餐饮业

○信息传输、软件和信息技术服务业　○金融业

○房地产　　　　　　　　　　　　○教育

○医疗卫生和社会工作　　　　　　○文化体育和娱乐业

○其他

17. 您的职位层级为：［单选题］

○基层员工　　　　○基层管理人员　　　　○中层管理人员

○高层管理人员　　○其他

18. 您选择购买/租赁现在所住房屋的主要原因是：［多选题］

□为改善住房条件及居住环境

□为了下一代教育

□为了通勤便捷（上班或上学）

□为了生活便利（距离超市近）

□为了与长辈或其他家人生活得更近

□单位分房/集体购房，我没得选

□集体宿舍，我没得选

□因家庭结构变动（如结婚自立门户）

□经济原因（此房较为便宜）

□其他

19. 您的家庭成员组成：

［指目前与您同在一个屋檐下的家庭成员（如一人独居则家庭成员人数仅为一人）］

［单选题］

○一人独居

○夫妻二人，暂无子女或不与子女、父母同住

○夫妻二人与父母同住

○夫妻二人与子女同住

○夫妻二人与父母及子女同住

○四代同堂

○其他

20. 您的家庭月收入水平：

［指目前与您同在一个屋檐下的家庭成员（如一人独居则家庭成员人数仅为一人）］［单选题］

○4000 元以下　　　　　　○4000—6000 元（不含）

○6000—8000 元（不含）　　○8000—10000 元（不含）

○1 万—3 万元（不含）　　　○3 万—5 万元（不含）

○5 万—10 万元（不含）　　 ○10 万元及以上

21. 您的家庭住宅类型：［单选题］

○短期租住房　　　　○长期租住房

○自有产权还贷房　　○自有产权无贷房

22. 您的家庭住宅面积：［单选题］

○40 平方米以下　　○40—80 平方米　　○81—120 平方米

○121—160 平方米　○161—200 平方米　○200 平方米以上

附 录 2

实验 1 问卷

尊敬的先生/女士：

您好！这是一项关于绿色住宅实际运行情况的反馈调查。本次调查得到国家社会科学基金重大项目的支持，问卷题项简单易懂，您的客观反馈将对促进和提升我国绿色住宅产品推广工作做出贡献，感谢您在百忙之中帮助我们完成此次问卷调查！

我们在此承诺：对您填写的一切内容将严格保密，并仅供学术研究使用，没有任何商业目的。本问卷不记名、不留联系方式，请放心作答。再次对您的支持和配合予以诚挚的谢意！

问卷说明：

绿色住宅是指在全寿命期内，节约资源、保护环境、减少污染，为人们提供健康、适用、高效的实用空间，最大限度地实现人与自然和谐共生的高质量建筑。在绿色住宅中，居民最直观的感受就是空气清新、室内湿热合适、降噪明显、在居住舒适的同时降低了耗电量和耗水量。

事实上，越来越多的房地产企业承诺新开发项目100%按照绿色建筑标准实施（但不一定申报绿色建筑标识），如我们熟知的碧桂园、朗诗地产、保利、万科、万达集团、中国金茂、远洋集团、美的置业、华润置地、荣盛、绿地控股等，也许您的房子就在其中，绿色住宅并不是一件离我们生活很遥远的产品。

1. 您的年龄：[单选题]

○18岁以下（请跳至问卷末尾，提交答卷）

○18—25 岁　　　　○26—30 岁　　　　○31—35 岁
○36—40 岁　　　　○41—45 岁　　　　○46—50 岁
○51—60 岁　　　　○60 岁以上

2. 如果某地的房价连续出现了 20 个月的上涨，您预测第 21 个月房价大概率会：［单选题］

　　○上涨　　　　　○下跌　　　　　○可能上涨也可能下跌

3. 如果某地的房价连续出现了 20 个月的上涨，接着出现了 3 个月的下跌，您预测接下来房价大概率会：［单选题］

　　○这只是暂时的调整，房价还会再度上涨
　　○这是下跌的开始，房价以后会持续下跌
　　○可能上涨也可能下跌

4. 如果一个地方的房价连续出现了 20 个月的下跌，您预测第 21 个月房价大概率会：［单选题］

　　○上涨　　　　　○下跌　　　　　○可能上涨也可能下跌

5. 如果一个地方的房价连续出现了 20 个月的下跌，接着出现了 3 个月的上涨，您预测接下来房价大概率会：［单选题］

　　○这只是偶然的调整，房价还会继续下跌
　　○这是房产复苏的开始，房价以后会上涨
　　○可能上涨也可能下跌

6. 您希望以什么样的方式了解绿色住宅？［多选题］

　　□广告媒体展示（如车身广告、灯箱、网站等）
　　□购物中心发放传单宣传/主入口放置宣传画架或绿色住宅环保袋
　　□企事业单位专题宣传
　　□写字楼电梯广告或楼宇 LED 展示
　　□电影院主入口放置画架/宣传资料，或在影片播放前插入绿色住宅宣传短片
　　□小区门口实地发放传单及横幅宣传
　　□微博、微信、论坛等线上平台沟通交流
　　□绿色地产售楼部实地考察
　　□绿色住宅样板间实地感受

7. 您对目前居住环境的满意程度是：[矩阵单选题]

	非常不满意	不满意	一般	满意	非常满意
安全耐久（如建筑外墙等围护结构安全耐久）	○	○	○	○	○
水质	○	○	○	○	○
出行与无障碍（如与公共交通站点联系便捷）	○	○	○	○	○
服务设施（如合理设置健身场地和空间）	○	○	○	○	○
智慧运行（如设置水质在线监测系统）	○	○	○	○	○
物业管理（如定期检查、调适公共设施设备）	○	○	○	○	○
节地与土地利用（如合理开发利用地下空间）	○	○	○	○	○
节能与能源利用（如采取措施降低建筑能耗）	○	○	○	○	○
节水与水资源利用（如使用节水器具与设备）	○	○	○	○	○
节材与材料资源利用（如选用绿色建材）	○	○	○	○	○
场地生态与景观（如充分利用场地空间设置绿化用地）	○	○	○	○	○
综合考虑，您对住宅目前的居住环境满意吗？	○	○	○	○	○

8. 您感到目前居住环境的舒适程度是：[矩阵单选题]

	非常不舒适	不舒适	一般	舒适	非常舒适
室内湿热环境（如自然通风设计，梅雨季室内是否霉变）	○	○	○	○	○
夏季室内气温	○	○	○	○	○
冬季室内气温	○	○	○	○	○
夏季室内空气品质（如清新度/气味）	○	○	○	○	○
冬季室内空气品质（如清新度/气味）	○	○	○	○	○
声环境（如隔音性能/噪声）	○	○	○	○	○
光环境（视觉舒适度，有无眩光、反射等）	○	○	○	○	○
室外物理环境（如建筑及照明设计）	○	○	○	○	○
综合考虑，您对住宅目前的居住环境感到舒适吗？	○	○	○	○	○

9. 您对我国的《绿色建筑评价标准》（绿标星级认证，将国标绿色住宅分为基本级、一星级、二星级、三星级绿色住宅）是否了解？[单选题]

○根本不了解　　　　　　○不确定，好像听说过
○听说过，但不太了解　　○比较了解，认识其标识
○非常了解，做过专门研究

10. 您是否相信国家绿色建筑星级认证的真实性和权威性？[单选题]
○根本不相信　　　　　　○不太相信
○不确定　　　　　　　　○比较相信
○非常相信

11. 您愿意为哪些绿色住宅的技术付费？[多选题]
□垃圾分类
□室内空气品质监控
□高能效中央空调
□绿色屋顶（用环保型材料盖的屋顶，具有隔热降温、截留雨水、景观美化等作用）
□光伏发电
□太阳能热水
□雨水收集与循环利用
□隔音降噪
□智能家居
□地源热泵（一种依托岩土体、地下水为低温热源的供热空调系统）
□中水利用

12. 如果您准备购买绿色住宅，您更青睐于哪些绿色住宅激励措施呢？请进行完整排序，"1"表示最青睐，"2"表示次青睐，以此类推。[排序题，请在中括号内依次填入数字]
[　] 政府相关单位扩大对绿色住宅项目特征和益处的宣传
[　] 改进绿色住宅的网站、APP、微信公众号等平台的导览使其更易被阅读
[　] 线上网络组织绿色住宅课程和研讨会
[　] 线下面对面组织绿色住宅课程和研讨会
[　] 为绿色住宅买家提供贷款利率优惠
[　] 为绿色住宅买家进行税费减免（享契税减免）
[　] 为绿色住宅买家直接提供经济补贴（如依据绿色住宅的不同等级，每平方米补贴相应等级的金额）

［ ］给予绿色住宅买家长期的水电价格折扣

13. 您目前居住或曾经购买的住宅属于绿色建筑吗？［单选题］
○属于
○不属于

14. 您目前居住的住宅是哪种级别的绿色住宅？［单选题］
○基本级别（如：国标基本级绿色住宅；LEED 认证级）
○初级级别（如：国标一星级绿色住宅，LEED 银级）
○中等级别（如：国标二星级绿色住宅，LEED 金级）
○高等级别（如：国标三星级绿色住宅，LEED 铂金级）

15. 您当初选择绿色住宅的原因（请进行完整排序，"1"表示最重要原因，"2"表示次重要原因，以此类推）。［排序题，请在中括号内依次填入数字］

［ ］绿色住宅的运行成本比传统建筑低 50%—60%，长期来看经济实用

［ ］绿色住宅可以严格控制室内污染物浓度、优化室内热湿环境、创建优美绿化环境、及时发布室内环境监测数据，满足了我对住宅较高的舒适健康需求

［ ］绿色住宅是未来的发展趋势，有较大的升值空间

［ ］绿色住宅有益于保护环境与促进资源可持续发展

［ ］购买绿色住宅可以享受政府的一些优惠政策

［ ］因为房子的其他特征（区位、户型等）

［ ］购买绿色住宅可以为我赢得更多社会赞誉，反映我的社会责任感

16. 若发现您购买的不是真的绿色住宅，您能接受最低数额（请注意是最低数额）为多少的补偿？［单选题］
○每平方米补偿小于 100 元
○每平方米补偿 100—200 元
○每平方米补偿 200—400 元
○每平方米补偿 400—800 元
○每平方米补偿大于 800 元

17. 您当初没有选择绿色住宅的原因有：［多选题］
□对绿色建筑不了解，市场信息不透明，怕所谓的"绿色"只是一

个噱头

□对我来说，绿色住宅会带来经济风险（如投资回收期较长）

□对我来说，绿色住宅会带来功能风险（如绿色住宅新材料、新技术不够成熟）

□政府支持力度不够，优惠太少甚至没有

□我认为绿色住宅的日常维护、保养成本较高

□对我来说，绿色住宅会带来政策风险（如绿色住宅的法律、法规、评价标准不够完善）

18. 若房地产开发商想把您的住宅改造成绿色住宅，您愿意承担多少改造成本？［单选题］

○每平方米小于 100 元

○每平方米 100—200 元

○每平方米 200—400 元

○每平方米 400—800 元

○每平方米大于 800 元

19. 如果您再购买新房，是否愿意购买绿色住宅？［单选题］

○愿意

○不愿意

20. 如果您再购买新房（绿色住宅），愿意比普通住宅多支付多少钱？［单选题］

○每平方米小于 100 元

○每平方米 100—200 元

○每平方米 200—400 元

○每平方米 400—800 元

○每平方米大于 800 元

21. 2020 年 12 月，我们对某绿色住宅小区和某普通小区（非绿色住宅小区）的主要建筑环境指标进行了实地测试，结果表明在室内热舒适性、室内声学环境、室内光学环境、室内空气质量等方面，绿色住宅均处于最优值区间，且优于普通住宅，具体实地测量数值如下（如有需要，点击图片可放大图片查看）：

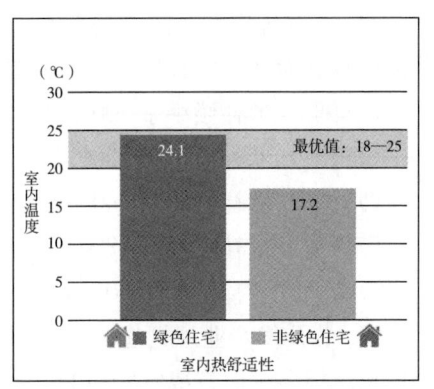

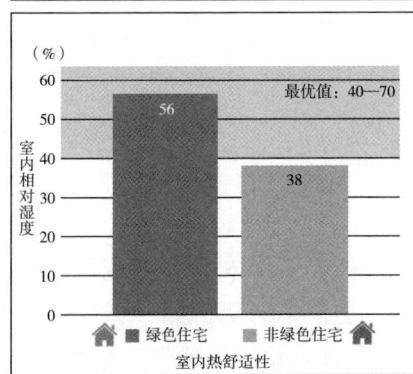

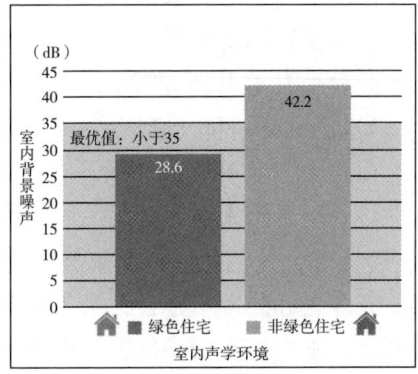

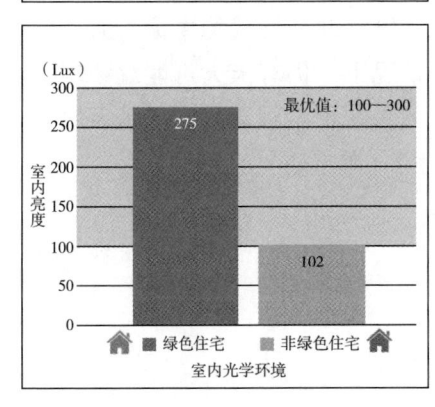

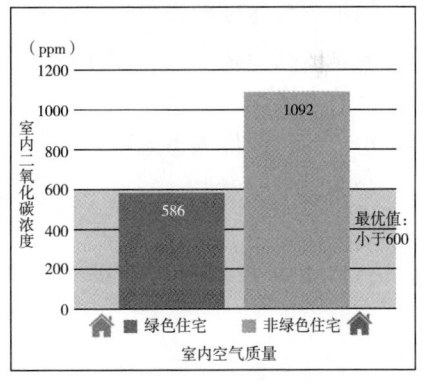

附录 2 / 453

	绿色住宅	非绿色住宅
冬季更为温暖、节能的家	✓	
解决冬季室内过于干燥的问题	✓	
使您的家更为宁静	✓	
使您的家更加明亮	✓	
极大地改善了室内空气质量	✓	

室内热舒适性
- 绿色住宅：24.1 ℃
- 非绿色住宅：17.2 ℃
- 最优值：18—25

室内热舒适性（相对湿度）
- 绿色住宅：56%
- 非绿色住宅：38%
- 最优值：40—70

室内声学环境
- 绿色住宅：28.6 dB
- 非绿色住宅：42.2 dB
- 最优值：小于35

室内光学环境
- 绿色住宅：275 Lux
- 非绿色住宅：102 Lux
- 最优值：100—300

室内空气质量（室内二氧化碳浓度）
- 绿色住宅：586 ppm
- 非绿色住宅：1092 ppm
- 最优值：小于600

您觉得以上信息和您的感受是否相符？[单选题]
○完全不相符
○比较不相符
○一般
○比较相符
○完全相符

22. 若发现您购买的不是真的绿色住宅，在了解上述信息后，您能接受最低数额为多少的补偿（请注意是最低数额）？[单选题]

○每平方米补偿小于100元

○每平方米补偿100—200元

○每平方米补偿200—400元

○每平方米补偿400—800元

○每平方米补偿大于800元

23. 若开发企业想把您的住宅改造成绿色住宅，在了解上述信息后，您愿意承担多少改造成本？[单选题]

○每平方米小于100元

○每平方米100—200元

○每平方米200—400元

○每平方米400—800元

○每平方米大于800元

24. 绿色住宅在许多领域都优于传统住宅，国内外大量权威研究都证实，在绿色办公楼中办公，员工享受到了更舒适、更健康、更智能的工作环境，随之而来的是员工更高的办公生产率与更丰厚的收入奖励。

您是否有这样的愿景：疫情时代，居家办公已成为主流方式，随着疫情多点散发与常态化，未来在必要情况下，仍有极大可能继续实行居家办公的方式。在了解上述信息后，如果您再购买新房，您是否愿意在购买房子的时候优先考虑购买绿色住宅？[单选题]

○非常不愿意

○不愿意

○不确定

○愿意

○非常愿意

25. 现代人有90%以上的时间在建筑室内环境中度过，据统计，我国死亡率最高的10种疾病中7种和空气污染相关。此次新冠疫情可以通过飞沫传播，与空气密切相关。因此，室内空气质量对人体健康的影响不容小觑。新冠疫情对人们的健康造成了严重威胁，而老年人和儿童因免疫力相对低，更应倍加注意。

绿色住宅鼓励设置新风系统、设置空气净化装置，实时监测空气质量，在疫情期间有利于随时了解新风供应情况，降低感染概率。除此以外，绿色住宅通过对室内污染物（PM2.5、甲醛、TVOC等）浓度的控制，家具、建材环保健康性能的约束等多样化的措施，确保绿色住宅常规运行和应急状态下的室内空气质量，将人体暴露于有害空气的风险减至最低。在了解上述信息后，如果您再购买新房，您是否愿意在购买房子的时候优先考虑购买绿色住宅？［单选题］

○非常不愿意

○不愿意

○不确定

○愿意

○非常愿意

26. 了解上述信息后，如果您再购买新房，是否愿意购买绿色住宅？［单选题］

○愿意

○不愿意

27. 如果您再购买绿色住宅，愿意比其他特征完全相同的普通住宅多支付多少元？［单选题］

○每平方米小于100元

○每平方米100—200元

○每平方米200—400元

○每平方米400—800元

○每平方米大于800元

28. 您的性别：［单选题］

○男性　　　　　　○女性

29. 您的受教育水平（包含正在攻读的）：［单选题］

○初中及以下　　　○高中/中专　　　○大专

○本科　　　　　　○硕士　　　　　　○博士及以上

30. 您家每月的水费大约是_____元

您家每月的电费大约是_____元

您家每年的暖气费大约是_____元（无暖气则不填）。［填空题］

31. 您这套住宅中的常住人数（超过半年）为：［单选题］

○1人　　　　　　○2人

○3 人　　　　　○4 人

○5 人　　　　　○6 人及以上

32. 您已在本住宅内居住了多久？［单选题］

○小于 1 年

○1—2 年

○3—5 年

○大于 5 年

33. 您现居住宅的面积：［单选题］

○40 平方米以下

○40—80 平方米

○81—120 平方米

○121—160 平方米

○161—200 平方米

○200 平方米以上

34. 您的家庭年收入总和约为多少元？［单选题］

○小于 10 万元

○10 万—15 万元

○15 万—25 万元

○25 万—50 万元

○50 万—100 万元

○大于 100 万元

35. 您的职业类型：［单选题］

○党政机关、事业单位、国企工作人员

○教育、科研、卫生领域人员

○专业技术人员

○商业、服务业及销售人员

○生产、运输设备操作人员及相关人员

○自由职业人员

○在校学生

○家庭主妇

○离退人员

○其他

36. 您认为居住在本小区的其他家庭的平均年收入约为多少元？［单选题］
○小于 10 万元
○10 万—15 万元
○15 万—25 万元
○25 万—50 万元
○50 万—100 万元
○大于 100 万元

参考文献

一 中文文献

蔡志坚、张巍巍：《南京市公众对长江水质改善的支付意愿及支付方式的调查》，《生态经济》2007年第2期。

陈飞宇：《城市居民垃圾分类行为驱动机理及政策仿真研究》，博士学位论文，中国矿业大学，2018年。

程志宇、王朝晖：《公众资源节约型消费行为形成机理研究》，《山西财经大学学报》2012年第S5期。

仇保兴：《城市碳中和与绿色建筑》，《城市发展研究》2021年第7期。

丁孜政：《绿色建筑增量成本效益分析》，硕士学位论文，重庆大学，2014年。

郭承龙、郭伟伟、郑丽丽：《认证标识对电子商务信任的有效性探讨》，《科技管理研究》2010年第3期。

胡婉旸、郑思齐、王锐：《学区房的溢价究竟有多大：利用"租买不同权"和配对回归的实证估计》，《经济学（季刊）》2014年第3期。

李佳桐：《绿色住宅选择行为的因素分析及关系研究》，硕士学位论文，哈尔滨工业大学，2015年。

李倩文、龙如银、陈红：《普遍信任视角下城市居民绿色住宅支付意愿的影响因素：中国部分一线城市的证据》，《系统工程理论与实践》2021年第1期。

李莹、白墨、张巍等：《改善北京市大气环境质量中居民支付意愿的影响因素分析》，《中国人口·资源与环境》2002年第6期。

刘凤军、李敬强、杨丽丹：《企业社会责任、道德认同与员工组织公民行为关系研究》，《中国软科学》2017年第6期。

宋小龙、杨建新、刘晶茹：《高炉渣资源化生产绿色建材的环境效益评估——基于生命周期的视角》,《中国人口·资源与环境》2012 年第 4 期。

王洪强主编:《可持续发展与节能建筑》,人民交通出版社 2015 年版。

王霞、邹德强、赵平:《广告诉求与品牌个性感知差异对消费者购买意愿的影响研究》,《管理学报》2012 年第 4 期。

王晓雪、周柏翔:《基于共生理论的知识联盟中知识转移模型研究》,《情报科学》2011 年第 7 期。

王肖文、刘伊生:《绿色住宅市场化发展驱动机理及其实证研究》,《系统工程理论与实践》2014 年第 9 期。

吴波、李东进、王财玉:《基于道德认同理论的绿色消费心理机制》,《心理科学进展》2016 年第 12 期。

吴真:《代际环境行为互动及其家庭影响因素探析》,《中国人口·资源与环境》2019 年第 1 期。

谢伏瞻等主编:《应对气候变化报告(2020):提升气候行动力》,社会科学文献出版社 2020 年版。

杨木旺、侯盼龙、叶雨晨:《中国高星级绿色住宅溢价的影响因素及其区域异质性——基于 Hedonic 模型的实证研究》,《华东师范大学学报》(哲学社会科学版)2020 年第 2 期。

张莉:《中国城市绿色住宅发展的动力机制研究》,博士学位论文,清华大学,2018 年。

张莉:《中国城市绿色住宅发展的动力机制研究》,清华大学出版社 2020 年版。

中国建筑节能协会建筑能耗与碳排放数据专业委员会:《中国建筑能耗与碳排放研究报告(2021)》,2021 年 12 月 23 日。

二 外文文献

Ade R., Rehm M., "Reaching for the Stars: Green Construction Cost Premiums for Homestar Certification", *Construction Management and Economics*, Vol. 38, No. 6, 2020, pp. 570-580.

Aitken C., Chapman R., McClure J., "Climate Change, Powerlessness and the Commons Dilemma: Assessing New Zealanders' Preparedness to Act", *Global Environmental Change*, Vol. 21, No. 2, 2011, pp. 752-760.

Ajzen I., Driver B. L., "Prediction of Leisure Participation from Behavioral, Normative, and Control Beliefs: An Application of the Theory of Planned Behavior", *Leisure Sciences*, Vol. 13, No. 3, 1991, pp. 185–204.

Aktas B., Ozorhon B., "Green Building Certification Process of Existing Buildings in Developing Countries: Cases from Turkey", *Journal of Management in Engineering*, Vol. 31, No. 6, 2015, p. 05015002.

Al Horr Y., Arif M., Kaushik A., et al., "Occupant Productivity and Office Indoor Environment Quality: A Review of the Literature", *Building and Environment*, Vol. 105, 2016, pp. 369–389.

Alsanad S., "Awareness, Drivers, Actions, and Barriers of Sustainable Construction in Kuwait", *Procedia Engineering*, Vol. 118, 2015, pp. 969–983.

Aquino K., McFerran B., Laven M., "Moral Identity and the Experience of Moral Elevation in Response to Acts of Uncommon Goodness", *Journal of Personality and Social Psychology*, Vol. 100, No. 4, 2011, pp. 703–718.

Arif M., Bendi D., Toma-Sabbagh T., et al., "Construction Waste Management in India: An Exploratory Study", *Construction Innovation*, Vol. 12, No. 2, 2012, pp. 133–155.

Balliet D., Van Lange P. A. M., "Trust, Conflict, and Cooperation: A Meta-analysis", *Psychological Bulletin*, Vol. 139, No. 5, 2013, pp. 1090–1112.

Bassas E. C., Patterson J., Jones P., "A Review of the Evolution of Green Residential Architecture", *Renewable and Sustainable Energy Reviews*, Vol. 125, 2020, p. 109796.

Bin Esa M. R., Marhani M. A., Yaman R., et al., "Obstacles in Implementing Green Building Projects in Malaysia", *Australian Journal of Basic and Applied Sciences*, Vol. 5, No. 12, 2011, pp. 1806–1812.

Brotman B. A., "The Feasibility of Medical Office Building Green Upgrades from an Owner/Lessor Perspective", *Journal of Property Investment & Finance*, Vol. 34, No. 4, 2016, pp. 375–386.

Bureau of Statistics of Zhejiang Province, *Zhejiang Statistical Yearbook*, China Statistics Press, Beijing, 2017.

Chau C. K., Tse M. S., Chung K. Y., "A Choice Experiment to Estimate the Effect of Green Experience on Preferences and Willingness-to-pay for

Green Building Attributes", *Building and Environment*, Vol. 45, No. 11, 2010, pp. 2553-2561.

Chekima B., Wafa S. A. W. S. K., Igau O. A., et al., "Examining Green Consumerism Motivational Drivers: Does Premium Price and Demographics Matter to Green Purchasing?", *Journal of Cleaner Production*, Vol. 112, 2016, pp. 3436-3450.

Choi J. H., Moon J., "Impacts of Human and Spatial Factors on User Satisfaction in Office Environments", *Building and Environment*, Vol. 114, 2017, pp. 23-35.

Cohen C., Pearlmutter D., Schwartz M., "A Game Theory-based Assessment of the Implementation of Green Building in Israel", *Building and Environment*, Vol. 125, 2017, pp. 122-128.

De Silva M., Wang P., Kuah A. T. H., "Why wouldn't Green Appeal Drive Purchase Intention? Moderation Effects of Consumption Values in the UK and China", *Journal of Business Research*, Vol. 122, 2021, pp. 713-724.

Dell'Anna F., Bottero M., "Green Premium in Buildings: Evidence from the Real Estate Market of Singapore", *Journal of Cleaner Production*, Vol. 286, 2021, p. 125327.

Demirgüne B., "Relative Importance of Perceived Value, Satisfaction and Perceived Risk on Willingness to Pay More", *International Review of Management and Marketing*, Vol. 5, No. 4, 2015, pp. 211-220.

Devine A., Kok N., "Green Certification and Building Performance: Implications for Tangibles and Intangibles", *The Journal of Portfolio Management*, Vol. 41, No. 6, 2015, pp. 151-163.

Ding Z., Fan Z., Tam V. W. Y., et al., "Green Building Evaluation System Implementation", *Building and Environment*, Vol. 133, 2018, pp. 32-40.

Donald I. J., Cooper S. R., Conchie S. M., "An Extended Theory of Planned Behaviour Model of the Psychological Factors Affecting Commuters' Transport Mode Use", *Journal of Environmental Psychology*, Vol. 40, 2014, pp. 39-48.

Dunlap, R. E., Jones, R. E., "Environmental Concern: Conceptual and Measurement Issues", *Handbook of Environmental Sociology*, Vol. 3, No. 6, 2002, pp. 482-524.

Dwaikat L. N., Ali K. N., "Green Buildings Cost Premium: A Review of Empirical Evidence", *Energy and Buildings*, Vol. 110, 2016, pp. 396-403.

Eisler A. D., Eisler H., Yoshida M., "Perception of Human Ecology: Cross-cultural and Gender Comparisons", *Journal of Environmental Psychology*, Vol. 23, No. 1, 2003, pp. 89-101.

Fan K., Hui E. C. M., "Evolutionary Game Theory Analysis for Understanding the Decision-making Mechanisms of Governments and Developers on Green Building Incentives", *Building and Environment*, Vol. 179, 2020, p. 106972.

Fehr-Duda H., Fehr E., "Sustainability: Game Human Nature", *Nature*, Vol. 530, No. 7591, 2016, pp. 413-415.

Filippini M., Martínez-Cruz A. L., "Impact of Environmental and Social Attitudes, and Family Concerns on Willingness to Pay for Improved Air Quality: A Contingent Valuation Application in Mexico City", *Latin American Economic Review*, Vol. 25, 2016, pp. 1-18.

Fischbacher U., Gächter S., Fehr E., "Are People Conditionally Cooperative? Evidence from a Public Goods Experiment", *Economics Letters*, Vol. 71, No. 3, 2001, pp. 397-404.

Flick U., *An Introduction to Qualitative Research*, Sage, 2018.

Forsythe S., Liu C., Shannon D., et al., "Development of a Scale to Measure the Perceived Benefits and Risks of Online Shopping", *Journal of Interactive Marketing*, Vol. 20, No. 2, 2006, pp. 55-75.

Friedman D., "On Economic Applications of Evolutionary Game Theory", *Journal of Evolutionary Economics*, Vol. 8, 1998, pp. 15-43.

Ge J, Zhao Y, Luo X, et al., "Study on the Suitability of Green Building Technology for Affordable Housing: A Case Study on Zhejiang Province, China", *Journal of Cleaner Production*, Vol. 275, 2020, p. 122685.

Geng Y., Dong H., Xue B., et al., "An Overview of Chinese Green Building Standards", *Sustainable Development*, Vol. 20, No. 3, 2012, pp. 211-221.

Glaser B., Strauss A., *Discovery of Grounded Theory: Strategies for Qualitative Research*, Routledge, 2017.

Gou Z., Lau S. S. Y., Prasad D., "Market Readiness and Policy Implications for Green Buildings: Case Study from Hong Kong", *Journal of Green Building*, Vol. 8, No. 2, 2013, pp. 162-173.

Graafland J., "Contingencies in the Relationship between Economic Freedom and Human Development: The Role of Generalized Trust", *Journal of Institutional Economics*, Vol. 16, No. 3, 2020, pp. 271-286.

He C., Yu S., Hou Y., "Exploring Factors in the Diffusion of Different Levels of Green Housing in China: Perspective of Stakeholders", *Energy and Buildings*, Vol. 240, 2021, p. 110895.

He Y., Kvan T., Liu M., et al., "How Green Building Rating Systems Affect Designing Green", *Building and Environment*, Vol. 133, 2018, pp. 19-31.

Heinzle S. L., Boey Ying Yip A., Low Yu Xing M., "The Influence of Green Building Certification Schemes on Real Estate Investor Behaviour: Evidence from Singapore", *Urban Studies*, Vol. 50, No. 10, 2013, pp. 1970-1987.

Hojnik J., Ruzzier M., Fabri S., et al., "What You Give is What You Get: Willingness to Pay for Green Energy", *Renewable Energy*, Vol. 174, 2021, pp. 733-746.

Hu H., Geertman S., Hooimeijer P., "The Willingness to Pay for Green Apartments: The Case of Nanjing, China", *Urban Studies*, Vol. 51, No. 16, 2014, pp. 3459-3478.

Häkkinen T., Belloni K., "Barriers and Drivers for Sustainable Building", *Building Research & Information*, Vol. 39, No. 3, 2011, pp. 239-255.

Illankoon I. M. C. S., Tam V. W. Y., Le K. N., et al., "Key Credit Criteria among International Green Building Rating Tools", *Journal of Cleaner Production*, Vol. 164, 2017, pp. 209-220.

Jacobs D. E., Ahonen E., Dixon S. L., et al., "Moving into Green Healthy Housing", *Journal of Public Health Management and Practice*, Vol. 21, No. 4, 2015, pp. 345-354.

Kahn M. E., Kok N., "The Capitalization of Green Labels in the California Housing Market", *Regional Science and Urban Economics*, Vol. 47, 2014, pp. 25-34.

Kaiser F. G., Wölfing S., Fuhrer U., "Environmental Attitude and Ecological Behaviour", *Journal of Environmental Psychology*, Vol. 19, No. 1, 1999, pp. 1-19.

Kats G., Alevantis L., Berman A., et al., "The Costs and Financial Benefits of Green Buildings: A Report to California's Sustainable Building Task Force", Sustainable Building Task Force, 2003.

Kats G., *Greening our Built World: Costs, Benefits, and Strategies*, St. Louis: Island Press, 2013.

Kats G., *Greening America's Schools Costs and Benefits*, A Capital E Report, 2006.

Kennedy J. A., Kray L. J., Ku G., "A Social-cognitive Approach to Understanding Gender Differences in Negotiator Ethics: The Role of Moral Identity", *Organizational Behavior and Human Decision Processes*, Vol. 138, 2017, pp. 28-44.

Khoshnava S. M., Rostami R., Ismail M., et al., "Obstacles and Drivers in Steering IBS towards Green and Sustainability", *Research Journal of Applied Sciences, Engineering and Technology*, Vol. 8, No. 14, 2014, pp. 1639-1647.

Kim J. L., Greene M., Kim S., "Cost Comparative Analysis of a New Green Building Code for Residential Project Development", *Journal of Construction Engineering and Management*, Vol. 140, No. 5, 2014, p. 05014002.

Klein F., Emberger-Klein A., Menrad K., et al., "Influencing Factors for the Purchase Intention of Consumers Choosing Bioplastic Products in Germany", *Sustainable Production and Consumption*, Vol. 19, 2019, pp. 33-43.

Lee S., "Consumers' Value, Environmental Consciousness, and Willingness to Pay More toward Green-apparel Products", *Journal of Global Fashion Marketing*, Vol. 2, No. 3, 2011, pp. 161-169.

Li Q., Long R., Chen H., et al., "Chinese Urban Resident Willingness to Pay for Green Housing Based on Double-entry Mental Accounting Theory", *Natural Hazards*, Vol. 95, 2019, pp. 129-153.

Li Q., Long R., Chen H., "Differences and Influencing Factors for Chinese Urban Resident Willingness to Pay for Green Housings: Evidence from Five First-tier Cities in China", *Applied Energy*, Vol. 229, 2018, pp. 299-313.

Li Q., Long R., Chen H., "Empirical Study of the Willingness of Consumers to Purchase Low-carbon Products by Considering Carbon Labels: A Case Study", *Journal of Cleaner Production*, Vol. 161, 2017, pp. 1237-1250.

Lin C. Y., Syrgabayeva D., "Mechanism of Environmental Concern on Intention to Pay More for Renewable Energy: Application to a Developing Country", *Asia Pacific Management Review*, Vol. 21, No. 3, 2016, pp. 125-134.

Liu G., Tan Y., Li X., "China's Policies of Building Green Retrofit: A State-of-the-art Overview", *Building and Environment*, Vol. 169, 2020, p. 106554.

Liu K. S., Liao Y. T., Hsueh S. L., "Implementing Smart Green Building Architecture to Residential Project Based on Kaohsiung, Taiwan", *Applied Ecology and Environmental Research*, Vol. 15, No. 2, 2017, pp. 159-171.

Liu Y., Hong Z., Zhu J., et al., "Promoting Green Residential Buildings: Residents' Environmental Attitude, Subjective Knowledge, and Social Trust Matter", *Energy Policy*, Vol. 112, 2018, pp. 152-161.

Lou Y., Ye Y., Yang Y., et al., "Long-term Carbon Emission Reduction Potential of Building Retrofits with Dynamically Changing Electricity Emission Factors", *Building and Environment*, Vol. 210, 2022, p. 108683.

Low S. P., Gao S., Tay W. L., "Comparative Study of Project Management and Critical Success Factors of Greening New and Existing Buildings in Singapore", *Structural Survey*, Vol. 32, No. 5, 2014, pp. 413-433.

Luthra S., Kumar S., Garg D., et al., "Barriers to Renewable/Sustainable Energy Technologies Adoption: Indian Perspective", *Renewable and Sustainable Energy Reviews*, Vol. 41, 2015, pp. 762-776.

Milinski M., Semmann D., Krambeck, H. J., et al., "Stabilizing the Earth's Climate is not a Losing Game: Supporting Evidence from Public Goods Experiments", *Proceedings of the National Academy of Sciences of the United States of America*, Vol. 103, No. 11, 2006, pp. 3994-3998.

Miner A. S., Haunschild P. R., Schwab A., "Experience and Convergence: Curiosities and Speculation", *Industrial and Corporate Change*, Vol. 12, No. 4, 2003, pp. 789-813.

Mitchell R. C., Carson R. T., *Using Surveys to Value Public Goods: The Contingent Valuation Method*, Rff Press, 2013.

Mulder L. B., Aquino K., "The Role of Moral Identity in the Aftermath of Dishonesty", *Organizational Behavior and Human Decision Processes*, Vol. 121, No. 2, 2013, pp. 219-230.

Mulligan T. D., Mollaoğlu-Korkmaz S., Cotner R., et al., "Public Policy and Impacts on Adoption of Sustainable Built Environments: Learning from the Construction Industry Playmakers", *Journal of Green Building*, Vol. 9, No. 2, 2014, pp. 182-202.

Murtagh N., Roberts A., Hind R., "The Relationship between Motivations of Architectural Designers and Environmentally Sustainable Construction Design", *Construction Management and Economics*, Vol. 34, No. 1, 2016, pp. 61-75.

Mørk T., Bech-Larsen T., Grunert K. G., et al., "Determinants of Citizen Acceptance of Environmental Policy Regulating Consumption in Public Settings: Organic Food in Public Institutions", *Journal of Cleaner Production*, Vol. 148, 2017, pp. 407-414.

Nannestad P., "What Have We Learned about Generalized Trust, if Anything?", *Annual Review of Political Science*, Vol. 11, 2008, pp. 413-436.

Newsham G. R., Mancini S., Birt B. J., "Do LEED-certified Buildings Save Energy? Yes, but...", *Energy and Buildings*, Vol. 41, No. 8, 2009, pp. 897-905.

Nguyen H. T., Skitmore M., Gray M., et al., "Will Green Building Development Take off? An Exploratory Study of Barriers to Green Building in Vietnam", *Resources, Conservation and Recycling*, Vol. 127, 2017, pp. 8-20.

Nolan J. M., Schultz P. W., Cialdini R. B., et al., "Normative Social Influence is Underdetected", *Personality and Social Psychology Bulletin*, Vol. 34, No. 7, 2008, pp. 913-923.

Ofek S., Akron S., Portnov B. A., "Stimulating Green Construction by

Influencing the Decision-making of Main Players", *Sustainable Cities and Society*, Vol. 40, 2018, pp. 165–173.

Ofek S., Portnov B. A., "Differential Effect of Knowledge on Stakeholders' Willingness to Pay Green Building Price Premium: Implications for Cleaner Production", *Journal of Cleaner Production*, Vol. 251, 2020, p. 119575.

Olubunmi O. A., Xia P. B., Skitmore M., "Green Building Incentives: A Review", *Renewable and Sustainable Energy Reviews*, Vol. 59, 2016, pp. 1611–1621.

Onuoha I. J., Aliagha G. U., Rahman M. S. A., "Modelling the Effects of Green Building Incentives and Green Building Skills on Supply Factors Affecting Green Commercial Property Investment", *Renewable and Sustainable Energy Reviews*, Vol. 90, 2018, pp. 814–823.

Osterhus T. L., "Pro-social Consumer Influence Strategies: When and How do They Work?", *Journal of Marketing*, Vol. 61, No. 4, 1997, pp. 16–29.

Panda T. K., Kumar A., Jakhar S., et al., "Social and Environmental Sustainability Model on Consumers' Altruism, Green Purchase Intention, Green Brand Loyalty and Evangelism", *Journal of Cleaner Production*, Vol. 243, 2020, p. 118575.

Papaoikonomou E., Ryan G., Ginieis M., "Towards a Holistic Approach of the Attitude Behaviour Gap in Ethical Consumer Behaviours: Empirical Evidence from Spain", *International Advances in Economic Research*, Vol. 17, No. 1, 2011, pp. 77–88.

Persson J., Grönkvist S., "Drivers for and Barriers to Low-energy Buildings in Sweden", *Journal of Cleaner Production*, Vol. 109, 2015, pp. 296–304.

Pérez-Lombard L., Ortiz J., Coronel J. F., et al., "A Review of HVAC Systems Requirements in Building Energy Regulations", *Energy and Buildings*, Vol. 43, No. 2-3, 2011, pp. 255–268.

Rodriguez-Nikl T., Kelley J., Xiao Q., et al., "Structural Engineers and Sustainability: An Opinion Survey", *Journal of Professional Issues in Engineering Education and Practice*, Vol. 141, No. 3, 2015, p. 04014011.

Royne M. B., Levy M., Martinez J., "The Public Health Implications of Consumers' Environmental Concern and Their Willingness to Pay for an

Eco-friendly Product", *Journal of Consumer Affairs*, Vol. 45, No. 2, 2011, pp. 329–343.

Sang P., Yao H., Zhang L., et al., "Influencing Factors of Consumers' Willingness to Purchase Green Housing: A Survey from Shandong Province, China", *Environment, Development and Sustainability*, Vol. 22, No. 5, 2020, pp. 4267–4287.

Scheaffer R. L., Mendenhall W., Ott L., et al., *Elementary Survey Sampling*, USA: Duxbury Press, 1990.

Schniederjans D. G., Starkey C. M., "Intention and Willingness to Pay for Green Freight Transportation: An Empirical Examination", *Transportation Research Part D: Transport and Environment*, Vol. 31, 2014, pp. 116–125.

Schultz P. W., Zelezny L., "Reframing Environmental Messages to be Congruent with American Values", *Human Ecology Review*, 2003, pp. 126–136.

Schwartz D., Loewenstein G., Agüero-Gaete L., "Encouraging Pro-environmental Behaviour through Green Identity Labelling", *Nature Sustainability*, Vol. 3, No. 9, 2020, pp. 746–752.

Schwartz S. H., "Normative Influences on Altruism", *Advances in Experimental Social Psychology*, Vol. 10, 1977, pp. 221–279.

Shan M., Hwang B., "Green Building Rating Systems: Global Reviews of Practices and Research Efforts", *Sustainable Cities and Society*, Vol. 39, 2018, pp. 172–180.

Sharma M., "Development of a 'Green Building Sustainability Model' for Green Buildings in India", *Journal of Cleaner Production*, Vol. 190, 2018, pp. 538–551.

Shewmake S., Viscusi W. K., "Producer and Consumer Responses to Green Housing Labels", *Economic Inquiry*, Vol. 53, No. 1, 2015, pp. 681–699.

Sulemana I., "Are Happier People More Willing to Make Income Sacrifices to Protect the Environment?", *Social Indicators Research*, Vol. 127, No. 1, 2016, pp. 447–467.

Sun C., Kahn M. E., Zheng S., "Self-protection Investment Exacerbates Air Pollution Exposure Inequality in Urban China", *Ecological Econom-*

ics, Vol. 131, 2017, pp. 468-474.

Sun C., Yuan X., Yao X., "Social Acceptance towards the Air Pollution in China: Evidence from Public's Willingness to Pay for Smog Mitigation", *Energy Policy*, Vol. 92, 2016, pp. 313-324.

Tam K. P., Chan H. W., "Generalized Trust Narrows the Gap between Environmental Concern and Pro-environmental Behavior: Multilevel Evidence", *Global Environmental Change*, Vol. 48, 2018, pp. 182-194.

Tan C. S., Ooi H. Y., Goh Y. N., "A Moral Extension of the Theory of Planned Behavior to Predict Consumers' Purchase Intention for Energy-efficient Household Appliances in Malaysia", *Energy Policy*, Vol. 107, 2017, pp. 459-471.

Tang J., Ji S., Jiang L., "The Design of a Sustainable Location-routing-inventory Model Considering Consumer Environmental Behavior", *Sustainability*, Vol. 8, No. 3, 2016, p. 211.

Tanner C., Wölfing Kast S., "Promoting Sustainable Consumption: Determinants of Green Purchases by Swiss Consumers", *Psychology & Marketing*, Vol. 20, No. 10, 2003, pp. 883-902.

Thøgersen J., "Recycling and Morality: A Critical Review of the Literature", *Environment and Behavior*, Vol. 28, No. 4, 1996, pp. 536-558.

Trope Y., Liberman N., "Construal-level Theory of Psychological Distance", *Psychological Review*, Vol. 117, No. 2, 2010, pp. 440-463.

Trope Y., Liberman N., "Temporal Construal", *Psychological Review*, Vol. 110, No. 3, 2003, pp. 403-421.

Twenge J. M., Campbell W. K., Carter N. T., "Declines in Trust in Others and Confidence in Institutions among American Adults and Late Adolescents, 1972 - 2012", *Psychological Science*, Vol. 25, No. 10, 2014, pp. 1914-1923.

Udawatta N., Zuo J., Chiveralls K., et al., "Attitudinal and Behavioural Approaches to Improving Waste Management on Construction Projects in Australia: Benefits and Limitations", *International Journal of Construction Management*, Vol. 15, No. 2, 2015, pp. 137-147.

Varshneya G., Pandey S. K., Das G., "Impact of Social Influence and

Green Consumption Values on Purchase Intention of Organic Clothing: A Study on Collectivist Developing Economy", *Global Business Review*, Vol. 18, No. 2, 2017, pp. 478–492.

Wang L., Toppinen A., Juslin H., "Use of Wood in Green Building: A Study of Expert Perspectives from the UK", *Journal of Cleaner Production*, Vol. 65, 2014, pp. 350–361.

Wang W., Tian Z., Xi W., et al., "The Influencing Factors of China's Green Building Development: An Analysis Using RBF-WINGS Method", *Building and Environment*, Vol. 188, 2021, p. 107425.

Wei W., Ramalho O., Mandin C., "Indoor Air Quality Requirements in Green Building Certifications", *Building and Environment*, Vol. 92, 2015, pp. 10–19.

Westaby J. D., Woods N., Pfaff D. L., "Extending Dynamic Network Theory to Group and Social Interaction Analysis: Uncovering Key Behavioral Elements, Cycles, and Emergent States", *Organizational Psychology Review*, Vol. 6, No. 1, 2016, pp. 34–62.

Wiencke A., "Willingness to Pay for Green Buildings: Empirical Evidence from Switzerland", *Journal of Sustainable Real Estate*, Vol. 5, No. 1, 2013, pp. 111–130.

Winterich K. P., Mittal V., Aquino K., "When does Recognition Increase Charitable Behavior? Toward a Moral Identity-based Model", *Journal of Marketing*, Vol. 77, No. 3, 2013, pp. 121–134.

Wittenberg I., Blöbaum A., Matthies E., "Environmental Motivations for Energy Use in PV Households: Proposal of a Modified Norm Activation Model for the Specific Context of PV Households", *Journal of Environmental Psychology*, Vol. 55, 2018, pp. 110–120.

Wong S. C., Abe N., "Stakeholders' Perspectives of a Building Environmental Assessment Method: The Case of CASBEE", *Building and Environment*, Vol. 82, 2014, pp. 502–516.

World Green Building Council, *The Business Case for Green Building: A Review of the Costs and Benefits for Developers, Investors and Occupants*, 2013.

Wu C., "How Stable is Generalized Trust? Internal Migration and the

Stability of Trust among Canadians", *Social Indicators Research*, Vol. 153, No. 1, 2021, pp. 129-147.

Wu P., Low S. P., Xia B., et al., "Achieving Transparency in Carbon Labelling for Construction Materials – Lessons from Current Assessment Standards and Carbon Labels", *Environmental Science & Policy*, Vol. 44, 2014, pp. 11-25.

Wu Q., Zheng Z., Li W., "Can Housing Assets Affect the Chinese Residents' Willingness to Pay for Green Housing?", *Frontiers in Psychology*, Vol. 12, 2022, p. 782035.

Yadav R., Pathak G. S., "Determinants of Consumers' Green Purchase Behavior in a Developing Nation: Applying and Extending the Theory of Planned Behavior", *Ecological Economics*, Vol. 134, 2017, pp. 114-122.

Yang J., Yang Z., "Critical Factors Affecting the Implementation of Sustainable Housing in Australia", *Journal of Housing and the Built Environment*, Vol. 30, No. 2, 2015, pp. 275-292.

Yang R. J., Zou P. X. W., Wang J., "Modelling Stakeholder-associated Risk Networks in Green Building Projects", *International Journal of Project Management*, Vol. 34, No. 1, 2016, pp. 66-81.

Ye L., Cheng Z., Wang Q., et al., "Developments of Green Building Standards in China", *Renewable Energy*, Vol. 73, 2015, pp. 115-122.

Zhang B., Fu Z., Huang J., et al., "Consumers' Perceptions, Purchase Intention, and Willingness to Pay a Premium Price for Safe Vegetables: A Case Study of Beijing, China", *Journal of Cleaner Production*, Vol. 197, 2018, pp. 1498-1507.

Zhang L., Sun C., Liu H., et al., "The Role of Public Information in Increasing Homebuyers' Willingness-to-pay for Green Housing: Evidence from Beijing", *Ecological Economics*, Vol. 129, 2016, pp. 40-49.

Zhang L., Wu J., Liu H., "Policies to Enhance the Drivers of Green Housing Development in China", *Energy Policy*, Vol. 121, 2018, pp. 225-235.

Zhang X., Platten A., Shen L., "Green Property Development Practice in China: Costs and Barriers", *Building and Environment*, Vol. 46, No. 11,

2011, pp. 2153-2160.

Zhang X., Shen L., Wu Y., et al., "Barriers to Implement Green Strategy in the Process of Developing Real Estate Projects", *The Open Waste Management Journal*, Vol. 4, No. 1, 2011, pp. 33-37.

Zhang X., "Green Real Estate Development in China: State of Art and Prospect Agenda—A Review", *Renewable and Sustainable Energy Reviews*, Vol. 47, 2015, pp. 1-13.

Zhang Y., Wang J., Hu F., et al., "Comparison of Evaluation Standards for Green Building in China, Britain, United States", *Renewable and Sustainable Energy Reviews*, Vol. 68, 2017, pp. 262-271.

Zhang Y., Wang Y., "Barriers' and Policies' Analysis of China's Building Energy Efficiency", *Energy Policy*, Vol. 62, 2013, pp. 768-773.

Zheng S., Wu J., Kahn M. E., et al., "The Nascent Market for 'Green' Real Estate in Beijing", *European Economic Review*, Vol. 56, No. 5, 2012, pp. 974-984.

Zuo J., Zhao Z. Y., "Green Building Research—Current Status and Future Agenda: A Review", *Renewable & Sustainable Energy Reviews*, Vol. 30, No. 2, 2014, pp. 271-281.